Stephan Bültel

Effektivität von Top Management Teams

GABLER EDITION WISSENSCHAFT
Unternehmerisches Personalmanagement
Herausgegeben von
Professor Dr. Karl-Friedrich Ackermann
Universität Stuttgart
und Professor Dr. Dieter Wagner
Universität Potsdam

Unternehmerisches Personalmanagement ist Kernstück eines ganzheitlich angelegten Change Management, das durch diese Schriftenreihe neue Impulse erfahren soll.

Die Reihe bietet ein Forum für theoriegeleitete, praxisorientierte Arbeiten, die der Weiterentwicklung des Personalmanagements im globalen Wettbewerb dienen und zur Lösung von Implementierungsproblemen in Industrie- und Dienstleistungsunternehmen beitragen. Entscheidend ist, dass das Potenzial des Personalmanagements zur Sicherung dauerhafter Wettbewerbsvorteile und damit zum Erhalt von Arbeitsplätzen erkannt und in Abstimmung mit anderen Teilbereichen der Unternehmensführung optimal genutzt wird. Dabei fällt der Personalabteilung eine entscheidende Rolle als Change Agent und internes Kompetenzzentrum zu.

Stephan Bültel

Effektivität von Top Management Teams

Die Förderung offener Diskussionen im Vorstand deutscher Aktiengesellschaften

Mit einem Geleitwort von Prof. Dr. Dieter Wagner

GABLER EDITION WISSENSCHAFT

Bibliografische Information der Deutschen Nationalbibliothek
Die Deutsche Nationalbibliothek verzeichnet diese Publikation in der
Deutschen Nationalbibliografie; detaillierte bibliografische Daten sind im Internet über
<http://dnb.d-nb.de> abrufbar.

Dissertation Universität Potsdam, 2008

1. Auflage 2009

Alle Rechte vorbehalten
© Gabler | GWV Fachverlage GmbH, Wiesbaden 2009

Lektorat: Frauke Schindler / Britta Göhrisch-Radmacher

Gabler ist Teil der Fachverlagsgruppe Springer Science+Business Media.
www.gabler.de

Das Werk einschließlich aller seiner Teile ist urheberrechtlich geschützt. Jede Verwertung außerhalb der engen Grenzen des Urheberrechtsgesetzes ist ohne Zustimmung des Verlags unzulässig und strafbar. Das gilt insbesondere für Vervielfältigungen, Übersetzungen, Mikroverfilmungen und die Einspeicherung und Verarbeitung in elektronischen Systemen.

Die Wiedergabe von Gebrauchsnamen, Handelsnamen, Warenbezeichnungen usw. in diesem Werk berechtigt auch ohne besondere Kennzeichnung nicht zu der Annahme, dass solche Namen im Sinne der Warenzeichen- und Markenschutz-Gesetzgebung als frei zu betrachten wären und daher von jedermann benutzt werden dürften.

Umschlaggestaltung: Regine Zimmer, Dipl.-Designerin, Frankfurt/Main
Gedruckt auf säurefreiem und chlorfrei gebleichtem Papier
Printed in Germany

ISBN 978-3-8349-1607-5

Meinen lieben Eltern gewidmet

Geleitwort

„Offene Diskussionen" zwischen Vorstand und Aufsichtsrat sowie im Vorstand und im Aufsichtsrat gelten als ein Bestandteil guter Unternehmensführung. Der Deutsche Corporate Governance Kodex sieht eine entsprechende Formulierung jedenfalls vor. „Kenner" der Materie bezweifeln jedoch, ob es sich hier um eine übliche Praxis handelt. Ergebnisse der Mitbestimmungsforschung zeigen jedenfalls, dass hier sehr stark in „Bänken" gedacht wird und offene Diskussionen allenfalls in den vorbereitenden Ausschüssen vor der offiziellen Aufsichtsratssitzung stattfinden. Wieso soll es in Vorständen anders sein?

Stephan Bültel kümmert sich dankenswerterweise auch um derartige Fragen, wobei er zugleich die Effektivität des Top Management Teams „Vorstand" in den Vordergrund rückt, die entsprechenden Bedingungen für eine offene Diskussionskultur hinterfragt und die Maßnahmen ermitteln will, um die Effektivität innerhalb des Vorstands einer Aktiengesellschaft zu steigern.

Insgesamt handelt es sich um eine hochaktuelle, relevante Fragestellung mit einem äußerst schwierigen empirischen Zugang. Insofern ist es verständlich, dass die vorliegende Arbeit primär die theoretischen und die bereits vorliegenden, empirischen Untersuchungen auswertet, die insbesondere im angelsächsischen Raum inzwischen vorgenommen worden sind.

Stephan Bültel hat insgesamt eine sehr beachtenswerte Arbeit vorgelegt. Ihre Stärke liegt zweifellos in den theoretisch abgeleiteten Handlungsbedingungen und Maßnahmen zur Förderung offener Diskussionen im Top Management Team. Dabei erfolgte eine überaus gründliche Analyse der angloamerikanischen Literatur und einschlägiger empirischer Untersuchungen zu (angloamerikanischen) Top Management Teams.

Insgesamt liegt eine sehr interessante Arbeit vor, welcher eine breite Diskussion – auch im deutschsprachigen Raum – zu wünschen ist.

Prof. Dr. Dieter Wagner

Vorwort

Es gehört zu den robustesten Erkenntnissen der Scientific Community, dass das Gelingen eines Dissertationsvorhabens in hohem Maße von der Bereitschaft, dem Interesse und dem Engagement eines akademischen Mentors abhängig ist. Diese wichtige Rolle hat im Januar 2005 Herr Prof. Dr. Dieter Wagner für mich übernommen. Dafür möchte ich ihm hier an erster Stelle von ganzem Herzen danken. Ohne seine nachhaltige Unterstützung wäre dieses Buch gewiss nicht geschrieben worden.

Mein Dank gilt ferner Herrn Prof. Dr. Christoph Rasche, der die Anfertigung des Zweitgutachtens übernommen hat, und mir in vielen Doktorandenseminaren durch seine kritischen und oftmals ironisch pointierten Fragen einige wertvolle Anregungen gegeben hat. Weiterhin möchte ich mich bei dem Vorsitzenden der Prüfungskommission, Herrn Prof. Dr. Christoph Lattemann, sowie dem vierten Kommisssionsmitglied, Herrn Prof. Dr. Detlev Hummel, bedanken. Für die organisatorische Unterstützung danke ich den Mitarbeitern am Lehrstuhl für Organisation und Personalwesen der Universität Potsdam, Herrn Dipl.-Kfm. Enrico Sass und Frau Ingrid Hillebrand.

Der Beitrag von Familienangehörigen zum Gelingen eines Dissertationsprojekts beschränkt sich zumeist auf das Arbeitsumfeld. Das ist bei dieser Arbeit anders. Den größten inhaltlichen Input habe ich neben der so wichtigen emotionalen Unterstützung meiner Schwester, Nadine Bültel, zu verdanken. Sie hat den gesamten Enstehungsprozess als sachkundige und unermüdliche Diskussionspartnerin begleitet. Ich hoffe, dass ich mich dafür bei ihrem eigenen Forschungsprojekt noch in angemessener Form revanchieren kann. Dank gebührt auch Martin van Bracht, der mit seiner brodelnden Energie und seinen verrückten artistischen Projekten und Einfällen für die notwendige Zerstreuung gesorgt hat.

Ich hätte die vorliegende Arbeit nicht abschließen können, wenn nicht meine Eltern über lange Jahre hinweg meine Ausbildung mit großem Einsatz gefördert hätten. Ihnen gilt daher abschließend mein besonderer Dank.

Stephan Bültel

Inhaltsverzeichnis

Abbildungen und Tabellen XVII

Abkürzungsverzeichnis XIX

A. Einleitung 1
   I. Anlass und Zielsetzung der Arbeit 1
   II. Gang der Untersuchung 3

B. Das Top Management im deutschen Corporate Governance-System 5
   I. Grundlegung 5
   II. Aufgaben und Pflichten des Vorstands aus rechtlicher und
      betriebswirtschaftlicher Sicht 6
      1. Rechtlicher Rahmen 6
         1.1 Leitungsfunktion des Vorstands 7
         1.2 Einfluss des Aufsichtsrats auf die Leitung des Unternehmens ... 9
         1.3 Sorgfaltspflicht, Verantwortung und Haftung des Vorstands ... 11
         1.4 Das Unternehmensinteresse als Handlungsmaxime 14
      2. Betriebswirtschaftliche Ausfüllung 15
         2.1 Entwicklung der strategischen Ausrichtung 15
         2.2 Strategiebegriff 16
         2.3 Strategietypus und Zuständigkeit des Top Managements 18
   III. Organisation und Entscheidungsfindung des Vorstands aus rechtlicher und
       betriebswirtschaftlicher Sicht 22
      1. Organisationale Gestaltungsdimensionen des Top Managements ... 24
         1.1 Arbeitsteilung im Top Management 24
         1.2 Status der Mitglieder des Top Managements 25
      2. Organisationsmodelle des Top Managements 26
         2.1 Sprecher-Modell 26
         2.2 Ressort-Modell 27
         2.3 Stabs-Modell 28
         2.4 Hierarchie-Modell 29

3. Zulässigkeit der Organisationsmodelle des Top Managements 30
   3.1 Willensbildung im Vorstand 30
   3.2 Geschäftsverteilung im Vorstand 31
4. Geschäftsordnung 34
5. Stellung des Vorstandsvorsitzenden 35
   5.1 Kompetenzen 35
   5.2 Tendenzen der Machtkonzentration im Vorstand 35

C. Zur Effektivität von Top Management Teams 39

I. Management im Spannungsfeld zwischen freier Wahl und
   Umweltdeterminismus 39
   1. Deterministische Ansätze der Organisationstheorie 40
      1.1 Evolutionstheoretischer Ansatz 40
      1.2 Institutionalistischer Ansatz 41
   2. Voluntaristische Prägung der empirischen Managementforschung 43
   3. Konzept des managerialen Handlungsspielraums 45
      3.1 Grundlagen 45
      3.2 Bestimmungsgrößen 47
         3.2.1 Umweltbezogene Faktoren 49
         3.2.2 Organisationsbezogene Faktoren 50
         3.2.3 Entscheidungsträgerbezogene Faktoren 50

II. Theoretische Ansätze der Beschäftigung mit Top Managern 53
   1. Agenturtheorie 53
      1.1 Grundlagen 53
      1.2 Mechanismen der Verhaltenssteuerung von Top Managern 54
         1.2.1 Anreizsysteme 55
         1.2.2 Interne Kontrolle 55
         1.2.3 Externe Kontrolle 56
      1.3 Kritik 57
   2. 'Strategic-Leadership'-Theorie 58
      2.1 Entwicklung und theoretische Grundlegung 58
         2.1.1 'Strategic-Choice'-Ansatz nach Child 59
            2.1.1.1 Strategische Wahl unter dem Einfluss politischer
                    Prozesse 62
            2.1.1.2 Strategische Wahl unter der Bedingung
                    begrenzter Rationalität 63
            2.1.1.3 Strategische Wahl unter dem Einfluss
                    managerialer Kognition 64

        2.1.1.4 Zusammenfassung 65
      2.1.2 Manageriale Aktivitätsforschung 65
   2.2 'Upper-Echelons'-Ansatz 69
      2.2.1 Grundlagen 69
      2.2.2 Prozess der Realitätskonstruktion von Top Managern 71
      2.2.3 Resümee 77
      2.2.4 Kritische Würdigung 79
   2.3 Wesensmerkmale der 'Strategic-Leadership'-Theorie 80
III. Erklärungsmodell der Effektivität von Top Management Teams 81
   1. Grundlegung 81
      1.1 Begriff des Top Management Teams 81
      1.2 Der Vorstand als Team 82
      1.3 Eigenheiten eines Top Management Teams 84
      1.4 Funktionaler Ansatz der Kleingruppenforschung 87
   2. Output-Variablen 90
      2.1 Qualität einer Entscheidung als Gütekriterium 92
         2.1.1 Rationalitätsverständnis 92
         2.1.2 Dimensionen der Rationalität nach Rescher 96
         2.1.3 Rationalität contra Intuition 98
            2.1.3.1 Intuitiver Managementansatz 99
            2.1.3.2 Intuitionsbegriff 100
            2.1.3.3 Kritik am intuitiven Managementansatz 102
         2.1.4 Rationalitätsmaß 103
         2.1.5 Rationalität und Diskussion in Top Management Teams 104
      2.2 Akzeptanz einer Entscheidung als Gütekriterium 106
   3. Prozess-Variable 107
      3.1 Diskussionsverhalten in Top Management Teams 107
         3.1.1 Erklärungsmodell nach Simons/Pelled/Smith 108
            3.1.1.1 Modellkomponenten 108
            3.1.1.2 Hypothesen 110
            3.1.1.3 Befunde 113
         3.1.2 Zwischenergebnis und weiteres Vorgehen 114
      3.2 Fairness der Diskussion 115
         3.2.1 Wertkonzept der Argumentationsintegrität 116
            3.2.1.1 Argumentationsbegriff 117
               3.2.1.1.1 Deskriptive Begriffsmerkmale 119
               3.2.1.1.2 Präskriptive Begriffsmerkmale 126
            3.2.1.2 Argumentationsbedingungen 128

3.2.1.3 Standards integren Argumentierens 130
3.2.2 Integres Argumentieren in Top Management Teams 133
3.3 Ausschöpfung des Wissenspools 135
3.3.1 Informationsverarbeitung in Gruppen 136
3.3.2 'Hidden Profile'-Problematik 140
3.3.2.1 Collective Information Sampling (CIS)-Modell 142
3.3.2.1.1 Kernaussage 143
3.3.2.1.2 Kritik 145
3.3.2.2 Einfluss individueller Präferenzen auf das Diskussionsverhalten 146
3.3.2.3 Informationsauslese durch evaluative Interaktion......149
3.3.2.4 Resümee 152
3.3.3 Grundzüge eines transaktiven Wissenssystems 154
4. Input-Variablen 157
4.1 Kognitive, affektive, konative und normative Kongruenz 158
4.2 Wechselwirkungen zwischen Kongruenzfaktoren 161
5. Zusammenfassung des Effektivitätsmodells 163

D. Handlungsbedingungen offener Diskussionen 167

I. Kognitive Kongruenz in Top Management Teams 167
1. Konsens-Performance-Forschung 171
2. Bestimmung des optimalen Ausmaßes kognitiver Kongruenz 173
3. Beeinflussung kognitiver Kongruenz 176
II. Affektive Kongruenz in Top Management Teams 179
1. Team-Konflikt-Forschung 182
1.1 Affektive versus kognitive Konflikte 184
1.2 Ergebnisse empirischer Studien 191
2. Groupthink 196
2.1 Grundlagen 196
2.2 Antezedenz-Bedingungen, Symptome und Konsequenzen 197
2.3 Kritische Würdigung 200
2.4 Modifizierter Ansatz nach Neck/Moorhead 203
III. Konative Kongruenz in Top Management Teams 206
1. Theorie der Kooperation nach Deutsch 206
2. Kooperation und Konflikt 208
2.1 Einfluss konativer Kongruenz auf die Entscheidungsqualität 209

       2.2   Interdependenz-Konflikt-Modell nach Janssen/Van de Vliert/Veenstra 213
       2.3   Heterogenität-Zielkonsens-Modell nach Michie/Dooley/Fryxell 216
       2.4   Kooperation und Diskussionsverhalten im Realkontext 218
    3. Konative Kongruenz und Hierarchisierung im Top Management Team 219
       3.1   Machtausübung versus Einflussnahme 221
       3.2   Folgen der Machtausübung und Einflussnahme durch den Vorsitzenden 223
       3.3   Machtausübung und Kooperationsbereitschaft 227
       3.4   Machtausübung und Handlungsfähigkeit 229
  IV. Normative Kongruenz in Top Management Teams 232
    1. Indirekter Einfluss auf das Diskussionsverhalten 233
    2. Direkter Einfluss auf das Diskussionsverhalten 236

E. Maßnahmen zur Förderung offener Diskussionen 241

  I. Personenbezogene Maßnahmen 241
    1. Personelle Besetzung 241
    2. Teambasierte Vergütung 248
  II. Prozessbezogene Maßnahmen 252
    1. Arbeitstechniken 252
       1.1   Dialektische Entscheidungstechniken 252
       1.2   Konsensbasierte Interventionstechnik 255
       1.3   Kritische Würdigung 256
       1.4   'Multiple-Lens'-Methode 257
       1.5   Resümee 259
    2. Moderationstechniken 260
    3. Interaktionsbedingungen 262
       3.1   Interaktionsintensität 262
       3.2   Interaktionsmodus 264
    4. Sensibilisierungstrainings 265
    5. Einwirkungsmöglichkeiten des Vorstandsvorsitzenden 266
    6. Einwirkungsmöglichkeiten des Aufsichtsrats 270

F. Zusammenfassung und Ausblick 273

Literaturverzeichnis 277

Abbildungen und Tabellen

Abb. 1: Strategieeinteilung nach organisationalen Planungsebenen 19
Abb. 2: Modelle der Organisation des Top Managements 26
Abb. 3: Organisation des Top Managements nach dem Sprecher-Modell ... 27
Abb. 4: Organisation des Top Managements nach dem Ressort-Modell 28
Abb. 5: Organisation des Top Managements nach dem Stabs-Modell 29
Abb. 6: Organisation des Top Managements nach dem Hierarchie-Modell ... 30
Abb. 7: Klassifikationsrahmen der Handlungen eines Top Managers 48
Abb. 8: Einflussfaktoren des managerialen Handlungsspielraums 52
Abb. 9: 'Strategic-Choice'-Ansatz nach CHILD 61
Abb. 10: Strategische Wahl unter der Bedingung begrenzter Rationalität ... 72
Abb. 11: 'Upper-Echelons'-Ansatz 78
Abb. 12: Klassifikationsrahmen von Teams 85
Abb. 13: Rationalitätskonzepte nach MARCH 94
Abb. 14: Diskussionsverhalten des Top Management Teams als Moderator ... 111
Abb. 15: Fundierung der Top Management-Entscheidung als Mediator 112
Abb. 16: Argumentationsschema nach TOULMIN 124
Abb. 17: Argumentationsbedingungen 129
Abb. 18: Binnenstruktur der Argumentationsintegrität 131
Abb. 19: Standards integren Argumentierens 132
Abb. 20: Nennungswahrscheinlichkeiten (un-)geteilter Informationen in Teams ... 144
Abb. 21: Informationsauslese im 'Evaluative-Interaction'-Modell 150
Abb. 22: Erklärungsansätze für das Scheitern von Gruppen bei der Lösung verdeckter Profile 153
Abb. 23: Effektivitätsmodell eines Top Management Teams 164
Abb. 24: Ausschöpfung des kognitiven Potenzials eines Teams 168
Abb. 25: Konsens-Performance-Kurve 175
Abb. 26: Alternative Erklärungsmodelle über den Zusammenhang zwischen Diversität, Teamprozessen und strategischem Konsens 177
Abb. 27: Partiell mediierendes Erklärungsmodell nach KNIGHT ET AL. 178
Abb. 28: Strategische Entscheidungsfindung und unternehmerische Performance 187

Abb. 29: Wirkungen kognitiver und affektiver Konflikte in Top Management Teams auf Entscheidungsqualität, Commitment, Verständnis und affektive Akzeptanz 189

Abb. 30: Das Groupthink-Phänomen 199

Abb. 31: Modifizierter Bezugsrahmen des Groupthink-Phänomens nach NECK/MOORHEAD 204

Abb. 32: Einfluss konativer Kongruenz auf das Diskussionsverhalten in Teams 212

Abb. 33: Interdependenz-Konflikt-Modell 213

Abb. 34: Heterogenität-Zielkonsens-Modell 217

Abb. 35: Wechselbeziehung zwischen Machtausübung und Kooperationsbereitschaft in Top Management Teams 229

Tab. 1: Input-Prozess-Output-Modelle der Teameffektivität 89

Tab. 2: Items zur Messung von Diskussionsverhalten und Entscheidungsfundierung 109

Tab. 3: Informationsverteilung im manifesten und verdeckten Profil 141

Tab. 4: Items zur Messung der Offenheit und Kooperationsbereitschaft in Top Management Teams 194

Abkürzungsverzeichnis

Abb.	Abbildung
Abs.	Absatz
AG	Aktiengesellschaft
AktG	Aktiengesetz
Aufl.	Auflage
Bd.	Band
BGH	Bundesgerichtshof
bzgl.	bezüglich
bzw.	beziehungsweise
CA	California
ca.	circa
CEO	Chief Executive Officer
CG	Corporate Governance
CT	Connecticut
d. h.	das heißt
DAX	Deutscher Aktienindex
DC	District of Columbia
DCGK	Deutscher Corporate Governance Kodex
dt.	deutsch
et al.	et altera
etc.	et cetera
F. A. Z.	Frankfurter Allgemeine Zeitung
f.	folgende (Seite)
ff.	fortfolgende (Seiten)
Fn.	Fußnote(n)
GCCG	German Code of Corporate Governance
ggf.	gegebenenfalls
GmbH	Gesellschaft mit beschränkter Haftung
HRM	Human Resource Management
Hrsg.	Herausgeber
i. e.	id est

i. S.	im Sinne
Ill.	Illinois
Jg.	Jahrgang
Jr	Junior
m. w. N.	mit weiteren Nachweisen
MA	Massachusetts
MBA	Master of Business Administration
MI	Michigan
NJ	New Jersey
OH	Ohio
PA	Pennsylvania
Rn.	Randnummer
S.	Seite(n)
SGE	Strategische Geschäftseinheit
Sp.	Spalte(n)
Tab.	Tabelle
TMT	Top Management Team(s)
TransPuG	Transparenz- und Publizitätsgesetz
Tz.	Textziffer
u.	und
u. a.	und andere
UMAG	Gesetz zur Unternehmensintegrität und Modernisierung des Anfechtungsrechts
US[A]	United States [of America]
usw.	und so weiter
v.	vom
vgl.	vergleiche
Vor	Vorbemerkung
z. B.	zum Beispiel
zit.	zitiert

A. Einleitung

I. Anlass und Zielsetzung der Arbeit

Die Managementforschung beschäftigt sich schon seit jeher mit der Frage, wodurch sich gute Unternehmensführung auszeichnet. Mit der aktuellen Corporate Governance-Debatte erfährt diese Auseinandersetzung neuen Aufwind. Unter dem Terminus Corporate Governance wird in Deutschland seit Mitte der 1990er zwischen Rechtswissenschaft und Betriebswirtschaftslehre intensiv darüber diskutiert, wie eine zweckdienliche Ausgestaltung der Leitung und Überwachung eines Unternehmens auszusehen habe. Auslöser dieser Entwicklung waren neben der Globalisierung der Wirtschaft und der Liberalisierung der Kapitalmärkte nicht zuletzt auch zahlreiche Fälle eklatanten Missmanagements.[1] Als ein Meilenstein der deutschen Corporate Governance-Bewegung gilt die Veröffentlichung des Deutschen Corporate Governance Kodex (DCGK) im Jahr 2002. Der DCGK ist ein Verhaltenskodex für Vorstände und Aufsichtsräte börsennotierter Aktiengesellschaften, der im Auftrag der Bundesregierung von namhaften Vertretern der Wirtschaft und Wissenschaft entwickelt wurde. Der Kodex erfüllt zum einen den Zweck, die wichtigsten gesetzlichen Vorschriften zur Leitung und Überwachung der Aktiengesellschaft in kompakter Form zu rekapitulieren. Zum anderen soll er „anerkannte Standards guter und verantwortungsvoller Unternehmensführung"[2] setzen, um die Qualität der Corporate Governance deutscher Unternehmen zu verbessern.[3]

Ein Nebeneffekt der Corporate Governance-Diskussion ist darin zu sehen, dass gegenwärtig nicht nur Governancestrukturen und -prozesse im Fokus stehen, sondern auch die Personen an der Spitze des Unternehmens, die den unternehmerischen Erfolg bzw. Misserfolg – so die überwiegend geteilte Annahme der Betriebswirtschaftslehre – maßgeblich beeinflussen. Der größte Einfluss auf die Entwicklung des Unternehmens geht in der Aktiengesellschaft vom Leitungsorgan bzw. Vorstand aus, da dieser das Initiativzentrum strategischer Entscheidungen bildet. Er ist Gegenstand der vorliegenden Untersuchung. Damit rückt im Folgenden jener Kreis einflussreicher Akteure eines Unternehmens in den Mittelpunkt der Betrachtung, der in der angelsächsischen Literatur als *Top Management Team* bezeichnet wird und die angloamerikanische

---

[1] Vgl. RINGLEB ET AL. (2008), Rn. 2.
[2] Präambel DCGK.
[3] Vgl. RINGLEB ET AL. (2008), Rn. 84.

Managementforschung bereits seit den 1980er beschäftigt. In prägnanter Weise kommentiert DONALD C. HAMBRICK, einer der wichtigsten Vertreter des als 'Upper-Echelons'-Ansatz bekannt gewordenen Forschungszweigs, die Bedeutung einer wissenschaftlichen Beschäftigung mit Top Managern: "If we want to understand why organizations do the things they do, we must consider the biases and dispositions of their most powerful actors–their top executives."[4]

Neben den Merkmalen von Top Managern werden in jüngerer Zeit jedoch zunehmend auch die in Top Management Teams ablaufenden Prozesse als Einflussgrößen des unternehmerischen Erfolgs untersucht. Diese wurden in der 'Upper-Echelons'-Forschung lange Zeit als ein *black box*-Phänomen aufgefasst und somit in den meisten empirischen Studien kaum berücksichtigt.[5] Der hohe Stellenwert der Prozessdimension von Top Management Teams wird aber auch in der aktuellen Corporate Governance-Debatte immer wieder betont. So heißt es in Tz. 3.5 DCGK:

„Gute Unternehmensführung setzt eine offene Diskussion zwischen Vorstand und Aufsichtsrat sowie in Vorstand und Aufsichtsrat voraus."

In der „Etablierung und Pflege einer offenen Diskussionskultur"[6] wird ein entscheidender Faktor guter Corporate Governance gesehen. Nur durch die aktive Beteiligung aller Angehörigen des Führungsorgans an den Informations- und Entscheidungsprozessen ließen sich der Begründung führender Corporate Governance-Vertreter zufolge die komplexen Leitungs- und Überwachungsaufgaben der Führungsgremien bewältigen.[7]

Die vorliegende Arbeit wird den vom Kodex angedeuteten Zusammenhang zwischen organinternem Diskussionsverhalten und unternehmerischem Erfolg für den Vorstand der Aktiengesellschaft einer umfassenden Analyse unterziehen. Auf der Grundlage

---

[4] HAMBRICK (2007), S. 334. In diesem Sinne auch BLEICHER (2006), S. 467.

[5] Vgl. BARRICK ET AL. (2007), S. 544. Siehe hierzu ferner auch HAMBRICK (2007), der als Ursache den erschwerten Zugang zu den erforderlichen Daten nennt: "this black box research has not been done because it is exceedingly difficult. It requires intrusive access to large numbers of executives and TMTs, who are notoriously unwilling to submit themselves to scholarly poking and probing." (S. 337).

[6] BERLINER INITIATIVKREIS GCCG (2001), Tz. II.4.1.

[7] Vgl. PELTZER (2001), S. 44 f.; PFITZER/OSER/ORTH (2005), S. 86; RINGLEB ET AL. (2008), Rn. 387.

fundierter theoretischer und empirischer Erkenntnisse aus der Managementforschung und Sozialpsychologie sollen zu diesem Zweck sukzessive folgende Fragen geklärt werden:

(1) Wodurch lässt sich die Effektivität des Vorstands (Top Management Teams) einer Aktiengesellschaft bestimmen?

(2) Welche Bedingungen müssen erfüllt sein, um eine möglichst effektive Zusammenarbeit innerhalb eines Top Management Teams sicherzustellen?

(3) Welche effektivitätssteigernden Maßnahmen lassen sich innerhalb des Vorstands einer Aktiengesellschaft ergreifen?

Das Anliegen der Arbeit besteht somit kurz gefasst darin, ein theoretisch gestütztes Effektivitätsmodell eines Top Management Teams zu entwickeln, auf dessen Basis sich erste Empfehlungen zur Verbesserung der Leitungseffizienz einer Aktiengesellschaft ableiten lassen.

II. Gang der Untersuchung

Die Arbeit gliedert sich in insgesamt sechs Kapitel. Nach dieser Einleitung werden zu Beginn die Stellung und die Wesensmerkmale des Top Managements im deutschen Corporate Governance-System beschrieben (Kapitel B.). Sie bilden den Ausgangspunkt der Untersuchung. Im Mittelpunkt steht die Klärung rechtlicher Rahmenbedingungen, die um (rahmenfüllende) betriebswirtschaftliche Erkenntnisse aus dem strategischen Management und der Organisationslehre ergänzt werden. Im Kern werden dabei die Aufgaben und Pflichten (B.II.) sowie die Organisation und Entscheidungsfindung des Vorstands bzw. Top Managements (B.III.) behandelt.

Das Kapitel C. beschäftigt sich sodann mit der Frage der Effektivität von Top Management Teams. Es bildet den Hauptteil der Arbeit, der die Entwicklung eines theoretisch fundierten Effektivitätsmodells zum Ziel hat. Im ersten Abschnitt (C.I.) wird zunächst untersucht, ob das Top Management eines Unternehmens überhaupt in der Lage ist, den unternehmerischen Erfolg zu beeinflussen. Die Fähigkeit zur Lenkung und Gestaltung eines Unternehmens durch das Management wird von einigen wichtigen Vertretern der Organisationstheorie generell bezweifelt. Diese gehen davon aus, dass die Entwicklung eines Unternehmens nicht vom Management, sondern von ihrer Umwelt determiniert wird. Im Anschluss an die Klärung dieser grundlegenden Frage werden verschiedene theoretische Ansätze vorgestellt, die sich mit Top Managern beschäftigen (C.II.). Neben der prominenten Agenturtheorie spielt hier vor allem die

'Strategic-Leadership'-Theorie eine entscheidende Rolle. Sie stellt den theoretischen Bezugsrahmen der Arbeit dar. Basierend auf den Erkenntnissen der verhaltenswissenschaftlichen Entscheidungstheorie konzentriert sich die 'Strategic-Leadership'-Theorie auf das Realverhalten von Top Managern unter der Bedingung begrenzter Rationalität. Ihren Fokus richtet die Theorie auf das Top Management Team. Im dritten Abschnitt des zweiten Kapitels (C.III.) wird schrittweise das Effektivitätsmodell hergeleitet, das sich – basierend auf dem funktionalen Ansatz der Kleingruppenforschung – aus Input-, Prozess- und Output-Variablen zusammensetzt. An dieser Stelle der Arbeit wird untersucht, durch welche Input-, Prozess- und Outputgrößen sich die Effektivität eines Top Management Teams bestimmen lässt. Den Schwerpunkt bildet hierbei die Betrachtung des Diskussionsverhaltens als Prozessdimension eines Top Management Teams, dessen Güte von der Ausschöpfung des vorhandenen Wissens und der prozeduralen Fairness abhängt.

Vor dem Hintergrund des Modells werden im Kapitel D. vier generelle Handlungsbedingungen (kognitive, affektive, konative und normative Kongruenz) untersucht, die den anzustrebenden Zustand offenen Diskussionsverhaltens innerhalb des Top Management Teams sicherstellen sollen. Im Zuge dessen werden zentrale Problemfelder, die mit den genannten vier Bedingungen in Zusammenhang stehen, auf der Grundlage von Erkenntnissen aus der empirischen Top Management Team-Forschung und der allgemeinen Kleingruppenforschung eingehend analysiert. Diese bilden den Ansatzpunkt für die im anschließenden Kapitel E. abzuleitenden Handlungsempfehlungen. Die empfohlenen Maßnahmen, die der Steigerung der Teameffektivität dienen, werden in personenbezogene und prozessbezogene Maßnahmen unterteilt. Die personenbezogenen Maßnahmen (E.I.) beziehen sich auf zwei zentrale Teilfunktionen eines Human Resource Management auf der obersten Managementebene: die Personalauswahl und die Anreizgestaltung. Prozessbezogene Maßnahmen (E.II.) betreffen Interventionen, die den Teamprozess unmittelbar beeinflussen sollen.

Eine Zusammenfassung der wesentlichen Untersuchungsergebnisse und ein Ausblick auf mögliche zukünftige Forschungsfelder runden die Arbeit ab (Kapitel F.).

B. Das Top Management im deutschen Corporate Governance-System

I. Grundlegung

Die Verfassung einer Aktiengesellschaft stellt eine Grundsatzentscheidung über ihre innere Ordnung dar.[8] Im Gegensatz zur Personengesellschaft ist die Aktiengesellschaft gesetzlich verankert. Das Aktiengesetz bestimmt die Organe einer Aktiengesellschaft und legt fest, wie die Aufgaben und Kompetenzen innerhalb und zwischen diesen Organen verteilt sind. Charakteristisch für die Aktiengesellschaft als juristische Person ist ihre körperschaftliche Organisation. Diese beruht auf einer Dreigliederung der Organe Vorstand, Aufsichtsrat und Hauptversammlung, denen bestimmte Aufgabenbereiche zugeteilt werden, welche von natürlichen Personen erfüllt werden.[9]

Der Begriff der Corporate Governance umfasst die Funktionsweise der Leitungsorgane, ihr Zusammenwirken und die Überwachung ihres Verhaltens.[10] In materieller Hinsicht soll die Unternehmensverfassung die Effizienz der Führungsorgane gewährleisten sowie für eine geeignete Verteilung des Faktoreinkommens und des aus dem Ressourceneinsatz erwirtschafteten Überschusses auf die beteiligten Stakeholder sorgen.[11] Die Corporate Governance deutscher Aktiengesellschaften weist im Vergleich zur Verfassung angelsächsischer Unternehmen einige strukturelle Unterschiede auf. Kennzeichnend ist vor allem der Unterschied zwischen dem monistischen Governance-System (*One-Tier-System*) im angelsächsischen Rechtsraum und dem dualistischen Modell (*Two-Tier-System*) in Deutschland.[12] Nach dem dualistischen Modell sind aktienrechtlich zwei Organe (Vorstand und Aufsichtsrat) für die Unternehmensführung zuständig. Während dem Vorstand die eigenverantwortliche Leitung der Gesellschaft

---

[8] Vgl. BLEICHER (1991), S. 15.

[9] Vgl. WIESNER (1999), § 19 Rn. 1.

[10] Dieses Begriffsverständnis geht auf HEFERMEHL/SEMLER zurück, die Corporate Governance in Anlehnung an die Erläuterungen der Regierungskommission Corporate Governance definieren. Vgl. hierzu HEFERMEHL/SEMLER (2004), Vor § 76 Rn. 2 sowie BAUMS (2001), S. 6. Weitere Definitionen des Begriffs Corporate Governance finden sich bei HOPT (2003), S. 30 ff.; HÜFFER (2004), § 76 Rn. 15a; SCHMIDT/WEIß (2003), S. 110 sowie bei WITT (2003b), S. 1.

[11] Vgl. WITT (2003a), S. 246.

[12] Ein dualistisches Governancesystem ist im Übrigen auch in einigen weiteren kontinentaleuropäischen Ländern zu finden. Dazu zählen etwa Österreich und die Niederlande. Vgl. hierzu ROTH/WÖRLE (2004), S. 566; WYMEERSCH (2003), S. 91.

obliegt, hat der Aufsichtsrat die Aufgabe, das Leitungsorgan laufend zu kontrollieren. Vorstand und Aufsichtsrat bilden zusammen die Verwaltung der Aktiengesellschaft.[13]

Mit der Trennung zwischen einem Leitungsorgan (Vorstand) und einem Überwachungsorgan (Aufsichtsrat) folgt das dualistische Modell aus organisatorischer Sicht dem Prinzip der Fremdkontrolle.[14] Eine Aufhebung dieses Trennungsprinzips ist nach dem Aktiengesetz faktisch ausgeschlossen. Die Mitglieder des Aufsichtsrats dürfen gemäß § 105 Abs. 1 AktG nicht zugleich Mitglieder des Vorstands desselben Unternehmens sein.[15]

Im monistischen Modell des angelsächsischen Board-Systems ist dagegen nur ein einziges Organ – der Board of Directors – für die Leitung und Überwachung des Unternehmens verantwortlich. Bei dieser einstufigen Lösung liegt das Prinzip der Selbstkontrolle zugrunde. In der Praxis lässt sich jedoch organintern häufig eine institutionelle Kompetenzspaltung in Leitungs- und Kontrollaufgaben beobachten. So wird nicht selten zwischen so genannten Inside Directors und Outside Directors (Non-Executives) unterschieden.[16] Im Realkontext zeichnet sich somit zunehmend eine Konvergenz der Systeme ab.[17]

II. Aufgaben und Pflichten des Vorstands aus rechtlicher und betriebswirtschaftlicher Sicht

1. Rechtlicher Rahmen

Der gesetzlich umrissene Aufgabenkatalog des Vorstands einer deutschen Aktiengesellschaft beruht im Kern auf den §§ 76, 93 AktG. Gemäß § 76 Abs. 1 AktG hat der Vorstand die Gesellschaft unter eigener Verantwortung zu leiten. § 93 AktG Abs. 1 AktG regelt, dass Vorstandsmitglieder bei ihrer Geschäftsführung die Sorgfalt

---

[13] Vgl. HOPT (2003), S. 34; WIESNER (1999), § 19 Rn. 1.
[14] Vgl. SEMLER/SPINDLER (2004), Vor § 76 Rn. 220 ff.; WITT (2003a), S. 247.
[15] Eine Ausnahme von dieser Unvereinbarkeit regelt § 105 Abs. 2 AktG.
[16] Vgl. hierzu BLEICHER/PAUL (1986), S. 279; BLEICHER/WAGNER (1993), S. 10; JOHNSON/DAILY/ELLSTRAND (1996), S. 416 ff.
[17] Vgl. BÖCKLI (2003), S. 201 ff.; WIESNER (1999), § 19 Rn. 4.

eines ordentlichen und gewissenhaften Geschäftsleiters anzuwenden haben. Der Vorstand bildet das Initiativzentrum der Gesellschaft und übernimmt damit die Funktion des Top Managements.[18] Dem Aufsichtsrat, der – wie oben bereits erwähnt – ebenfalls ein Organ der Unternehmensführung ist, obliegt hingegen die Kernaufgabe der Überwachung der Unternehmensführung.[19] Überdies hat er über die Auswahl, Bestellung, Wiederwahl und Abberufung von Mitgliedern des Vorstands zu entscheiden sowie den Einzelabschluss einschließlich des Gewinnverwendungsvorschlags festzustellen und den Konzernabschluss zu billigen.[20]

1.1 Leitungsfunktion des Vorstands

Der in § 76 Abs. 1 AktG verwendete Begriff der Leitung der Gesellschaft ist zunächst einmal vom Begriff der Geschäftsführung gemäß § 77 Abs. 1 Satz 1 AktG abzugrenzen. Im juristischen Schrifttum besteht wenig Einigkeit darüber, ob sich die beiden Bezeichnungen inhaltlich decken. Auch die betriebswirtschaftliche Literatur kann zur begrifflichen Klärung keinen wesentlichen Beitrag leisten.[21] HÜFFER zufolge umfasst der Begriff der Geschäftsführung „jede tatsächliche oder rechtsgeschäftliche Tätigkeit"[22] für die Gesellschaft. Demgegenüber stellt die Leitung lediglich einen Ausschnitt aus der Geschäftsführung dar.[23] Hier geht es um die Führungsfunktion des Vorstands.[24]

Zum eigentlichen Kern der Leitungsaufgaben des Vorstands liefert das Aktiengesetz selbst allerdings nur sehr wenige Anhaltspunkte. Daher ist hier vor allem auf die Auslegungen des § 76 AktG aus dem juristischen Schrifttum zurückzugreifen. Demnach hat der Vorstand im Rahmen seiner Leitungsfunktion originäre Führungsfunktionen

---

[18] Vgl. GERUM (2007), S. 115; HEFERMEHL/SPINDLER (2004), § 76 Rn. 1.

[19] So regelt § 111 Abs. 1 AktG: „Der Aufsichtsrat hat die Geschäftsführung zu überwachen.". Das nach deutschem Recht geltende Trennungsmodell findet vor allem in dem in § 111 Abs. 4 Satz 1 AktG geregelten Geschäftsführungsverbots des Aufsichtsrat Niederschlag: „Maßnahmen der Geschäftsführung können dem Aufsichtsrat nicht übertragen werden." Vgl. hierzu ausführlich HÜFFER (2004), § 111 Rn. 16 ff.; SEMLER (2004b), § 111 Rn. 368 ff.

[20] Vgl. THEISEN (2003), S. 286.

[21] Vgl. SEMLER (1996), S. 6.

[22] HÜFFER (2004), § 76 Rn. 7. Ähnlich auch WIESNER (1999), § 19 Rn. 12.

[23] Vgl. WIESNER (1999), § 19 Rn. 12. Gegen einen synonymen Gebrauch der Begriffe siehe ferner HÜFFER (2004), § 76 Rn. 7; MERTENS (1996), § 76 Rn. 4; SEMLER (1996), S. 8.

[24] Vgl. HÜFFER (2004), § 76 Rn. 7.

wahrzunehmen, Führungsentscheidungen zu treffen und das Tagesgeschäft zu erledigen.[25]

Mit den originären Führungsfunktionen hat das Leitungsorgan dafür zu sorgen, dass die Existenz der Gesellschaft langfristig gesichert ist. Dazu zählen im Einzelnen

- die Unternehmensplanung,
- die Unternehmenskoordinierung,
- die Unternehmenskontrolle und
- die Besetzung von Führungspositionen.[26]

Die *Unternehmensplanung* beinhaltet die Festlegung der Ziele und mittel- und langfristigen Unternehmenspolitik zur Erreichung der Unternehmensziele. Sie setzt sich zusammen aus aufeinander abgestimmten Umsatz-, Investitions-, Finanz- und Personalplanungen. Die Aufgabe der Unternehmensplanung ist integraler Bestandteil der Leitungsaufgaben und ist daher auch nicht auf untere Hierarchieebenen delegierbar.[27] Die *Unternehmenskoordinierung* erfolgt auf zwei Ebenen. Sie umfasst zum einen die Abstimmung der Tätigkeiten innerhalb eines mehrköpfigen Vorstands. Zum anderen müssen Grundsätze und klare Aufgabenverteilungen mit den in der organisationalen Hierarchie nachgelagerten Führungskräften festgelegt werden.[28] Die *Unternehmenskontrolle* dient als dritte Führungsfunktion des Vorstands dem Abgleich der Ist-Daten mit den Soll-Daten aus der Unternehmensplanung. Sie ist auf das Erkennen, Analysieren und Lösen vorhersehbarer bzw. eingetretener Planabweichungen gerichtet und stellt damit im Wesentlichen eine Zwillingsfunktion zur Unternehmensplanung dar.[29] Die Aufgabe der *Besetzung von Führungspositionen* bezieht sich schließlich auf die Hierarchieebene direkt unterhalb des Vorstands und ist wie die übrigen Führungsfunktionen nicht delegierbar.[30] Unter Führungsentscheidungen werden sämtliche Entscheidungen verstanden, die im Zuge der Erfüllung der aufgezeigten originären Führungs-

---

[25] Vgl. SEMLER (1996), S. 8 ff.; SEMLER/SPINDLER (2004), Vor § 76 Rn. 56.

[26] Siehe hierzu HEFERMEHL/SPINDLER (2004), § 76 Rn. 16; HÜFFER (2004), § 76 Rn. 8; SEMLER (1996), S. 10 ff.; SEMLER (2004a), S. 649; SEMLER/SPINDLER (2004), Vor § 76 Rn. 59 ff.; WIESNER (1999), § 19 Rn. 13.

[27] Vgl. SEMLER (1996), S. 13; SEMLER (2004a), S. 649; SEMLER/SPINDLER (2004), Vor § 76 Rn. 61 f. Siehe ferner auch BLEICHER (2006), S. 469.

[28] Vgl. SEMLER (1996), S. 14; SEMLER/SPINDLER (2004), Vor § 76 Rn. 63 f.

[29] Vgl. SEMLER (1996), S. 14 ff.; SEMLER/SPINDLER (2004), Vor § 76 Rn. 66.

[30] Vgl. SEMLER (1996), S. 16; SEMLER/SPINDLER (2004), Vor § 76 Rn. 67.

funktionen getroffen werden. Sie sind richtungsweisend in Bezug auf die Ertrags- und Vermögenslage sowie die Mitarbeiter.[31]

Neben dem Gesetz liefert auch der Deutsche Corporate Governance Kodex (DCGK) Hinweise auf die Aufgaben des Vorstands. Der Kodex wird bei seiner Beschreibung des Aufgabenspektrums unter Tz. 4.1.1 allerdings nicht wesentlich konkreter.[32] Er will damit sicherstellen, dass die unternehmerische Flexibilität gewahrt bleibt, die das Gesetz dem Leitungsorgan bei der Ausfüllung der Führungsaufgaben einräumt. Das wird damit begründet, dass die Führungsaufgaben einer Gesellschaft in ihrer jeweils spezifischen Ausgestaltung von unterschiedlichen situativen Faktoren beeinflusst werden, die gesetzliche Konkretisierungen unmöglich machen.[33] Gemäß Tz. 4.1.2 DCGK hat der Vorstand die strategische Ausrichtung eines Unternehmens zu entwickeln, sie mit dem Aufsichtsrat abzustimmen und für ihre Umsetzung zu sorgen, womit nicht zuletzt auch noch einmal betont wird, dass allein der Vorstand Initiator strategischer Entscheidungen ist.

1.2 Einfluss des Aufsichtsrats auf die Leitung des Unternehmens

Mit der Zuweisung der Leitungsaufgabe auf den Vorstand in § 76 Abs. 1 AktG entzieht das Gesetz Aufsichtsrat und Hauptversammlung explizit jedwede Befugnis zur Leitung der Gesellschaft.[34] Trotz der klaren Aufteilung der Zuständigkeiten zwischen den Organen wird in der Literatur seit langem diskutiert, ob dem Aufsichtsrat neben seiner originären Überwachungsfunktion nicht auch eine Beratungsfunktion zukommt.[35] Als ein Kernproblem einer solchen Aufgabenerweiterung wird die mögliche Aufhebung des gesetzlichen Trennungsprinzips zwischen dem Vorstand und Aufsichtsrat gesehen. Je stärker der Aufsichtsrat eine beratende Funktion gegenüber dem Vorstand wahrnimmt, desto größer ist naturgemäß sein Einfluss auf die Leitung der Gesellschaft.[36] Dennoch lassen sich mit der Erfüllung der Beratungsfunktion gewisse

---

[31] Vgl. SEMLER (1996), S. 11 f.; SEMLER/SPINDLER (2004), Vor § 76 Rn. 58.

[32] In Tz. 4.1.1 DCGK heißt es: „Der Vorstand leitet das Unternehmen in eigener Verantwortung. Er ist dabei an das Unternehmensinteresse gebunden und der Steigerung des nachhaltigen Unternehmenswertes verpflichtet." Siehe hierzu PELTZER (2003b), S. 225 ff.

[33] Diese Vielfalt und Unterschiedlichkeit der Führungsaufgaben erklärt PELTZER zufolge auch, warum nur wenige juristische Monographien über die Binnenorganisation des Vorstands existieren. Vgl. hierzu näher PELTZER (2003b), S. 226; SEMLER (2004a), S. 632.

[34] Vgl. WIESNER (1999), § 19 Rn. 12.

[35] Vgl. HÜFFER (2004), § 111 Rn. 5; ROTH/WÖRLE (2004), S. 567 f.; SEMLER (2004b), § 111 Rn. 246 ff.; THEISEN (2003), S. 299 ff.

[36] Vgl. RINGLEB ET AL. (2008), Rn. 102.

Vorzüge im Interesse der Gesellschaft nicht von der Hand weisen. So könnte das Unternehmen vor allem von der Expertise des Aufsichtsrats profitieren. Ein solcher Vorteil lässt sich in praxi allerdings nur dann problemlos mit dem Trennungsprinzip kombinieren, wenn sich der Aufsichtsrat auf die Rolle des Diskussionspartners beschränkt, der geplante Maßnahmen des Vorstands zwar kritisch hinterfragt, aber nicht selbst zum Initiator von Maßnahmen der Unternehmensführung wird. Daher wird in der rechtswissenschaftlichen Literatur auch überwiegend gefordert, dass der Aufsichtsrat neben seiner klassischen Überwachungsfunktion eine ergänzende Beratungsfunktion im Sinne eines so genannten „sounding board"[37] wahrnehmen sollte.[38]

Neben der beratenden Einwirkung des Aufsichtsrats auf den Vorstand sieht das Gesetz allerdings auch vor, die prinzipielle Alleinverantwortung des Vorstands für die Unternehmensleitung durch die Satzung oder den Aufsichtsrat einzuschränken. So hat der Aufsichtsrat bei Grundsatzentscheidungen, die wesentliche strategische Weichenstellungen für die Zukunft eines Unternehmens darstellen, einen Katalog zustimmungspflichtiger Maßnahmen festzulegen.[39] Zu solchen Maßnahmen zählen beispielsweise Veränderungen der strategischen Ziele, der Erwerb und die Veräußerung von wichtigen Beteiligungen oder Akquisitionen größerer Unternehmen.[40]

Manche Autoren bezeichnen den Aufsichtsrat mit Blick auf den gesetzlichen Zustimmungsvorbehalt sogar als „Mit-Unternehmer"[41]. Gegen eine solche Auffassung spricht sich hingegen ausdrücklich THEISEN aus.[42] Eine Aufhebung der gesetzlichen Kompetenzverteilung zwischen Aufsichtsrat und Vorstand darf in der Regelung des Zustimmungsvorbehalts nicht gesehen werden. Der Aufsichtsrat kann nur (passiv) zustimmen bzw. seine Zustimmung verweigern, jedoch nicht (aktiv) auf Alternativen zur Geschäftsführung hinwirken. Das Leitungsorgan bleibt damit unabhängig von Zustim-

---

[37] BLEICHER (2006), S. 472.
[38] Vgl. RINGLEB ET AL. (2008), Rn. 102.
[39] Vgl. § 111 Abs. 4 Satz 2 AktG und hierzu HOMMELHOFF/SCHWAB (2003), S. 52; NEUBÜRGER (2003), S. 188; OETKER (2003), S. 264; THEISEN (2003), S. 295 ff.; WITT (2003a), S. 249. Bis zum Inkrafttreten des TransPuG im Jahr 2002 stand die Aufstellung eines Zustimmungsvorbehalts im Ermessen des Aufsichtsrats. Siehe hierzu KLEINDIEK (2003), S. 593.
[40] Vgl. HÜFFER (2004), § 111 Rn. 16 ff.; SEMLER (2004b), § 111 Rn. 394 ff.; WINTER/HARBARTH (2003), S. 478; WITT (2003a), S. 249.
[41] LUTTER (2001), S. 233.
[42] Vgl. THEISEN (2002), S. 123.

mung oder Ablehnung des Aufsichtsrats „Herr des Verfahrens".[43] Die Funktion des Aufsichtsrats als eine Art „Ober-Vorstand"[44] lässt sich trotz der erwähnten Einflussmöglichkeiten auf die Leitung der Gesellschaft folglich ausschließen.[45]

1.3 Sorgfaltspflicht, Verantwortung und Haftung des Vorstands

Grundsätzlich hat der Vorstand im Rahmen der Erfüllung seiner Leitungsfunktion einen weiten Handlungsspielraum, da er das Unternehmen unter eigener Verantwortung zu leiten hat. Die Freiheiten des Top Managements sind allerdings nicht schrankenlos.[46] Zum einen ist das Leitungsorgan an die Vorgaben der Satzung zum Gegenstand des Unternehmens (§ 23 Abs. 3 Nr. 2 AktG) gebunden. Zum anderen hat es bei der Erfüllung der Leitungsaufgabe maßgeblich das Unternehmensinteresse zu beachten.[47]

Überdies verlangt das Aktiengesetz, dass die Vorstandsmitglieder bei ihrer Geschäftsführung die *Sorgfalt eines ordentlichen und gewissenhaften Geschäftsleiters* anzuwenden haben (§ 93 Abs. 1 Satz 1 AktG). Mit dieser recht allgemeinen Klausel des Aktiengesetzes wird nach allgemeiner Auffassung in der juristischen Literatur nicht nur ein Verschuldensmaßstab angelegt, sondern auch Verhaltenspflichten beschrieben, deren Verletzung die Grundlage der Haftung von Vorstandsmitgliedern nach § 93 Abs. 2 AktG bilden.[48]

Entscheidungen, die auf der Ebene des Top Managements getroffen werden, unterliegen häufig der Unsicherheit zukünftiger Entwicklungen. Aus diesem Grund lässt sich erst im Nachhinein beurteilen, ob eine Entscheidung richtig oder falsch war. Diese Erkenntnisse der späteren Entwicklung dürfen aber nicht zum Maßstab der Sorgfaltspflichten des Vorstands gemacht werden, da unternehmerisches Handeln auch stets mit gewissen Risiken verbunden ist und sich in der Praxis wohl kaum ein Manager bereit erklären würde, sich dem unkalkulierbaren Risiko einer Erfolgshaftung auszusetzen.[49] Daraus folgt, dass dem Vorstand bei der Leitung der Geschäfte ein Ermessensspiel-

---

[43] Vgl. THEISEN (2003), S. 297.
[44] RINGLEB ET AL. (2008), Rn. 103.
[45] Vgl. SEMLER (2004b), § 111 Rn. 369 ff.
[46] Vgl. HEFERMEHL/SPINDLER (2004), § 93 Rn. 28.
[47] Zum Unternehmensinteresse als Handlungsmaxime des Vorstands siehe sogleich im folgenden Abschnitt.
[48] Vgl. HEFERMEHL/SPINDLER (2004), § 93 Rn. 17.
[49] Vgl. IHRIG (2004), S. 2099 f.

raum einzuräumen ist, der die Möglichkeit von Fehlentscheidungen nicht ausschließt.[50]

Eine exakte Bestimmung dieses Ermessensspielraums erscheint jedoch schwierig. Sie macht zunächst einmal eine Konkretisierung des in § 93 Abs. 1 Satz 1 Akt festgelegten Sorgfaltsmaßstabs erforderlich. Diese Problematik hat sich der deutsche Gesetzgeber im Jahr 2005 mit einer Neuregelung des § 93 AktG durch das UMAG[51] angenommen und einen „Haftungsfreiraum im Bereich qualifizierter unternehmerischer Entscheidungen"[52] geschaffen. Hiernach werden mit dem neu eingefügten Satz 2 des § 93 Abs. 1 AktG die Sorgfaltsanforderungen des Vorstands wie folgt präzisiert: „Eine Pflichtverletzung liegt nicht vor, wenn das Vorstandsmitglied bei einer unternehmerischen Entscheidung vernünftigerweise annehmen durfte, auf der Grundlage angemessener Informationen zum Wohle der Gesellschaft zu handeln."

Der Gesetzgeber hat dabei bewusst eine Formulierung gewählt, die auf die aus dem US-amerikanischen Recht stammende *Business Judgment Rule* rekurriert. Die Business Judgment Rule dient als Maßstab der gerichtlichen Prüfung unternehmerischer Fehlentscheidungen. Demnach haftet ein Manager *nicht*, wenn er

(1) bei der Entscheidungsfindung kein eigenes relevantes Interesse verfolgt (*disinterested judgement*),

(2) die Entscheidung auf der Grundlage hinreichender Informationen getroffen hat (*informed judgement*) und

(3) erkennbar nach eigener Überzeugung im besten Interesse des Unternehmens entschieden hat (*rational belief and good faith*).[53]

Durch die Festlegung von Bedingungen, unter denen auf keinen Fall eine Pflichtverletzung vorliegen soll,[54] schafft das Gesetz einen so genannten „sicheren Hafen". Eine Haftungsfreistellung im Sinne des § 93 Abs. 1 Satz 2 AktG setzt demzufolge neben

---

[50] Vgl. HEFERMEHL/SPINDLER (2004), § 76 Rn. 25.

[51] Das UMAG (Gesetz zur Unternehmensintegrität und Modernisierung des Anfechtungsrechts) wurde am 27. September 2005 im Bundesgesetzblatt verkündet.

[52] DEUTSCHER BUNDESTAG (2005), S. 10.

[53] Vgl. AMERICAN LAW INSTITUTE (1994), § 4.01 (c); HEFERMEHL/SPINDLER (2004), § 93 Rn. 33.

[54] Vgl. FLEISCHER (2004), S. 688 f.

weiteren Tatbestandsmerkmalen[55] voraus, dass der Vorstand vernünftigerweise annehmen durfte, auf einer *angemessenen Informationsgrundlage* zu handeln. Damit fokussiert die Kontrolle der unternehmerischen Entscheidung im Kern auf den Prozess der Entscheidungsfindung bzw. die Informationsgrundlage, die eine rationale Entscheidung zum Wohl des Unternehmens erst möglich macht, und nicht auf das Ergebnis des Entscheidungsprozesses.[56]

Fraglich erscheint jedoch, unter welchen Bedingungen eine Informationsgrundlage als angemessen bezeichnet werden kann. Der Gesetzgeber macht in seiner Gesetzesbegründung darauf aufmerksam, dass die unternehmerische Entscheidung mit der Neuregelung nicht „verrechtlicht oder (schein)objektiviert"[57] werden solle. Eine unternehmerische Entscheidung beruhe nicht nur auf objektiven Informationen, sondern häufig auch auf „Instinkt, Erfahrung, Phantasie und Gespür für künftige Entwicklungen und einem Gefühl für die Märkte und die Reaktion der Abnehmer und Konkurrenten."[58] Rein intuitive Entscheidungen dürften allerdings in Widerspruch zu der sich aus § 93 AktG abzuleitenden Pflicht stehen, Top Management-Entscheidungen möglichst fundiert zu treffen,[59] so dass diese allein noch keine Grundlage für einen „sicheren Hafen" darstellen können. Eine Haftungsfreistellung setzt mithin immer auch gewisse Fundierungsbemühungen im Sinne einer Abwägung der Vor- und Nachteile bzw. Chancen und Risiken von Entscheidungsalternativen voraus.

Neben dem intuitiven Element unternehmerischer Entscheidungen geht der Gesetzgeber in seiner Gesetzesbegründung ferner auf die Frage nach dem hinreichenden Umfang der Informationsbeschaffung ein. Er berücksichtigt dabei, „dass insbesondere bei Entscheidungen, die unter hohem Zeitdruck und nicht selbsterzeugtem Zeitdruck zu fällen sind, eine umfassende Entscheidungsvorbereitung schwierig oder gar unmöglich sein kann."[60] Die Angemessenheit der Intensität der Informationsbeschaffung sei anhand der verfügbaren Zeit, des Gewichts und der Art der zu treffenden Entscheidung

---

[55] Zu den übrigen Tatbestandsmerkmalen, die zur Schaffung eines „sicheren Hafens" vorliegen müssen, siehe ausführlich DEUTSCHER BUNDESTAG (2005), S. 11 f. sowie FLEISCHER (2004), S. 690 f.

[56] Vgl. BRÖMMELMEYER (2005), S. 2067.

[57] DEUTSCHER BUNDESTAG (2005), S. 11.

[58] DEUTSCHER BUNDESTAG (2005), S. 11. Zur Frage des intuitiven Managements aus Sicht der Managementforschung siehe unten, S. 99 ff.

[59] Vgl. BRÖMMELMEYER (2005), S. 2067; IHRIG (2004), S. 2106; KINDLER (1998), S. 106.

[60] DEUTSCHER BUNDESTAG (2005), S. 12.

sowie „unter Berücksichtigung anerkannter betriebswirtschaftlicher Verhaltensmaßstäbe"[61] zu beurteilen.

Festzuhalten ist, dass auch mit der Neuregelung des § 93 Abs. 1 Satz 2 AktG nicht abschließend zu klären ist, wie intensiv die Entscheidungsvorbereitung aus rechtlicher Sicht im konkreten Fall auszufallen hat. Dennoch macht der Gesetzgeber mit der Neuregelung – und seinem Verweis auf die Business Judgment Rule[62] – unmissverständlich deutlich, dass eine informierte Entscheidungsfindung trotz möglicher intuitiver Einflüsse eine Voraussetzung für eine sorgfältige Geschäftsführung darstellt.

1.4 Das Unternehmensinteresse als Handlungsmaxime

Das Unternehmensinteresse stellt die allgemeine Handlungsmaxime der Verwaltung einer Aktiengesellschaft dar. Der Begriff wird im Gesetz zwar nicht verwendet, geht aber auf die ständige Rechtsprechung des Bundesverfassungsgerichts und des BGH zurück. Eine Definition dieser Maxime existiert nicht, so dass der Begriff in der rechtswissenschaftlichen Literatur seit vielen Jahren kontrovers diskutiert wird.[63] Auch der Kodex nimmt Bezug auf das Unternehmensinteresse als oberste Maxime des Handelns von Vorstand und Aufsichtsrat.[64] Mit der Verpflichtung auf das Unternehmensinteresse bezieht er deutlich Position für eine Stakeholder-Perspektive der Unternehmensführung.[65] Im Gegensatz zum Shareholder-Ansatz, der allein auf die Interessen der Aktionäre abstellt, erkennt der Stakeholder-Ansatz an, dass ein Unternehmen die

---

[61] DEUTSCHER BUNDESTAG (2005), S. 12.

[62] In diesem Zusammenhang sei auf den VAN GORKOM-Fall hingewiesen, der das Verständnis für eine angemessene Information im amerikanischen Recht wesentlich beeinflusst hat. Der Delaware Supreme Court sprach einer Entscheidung der Geschäftsführung über einen Unternehmenszusammenschluss das Merkmal der Informiertheit ab, da diese auf der Grundlage eines 20-minütigen Vortrags des CEOs VAN GORKOM ohne schriftliche Unterlagen nach einer spontanen zweistündigen Beratung fiel. Vgl. hierzu im Detail OLTMANNS (2001), S. 72 ff.; KOCK/DINKEL (2004), S. 447.

[63] Vgl. SEMLER/SPINDLER (2004), Vor § 76 Rn. 84.

[64] So taucht der Begriff „Unternehmensinteresse" in der Präambel („Die von den Aktionären gewählten Anteilseignervertreter und die Arbeitnehmervertreter sind gleichermaßen dem Unternehmensinteresse verpflichtet"), in Tz. 4.1.1 („Der Vorstand leitet das Unternehmen in eigener Verantwortung. Er ist dabei an das Unternehmensinteresse gebunden …"), in Tz. 5.5.1 („ Jedes Mitglied des Aufsichtsrats ist dem Unternehmensinteresse verpflichtet.") auf. Daneben weist der Kodex in Tz. 4.1.1 darauf hin, dass der Vorstand der „Steigerung des nachhaltigen Unternehmenswertes" verpflichtet ist.

[65] Vgl. RINGLEB ET AL. (2008), Rn. 605 ff.

Vielzahl der Einzelinteressen, in dessen Spannungsfeld es agiert, auszutarieren hat.[66] So haben Vorstand und Aufsichtsrat im Rahmen der Unternehmensführung nach dem Stakeholder-Konzept nicht nur die Interessen der Aktionäre, sondern auch die Ziele anderer Bezugsgruppen (Arbeitnehmer, Manager, Kunden, Lieferanten, allgemeine Öffentlichkeit) explizit zu berücksichtigen.[67]

Auch die Verpflichtung des Vorstands zur Steigerung des nachhaltigen Unternehmenswerts gemäß Tz. 4.1.1 DCGK liegt ganz auf dieser Linie, da eine strikte Shareholder-Orientierung nicht selten ausschließlich eine auf die kurzfristige Steigerung der Aktienkurse abstellende Unternehmenspolitik impliziert und somit nicht auf eine langfristige Erfolgssicherung ausgerichtet ist.[68] Eine langfristige Steigerung des Unternehmenswerts bedeutet demnach, dass ein Unternehmen seine Fähigkeit auszubauen hat, die unterschiedlichen Ansprüche seiner Bezugsgruppen zu befriedigen, damit diese im Gegenzug auch in Zukunft die für Überlebensfähigkeit des Unternehmens notwendigen Beiträge liefern werden.[69]

2. Betriebswirtschaftliche Ausfüllung

2.1 Entwicklung der strategischen Ausrichtung

Die Entwicklung der strategischen Ausrichtung der Gesellschaft hat nicht nur aus rechtlicher, sondern auch aus betriebswirtschaftlicher Sicht auf der Grundlage der Unternehmensplanung zu erfolgen.[70] Nach der klassischen rational-entscheidungsorientierten Sichtweise des strategischen Managements in der Tradition des legendären Strategiekonzepts der HARVARD BUSINESS SCHOOL[71] kann die Unter-

---

[66] Zu den beiden Ansätzen siehe auch ALBACH (2001); DONALDSON/PRESTON (1995); FLEISCHER (2003); FREEMAN/REED (1983); FREEMAN/WICKS/PARMAR (2004); RAPPAPORT (1999); SCHMIDT/WEIß (2003); SPECKBACHER (2004).

[67] Vgl. HEFERMEHL/SPINDLER (2004), § 76, Rn. 63 ff.; HÜFFER (2004), § 76 Rn. 12; SEMLER/SPINDLER (2004), Vor § 76 Rn. 84 ff.

[68] Vgl. RINGLEB ET AL. (2008), Rn. 608 ff.

[69] Ganz im Sinne der prominenten Anreiz-Beitrags-Theorie. Die Anreiz-Beitrags-Theorie geht auf die Arbeiten von BARNARD aus dem Jahr 1938 zurück und wurde später vor allem von MARCH/SIMON (1958) weiterentwickelt. Vgl. Barnard (1938), S. 139 ff. Zum Begriff des Unternehmenswertes siehe nur SCHMIDT/MAßMANN (1999), S. 149 f.

[70] WITT weist darauf hin, dass die Unternehmensplanung nicht nur betriebswirtschaftlich notwendig, sondern auch rechtlich bindend ist. Der Vorstand verletzt dem Autor zufolge seine Sorgfaltspflicht, wenn er keine Planung durchführt. Siehe hierzu WITT (2003a), S. 247 sowie auch SEMLER (1996), S. 9.

[71] Zum Harvard-Strategiekonzept siehe ausführlich ANDREWS (1987). Die Entwicklung des Konzepts beschreiben WELGE/AL-LAHAM (2001), S. 26 ff.

nehmensplanung als ein rationaler und strukturierbarer Prozess betrachtet werden, der sich in die zwei grundlegenden Phasen der Strategieformulierung und -implementierung unterteilt.[72]

Im Rahmen der Strategieformulierung hat das Top Management zunächst die Unternehmensziele zu definieren. Den Ausgangspunkt bildet dabei die Entwicklung des unternehmerischen Leitbildes, das als Orientierungsmuster für die strategische Ausrichtung eines Unternehmens dient. Das Leitbild dokumentiert den Zweck einer Gesellschaft und definiert das Verhältnis zwischen dem Unternehmen und den Bezugsgruppen (Stakeholder) seiner Umwelt.[73] Es stellt damit in noch recht allgemeiner Form einen Kompromiss zwischen den Zielen der einzelnen Stakeholder dar und liefert die Grundlage für die Formulierung von strategischen Zielen und Strategien. Im Hinblick auf die konkrete Ausgestaltung der Unternehmensziele lassen sich keine allgemeingültigen Aussagen treffen, da die unternehmerischen Ziele letztlich aus den höchst individuellen Interessenlagen der verschiedenen Stakeholder resultieren. Im Anschluss an die Formulierung der Unternehmensziele hat der Vorstand Strategien zu entwickeln, die der Erreichung der gesetzten Ziele dienen.

2.2 Strategiebegriff

In der betriebswirtschaftlichen Literatur existiert eine Vielzahl unterschiedlicher Strategiebegriffe, die im Kern auf zwei unterschiedlichen Denkschulen beruhen. Nach der oben bereits erwähnten klassischen rational-entscheidungsorientierten Sichtweise[74] des strategischen Managements sind Strategien rational geplante Maßnahmenbündel, die zur Erreichung der gesetzten Ziele untereinander abgestimmt werden müssen. Strategien lassen sich demnach durch folgende Wesensmerkmale kennzeichnen:

- Sie bilden ein Bündel verschiedener interdependenter Einzelentscheidungen.
- Sie werden vom Top Management und den nachgelagerten Managementebenen bewusst gestaltet und geplant.

---

[72] Vgl. WELGE/AL-LAHAM (2001), S. 23.

[73] Vgl. WELGE/AL-LAHAM (2001), S. 101.

[74] Die rational-entscheidungsorientierte Sichtweise stellt im Übrigen – wie die bisherigen Ausführungen gezeigt haben – nicht nur das dominante Strategieverständnis der betriebswirtschaftlichen, sondern auch der rechtswissenschaftlichen Literatur dar. Siehe hierzu auch GOLL/RASHEED (2005), S. 1006.

- Sie stellen zunächst nur Absichten dar, bestimmte zukünftige Maßnahmen zu ergreifen.
- Sie werden aus den Unternehmenszielen abgeleitet und beschreiben den Weg, der zur Erreichung der Ziele eingeschlagen werden sollte.
- Sie beeinflussen maßgeblich das Verhältnis zwischen dem Unternehmen und seiner Umwelt.[75]

Demgegenüber werden Strategien bei MINTZBERG als Grundmuster im Strom unternehmerischer Entscheidungen und Handlungen begriffen. Mit diesem Verständnis setzt sich der Autor bewusst von der normativ orientierten Strategiekonzeption der synoptischen Unternehmensplanung ab.[76] Das synoptische Verständnis der Unternehmensplanung beruht u. a. auf folgenden Annahmen:

- Strategien sind das Ergebnis eines bewusst-rationalen Entscheidungsprozesses.
- Nur das Top Management ist für die Durchführung und Kontrolle des Strategieprozesses verantwortlich.
- Die Unternehmensstrategie ist explizit formuliert und kann von anderen Gruppen in der Organisation, z. B. dem Aufsichtsrat, nachvollzogen werden.
- Strategieformulierung und -implementierung sind voneinander zu trennen. Die Phase der Implementierung erfolgt stets im Anschluss an die Phase der Strategieformulierung (*structure follows strategy*).[77]

Realitätsnaher sind dagegen die auf LINDBLOM zurückgehenden Verhaltensannahmen der inkrementalen Planung.[78] Die Prämissen der inkrementalen Planung berücksichtigen das tatsächliche menschliche Problemlösungsverhalten in komplexen Situationen, das sich durch Gegenwartsorientierung auszeichnet und durch die Frage der Machbarkeit beeinflusst wird.[79] Daher nimmt auch MINTZBERG Abstand von der Auffassung,

---

[75] Vgl. MACHARZINA (2003), S. 235 ff.

[76] An der normativen Strategiekonzeption wird kritisiert, dass sie Gestaltungsempfehlungen ohne eine empirische Fundierung abgibt. Vgl. hierzu WELGE/AL-LAHAM (2001), S. 30 f.

[77] Siehe im Detail MINTZBERG (1990), S. 175 ff. Zum synoptischen bzw. rationalen Modell der Entscheidungsfindung siehe ferner auch GOLL/RASHEED (2005), S. 1005 f.

[78] Vgl. FREDRICKSON/IAQUINTO (1989), S. 517; FREDRICKSON/MITCHELL (1984), S. 401; WOOLDRIDGE/FLOYD (1989), S. 296 f.

[79] LINDBLOM bezeichnet dieses Problemlösungsverhalten zunächst als "muddling through" („sich durchwursteln"), in späteren Veröffentlichungen als "disjointed incrementalism" („Strategie der

dass das Top Management Strategien stets bewusst plant und sämtliche Einzelentscheidungen, die mit einer Strategie verknüpft sind, ex ante aufeinander abstimmt.[80] Dem intendierten strategischen Planungsprozess wird dabei allerdings keine generelle Absage erteilt. MINTZBERG weist jedoch darauf hin, dass neben den geplanten Strategien, die tatsächlich umgesetzt werden (*deliberate strategies*), in der Realität oftmals auch intendierte Strategien unrealisiert bleiben (*unrealized strategies*) bzw. Strategien realisiert werden, die nicht beabsichtigt waren (*emergent strategies*).[81]

Da es bei der Aufgabenbeschreibung des Vorstands im Sinne einer Stellenbeschreibung um den idealtypischen Prozess der Strategieformulierung geht, wird im Folgenden auf die rational-entscheidungsorientierte Sichtweise rekurriert.[82]

2.3 Strategietypus und Zuständigkeit des Top Managements

Ausgehend von den Informationen über die Umwelt (Chancen und Risiken der Entwicklung des globalen und wettbewerbsbezogenen Umfelds) und über das Unternehmen (Stärken und Schwächen interner Ressourcen und Potenziale)[83] hat das Top Management demzufolge Strategien zu entwickeln, die der Erreichung der gesetzten Unternehmensziele dienen. In der Literatur zum strategischen Management existiert eine Vielzahl von Strategieeinteilungen, die auf unterschiedlichen Kriterien basieren.[84] Für die Beantwortung der hier interessierenden Frage, welche Strategien in den Verantwortungsbereich des Top Managements fallen, bietet sich eine Klassifikation nach dem organisationalen Geltungsbereich an. Bei einer solchen ebenenspezifischen Differenzierung werden drei organisationale Planungsebenen unterschieden (vgl. Abb. 1):

---

kleinen Schritte"). Vgl. hierzu LINDBLOM (1965), S. 148 ff.; LINDBLOM (1969), S. 45 ff. Einen guten Überblick über die Wesensmerkmale der inkrementalen Planung liefert MEYER ZU SELHAUSEN (1989), Sp. 746 ff. Zur Unterscheidung zwischen der rational-entscheidungsorientierten und der politisch-inkrementalen Sichtweise siehe ferner auch BOURGEOIS (1980), S. 228 ff.

[80] Gegen diese Auffassung spricht zumindest tendenziell der von HITT/TYLER empirisch erbrachte Nachweis, dass die rational-analytische Vorgehensweise unter Top Managern durchaus verbreitet ist. Vgl. hierzu HITT/TYLER (1991), S. 341.

[81] Vgl. MINTZBERG (1998a), S. 13 ff.; MINTZBERG/WATERS (1982), S. 466.

[82] Während in diesem Kapitel ausschließlich der präskriptive Charakter des strategischen Managements betrachtet werden soll, wird die deskriptive Seite in Form empirisch-gestützter Beschreibungen der tatsächlichen Strategiepraxis auf der Top Management-Ebene an späterer Stelle untersucht. Siehe unten, S. 65 ff.

[83] Zur strategischen Analyse siehe ausführlich WELGE/AL-LAHAM (2001), S. 183 ff.

[84] So entwickelt KREIKEBAUM beispielsweise eine Strategietypologie nach den Kriterien organisatorischer Geltungsbereich, Funktion, Entwicklungsrichtung/Mitteleinsatz, Markt-verhalten, Produkte/Märkte, Wettbewerbsvorteile/Marktabdeckung. Siehe KREIKEBAUM (1997), S. 58.

(1) Gesamtunternehmung (Unternehmensgesamtstrategie),
(2) Geschäftsfelder (Wettbewerbsstrategie),
(3) Funktionalbereiche (Funktionale Strategie).[85]

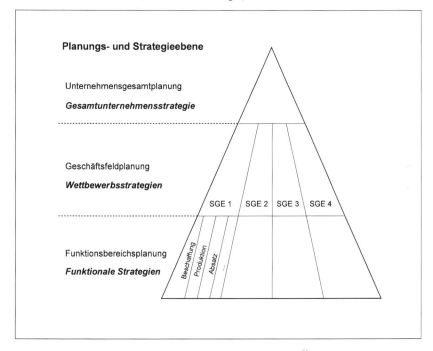

Abb. 1: **Strategieeinteilung nach organisationalen Planungsebenen**[86]

Im Rahmen der Unternehmensgesamtplanung ist die Frage zu klären, in welche Produkte bzw. Dienstleistungen (des)investiert werden soll, und auf welchen Märkten die Leistungen angeboten werden sollen. Da diese beiden grundlegenden Entscheidungsprobleme interdependent sind, konzentriert sich die Strategieformulierung auf der Planungsebene der Gesamtunternehmung auf die Entwicklung von Produkt-Markt-Strategien.[87] Die Unternehmensgesamtstrategie (*corporate strategy*) bezieht sich damit

---

[85] Vgl. WELGE/AL-LAHAM (2001), S. 324.
[86] In Anlehnung an WELGE/AL-LAHAM (2001), S. 325.
[87] Vgl. MACHARZINA (2003), S. 242.

auf die Festlegung der Geschäftsfelder eines Unternehmens sowie die Verteilung der Ressourcen.[88]

Auf der Ebene der Geschäftsfeldplanung wird hingegen festgelegt, wie der Wettbewerb innerhalb ganz bestimmter Produkt-Markt-Bereiche bestritten werden soll.[89] Dabei geht es nach PORTER um die Bestimmung von Wettbewerbsstrategien (*business strategy*).[90] Grundsätzlich kann ein Unternehmen nach PORTER drei Wettbewerbsstrategien einschlagen, um innerhalb einer strategischen Geschäftseinheit (SGE) eine vorteilhafte Wettbewerbsposition zu erlangen:

(1) die Strategie der Kostenführerschaft,

(2) die Strategie der Differenzierung und

(3) die Strategie der Konzentration auf Schwerpunkte (Nischenstrategie).[91]

Bei einer *Kostenführerschaftsstrategie* strebt das Unternehmen eine im Vergleich zu ihren Wettbewerbern überlegene Kostenposition an. Diese Kostenposition ermöglicht den Markterfolg durch eine hohe Marktabdeckung und eine Niedrigpreispolitik. Dies impliziert in der Regel standardisierte Absatzleistungen und eine durchschnittliche Qualität der angebotenen Produkte und Dienstleistungen.[92]

Demgegenüber beabsichtigt die *Strategie der Differenzierung*, die Produkte bzw. Dienstleistungen eines Unternehmens aus Sicht des Kunden durch unverwechselbare Eigenschaften vom Wettbewerber abzuheben. Differenzierungsvorteile können entweder durch spezielle Merkmale der Leistung, die den Kundennutzen steigern, oder durch eine Senkung der Nutzungskosten erzielt werden. Die (Produkt-)Differenzierung soll insbesondere eine Herabsetzung der Preiselastizität der Nachfrage ermöglichen, um den Markterfolg über entsprechende Preiserhöhungen zu realisieren.[93]

Im Gegensatz zu den Strategien der Kostenführerschaft und der Differenzierung, die sich auf den Gesamtmarkt beziehen, konzentriert sich die *Nischenstrategie* auf die Bearbeitung einzelner Marktsegmente. Durch diese Fokussierung soll das Unterneh-

---

[88] Vgl. STEINMANN/SCHREYÖGG (2000), S. 56.
[89] Vgl. STEINMANN/SCHREYÖGG (2000), S. 56; WELGE/AL-LAHAM (2001), S. 377.
[90] Vgl. PORTER (1997), S. 63.
[91] Vgl. PORTER (1997), S. 67.
[92] Vgl. MACHARZINA (2003), S. 246; WELGE/AL-LAHAM (2001), S. 379 ff.
[93] Vgl. MACHARZINA (2003), S. 246; WELGE/AL-LAHAM (2001), S. 384 ff.

Aufgaben und Pflichten des Vorstands   21

men in die Lage versetzt werden, präziser als seine Wettbewerber auf die Bedürfnisse einer speziellen Zielgruppe eingehen zu können. Als Nischen sind spezifische Abnehmergruppen, ein regionaler Markt oder eine enge Produktlinie denkbar. Die Nischenstrategie stellt neben der Kostenführerschaftsstrategie und der Differenzierungsstrategie allerdings keinen eigenständigen Strategietyp dar. Sie kann sich sowohl durch eine überlegene Kostenposition als auch durch Alleinstellungsmerkmale der Produkteigenschaften auszeichnen.[94]

Aus der Unternehmensgesamtstrategie und der Wettbewerbsstrategie werden schließlich deduktiv *funktionale Strategien* abgeleitet. Diese legen die Basis für die operativen Entscheidungen in den wesentlichen betrieblichen Teilfunktionen (Forschung & Entwicklung, Produktion, Marketing, Personalwirtschaft) fest.[95] Die Bedeutung funktionaler Strategien und Politiken wurde in der Strategie-Diskussion lange Zeit unterschätzt.[96] In jüngerer Zeit werden zunehmend auch die strategischen Potenziale der Funktionsbereiche erkannt, die in ihrer Bedeutung über einen rein derivativen Charakter funktionaler Strategien hinausreichen.[97]

Es ist unstreitig, dass aus den aufgezeigten drei Strategietypen die Unternehmensgesamtstrategie in den originären Aufgabenbereich des Top Managements fällt.[98] Die Frage, ob der Vorstand einer Aktiengesellschaft auch Entscheidungen über die Wettbewerbsstrategien und funktionale Strategien zu treffen hat, hängt allerdings von den Merkmalen des jeweiligen Unternehmens ab. Entscheidend ist dabei, welchen Anforderungen der Märkte ein Unternehmen gegenübersteht. In Unternehmen, die in dynamische Märkte eingebunden sind und sich durch eine gewisse Größe und einen höheren Diversifikationsgrad auszeichnen, hat das Top Management naturgemäß andere Aufgaben zu erfüllen, als in Unternehmen mit stabilen Märkten und einem homogenen

---

[94] Vgl. MACHARZINA (2003), S. 247; WELGE/AL-LAHAM (2001), S. 387 ff.

[95] Vgl. MACHARZINA (2003), S. 248.

[96] Vgl. WELGE/AL-LAHAM (2001), S. 403.

[97] Für die Personalfunktion ist z. B. bereits seit Anfang der 1980er Jahre eine Fokussierung auf strategische Aspekte der Personalarbeit festzustellen. Diese Bewegung hat ihre Wurzeln in verschiedenen konzeptionellen Ansätzen des so genannten Human Resource Management (HRM). Vgl. hierzu ausführlich LIEBEL/OECHSLER (1994), S. 1 ff. (zum Harvard-Ansatz des HRM) und S. 6 ff. (zum Michigan-Ansatz des HRM) sowie auch WAGNER (2003), S. 7 ff.

[98] Vgl. KREIKEBAUM (1997), S. 191 f. sowie auch BEA/HAAS (2005), S. 60 ff.; DAFT (2003), S. 245 f.

Produktprogramm.[99] Situative Unterschiede machen eine einfache Zuordnung mithin unmöglich.

Tendenziell lässt sich jedoch feststellen. Während das Top Management in einem Unternehmen mit homogenem Produktprogramm und einer einfachen funktionalen Organisationsstruktur[100] Entscheidungen über die Wettbewerbsstrategie und funktionale Strategien noch weitgehend selbst treffen kann, ist der Vorstand einer großen diversifizierten Gesellschaft aufgrund seiner beschränkten Handlungskapazitäten in aller Regel gezwungen, strategische Entscheidungen bezogen auf einzelne Geschäftsfelder oder Funktionsbereiche auf untere Hierarchieebenen zu delegieren.[101] Insgesamt kann somit festgestellt werden, dass sowohl aus juristischer als auch betriebswirtschaftlicher Sicht die Grenzen der Delegation von Entscheidungen durch das Top Management nur schwer fassbar sind.[102]

III. Organisation und Entscheidungsfindung des Vorstands aus rechtlicher und betriebswirtschaftlicher Sicht

Das Problem der organisatorischen Ausgestaltung des Top Managements ist zunächst aus einem organisationstheoretischen Blickwinkel zu betrachten, da die Aufgabe der Unternehmensführung einer Aktiengesellschaft in aller Regel durch ein hohes Maß an Komplexität gekennzeichnet ist, welches die quantitativen und qualitativen Kapazitäten einer einzelnen Person schnell übersteigt. Die Komplexität der Leitungsaufgabe macht auf der höchsten hierarchischen Ebene Arbeitsteilung zwischen den Handlungsträgern erforderlich und liefert damit die theoretische Begründung für die in der Praxis verbreitete mehrköpfige Besetzung des Vorstands einer großen Aktiengesellschaft. Aber auch das Gesetz spricht sich in §§ 76 Abs. 2, 77 Abs. 1 AktG für eine Mehr-Personen-Leitung aus, in dem es die Ein-Personen-Leitung als eine strenge Ausnahme deklariert.[103]

---

[99] Siehe hierzu FRESE (2005), S. 543 f. Ähnlich auch BLEICHER (1991), S. 23.

[100] Eine Funktionalorganisation stellt eine eindimensionale Segmentierung der Rahmenstruktur nach dem Verrichtungskriterium (z. B. Beschaffung, Produktion und Absatz) dar. Vgl. hierzu ausführlich FRESE (2005), S. 443 ff.

[101] Vgl. BEA/HAAS (2005), S. 60 f.; KREIKEBAUM (1997), S. 193 f.

[102] Siehe hierzu auch FRESE (2005), S. 545 f.; HEFERMEHL/SPINDLER (2004), § 76 Rn. 16.

[103] Vgl. FRESE (2005), S. 546.

In den bisherigen Ausführungen wurden die Begriffe „Leitungsorgan" und „Top Management" synonym verwendet. Das soll sich im Folgenden auch nicht ändern. Um Missverständnisse zu vermeiden, ist jedoch mit Blick auf die hier anstehenden Überlegungen zur Organisation des Vorstands auf eine begriffliche Feinheit hinzuweisen. In der betriebswirtschaftlichen Literatur wird die Unternehmensleitung regelmäßig als die oberste Ebene der organisationalen Hierarchie bezeichnet, die für die Formulierung der Unternehmensziele und -strategien zuständig ist.[104] Dies verleitet zu der Annahme, dass die Begriffe „Unternehmensleitung" und „Leitungsorgan" respektive „Top Management" übereinstimmen. Die Annahme der begrifflichen Übereinstimmung wird nicht zuletzt auch dadurch gestützt, dass dem Leitungsorgan der Aktiengesellschaft die Aufgaben der Festlegung von Unternehmenszielen und -strategien zugewiesen werden. Obwohl das Leitungsorgan bzw. Top Management einer Aktiengesellschaft – wie oben gezeigt wurde – für die Aufgaben der Unternehmensführung zuständig ist, kann jedoch nicht generell von einer inhaltlichen Deckung der Begriffe „Unternehmensleitung" (betriebswirtschaftliche Kategorie) und „Leitungsorgan" (juristische Kategorie) ausgegangen werden.

Während der Unternehmensleitung aus betriebswirtschaftlicher Sicht Handlungsträger angehören, die die Führungsaufgabe an der Spitze der organisationalen Hierarchie wahrnehmen, zählen zum Leitungsorgan aus juristischer Sicht Personen, die von einem zuständigen Bestellungsorgan[105] in das Leitungsorgan berufen wurden. Für die Mitglieder des Leitungsorgans bedeutet dies allerdings nicht per se, dass sie (ausschließlich) Führungsaufgaben wie die Formulierung der Unternehmensziele und die Festlegung der strategischen Ausrichtung der Gesellschaft erfüllen. So ist es in einer Aktiengesellschaft prinzipiell auch möglich, dass die Mitglieder des Vorstands neben den Aufgaben der Unternehmensführung leitende Funktionen auf nachgelagerten Hierarchieebenen wahrnehmen. Aus juristischer Sicht ist somit keineswegs auszuschließen, dass Mitglieder des Top Managements auf mehreren Ebenen der organisationalen Hierarchie tätig sind.[106]

---

[104] Vgl. FRESE (2005), S. 538.

[105] In der Aktiengesellschaft ist dies der Aufsichtsrat.

[106] Bei einer GmbH ist im Gegensatz zur Aktiengesellschaft – wie sich später noch zeigen wird – im Übrigen auch der Fall denkbar, dass ein Mitglied der Geschäftsführung ausschließlich die Leitung nachgeordneter Unternehmensbereiche übernimmt und somit zwar Mitglied des Leitungsorgans ist, aber – aus betriebswirtschaftlicher Perspektive – nicht dem Top Management zugeordnet wird. Vgl. FRESE (2005), S. 507 sowie unten, S. 28 f.

Im Folgenden werden zunächst rechtsformunabhängig vier verschiedene Organisationsalternativen für das Top Management vorgestellt, die in der Literatur als Basismodelle der internen Organisation des Leitungsorgans diskutiert werden.[107] Im Anschluss daran wird untersucht, welche der vier Basismodelle mit Blick auf die geltenden Rechtsvorschriften als juristisch abgesicherte Organisationslösung für den Vorstand einer Aktiengesellschaft überhaupt in Betracht kommen.

1. Organisationale Gestaltungsdimensionen des Top Managements

Die Basismodelle der Organisation des Top Managements lassen sich anhand von zwei Gestaltungsdimensionen ableiten: (1) Arbeitsteilung im Top Management und (2) Status der Mitglieder des Top Managements.

1.1 Arbeitsteilung im Top Management

Die Dimension der Arbeitsteilung im Top Management betrifft die inhaltliche Differenzierung der Aufgabenbereiche der Mitglieder des Gremiums. Hier geht es um die Frage der Verteilung von Aufgaben unter den Mitgliedern des Top Managements. Im Kern wird dabei unterschieden zwischen der *Portefeuillebindung* und der *Ressortbindung* der Unternehmensführung. Bei einer portefeuillegebundenen Unternehmensführung sind die Angehörigen des Top Managements lediglich befugt, für bestimmte Aufgabensegmente (so genannte Portefeuilles) Entscheidungen vorzubereiten. Auf Einräumung individueller Entscheidungskompetenzen wird bei dieser Lösung generell verzichtet. Demgegenüber besitzen die Mitglieder bei einer ressortgebundenen Unternehmensführung Entscheidungskompetenzen für die ihnen zugewiesenen Aufgabensegmente (Ressorts).[108]

Die ressortgebundene Lösung zeichnet sich durch eine hohe Vertrautheit der Top Manager mit dem laufenden Geschäft aus. Der Informationsstand der Unternehmensleitung wird durch das Wissen der Ressortvertreter über die Anforderungen und operativen Abläufe in ihren Ressorts verbessert, wodurch die Entscheidungsqualität des Gesamtgremiums positiv beeinflusst wird. Andererseits können bei einer portefeuillegebundenen Unternehmensführung die Mitglieder des Top Managements den Einsatz ihrer (beschränkten) Kapazitäten vollständig auf strategische Aufgaben der Unternehmensspitze konzentrieren, da sie keiner Doppelbelastung (auf unteren Hierarchieebe-

---

[107] Die Systematik der internen Organisation des Leitungsorgans geht auf V. WERDER zurück. Siehe hierzu näher V. WERDER (1987), S. 2265 ff.

[108] Vgl. V. WERDER (1987), S. 2266.

nen) ausgesetzt sind. Ferner werden Top Manager bei einer portefeuillegebundenen Unternehmensführung etablierte Handlungsmuster bei der Suche nach Problemlösungen eher durchbrechen und neue Wege beschreiten, während sie bei einer ressortgebundenen Unternehmensführung aufgrund der hohen Verantwortung im Tagesgeschäft vermutlich häufiger auf bewährte Managementmethoden zurückgreifen werden. Bei der ressortgebundenen Unternehmensführung besteht überdies die Gefahr bereichsegoistischer Zielverfolgung und damit nicht auszuschließender Zielkonflikte zwischen dem Unternehmensziel und dem Ressortziel. Dies betrifft vor allem Top Management-Entscheidungen über die Verteilung von Ressourcen auf verschiedene Teilbereiche.[109]

1.2 Status der Mitglieder des Top Managements

Die zweite Dimension klassifiziert Kompetenzunterschiede innerhalb des Top Managements anhand von Statusunterschieden. Dabei wird differenziert zwischen den Prinzipien der kollegialen und direktorialen Unternehmensführung. Nach dem *Kollegialprinzip* sind alle Mitglieder des Top Managements gleichberechtigt am Entscheidungsprozess beteiligt. Die Entscheidung wird nach dem Einstimmigkeitsprinzip oder dem Mehrheitsprinzip (einfache oder qualifizierte Mehrheit) getroffen, so dass kein Mitglied eine Dominanzstellung im Rahmen der Entscheidungsfindung besitzt. In Pattsituationen kann einzelnen Mitgliedern zur Auflösung von Meinungsverschiedenheiten allenfalls eine Zweitstimme oder ein Vetorecht eingeräumt werden. Eine hierarchische Abstufung der Entscheidungskompetenzen ist beim Kollegialprinzip dagegen ausgeschlossen.

Im Gegensatz dazu bewirkt das *Direktorialprinzip* eine Hierarchisierung innerhalb des Top Managements. Hier werden einem oder mehreren Mitgliedern Weisungsbefugnisse gegenüber den übrigen Mitgliedern eingeräumt. So besitzt ein Vorsitzender des Leitungsorgans bei Meinungsverschiedenheiten ein Allein- bzw. Letztentscheidungsrecht.[110]

Die rangmäßige Abstufung unter den Angehörigen des Top Managements beim Direktorialprinzip führt aus Effizienzgesichtspunkten zu einer mangelnden Ausschöpfung der Fähigkeiten und Kenntnisse seiner Mitglieder. Dies hat tendenziell einen negativen Einfluss auf die Entscheidungsqualität und die Akzeptanz einer Entscheidung. Beim Kollegialprinzip lässt sich hingegen vermuten, dass Entscheidungsprobleme zwar

---

[109] Vgl. FRESE (2005), S. 554 f.
[110] Vgl. V. WERDER (1987), S. 2266.

intensiver, dafür aber auch langwieriger diskutiert werden. Im Vergleich zum Kollegialprinzip hat die direktoriale Unternehmensführung mithin den Vorteil, dass zeitliche Reibungsverluste durch den kollektiven Entscheidungsprozess sowie das Risiko ineffizienter Kollegialkompromisse vermieden werden.[111]

2. Organisationsmodelle des Top Managements

Aus der Kombination der beiden Gestaltungsdimensionen ergeben sich mit dem Sprecher-Modell, dem Stabs-Modell, dem Hierarchie-Modell und dem Ressort-Modell vier Basismodelle der Organisation des Top Managements (vgl. Abb. 2).

Arbeitsteilung im Top Management \ Status der Mitglieder im Top Management	Kollegial-prinzip	Direktorial-prinzip
Portefeuillebindung	Sprecher-Modell	Stabs-Modell
Ressortbindung	Ressort-Modell	Hierarchie-Modell

Abb. 2: Modelle der Organisation des Top Managements[112]

2.1 Sprecher-Modell

Das Sprecher-Modell stellt eine Kombination aus kollegialer Unternehmensführung und Portefeuillebindung dar. Nach dem Kollegialprinzip müssen die Aufgaben der

---

[111] Vgl. BLEICHER (1991), S. 29; FRESE (2005), S. 555 f.
[112] In Anlehnung an v. WERDER (1987), S. 2266.

Unternehmensführung gemeinsam erfüllt werden. Folglich ist die oberste Entscheidungsebene der organisationalen Hierarchie mit sämtlichen Mitgliedern des Leitungsorgans besetzt. Die Organmitglieder übernehmen allerdings keine operative Verantwortung auf der zweiten Hierarchieebene. Sie erfüllen als „Sprecher" gewissermaßen Stabsfunktionen[113] für die Unternehmensleitung, der sie als Mitglied angehören. Auf die Einräumung individueller Entscheidungsspielräume wird beim Sprecher-Modell somit generell verzichtet. In Abbildung 3 wird das Modell illustriert. Rechtecke symbolisieren hier organisatorische Einheiten mit Entscheidungskompetenzen, Ovale hingegen Organisationseinheiten mit entscheidungsvorbereitenden Kompetenzen.[114]

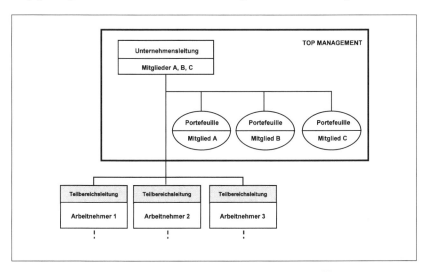

Abb. 3: **Organisation des Top Managements nach dem Sprecher-Modell**[115]

2.2 Ressort-Modell

Das Ressort-Modell (vgl. Abb. 4) vereint das Kollegialprinzip mit dem Prinzip der Ressortbindung. Wie beim Sprecher-Modell übernehmen sämtliche Mitglieder des Top Managements gemeinsam die Aufgabe der Unternehmensführung. Neben ihrer Beteiligung an den gemeinsam zu treffenden Entscheidungen verfügen sie darüber hinaus über individuelle Entscheidungskompetenzen in den ihnen speziell zugewiese-

---

[113] Zum Stabsprinzip siehe auch FRESE (2005), S. 213 f.
[114] Vgl. V. WERDER (1987), S. 2266.
[115] In Anlehnung an V. WERDER (1987), S. 2266.

nen Aufgabensegmenten (Ressorts) („Zwei-Hüte-Prinzip"). Diese individuellen Kompetenzen dürfen sich aufgrund des rechtlich verbindlichen Kollegialprinzips jedoch nicht auf die Entscheidungen der Unternehmensleitung beziehen.[116]

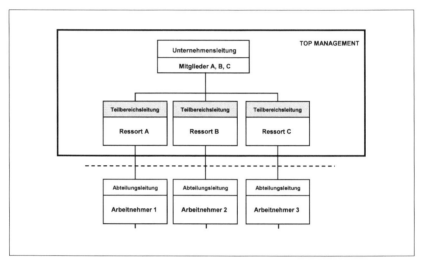

Abb. 4: Organisation des Top Managements nach dem Ressort-Modell[117]

2.3 Stabs-Modell

Beim Stabs-Modell (vgl. Abb. 5) wird das Direktorialprinzip mit der portefeuillegebundenen Unternehmensführung verknüpft. Im Gegensatz zu den bisherigen Modellen besitzen bei einer direktorialen Unternehmensführung nur bestimmte Mitglieder des Top Managements (eine oder mehrere Personen) die Kompetenz zur Wahrnehmung der Kernaufgabe. Durch die Portefeuillebindung sind die übrigen Mitglieder – wie im Sprecher-Modell – nur zur Vorbereitung bestimmter Aspekte eines Entscheidungsproblems autorisiert. Anders als beim Sprecher-Modell sind sie aber aufgrund des Direktorialprinzips von einer Beteiligung an der Entscheidungsfindung ausgeschlossen und übernehmen lediglich die Funktion, das oder die entscheidungsbefugte(n) Organmitglied(er) zu unterstützen. Sie verfügen somit über keine individuellen oder kollektiven Entscheidungskompetenzen.[118]

---

[116] Vgl. v. WERDER (1987), S. 2267.
[117] In Anlehnung an v. WERDER (1987), S. 2267.
[118] Vgl. v. WERDER (1987), S. 2267 f.

Organisation und Entscheidungsfindung des Vorstands 29

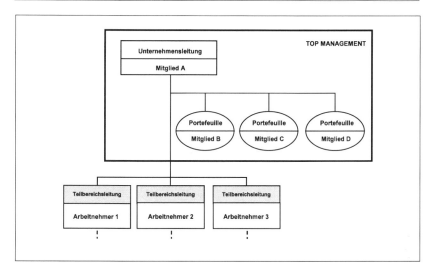

Abb. 5: Organisation des Top Managements nach dem Stabs-Modell[119]

2.4 Hierarchie-Modell

Das Hierarchie-Modell (vgl. Abb. 6) ist durch eine direktorial-ressortgebundene Unternehmensführung gekennzeichnet. Nach diesem Modell übernehmen die Mitglieder des Top Managements auf der Hierarchieebene unterhalb der Unternehmensleitung die Leitung von Teilbereichen (z. B. Geschäftsbereiche oder Funktionalbereiche wie das Personal- oder Finanzressort). Für diese Teilbereiche bzw. Ressorts sind sie mit individuellen Entscheidungskompetenzen ausgestattet. Im Hinblick auf ihre Kompetenzen sind sie innerhalb des Top Managements im Gegensatz zum Ressort-Modell von einem oder mehreren ausgewählten Organmitgliedern, die der Unternehmensleitung im organisatorischen Sinne angehören, jedoch hierarchisch abgestuft und unterliegen deren Weisungen.[120]

---

[119] In Anlehnung an V. WERDER (1987), S. 2266.
[120] Vgl. V. WERDER (1987), S. 2268.

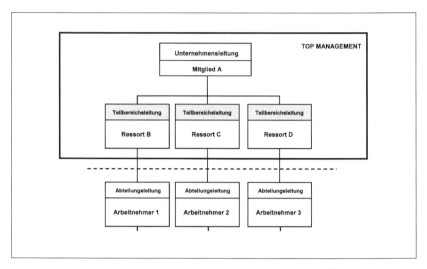

Abb. 6: Organisation des Top Managements nach dem Hierarchie-Modell[121]

3. Zulässigkeit der Organisationsmodelle des Top Managements

Zur Beantwortung der Frage, welche der vier Basismodelle für die Organisation des Leitungsorgans einer Aktiengesellschaft aus juristischer Sicht zulässig sind, ist auf § 77 Abs. 1 AktG zu rekurrieren. Hiernach gilt der *Grundsatz der Gesamtgeschäftsführung*, aus dem zwingend das Prinzip der kollegialen Unternehmensführung hervorgeht.[122] Infolgedessen scheiden das Hierarchie-Modell und das Stabs-Modell als rechtlich zulässige Organisationsalternativen grundsätzlich aus.

3.1 Willensbildung im Vorstand

Das Gesetz verlangt, dass die Beschlussfassung im mehrköpfigen Vorstand grundsätzlich einstimmig zu erfolgen hat. Die Form der Willensbildung wird jedoch nicht vorgeschrieben. Es ist daher möglich, dass der Vorstand neben der regulären mündlichen Beschlussfassung telegraphische, fernmündliche oder schriftliche Beschlüsse fasst. Kommt aufgrund von Meinungsverschiedenheiten keine Einigung zustande, kann der Aufsichtsrat als Vermittler eingeschaltet werden.[123] Da bereits die Gegenstimme eines

---

[121] In Anlehnung an V. WERDER (1987), S. 2267.
[122] Vgl. BEZZENBERGER (1996), S. 666; HENN (1998), § 18 Rn. 574; HÜFFER (2004), § 77 Rn. 6; SCHMIDT (1997), S. 819 f.
[123] Vgl. HEFERMEHL/SPINDLER (2004), § 77 Rn. 6 ff.

einzelnen Mitglieds eine geplante unternehmerische Maßnahme verhindern kann, wird das Handeln des Vorstands bei Befolgen des Einstimmigkeitsprinzips enorm erschwert. Aus diesem Grund kann die Satzung oder Geschäftsordnung[124] des Vorstands vorsehen, dass Entscheidungen nach dem Mehrheitsprinzip getroffen werden. Möglich sind sowohl einfache als auch qualifizierte Mehrheiten oder Abstufungen in Abhängigkeit von der Art und Bedeutung der Entscheidung. Zur Vermeidung von Patt-Situationen im Vorstand kann die Satzung oder Geschäftsordnung überdies bestimmen, dass die Stimme des Vorstandsvorsitzenden oder eines anderen Vorstandsmitglieds den Ausschlag gibt.[125] Der Vorsitzende des Vorstands besitzt allerdings kein Alleinentscheidungsrecht, so dass eine Vorstandsorganisation nach amerikanischem Vorbild (CEO-Modell) gesetzlich unzulässig ist. Der Vorstandsvorsitzende einer deutschen Aktiengesellschaft ist nach geltendem Recht stets primus inter pares.[126]

3.2 Geschäftsverteilung im Vorstand

Wie oben bereits festgestellt, macht die hohe Komplexität der Führungsaufgabe Arbeitsteilung zwischen den Mitgliedern des Top Managements erforderlich, da deren individuelle Handlungskapazitäten naturgemäß begrenzt sind. Beim kollegialen Sprecher-Modell besitzen die einzelnen Mitglieder des Vorstands aufgrund der Portefeuillebindung keine individuellen Entscheidungskompetenzen. Diese Modellvariante entspricht mithin dem Grundsatz der Gesamtgeschäftsführung und ist nach deutschem Recht daher als Organisationsalternative für den Vorstand zulässig.[127] Für das Ressort-Modell, bei dem die Vorstandsmitglieder über individuelle Entscheidungsbefugnisse für die ihnen zugewiesenen Ressorts verfügen, gilt § 77 Abs. 1 Satz 2 AktG. Nach dieser Rechtsnorm ist eine durch die Satzung oder Geschäftsordnung festgelegte Geschäftsverteilung grundsätzlich gestattet.[128] Die Aufteilung der Gesamtgeschäftsfüh-

---

[124] Zur Geschäftsordnung siehe auch unten, S. 34 f.

[125] Vgl. HÜFFER (2004), § 77 Rn. 11; MERTENS (1996), § 77 Rn. 9; SCHMIDT (1997), S. 820; WIESNER (1999), § 22 Rn. 8 f. Umstritten ist, ob dem Vorstandsvorsitzenden auch ein Vetorecht gegenüber Mehrheitsbeschlüssen des Vorstands eingeräumt werden kann. Für ein Vetorecht spricht sich z. B. WIESNER (1999), § 24 Rn. 3 aus, dagegen HOFFMANN-BECKING (1998), S. 518 f.

[126] Vgl. SCHMIDT (1997), S. 820.

[127] HOFFMANN-BECKING weist darauf hin, dass die Vorbereitung und Ausführung von Entscheidungen auf einzelne Mitglieder des Vorstands delegiert werden dürfen. Siehe hierzu HOFFMANN-BECKING (1998), S. 508.

[128] Vgl. HEFERMEHL/SPINDLER (2004), § 77 Rn. 24; HÜFFER (2004), § 77 Rn. 15; MERTENS (1996), § 77 Rn. 15 ff.

rung in Befugnisse zur Einzelgeschäftsführung kann dabei nach verrichtungsorientierten, produktorientierten oder marktorientierten Kriterien erfolgen.[129]

Die prinzipielle Möglichkeit der Geschäftsverteilung bedeutet allerdings nicht, dass Vorstandsmitglieder nur noch für die ihnen zugewiesenen Ressorts zuständig sind. Sie bleiben vielmehr auch bei interner Arbeitsteilung für die gesamte Geschäftsführung verantwortlich.[130] Allerdings führt die Verteilung der Geschäfte zu einer Änderung ihrer Sorgfaltspflichten, da sie nicht eigenmächtig in die Ressorts der anderen Vorstandsmitglieder eingreifen dürfen. Ihre unmittelbar verwaltende Tätigkeit konzentriert sich bei einer Geschäftsverteilung auf das eigene Ressort. Aufgrund ihrer Verantwortung für die gesamte Geschäftsführung ist jedes Vorstandsmitglied jedoch verpflichtet, die Tätigkeit seiner Kollegen in den einzelnen Aufgabensegmenten zu beaufsichtigen.[131] Diese allgemeine Aufsichtspflicht darf jedoch nicht mit der Überwachungspflicht des Aufsichtsrats verwechselt werden.[132] Bei der allgemeinen Aufsichtspflicht der Vorstandsmitglieder im Rahmen der organinternen Geschäftsverteilung soll der Gesamtvorstand auf Missstände innerhalb der einzelnen Ressorts aufmerksam gemacht werden. Die konkreten Maßnahmen, die Vorstandsmitglieder im Zuge dessen zu ergreifen haben, sind kontextabhängig und werden von situativen Faktoren wie Größe, Gegenstand des Unternehmens und der Bedeutung der Geschäfte bestimmt. Nach allgemeiner Auffassung genügt ein Vorstandsmitglied seiner allgemeinen Aufsichtspflicht, wenn es sich in Vorstandssitzungen über den Geschäftsverlauf in den anderen Ressorts hinreichend informiert.[133] Falls ein Vorstandsmitglied den Verdacht hegt, dass in dem Ressort eines Vorstandskollegen Probleme auftreten, die sich nicht ohne Einschaltung des Gesamtvorstands lösen lassen, hat das Mitglied sämtliche Kollegen über den Missstand in Kenntnis zu setzen. Da die Geschäftsverteilung innerhalb des Vorstands jedoch wesentlich von wechselseitigem Vertrauen geprägt wird, wird dem Leitungsorgan nach herrschender Meinung ein weiter Ermessensspielraum in Bezug auf die praktische Ausgestaltung der organinternen Selbstkontrolle eingeräumt.[134]

---

[129] Zu den Segmentierungskriterien einer Organisationsstruktur vgl. FRESE (2005), S. 443.
[130] Vgl. HOFFMANN-BECKING (1998), S. 506.
[131] Vgl. HOFFMANN-BECKING (1998), S. 512 f.; MERTENS (1996), § 77 Rn. 20; WIESNER (1999), § 22 Rn. 14.
[132] Nach § 111 Abs. 1 AktG hat der Aufsichtsrat die Geschäftsführung zu überwachen.
[133] Vgl. HÜFFER (2004), § 77 Rn. 15.
[134] Vgl. HEFERMEHL/SPINDLER (2004), § 77 Rn. 28.

Die Übertragung von Aufgaben des Vorstands auf einzelne Mitglieder durch die Satzung oder die Geschäftsordnung ist selbstverständlich nicht schrankenlos. So kann die Zuständigkeit für die Leitung der Gesellschaft nicht auf ein oder mehrere Organmitglieder übertragen werden.[135] Leitungsaufgaben wie die Unternehmensplanung und -kontrolle oder die Besetzung von Führungspositionen müssen zwingend im Aufgabenbereich des Gesamtvorstands bleiben.[136] Ferner lassen sich aus der fehlenden Übertragbarkeit von Leitungsaufgaben des Gesamtunternehmens auf einzelne Vorstandsmitglieder auch einige Restriktionen für bestimmte Organisationslösungen (Funktional- und Spartenorganisation) ableiten.[137] So kann beispielsweise bei einer funktionalen Aufteilung der Vorstandsressorts (z. B. nach Beschaffung, Produktion, Absatz, Personalwesen und Finanzen) der Derivatenhandel im Bereich des Finanzvorstands ein bestandsgefährdendes Risiko darstellen und somit über die Einzelgeschäftsbefugnis hinausgehen. Bei einer Spartenorganisation darf zum Beispiel die Sparte eines Produkts, das die Produktpalette des Unternehmens absolut dominiert, nicht nur von einem Vorstandsmitglied geführt werden.[138]

Vor dem Hintergrund des Prinzips der Gesamtgeschäftsführung ist auch die Frage zu klären, ob und inwieweit Ausschüsse innerhalb des Vorstands eingerichtet werden können. Eine Delegation bestimmter Aufgaben auf mehrere Vorstandsmitglieder ist nach dem Aktienrecht grundsätzlich möglich. Analog zur Übertragung von Geschäftsführungsbefugnissen auf einzelne Vorstandsmitglieder darf die Ausschussbildung allerdings nicht den Grundsatz der Gesamtverantwortung des Vorstands verletzen. Folglich dürfen die Leitungsaufgaben des Vorstands auch nicht vollständig auf eigens eingerichtete Vorstandsausschüsse übertragen werden.[139]

---

[135] Vgl. HÜFFER (2004), § 77 Rn. 18.

[136] Diese Feststellung ist mit Blick auf die an späterer Stelle zu beantwortende Frage von Bedeutung, ob es sich bei einem Vorstand um ein Top Management *Team* handelt.

[137] An dieser Stelle sei angemerkt, dass in der Praxis Großunternehmen in aller Regel mehrdimensionale Organisationsstrukturen aufweisen. Die Verwendung rein eindimensionaler Strukturen wie die Funktionalorganisation (Segmentierung nach dem Verrichtungskriterium) oder die Spartenorganisation (Segmentierung nach dem Produktkriterium) dient an dieser Stelle allein dem Zweck, die Argumentation zu vereinfachen.

[138] Vgl. HEFERMEHL/SPINDLER (2004), § 77 Rn. 32 ff.

[139] Vgl. HEFERMEHL/SPINDLER (2004), § 77 Rn. 37; HOFFMANN-BECKING (1998), S. 509.

4. Geschäftsordnung

Die Modalitäten zum Erlass einer Geschäftsordnung sind in § 77 Abs. 2 AktG geregelt. Neben der bereits erwähnten Möglichkeit, abweichende Bestimmungen vom Prinzip der Gesamtgeschäftsführung festzuschreiben bzw. die Aufgabenverteilung im Vorstand festzulegen, kann die Geschäftsordnung darüber hinaus allgemeine Regelungen über die Form der Zusammenarbeit der Vorstandsmitglieder und des Vorstands mit dem Aufsichtsrat enthalten.[140] Sie legt somit die „Spielregeln" für die organinterne Zusammenarbeit fest. Dazu zählen Bestimmungen über den gegenseitigen Informationsaustausch und die Sitzungen des Vorstands wie Sitzungstermine, Leitung der Sitzung, Abstimmungsmodalitäten, Führung von Protokollen und Regeln über die Entscheidung von Meinungsverschiedenheiten zwischen den Mitgliedern des Vorstands.[141]

Das Leitungsorgan kann sich zwar selbst eine Geschäftsordnung geben. Die primäre Regelungskompetenz in Fragen der Vorstandsorganisation besitzt jedoch der Aufsichtsrat.[142] Darüber hinaus können Einzelfragen durch die Satzung bindend geregelt werden. Die innere Organisation des Vorstands liegt somit letztlich in den Händen des Überwachungsorgans. Der Grund für die fehlende Organisationsautonomie des Vorstands ist darin zu sehen, dass der Aufsichtsrat für die Auswahl der Vorstandsmitglieder zuständig ist und somit auch darüber entscheiden sollte, welche Aufgabenbereiche den bestellten Personen zugewiesen werden.[143]

Dazu zählt insbesondere in mitbestimmten Aktiengesellschaften die gesetzlich zwingende Entscheidung des Aufsichtsrats, für das Personalressort einen Arbeitsdirektor zu benennen.[144] Diese Kompetenz kann dem Aufsichtsrat durch die Geschäftsordnung nicht entzogen werden. Der Arbeitsdirektor ist ein gleichberechtigtes Mitglied des Vorstands und unterscheidet sich von seinen Vorstandskollegen nur dadurch, dass ihm

---

[140] HOMMELHOFF/SCHWAB sehen in der Geschäftsordnung des Vorstands die wichtigste Quelle unternehmensinterner Grundsätze der Corporate Governance. Siehe hierzu HOMMELHOFF/SCHWAB (2003), S. 80 f.
[141] Vgl. HOFFMANN-BECKING (1998), S. 499; HÜFFER (2004), § 77 Rn. 21; MERTENS (1996), § 77 Rn. 39; WAGNER (1994), S. 100 f.
[142] Vgl. RINGLEB ET AL. (2008), Rn. 683.
[143] Vgl. HOFFMANN-BECKING (1998), S. 501 f.
[144] §§ 6 ff. MitbestG, §§ 3 ff. MontanMitbestG, §§ 1 ff. MitbestErgG.

im Rahmen der Geschäftsverteilung kraft Gesetzes Zuständigkeiten in Personal- und Sozialfragen übertragen werden.[145]

5. Stellung des Vorstandsvorsitzenden

5.1 Kompetenzen

Neben Regelungen über die Art und Weise der Zusammenarbeit im Vorstand kann die Geschäftsordnung auch bestimmen, dass ein Sprecher des Vorstands gewählt wird, der insbesondere repräsentative Funktionen für den Gesamtvorstand erfüllt. Dieser ist allerdings kein Vorsitzender des Vorstands. Der Vorstandsvorsitzende darf gemäß § 84 Abs. 2 AktG nur vom Aufsichtsrat ernannt werden.[146] Falls die Stellung des Vorstandsvorsitzenden nicht nur rein repräsentativen Charakter hat, sind seine Kompetenzen vergleichbar mit den herkömmlichen Befugnissen des Vorsitzenden eines Kollegiums. Dazu zählen üblicherweise die Einberufung und Leitung von Sitzungen, die Festlegung der Tagesordnung und die Feststellung des Beschlussergebnisses.[147] Ferner hat der Vorstandsvorsitzende über die allgemeine Aufsichtspflicht jedes Vorstandsmitglieds hinaus die Aufgabe, die Tätigkeiten seiner Vorstandskollegen in den ihnen zugewiesenen Ressorts zu überwachen und zu koordinieren. Diese über sitzungsleitende und repräsentative Funktionen hinausgehenden Kompetenzen besitzt ein Vorstandssprecher hingegen nicht.[148] Die überwiegende Mehrheit der Aktiengesellschaften in Deutschland verfügt empirischen Untersuchungen zufolge über einen Vorstandsvorsitzenden.[149]

5.2 Tendenzen der Machtkonzentration im Vorstand

PELTZER sieht im Deutschen Corporate Goverance Kodex (DCGK) eine Tendenz der Hierarchisierung im Vorstand. Der Kodex regelt die interne Organisation des Vorstands zum einen in der Präambel („Die Mitglieder des Vorstands tragen gemeinsam die Verantwortung für die Unternehmensleitung. Der Vorstandsvorsitzende koordiniert die Arbeit der Vorstandsmitglieder.") und zum anderen in Tz. 4.2.1 („Der Vorstand

---

[145] Vgl. WIESNER (1999), § 24 Rn. 7 ff. Zur Stellung des Arbeitsdirektors in der Unternehmensleitung siehe auch die umfassende Studie von WAGNER (1999).

[146] Vgl. HEFERMEHL/SPINDLER (2004), § 77 Rn. 39; SCHMIDT (1997), S. 820; WIESNER (1999), § 22 Rn. 17.

[147] Vgl. HEFERMEHL/SPINDLER (2004), § 77 Rn. 16; WIESNER (1999), § 24 Rn. 3.

[148] Vgl. HOFFMANN-BECKING (1998), S. 517; WIESNER (1999), § 24 Rn. 3 f. Zu den unterschiedlichen Aufgabenschwerpunkten siehe ferner auch BLEICHER/PAUL (1986), S. 282.

[149] Vgl. GERUM (2007), S. 131.

soll aus mehreren Personen bestehen und einen Vorsitzenden oder Sprecher haben. Eine Geschäftsordnung soll die Geschäftsverteilung und die Zusammenarbeit im Vorstand regeln."). Während diese Regelungen mit den bisherigen Ausführungen der aktienrechtlichen Bestimmungen über die Organisation des Vorstands übereinstimmen, zeigt sich eine Abweichung vom Kollegialprinzip mittelbar in Kapitel 5 des Kodex, das sich dem Aufsichtsrat widmet. Gemäß Tz. 5.2 DCGK soll der Aufsichtsratsvorsitzende mit dem Vorstand, insbesondere mit dem Vorsitzenden bzw. Sprecher des Vorstands, regelmäßig Kontakt halten und mit ihm die Strategie, die Geschäftsentwicklung und das Risikomanagement des Unternehmens beraten. Während das Gesetz in § 90 Abs. 1 Satz 1 AktG bestimmt, dass der Vorstand den Aufsichtsratsvorsitzenden „aus wichtigen Anlässen" zu berichten hat, überträgt der Kodex diese Aufgabe in Tz. 5.2. DCGK auf den Vorsitzenden oder Sprecher des Vorstands. Durch diese Konzentration auf eine Informationsschiene besteht die Gefahr, dass wichtige Informationen im Aufsichtsrat nicht zur Kenntnis genommen werden. Der Aufsichtsratsvorsitzende sieht den Vorstand folglich „nur durch die Brille des Vorstandsvorsitzenden"[150]. Dadurch könnte z. B. verhindert werden, dass Bedenken des Finanzvorstands gegen eine geplante strategische Maßnahme im Aufsichtsrat Gehör finden.[151]

Neben dieser Tendenz des DCGK zur Machtkonzentration im Vorstand lässt sich auch in der Rechtswirklichkeit verstärkt ein Trend zur Annäherung an das CEO-Modell US-amerikanischer Prägung beobachten. So nimmt der Vorstandsvorsitzende bzw. Vorstandssprecher faktisch nicht selten eine Dominanzstellung in der Gesellschaft ein.[152] WITT sieht hierfür folgende Gründe:

- Vom Aufsichtsrat erlassene Bestimmungen der Geschäftsordnung, die vorsehen, dass der Vorstandsvorsitzende im Zuge des Austausches von Informationen zwischen Vorstand und Aufsichtsrat eine vorrangige Stellung einnimmt.

---

[150] PELTZER (2003a), S. 384.
[151] Vgl. PELTZER (2003b), S. 234 f.
[152] Vgl. HEFERMEHL/SPINDLER (2004), § 77 Rn. 36. Einer aktuellen empirischen Untersuchung von GERUM zufolge verleiht die Geschäftsordnung des Vorstands dem Vorsitzenden in immerhin 5% der Aktiengesellschaften in Deutschland eine nicht zulässige Richtlinienkompetenz, die den Vorsitzenden ermächtigt, die strategische Ausrichtung des Unternehmens allein zu bestimmen. Vgl. GERUM (2007), S. 133.

- Die Möglichkeit, dass bei Mehrheitsentscheidungen der Vorstandsvorsitzende gemäß der Satzung oder Geschäftsordnung in Pattsituationen eine zusätzliche Stimme hat oder sogar ein Vetorecht besitzt.
- Die Repräsentationsfunktion des Vorstandsvorsitzenden gegenüber Presse, Öffentlichkeit, Finanzinstitutionen etc., in der eine zunehmende Personifizierung der Unternehmensleitung gesehen wird.[153]

Die exponierte Stellung des Vorstandsvorsitzenden wird in der Rechtswirklichkeit nicht zuletzt auch dadurch gestärkt, dass er einen erheblichen Einfluss auf die personelle Zusammensetzung des Vorstands ausübt. Die Aufgabe der Bestellung und Abberufung des Vorstands obliegt zwar gemäß § 84 AktG dem Aufsichtsrat. Der Vorstand hat sich aber um den Führungsnachwuchs zu kümmern. Diese Funktion übernimmt oftmals der Vorstandsvorsitzende ohne Mitwirkung seiner Kollegen.[154] Darüber hinaus wird der Einfluss des Vorstandsvorsitzenden auf Personalentscheidungen des Aufsichtsrats nicht unerheblich durch die vom Kodex empfohlene enge Verbindung zwischen dem Vorstandsvorsitzenden und dem Aufsichtsratsvorsitzenden verstärkt.[155] Dadurch haben personelle Präferenzen des Vorstandsvorsitzenden höhere Erfolgsaussichten und können aus Sicht des Vorstandsvorsitzenden unerwünschte Vorstandskollegen durch gezielte Einflussnahme leichter abberufen werden. Das Prinzip der kollegialen Unternehmensführung wird aufgrund faktischer Abhängigkeitsverhältnisse im Leitungsorgan somit abgeschwächt.[156]

---

[153] Vgl. WITT (2003a), S. 253.
[154] Vgl. WITT (2003a), S. 253.
[155] Siehe hierzu nochmals Tz. 5.2 Abs. 3 DCGK.
[156] Vgl. PELTZER (2003b), S. 238; SEMLER (2000), S. 728; WITT (2003a), S. 253.

C. Zur Effektivität von Top Management Teams

I. Management im Spannungsfeld zwischen freier Wahl und Umweltdeterminismus

Den Ausführungen des vorherigen Kapitals lag – zumindest implizit – die Annahme zugrunde, dass das Top Management die Geschicke eines Unternehmens lenken und gestalten kann (*management matters!*).[157] Diese Auffassung wird in der Wissenschaft jedoch nicht einhellig geteilt.[158] Nicht wenige Organisationstheoretiker betrachten vielmehr die Umwelt als dominante Bestimmungsgröße des unternehmerischen Erfolgs.[159] Der deterministischen Sichtweise zufolge spielt die Unternehmensleitung entweder gar keine oder nur eine untergeordnete Rolle. Dem Top Management eines Unternehmens wird dabei allenfalls die Fähigkeit zugeschrieben, die notwendigen Anpassungen an nicht veränderbare Kontextbedingungen vorzunehmen.[160]

Im Folgenden werden mit dem 'Population-Ecology'-Ansatz und dem Institutionalistischen Ansatz zunächst zwei prominente Richtungen der Organisationstheorie vorgestellt, die auf der These des Umweltdeterminismus beruhen. Der deterministischen Perspektive wird anschließend die Gegenposition des Voluntarismus gegenübergestellt und Schlussfolgerungen für den weiteren Gang der Untersuchung gezogen. Die Beschäftigung mit der Determinismusfrage liefert eine zentrale Grundlage für die Entwicklung des theoretischen Bezugsrahmens der vorliegenden Arbeit, da der Wert offener Diskussionen im Vorstand von der grundlegenden Frage der Relevanz des Top Managements abhängt.

---

[157] Diese Sichtweise lässt sich in Anlehnung an HANNAN/FREEMAN (1977) auch als *Adaptionsthese* bezeichnen: "According to the adaptation perspective, subunits of the organization, usually managers or dominant coalitions, scan the relevant environment for opportunities and threats, formulate strategic responses, and adjust organizational structure appropriately." (S. 929 f.).

[158] Vgl. FINKELSTEIN/HAMBRICK (1996), S. 20 f.; HREBINIAK/JOYCE (1985), S. 336 ff.; NORBURN/BIRLEY (1988), S. 225; THOMAS (1988), S. 388; WALSH (1995), S. 280. BOURGEOIS sieht sogar eine Übersättigung deterministischer Kontingenzansätze in der Organisationstheorie, in denen manageriale Freiheitsgrade gegenüber den Imperativen der dynamischen Umwelt nur eine geringe Bedeutung haben. Vgl. BOURGEOIS (1984), S. 586.

[159] Vgl. etwa ALDRICH (1979); ALDRICH/MCKELVEY/ULRICH (1984); ASTLEY/VAN DE VEN (1983); BAUM (1996); BOURGEOIS (1984); DIMAGGIO/POWELL (1991b); HANNAN/FREEMAN (1977); HANNAN/FREEMAN (1984); HANNAN/FREEMAN (1989); LIEBERSON/O'CONNOR (1972); MCKELVEY/ALDRICH (1983); MEYER/ROWAN (1991); SALANCIK/PFEFFER (1977); SCOTT (1987); SINGH/LUMSDEN (1990); ZUCKER (1983).

[160] Vgl. ANCONA (1990), S. 101. Zur Abgrenzung der beiden Ansätze siehe ferner SCHRADER (1995), S. 29 ff.; WAGNER (2003), S. 9. Einen umfassenden Überblick über die beiden unterschiedlichen Denkrichtungen im Zusammenhang mit dem Strategischen Management liefert BOURGEOIS (1984).

1. Deterministische Ansätze der Organisationstheorie

1.1 Evolutionstheoretischer Ansatz

Nach dem 'Population-Ecology'-Ansatz[161] ist die Fähigkeit von Organisationen, sich an Veränderungen der Umwelt anzupassen aufgrund einer Vielzahl interner und externer Faktoren begrenzt.[162] Zu den internen Faktoren zählen etwa Barrieren wie irreversible Investitionen in Maschinen, Gebäude und die Ausbildung von Personal, die die Wandlungsfähigkeit von Organisationen einschränken, die Unzulänglichkeiten organisationaler Informationssysteme, der Widerstand einflussreicher Akteure auf strukturelle Veränderungen und damit in Gang gesetzte mikropolitische Prozesse sowie das fest verwurzelte Wertesystem der Organisation. Im Umfeld der Organisation stellen Einflussgrößen wie Markteintritts- und Marktaustrittsbarrieren und der beschränkte Zugang zu externen Informationen bedeutende externe Restriktionen dar. Die auf diese internen und externen Faktoren zurückzuführende mangelnde Fähigkeit zur Anpassung bezeichnen HANNAN/FREEMAN als organisationale Trägheit (*organizational inertia*).[163]

Organisationale Trägheit hat zur Folge, dass Organisationen – in Analogie zum biologischen Evolutionsprozess – einer Auslese durch die Umwelt ausgesetzt sind (*survival of the fittest*).[164] Im Mittelpunkt der Betrachtung des 'Population-Ecology'-Ansatzes stehen allerdings nicht einzelne Organisationen, sondern organisationale Aggregate, so genannte Populationen von Organisationen. Diese Populationen bilden ein Analogon zur biologischen Spezies.[165] Die Ursache für die Isolation von Populationen ist nach dem evolutionstheoretischen Ansatz auf die Trägheit von Organisationen zurückzuführen. Organisationale Trägheit erklärt somit, warum sich Organisationen innerhalb der Populationen nur geringfügig wandeln können.

---

[161] Mit dem 'Population-Ecology'-Ansatz, der von den amerikanischen Organisationstheoretikern MICHAEL HANNAN und JOHN FREEMAN entwickelt wurde, lässt sich das Grundverständnis der evolutionstheoretischen Richtung der Organisationstheorie am besten verdeutlichen. Daher wird er stellvertretend für verschiedene organisationstheoretische Ansätze, die sich unter der evolutionstheoretischen Betrachtungsweise von Organisationen subsumieren lassen, im Folgenden in seinen wesentlichen Grundzügen dargestellt.

[162] Vgl. hierzu ausführlich ALDRICH (1979); HANNAN/FREEMAN (1977); HANNAN/FREEMAN (1984); HANNAN/FREEMAN (1989) sowie auch MCKELVEY/ALDRICH (1983). Einen zusammenfassenden Überblick liefern BECKER (2004); HATCH (1997), S. 81 ff.; KIESER/WOYWODE (2006), S. 311 ff. und SCHREYÖGG (1999), S. 322 ff.

[163] Vgl. HANNAN/FREEMAN (1977), S. 930 f.

[164] Vgl. HANNAN/FREEMAN (1977), S. 933.

[165] Vgl. HANNAN/FREEMAN (1989), S. 49.

Neben der Selektion spielen Mechanismen der Variation und der Retention eine entscheidende Rolle im organisationalen Evolutionsprozess.[166] Die Variation stellt dabei die erste Phase des Prozesses dar, die häufig das Resultat von Neugründungen oder nicht vollständig gelungenen Imitationen bestehender Organisationen ist. Im Anschluss daran bestimmt die Umwelt, welche Formen von Organisationen überleben und welche dem Wettbewerb zum Opfer fallen.[167] Im Fall einer positiven Selektion muss in der dritten Phase der Retention dafür gesorgt werden, dass die ausgelesenen Organisationsformen bewahrt bleiben und reproduziert werden. Der Vorgang der Retention erfolgt über gesellschaftliche Institutionalisierungen und organisationale Routinen.[168]

Für die Vertreter evolutionstheoretischer Ansätze stellen strategische Maßnahmen des Top Managements demnach zunächst lediglich Variationen dar. Top Manager lösen mit strategischen Entscheidungen zwar Veränderungen aus. Sie sind allerdings aufgrund der hohen Komplexität der Organisation und ihrer Umwelt nicht in der Lage, die Auswirkungen ihrer Maßnahmen zu kontrollieren, um den angestrebten Soll-Zustand zu erreichen.[169]

1.2 Institutionalistischer Ansatz

In Institutionalistischen Ansätzen der Organisationstheorie wird wie beim 'Population-Ecology'-Ansatz davon ausgegangen, dass die Umwelt einen dominanten Einfluss auf Organisationen ausübt. Organisationen unterliegen der institutionalistischen Sichtweise zufolge gesellschaftlichen Einflüssen in Form institutionalisierter Regeln und Erwartungen.[170] Der Fokus ist mithin auf Ausschnitte der Umwelt gerichtet, die in den meisten Organisationstheorien keine Rolle spielen. Nicht technische und ökonomische Faktoren beeinflussen die organisationale Gestaltung, sondern institutionalisierte Deutungssysteme, Regeln und Rollen. Der kulturell-gesellschaftliche Rahmen von Organi-

---

[166] Vgl. MCKELVEY/ALDRICH (1983), S. 113 ff. sowie zusammenfassend hierzu auch WAGNER/DEBO/BÜLTEL (2005), S. 80 f.

[167] So schreiben HANNAN/FREEMAN (1977) in ihrem viel zitierten Aufsatz: "Whether or not individual organizations are consciously adapting, the environment selects out optimal combinations of organizations." (S. 939 f.).

[168] Vgl. ALDRICH (1979), S. 30 f.

[169] Vgl. HATCH (1997), S. 83; KIESER/WOYWODE (2006), S. 313 f.

[170] Der Institutionalistische Ansatz wurde vor allem durch DIMAGGIO/POWELL (1991a, 1991b); MEYER/ROWAN (1991); SCOTT (1987) und ZUCKER (1983) geprägt. Zusammenfassungen des Ansatzes liefern HATCH (1997), S. 83 ff. und WALGENBACH (2006).

sationen definiert und legitimiert somit die Entstehung und Veränderung organisationaler Strukturen.[171]

Für die Vertreter der Institutionalistischen Ansätze stellen formale Strukturen nicht etwa technisch-rationale Instrumente dar, die die Beziehungen zwischen der Organisation und der Umwelt regeln und die Aktivitäten in Organisationen steuern. Sie sind vielmehr das Ergebnis von Regeln und Erwartungen, die für Organisationen allgemein bindend sind.[172] Eine Gesellschaft hat verbindliche Vorstellungen, wie effektive Organisationen auszusehen haben.[173] Veränderungen in der formalen Struktur werden in diesem Sinne weniger durch den Wettbewerb oder Effizienzerfordernisse als durch externe Regeln und Erwartungen bewirkt.[174] Die Ausrichtung der Organisationsstruktur auf institutionelle Erwartungen, die als institutioneller Isomorphismus bezeichnet wird, erfolgt über drei Mechanismen:

(1) *Isomorphismus durch Zwang und Sanktionen* wie die Androhung von Strafen oder die Verweigerung von Krediten, wenn die Organisationsstruktur bestimmten Anforderungen nicht entspricht.

(2) *Isomorphismus durch mimetische Prozesse* wie die Imitation von Verhalten anderer Organisationen, Best Practice, Benchmarking etc.

(3) *Isomorphismus durch normativen Druck* wie die Vermittlung von Organisationsmodellen durch branchen- und professionsspezifische Sozialisation.[175]

Institutionalisierung bedeutet, dass bestimmte Elemente von Organisationen (z. B. Verfahren, Programme, Abläufe usw., aber auch Akteure und Interessen) zu bestimmten Organisationen gehören und diese Elemente als gegeben betrachtet werden. Sie werden nicht weiter hinterfragt. Eine absolute Institutionalisierung ist gleichzusetzen mit Handeln ohne Reflexion. Doch selbst bei einer unvollständigen Institutionalisierung rückt die unreflektierte und routinemäßige Dimension menschlichen Verhaltens

---

[171] Vgl. MEYER/SCOTT (1992), S. 1 f.
[172] Vgl. MEYER/ROWAN (1991), S. 44 f.
[173] Vgl. SCOTT/MEYER (1994), S. 2 f.
[174] Vgl. DIMAGGIO/POWELL (1991b), S. 63 f. und hierzu auch WALGENBACH (2006), S. 354.
[175] Vgl. DIMAGGIO/POWELL (1991b), S. 67 ff.

in den Vordergrund.[176] Die Entstehung und Bewahrung von Institutionen ist damit nicht das Ergebnis bewusster Handlungen, sondern automatisierter Verhaltensmuster.

Für das Top Management bedeutet dies, dass die organisationale Gestaltung von institutionalisierten Regeln determiniert wird, die in einer Gesellschaft vorherrschen. Der Handlungsspielraum von Top Managern wird durch Konformitätsdruck folglich wesentlich beschränkt.[177]

2. Voluntaristische Prägung der empirischen Managementforschung

Den Skeptikern der *management matters*-These steht eine Vielzahl von Anhängern einer voluntaristischen Perspektive gegenüber.[178] Diese gehen davon aus, dass Manager die Geschicke eines Unternehmens trotz umweltbezogener Einflüsse und Restriktionen maßgeblich steuern.[179] Die voluntaristische Auffassung wird in der Literatur zumeist mit dem von CHILD im Jahr 1972 vorgelegten 'Strategic-Choice'-Ansatz in Verbindung gebracht.[180] Basierend auf dieser die klassische Managementlehre dominierenden Sichtweise wurden zahlreiche empirische Studien durchgeführt, die das Verhältnis bestimmter Merkmale von Managern zur unternehmerischen Performance beleuchten.[181] So hat z. B. MURRAY in einer Untersuchung von 84 Unternehmen der Nahrungsmittel- und Ölindustrie signifikante Zusammenhänge zwischen der Zusammensetzung von Top Management Teams und der Performance der untersuchten Unternehmen festgestellt.[182] HALEBLIAN/FINKELSTEIN haben in ihrer Studie einen positi-

---

[176] Vgl. DIMAGGIO/POWELL (1991a), S. 14.

[177] Vgl. DIMAGGIO/POWELL (1991a), S. 15; DIMAGGIO/POWELL (1991b), S. 66 sowie FINKELSTEIN/HAMBRICK (1996), S. 21 und WALGENBACH (2006), S. 354.

[178] Zu den Grenzen der deterministischen Sichtweise siehe BOURGEOIS (1984), S. 589 f.; WAGNER (2003), S. 9 f.

[179] Siehe hierzu nur ANCONA (1990), S. 100; BIGLEY/WIERSEMA (2002), S. 707; BOBITT/FORD (1980); BOURGEOIS (1984), S. 591 ff.; DEAN/SHARFMAN (1993); DEAN/SHARFMAN (1996); DONALDSON/LORSCH (1983), S. 6; FLOOD ET AL. (1997); GUPTA (1988); HAMBRICK/MASON (1984); HART (1991), S. 98; HART/BANBURY (1994), S. 261 ff.; HITT/TYLER (1991); LEWIN/STEPHENS (1994); MEZIAS/GLYNN (1993); MILLER/CARDINAL (1994), S. 1662; PAPADAKIS/BARWISE (2002); PRIEM/LYON/DESS (1999), S. 937 f.; ROMANELLI/TUSHMAN (1986); ROULEAU/SÉGUIN (1995), S. 106 ff.; THOMAS (1988), S. 399; WALSH (1995), S. 280; WHITTINGTON (1988).

[180] Vgl. BOURGEOIS (1984), S. 591; SCHRADER (1995), S. 35. Zum 'Strategic-Choice'-Ansatz siehe auch ausführlich unten, S. 59 ff.

[181] Siehe exemplarisch GUPTA/GOVINDARAJAN (1984); HALEBLIAN/FINKELSTEIN (1993); KILDUFF/ANGELMAR/MEHRA (2000); MURRAY (1989); PETERSON ET AL. (2003).

[182] Vgl. MURRAY (1989), S. 125 ff.

ven Einfluss der Größe von Top Management Teams auf die unternehmerische Performance in Unternehmen der Computer- und Gasindustrie ermittelt.[183] O'REILLY/ SNYDER/BOOTHE konnten in einer empirischen Studie, die sie in 24 Unternehmen der Elektroindustrie durchführten, eine positive Beziehung zwischen dem Homogenitätsgrad des Top Management Teams und dem organisationalen Wandel nachweisen.[184] PETERSON ET AL. konnten zeigen, dass ein signifikanter Zusammenhang der Persönlichkeit des CEOs und der unternehmerischen Performance besteht.[185]

Auch wenn der Einfluss des Top Managements auf die organisationale Gestaltung und Performance nicht unwesentlich von situativen Faktoren begrenzt wird, können diese und weitere vergleichbare Studien zumindest als Beleg dafür gesehen werden, dass die Unternehmensleitung nicht völlig irrelevant ist.[186] Als Ergebnis lässt sich daher festhalten, dass das Top Management eines Unternehmens (zumindest auch) eine Rolle spielt (*management also matters*).[187] Die voluntaristische Sichtweise von Management impliziert keineswegs – wie häufig kritisiert wird – eine Überschätzung der Fähigkeiten und des Einflusses von Managern. Sie führt auch nicht zu einer Idealisierung des Top Managements. Sie beruht im Gegenteil auf der Annahme, dass Manager die Performance eines Unternehmens durch ihr Handeln (respektive Nicht-Handeln) nicht nur positiv sondern nicht selten gerade auch negativ beeinflussen können.[188]

---

[183] Vgl. HALEBLIAN/FINKELSTEIN (1993), S. 844 ff.

[184] Vgl. O'REILLY/SNYDER/BOOTHE (1995), S. 147 ff.

[185] Vgl. PETERSON ET AL. (2003), S. 795 ff.

[186] WALSH (1995) stellt fest, dass sich die vor allem in den 1970er Jahren verbreiteten organisationstheoretischen Ansätze wie der 'Population-Ecology'-Ansatz, der 'Resource Dependence'-Ansatz [PFEFFER/SALANCIK (1978)] und der Transaktionskostenansatz [WILLIAMSON (1975)], in ihrer Betrachtung der Organisation von Managern als Akteure, die das Unternehmen gestalten und lenken, stark distanzieren. Vgl. hierzu WALSH (1995), S. 280.

[187] Vgl. ASTLEY/VAN DE VEN (1983), S. 267; HREBINIAK/JOYCE (1985), S. 336 f.; V. WERDER ET AL. (2001), S. 16.

[188] In prägnanter Form äußert sich diesbezüglich auch HAMBRICK (2007): "(W)e don't mean that they only matter positively. They matter for good and for ill. They sometimes do smart things and sometimes do dumb things. They sometimes deserve our applause and sometimes deserve our scorn. Executives make decisions and engage in behaviors that affect the health, weath, and welfare of others – but they do so as flawed human beings." (S. 341).

3. Konzept des managerialen Handlungsspielraums

3.1 Grundlagen

Verschiedene Organisationsforscher haben Ansätze vorgelegt, mit denen die bipolare Trennung zwischen Determinismus und Voluntarismus in Einklang gebracht werden soll. So haben beispielsweise HREBINIAK/JOYCE einen Kontingenzansatz entwickelt, wonach die Umwelt die organisationale Gestaltung und Performance nur unter bestimmten Randbedingungen vollständig determiniert. Ändern sich die situativen Gegebenheiten können die Geschicke eines Unternehmens hingegen maßgeblich durch das Handeln von Managern beeinflusst werden.[189]

HAMBRICK/FINKELSTEIN haben zur Überwindung der konträren Positionen das Konzept des managerialen Handlungsspielraums (*managerial discretion*) vorgelegt. Demnach verfügen Top Manager in manchen Organisationen über einen größeren Handlungsspielraum als Manager in anderen Organisationen.[190] Ferner besteht die Möglichkeit, dass ein Manager zu einem bestimmten Zeitpunkt einen größeren Handlungsspielraum besitzt als zu einem anderen Zeitpunkt.[191] Der Handlungsspielraum eines Top Managers wird definiert als Freiheitsgrad managerialen Handelns ("latitude of managerial action."[192]). Ein Handlungsspielraum liegt nur dann vor, wenn einem Top Manager verschiedene Handlungsmöglichkeiten offenstehen, und er sich dessen auch bewusst ist. Ein charakteristisches Merkmal des managerialen Spielraums ist somit, dass er nicht allein von Kontextfaktoren abhängig ist, sondern zum Teil auch durch die individuellen Merkmale des Managers bestimmt wird.[193] Während z. B. ein Manager unter bestimmten situativen Rahmenbedingungen verschiedene Handlungsalternativen und Lösungsansätze für ein auftretendes Managementproblem erkennt, könnte einem anderen Manager in derselben Situation aufgrund kognitiver Grenzen das Bewusstsein von Alternativen gänzlich fehlen.[194]

Ein zweites wichtiges Merkmal des managerialen Handlungsspielraums liegt in der Schwierigkeit, diesen möglichst exakt zu bestimmen. Nicht nur die bereits erwähnten

---

[189] Vgl. HREBINIAK/JOYCE (1985), S. 336 ff.
[190] Vgl. HAMBRICK (2007), S. 335.
[191] Vgl. HAMBRICK/FINKELSTEIN (1987), S. 370.
[192] HAMBRICK/FINKELSTEIN (1987), S. 371.
[193] Vgl. ABRAHAMSON/HAMBRICK (1997), S. 515.
[194] Vgl. FINKELSTEIN/HAMBRICK (1996), S. 26.

individuellen Begrenzungen sondern auch die Einschränkungen aus dem organisationalen Kontext machen eine genaue Messung unmöglich. Restriktionen aus dem Kontext sind häufig unbestimmt und nicht explizit. So können Manager in aller Regel nicht genau wissen, welche der von ihnen ergriffenen Handlungen im Spannungsfeld verschiedener einflussreicher Stakeholder sich noch im Rahmen des Erlaubten bewegen. Sie handeln auf der Basis grober Einschätzungen des Ausmaßes ihres Handlungsspielraums und versuchen, diesen in manchen Situationen gezielt auszuloten. Eine Handlung liegt nach HAMBRICK/FINKELSTEIN immer dann außerhalb des managerialen Handlungsspielraums, wenn sie sich nicht mehr in der BARNARDschen Indifferenzzone[195] bedeutsamer Stakeholder liegt.

In seiner Ursprungsform bezog sich das Konzept der Indifferenz- bzw. Akzeptanzzone nur auf die Bezugsgruppe der „Untergebenen" bzw. Mitarbeiter in einer Organisation und diente der Beschreibung ihrer Bereitschaft, sich dem Direktionsrecht ihres Vorgesetzten zu beugen. Solange die Weisungen des Vorgesetzten innerhalb der Akzeptanzzone liegen, liefern die ihm unterstellten Mitarbeiter die zur Bestandssicherung der Organisation erforderlichen Beiträge. Beiträge können daher im weiteren Sinne als Handlungen verschiedener Stakeholder gesehen werden, die die Organisation benötigt, um ihre Ziele zu erreichen.[196] Als Gegenleistung gewährt ihnen die Organisation dafür gewisse Anreize materieller und immaterieller Natur.[197] Handlungen des Top Managements, die außerhalb der Akzeptanzzone liegen, führen zu Widerstand und ggf. Rückzug einzelner Stakeholder aus der Organisation. Aufgrund der Interessenpluralität der Bezugsgruppen eines Unternehmens wird es Top Managern jedoch kaum gelingen, den Interessen sämtlicher Stakeholder gerecht zu werden. Eine Untersuchung des managerialen Handlungsspielraums kann sich daher auf die Betrachtung der einflussreichsten Akteure beschränken, deren Widerstand und Rückzug dem Top Manager in seiner Funktion und Stellung den größten Schaden zufügt. Außerhalb der Akzeptanzzone kann eine Handlung z. B. liegen, wenn Stakeholder, etwa ein Großaktionär oder Mitglieder des Aufsichtsrats, eine Maßnahme als unangemessen riskant und nicht nachvollziehbar wahrnehmen oder grundlegende Wertvorstellungen und Interessen von Stakeholdern verletzt werden. Infolgedessen ist die Begrenzung des Handlungs-

---

[195] Das Konzept der Indifferenzzone (*zone of indifference*) geht auf BARNARD und SIMON zurück. SIMON verwendet jedoch den Begriff der Akzeptanzzone (*zone of acceptance*). Vgl. hierzu ausführlich BARNARD (1938), S. 167 ff. sowie SIMON (1997), S. 10.

[196] Vgl. dazu nochmals oben, S. 14 f.

[197] Vgl. BARNARD (1938), S. 142 ff.

spielraums nach HAMBRICK/FINKELSTEIN eine Funktion aus (a) der wahrgenommenen Radikalität einer Handlung und (b) des relativen Einflusses und der Macht derjenigen Bezugsgruppen, die diese als radikal einstufen.[198] Sobald ein Top Manager die Grenzen seines Handlungsspielraums überschreitet, hat er mit Sanktionen zu rechnen. Dazu zählen Gehaltskürzungen, Einschränkung von Macht und faktischem Einfluss oder auch die vorzeitige Abberufung durch den Aufsichtsrat.

HAMBRICK/FINKELSTEIN betonen, dass der Handlungsspielraum eines Managers ihrem Verständnis zufolge eher ein sozio-politisches als ein technisch-ökonomisches Phänomen darstellt, da die Reaktion einflussreicher Stakeholder auf eine Handlung außerhalb des managerialen Handlungsspielraums relativ schnell, d. h. ohne Kenntnis des in der Zukunft liegenden Ergebnisses erfolgt.[199] Das komplexe Zusammenspiel zwischen dem Handlungsspielraum eines Top Managers und dem Ergebnis seiner Handlung verdeutlicht die Vier-Felder-Matrix der folgenden Abbildung.[200]

3.2 Bestimmungsgrößen

Im Folgenden werden die Einflussgrößen des Handlungsspielraums von Managern näher untersucht. Die Freiheitsgrade managerialen Handelns werden bestimmt durch

(1) den Grad der durch die Umwelt ermöglichten Veränderungen (*umweltbezogene Faktoren*),

(2) das Ausmaß der Gefügigkeit und Offenheit der Organisation gegenüber möglichen Handlungen des Top Managements (*organisationsbezogene Faktoren*) und

---

[198] Vgl. HAMBRICK/FINKELSTEIN (1987), S. 374 f.

[199] Vgl. HAMBRICK/FINKELSTEIN (1987), S. 375.

[200] Die Unabhängigkeit des Handlungsspielraums von den in der Zukunft liegenden Ergebnissen einer Handlung nehmen HAMBRICK/FINKELSTEIN zum Anlass ihrer Kritik an der deterministischen Sicht des 'Population-Ecology'-Ansatzes. Unter Rückgriff auf die bereits in Fn. 157 zitierte Aussage von HANNAN/FREEMAN werfen sie den Vertretern des 'Population-Ecology'-Ansatzes vor, dass sie den Handlungsspielraum mit einer erfolgreichen Adaption gleichsetzen. Sie lassen damit die Möglichkeit außer Betracht, dass Manager auch *irrelevante* Umweltbereiche im Hinblick auf ihre Chancen und Risiken analysieren und *ungeeignete* Anpassungsmaßnahmen der Organisation an ihre Umwelt veranlassen können. Die Begriffe „Adaption" und „Strategische Wahl" werden mit anderen Worten synonym verwendet. Diese Sichtweise greift zu kurz, da die Ursache für eine fehlende Adaption nicht allein der fehlende Handlungsspielraum darstellt, sondern auch mit einer unklugen strategischen Wahl begründet werden kann. Vgl. HAMBRICK/FINKELSTEIN (1987), S. 378.

(3) den Eigenschaften und Fähigkeiten des Top Managers oder CEOs[201], verschiedene Handlungsalternativen zu generieren (*entscheidungsträgerbezogene Faktoren*).

Liegt die Handlung noch innerhalb der Akzeptanzzone einflussreicher Stakeholder?			
	Ja	**Nein**	
	Handlungsspielraum des Top Managers vorhanden	Handlungsspielraum des Top Managers nicht vorhanden	
positiv	• neutraler oder positiver *sofortiger* Effekt auf den Einfluss des Managers • *langfristig* Wertsteigerung der Organisation und Zunahme des Einflusses des Managers: Der zukünftige Handlungsspielraum nimmt daher häufig zu	• relativ *sofortiger* Verlust des Einflusses des Managers • die Handlung wurde i. d. R. revidiert oder entschärft: falls nicht, *langfristig* Rehabilitation des (häufig bereits zurückgetretenen) Managers	Wie wirkt sich die (ggf. trotzdem) ergriffene Handlung *langfristig* auf die Performance der Organisation aus?
negativ	• neutraler oder positiver *sofortiger* Effekt auf den Einfluss des Managers • *langfristig* Wertminderung der Organisation und Abnahme des Einflusses des Managers: Der zukünftige Handlungsspielraum nimmt daher häufig ab	• relativ *sofortiger* Verlust des Einflusses des Managers • die Handlung wurde i. d. R. revidiert oder entschärft: Falls nicht, *langfristig* Wertminderung der Organisation und weitere Herabsetzung und Verunglimpfung des (häufig bereits abberufenen) Managers	

Abb. 7: Klassifikationsrahmen der Handlungen eines Top Managers[202]

---

[201] In seiner Ursprungsform konzentriert sich das Konzept zwar auf den Handlungsspielraum des CEOs. Der Ansatz lässt sich jedoch auch problemlos auf ein ganzes Top Management Team übertragen. Vgl. FINKELSTEIN/HAMBRICK (1990), S. 489.

[202] In Anlehnung an HAMBRICK/FINKELSTEIN (1987), S. 376.

3.2.1 Umweltbezogene Faktoren

In der Aufgabenumwelt wird der Handlungsspielraum HAMBRICK/FINKELSTEIN zufolge von folgenden Faktoren determiniert: Produktdifferenzierung, Branchenstruktur, Marktwachstum, Nachfrageschwankungen, rechtliche Restriktionen, Einfluss externer Interessengruppen und Kapitalintensität.[203] So impliziert beispielsweise eine stabile Nachfrage auf dem Absatzmarkt für den Top Manager einen geringeren Handlungsspielraum, da er lediglich über Fragen der Kapazitätsauslastung und Personalbesetzung entscheiden muss und von ihm allgemein erwartet wird, dass er sich bei seinen Entscheidungen am Status quo orientiert. Bei hohen Nachfrageschwankungen stehen dem Manager dagegen mehr Handlungsoptionen offen, nicht zuletzt weil die Trägheit der Organisation dann häufig reduziert ist. Der Einfluss externer Interessengruppen als weitere Bestimmungsgröße des Handlungsspielraums von Managern wird z. B. bestimmt durch die Stellung großer Wettbewerber, wichtiger Lieferanten, Kooperationspartner und Abnehmer. Je mehr ein Unternehmen von einem einzelnen Lieferanten abhängig ist, desto geringer ist folglich der manageriale Handlungsspielraum.

In einer empirischen Studie haben HAMBRICK/ABRAHAMSON das Ausmaß des Handlungsspielraums in unterschiedlichen Branchen untersucht. Relativ hohe Handlungsspielräume bestehen demnach in der Computerbranche, der Kosmetikbranche und der Filmindustrie. Vergleichsweise geringe Handlungsspielräume besitzen Manager hingegen z. B. in Unternehmen der Energieversorgung und der Stahlindustrie.[204] Durch den Trend der zunehmenden Deregulierung ließ sich in den letzten Jahren in vielen Wirtschaftszweigen eine Ausweitung der Handlungsspielräume feststellen. Unterstützt wurde diese Entwicklung durch organisatorische Innovationen, die verschiedene Kooperationsmodelle zwischen Unternehmen (Joint Ventures, strategische Allianzen etc.) ermöglichten sowie gesellschaftliche Entwicklungen (z. B. die zunehmende Flexibilisierung der Arbeitszeiten).[205] Verringert wird der Handlungsspielraum dagegen im Zuge der Corporate Governance-Bewegung seit Anfang der 1990er Jahre durch das weltweite Aufkommen von Corporate Governance Codes, Guidelines, Principles etc. Diese Regelwerke haben zwar nicht den Status formeller Gesetze, werden jedoch über die mehr oder weniger freiwillige Selbstbindung der Unternehmen wirksam.[206] Auch

---

[203] Vgl. HAMBRICK/FINKELSTEIN (1987), S. 380 ff.
[204] Vgl. HAMBRICK/ABRAHAMSON (1995), S. 1431 f.
[205] Vgl. FINKELSTEIN/HAMBRICK (1996), S. 31.
[206] Vgl. hierzu HOPT (2003), S. 32 ff.

die zahlreichen Empfehlungen des DCGK führen demzufolge zu einer Einschränkung des managerialen Handlungsspielraums.[207]

3.2.2 Organisationsbezogene Faktoren

Organisationsintern kann der manageriale Handlungsspielraum durch Faktoren wie Alter, Größe, Kultur des Unternehmens etc. begrenzt werden, die die Trägheit der Organisation bedingen.[208] So stoßen radikale organisatorische Veränderungen vor allem in großen Unternehmen häufig auf erheblichen Widerstand bei der Belegschaft. Aber auch die Verfügbarkeit von Ressourcen und die Eigentümerstruktur haben Auswirkungen auf den Handlungsspielraum.[209] Überschusskapazitäten (*organizational slack*) mildern z. B. Kämpfe um knappe Ressourcen innerhalb der Organisation und vergrößern somit die Freiheitsgrade managerialen Handelns.[210] Mit Blick auf die Eigentümerstruktur haben Top Manager einen größeren Handlungsspielraum, wenn sich die Aktien der Gesellschaft im Streubesitz befinden. Neben den Eigentümern hat in der deutschen Aktiengesellschaft aber vor allem auch der Aufsichtsrat einen erheblichen Einfluss auf den Handlungsspielraum.[211]

3.2.3 Entscheidungsträgerbezogene Faktoren

Zu den individuellen Merkmalen des Managers, die den Handlungsspielraum determinieren, zählen HAMBRICK/FINKELSTEIN schließlich kognitive Fähigkeiten, das individuelle Anspruchsniveau, Ambiguitätstoleranz, Macht, politisches Gespür, Commitment und internale Kontrollüberzeugung.[212] So werden sich Manager mit einem höheren Anspruchsniveau in ihrem Suchverhalten nach Lösungen für unstrukturierte Managementprobleme stärker bemühen, innovative Handlungsalternativen zu generieren, als Manager mit einem niedrigeren Anspruchsniveau.[213] Commitment kann in übersteigerter Form den Spielraum eines Managers verringern. Nach STAW besteht die Gefahr der Eskalation (*escalation of commitment*), wenn Individuen an einer in der Vergangenheit getroffenen Entscheidung so sehr festhalten, dass sie nicht mehr in der

---

[207] Zur Durchsetzung der Kodexregeln durch Mechanismen des Marktes siehe ausführlich TALAULICAR (2002), S. 26 ff.
[208] Vgl. hierzu nochmals HANNAN/FREEMAN (1977), S. 931 f.
[209] Vgl. FINKELSTEIN/HAMBRICK (1990), S. 489 f.
[210] Vgl. CYERT/MARCH (1963), S. 36; MARCH (1990a), S. 5.
[211] Siehe hierzu nochmals oben, S. 9 f.
[212] Vgl. HAMBRICK/FINKELSTEIN (1987), S. 386 ff.
[213] Vgl CYERT/MARCH (1963), S. 121.

Lage sind, diese zu revidieren bzw. alternative Lösungsansätze in Erwägung zu ziehen.[214] Hinter einem solchen Verhaltensmuster verbirgt sich häufig das Bedürfnis, nach Außen hin konsistent zu erscheinen oder in der Vergangenheit liegende Verhaltensweisen zu rechtfertigen.[215] Schließlich kann auch der so genannte "locus of control" den Handlungsspielraum beeinflussen. Nach ROTTER bedeutet "locus of control" eine Zuweisung der Verantwortlichkeit von Handlungsresultaten. Diese Zuweisung erfolgt in die Kategorie von externalen bzw. internalen Kontrollüberzeugungen. Externale Personen sehen Ereignisse in ihrem Leben als Resultat von Glück, Zufall, Schicksal oder von mächtigen anderen kontrolliert. Die Zuweisung einer Handlung an externe Kräfte wird als externale Kontrollüberzeugung bezeichnet. Personen mit internaler Kontrollüberzeugung tendieren hingegen dazu, Vorgänge und Handlungsergebnisse eher auf eigene Initiativen, Kompetenzen oder Fähigkeiten zurückzuführen als auf äußere Umstände.[216] Internale Kontrollüberzeugung hat mithin einen positiven Einfluss auf den managerialen Handlungsspielraum.

In Abbildung 8 werden abschließend die verschiedenen Einflussgrößen des managerialen Handlungsspielraums zusammengefasst. Die zwischen den Faktoren bestehenden Interdependenzen, die in den oben aufgeführten Beispielen zum Teil bereits angedeutet wurden, werden in der Graphik durch den Kreis veranschaulicht.

Als Zwischenergebnis kann an dieser Stelle festgestellt werden, dass der manageriale Handlungsspielraum eine wichtige Variable zur Bestimmung der Effektivität eines Top Management Teams darstellt.[217] So ist der Stellenwert offener Diskussionen im Leitungsorgan maßgeblich vom Grad des managerialen Handlungsspielraums abhängig. Je größer der Handlungsspielraum des Top Managements ausfällt, desto wichtiger

---

[214] Vgl. STAW (1981), S. 577 ff.
[215] Vgl. BROCKNER (1992), S. 40; ROSS/STAW (1993), S. 702.
[216] Vgl. ROTTER (1966), S. 1.
[217] Siehe hierzu auch FINKELSTEIN/BOYD (1998), S. 184 f.; FINKELSTEIN/HAMBRICK (1990), S. 488 ff.; HAMBRICK/GELETKANYCZ/FREDRICKSON (1993), S. 415; HALEBLIAN/FINKELSTEIN (1993), S. 849.

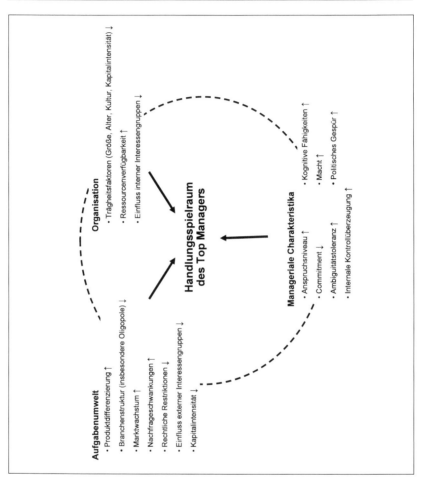

Abb. 8: **Einflussfaktoren des managerialen Handlungsspielraums**[218]

erscheinen strategische Entscheidungen, die auf Basis ausgewogener Diskussionen über die Vor- und Nachteile verschiedener Handlungsmöglichkeiten getroffen werden.[219]

---

[218] In Anlehnung an FINKELSTEIN/HAMBRICK (1996), S. 27.

[219] In diesem Sinne auch DEAN/SHARFMAN (1993), S. 599 f., die auf Basis ihrer Studie über die Bedeutung prozeduraler Rationalität in strategischen Entscheidungsprozessen zu dem Ergebnis

II. Theoretische Ansätze der Beschäftigung mit Top Managern

Seit Anfang der 1990er Jahre lässt sich in der angloamerikanischen Managementforschung ein zunehmendes Interesse an Top Managern als Untersuchungsobjekt beobachten. Die theoretische und empirische Beschäftigung mit den Personen an der strategischen Spitze eines Unternehmens nimmt dabei jedoch ganz unterschiedliche Facetten an. Die meisten wissenschaftlichen Publikationen über Top Manager basieren dabei im Wesentlichen auf zwei unterschiedlichen Ansätzen der Organisationslehre:

- Agenturtheorie
- 'Strategic-Leadership'-Theorie.

Trotz ihrer Unterschiede, auf die noch im Detail einzugehen sein wird, weisen die beiden Ansätze jedoch einige grundlegende Gemeinsamkeiten auf:

(1) Beide Ansätze dominieren die Literatur über Top Manager.

(2) Im Gegensatz zu vielen anderen theoretischen Ansätzen, die Top Manager in ihr Erkenntnisinteresse einbeziehen, beschäftigen sich nur die Agenturtheorie und die 'Strategic-Leadership'-Theorie ausschließlich mit den Akteuren auf der obersten Ebene der organisationalen Hierarchie.

(3) Beide Ansätze stellen eine unmittelbare Verbindung zwischen Top Managern und dem Ergebnis auf der Ebene des Gesamtunternehmens her.[220]

Die beiden Ansätze sollen daher im Folgenden näher betrachtet werden. Es soll geprüft werden, welcher Ansatz sich als theoretisches Fundament für das vorliegende Untersuchungsziel besser eignet.

1. Agenturtheorie

1.1 Grundlagen

In der Agenturtheorie werden Top Manager unter dem Blickwinkel der Trennung von Eigentum und Kontrolle untersucht.[221] Im Mittelpunkt der Betrachtung steht dabei das Verhältnis zwischen Shareholdern (als Prinzipale) und Top Managern (als Agenten).[222]

---

kommen, dass der manageriale Handlungsspielraum eine notwendige Voraussetzung für eine rationale Entscheidungsfindung darstellt. Siehe hierzu auch unten, S. 90 ff.

[220] Vgl. CANNELLA/MONROE (1997), S. 213.
[221] Vgl. BERLE/MEANS (1932), S. 4.
[222] Diese Beziehung bildet zugleich die Basis für den bereits erwähnten Shareholder-Ansatz der Corporate Governance. Vgl. MAYER (1998), S. 145; O'SULLIVAN (2000), S. 395; ROE (2000),

Der Prinzipal beauftragt einen oder mehrere Agenten mit der Leitung des Unternehmens. Während die Shareholder den grundlegenden Prämissen des Ansatzes zufolge nach Maximierung ihrer Kapitalrendite streben und risikoneutral sind, gelten die Top Manager allgemein als risikoavers. Sie verhalten sich zumeist opportunistisch.[223] Bei fehlenden Kontroll- und Anreizmechanismen haben Top Manager durch ihre weitreichenden Verfügungsrechte und Informationsvorsprünge die Möglichkeit, ihren Eigennutzen zu maximieren und auf diese Weise das Vermögen des Unternehmens zum Nachteil der Anteilseigner zu verschwenden. So könnten sie die Expansion der Gesellschaft ohne Rücksicht auf mögliche negative Auswirkungen auf die Gewinnlage vorantreiben, wenn die Höhe ihres Gehalts von der Unternehmensgröße abhängt oder mit zunehmender Größe ihr Prestige wächst. Ferner könnte es den Anteilseignern verborgen bleiben, dass Manager unternehmerische Ressourcen nutzen, um die eigene Lebensqualität zu verbessern oder ihre eigene Karriere zu forcieren.[224]

1.2 Mechanismen der Verhaltenssteuerung von Top Managern

Um Shareholder vor opportunistisch agierenden Managern zu schützen, haben sich in der Praxis verschiedene Mechanismen herausgebildet, deren Wirksamkeit in zahlreichen empirischen Studien der deskriptiven Richtung der Agenturtheorie untersucht wurde.[225] Darunter fallen die Etablierung von Anreizsystemen, interne Kontrollsysteme durch Unternehmensorgane wie dem Aufsichtsrat sowie externe Kontrollmechanismen durch den Markt (Markt für Unternehmenskontrolle und Arbeitsmarkt für Manager).[226]

S. 545 sowie allgemein zur Agenturtheorie EISENHARDT (1989); FAMA (1980); JENSEN/MECKLING (1976); ROSS (1973).

[223] Vgl. JENSEN/MECKLING (1976), S. 308 ff.; FAMA (1980), S. 290 f.

[224] Vgl. EBERS/GOTSCH (2006), S. 266 f.

[225] Zum Unterschied zwischen der deskriptiven und normativen Richtung der Agenturtheorie siehe EISENHARDT (1989), S. 59 f.; JENSEN (1983), S. 334 ff.

[226] Vgl. CANNELLA/MONROE (1997), S. 215; JENSEN/ZAJAC (2004), S. 510; WITT (2001), S. 75 ff. Externe Kontrollmechanismen über den Markt sind nach SCHREYÖGG streng genommen nicht Gegenstand der Agenturtheorie, sondern der Kapitalmarkttheorie. Siehe hierzu SCHREYÖGG (1999), S. 83.

1.2.1 Anreizsysteme

Durch Anreizsysteme sollen konträre Interessenlagen zwischen den Shareholdern und dem Top Management in Einklang gebracht werden. Ein aktuelles Beispiel bilden Stock Options für Top Manager, mit denen eine Zielangleichung zwischen den Managern und Anteilseignern in Bezug auf die Steigerung des Unternehmenswertes bewirkt werden soll.[227] In der Praxis sind solche auf die Harmonisierung der Interessen abzielenden Anreizsysteme jedoch mit einigen Problemen behaftet.[228] So konnten die Erfolgswirkungen von Optionsprogrammen empirisch bislang auch noch nicht nachgewiesen werden.[229]

1.2.2 Interne Kontrolle

Kontrollorgane wie der Aufsichtsrat sollen die Aktivitäten des Top Managements überwachen und auf diese Weise sicherstellen, dass Vorstandsmitglieder ihre eigenen Interessen nicht über das Unternehmensinteresse stellen. Interessenkonflikte zwischen Top Managern und Shareholdern können beispielsweise dadurch vermieden werden, dass bestimmte Aktivitäten des Top Managements einem Zustimmungsvorbehalt des Aufsichtsrats unterliegen.[230] Das Kernproblem zwischen Shareholdern und Top Managern lässt sich durch die Etablierung eines Kontrollorgans allerdings nicht generell beheben, sondern allenfalls verringern. WALSH/SEWARD weisen in diesem Zusammenhang auf das Problem des Impression Managements gegenüber dem Kontrollorgan hin, mit dessen Einsatz es Managern gelingen kann, Ergebnisverantwortung abzuwälzen und die Wahrnehmung ihrer Fähigkeiten zu beschönigen.[231] Überdies hat der Aufsichtsrat auch nur einen (gesetzlich) begrenzten Einfluss auf die Leitung der Gesellschaft.[232]

---

[227] Vgl. OVIATT (1988), S. 220.
[228] Vgl. ADAMS (2002), S. 1329 ff.; BERNHARDT (1999), S. 126 ff.; WALSH/SEWARD (1990), S. 427 ff.
[229] Vgl. WINTER (2003), S. 343 f.
[230] In Tz. 4.3.5 DCGK wird z. B. folgende Empfehlung ausgesprochen: „Vorstandsmitglieder sollen Nebentätigkeiten, insbesondere Aufsichtsratsmandate außerhalb des Unternehmens, nur mit der Zustimmung des Aufsichtsrats übernehmen."
[231] Vgl. WALSH/SEWARD (1990), S. 430 f.
[232] Siehe hierzu nochmals oben, S. 9 f.

1.2.3 Externe Kontrolle

Als ein weiterer Kontrollmechanismus übernimmt der Markt für Unternehmenskontrolle eine Funktion zur Eindämmung opportunistischen Verhaltens des Top Managements. Eine schlechte Performance sanktioniert der Kapitalmarkt demzufolge durch Aktienverkäufe, die zu Kursrückgängen führen und schließlich eine feindliche Übernahme und den Austausch von Top Managern zur Folge haben können.[233] Trotz empirischer Bestätigung[234] darf daraus allerdings nicht automatisch der Schluss auf einen idealtypisch funktionierenden Kapitalmarkt gezogen werden. Disziplinierungswirkungen des Top Managements sind dieser Argumentation zufolge nur für das Zielunternehmen einer feindlichen Übernahme zutreffend, da die Übernahme für das Management des übernehmenden Unternehmens im Gegensatz zum Management der Zielgesellschaft nicht selten sogar mit Vorteilen verbunden ist. Wie zuvor bereits erwähnt steigen mit wachsender Größe des Unternehmens häufig auch die Gehälter und das Prestige der Top Manager der Übernahmegesellschaft. Die Shareholder des übernehmenden Unternehmens müssen mit der Übernahme hingegen in aller Regel einen Rückgang ihrer Rendite in Kauf nehmen. Vor diesem Hintergrund lassen sich Unternehmensübernahmen somit auch als Instrument von Top Managern zur Steigerung ihres eigenen Nutzens zulasten der Anteilseigner interpretieren.[235]

Neben dem Markt für Unternehmenskontrolle wird von den Vertretern der Agenturtheorie auch der Arbeitsmarkt für Top Manager als ein externer Kontrollmechanismus genannt.[236] Demnach sind Manager permanent dem Wettbewerb auf dem organisationsinternen und externen Arbeitsmarkt ausgesetzt. Über diesen Markt bildet sich der jeweilige Angebotspreis eines Managers heraus, der der Agenturtheorie zufolge im Wesentlichen vom Erfolg bzw. Misserfolg abhängig ist. Durch die Gefahr der Abberufung steigt der Druck auf das Top Management, opportunistische Praktiken zu unterlassen und den Erfolg eines Unternehmens zu steigern. Gegen die Funktionsweise des Arbeitsmarkts werden in der Literatur jedoch erhebliche Bedenken geäußert. So ist WINTER zufolge die Anwendbarkeit des Arbeitsmarkts zur Festlegung der Managervergütung fraglich, da die Grenzproduktivität eines einzelnen Managers nicht messbar

---

[233] Vgl. MANNE (1965), S. 112 ff.
[234] Vgl. WALSH (1988), S. 179 f.; WALSH (1989), S. 317 f.
[235] Vgl. EBERS/GOTSCH (2006), S. 271 f.
[236] Vgl. JENSEN (1988), S. 317.

ist und auf dem Arbeitsmarkt keine tatsächliche Konkurrenz herrscht.[237] Die Performance eines Unternehmens ist bestenfalls das Ergebnis des gesamten Top Management Teams und lässt sich nicht in Einzelbeiträge aufspalten. Überdies führt die Kontrolle über den Arbeitsmarkt zu einem weiteren Interessenkonflikt zwischen den Shareholdern und Top Managern. Shareholder sind annahmegemäß risikoneutral, während sich Top Manager risikoavers verhalten. Durch die drohende Gefahr einer Abberufung infolge schlechter Performance wird ihre Risikobereitschaft tendenziell abnehmen. Dies widerspricht den Interessen der Shareholder, die ihre Anteile häufig diversifiziert haben und daher erwarten, dass Manager zur Steigerung der Rendite auch bereit sind, gewisse Risiken einzugehen. Durch die Investition ihres Humankapitals in die Gesellschaft steht für Manager somit häufig mehr auf dem Spiel.[238]

1.3 Kritik

Insgesamt lässt sich feststellen, dass empirische Untersuchungen im Hinblick auf die Wirksamkeit verschiedener Anreiz- und Kontrollmechanismen die Agenturtheorie nur partiell bestätigen. Disziplinierungswirkungen des Top Managements scheinen vor allem nur dann zu greifen, wenn große Investoren über den Arbeitsmarkt für Manager oder den Markt für Unternehmenskontrolle einen direkten Einfluss auf die Führungsspitze eines Unternehmens ausüben können.[239] Aber nicht nur fehlende empirische Belege lassen berechtigte Zweifel an der Agenturtheorie aufkommen. So ist der Ansatz in jüngerer Zeit zudem einer wachsenden Fundamentalkritik ausgesetzt. Die grundlegende Annahme opportunistischen Verhaltens von Managern wird als realitätsfremd und darüber hinaus auch als kontraproduktiv betrachtet. Kritisiert wird vor allem, dass opportunistische Praktiken gerade durch die Einrichtung von Kontroll- und Anreizsystemen ausgelöst werden könnten und somit als „self-fulfilling prophecy" wirken.[240]

Im Gegensatz zu den deterministischen Ansätzen der Organisationstheorie gehen die Vertreter der Agenturtheorie zwar davon aus, dass Management eine Rolle spielt. Ihre Sichtweise auf die Unternehmensleitung bleibt aber dennoch verkürzt. Im agenturtheoretischen Ansatz werden Manager als unkontrollierte, eigennützig handelnde Akteure

---

[237] Vgl. WINTER (2003), S. 351.

[238] Vgl. CANNELLA/MONROE (1997), S. 217.

[239] Vgl CANNELLA/MONROE (1997), S. 218.

[240] Vgl. FREY/OSTERLOH (1997), S. 316; GHOSHAL (2005), S. 77; GHOSHAL/MORAN (1996), S. 21 ff.; MORAN/GHOSHAL (1996), S. 61 und speziell auch die als Gegenentwurf zur Agency-Theorie konzipierte Stewardship-Theorie. Siehe hierzu ausführlich DAVIS/SCHOORMAN/ DONALDSON (1997); DONALDSON/DAVIS (1991).

betrachtet, die eine Ursache für die Minderung des Unternehmenswertes darstellen. Die Fähigkeit von Managern, einen positiven Beitrag zur Steigerung des Unternehmenswertes zu leisten, wird in der Agenturtheorie wie in den deterministischen Ansätzen ignoriert.[241] Zur Untersuchung der Effektivität des Top Managements ist jedoch ein theoretischer Ansatz erforderlich, der in dem Handeln von Top Managern unter Berücksichtigung des managerialen Handlungsspielraums[242] sowohl eine Ursache für den unternehmerischen Erfolg als auch eine Ursache für den Misserfolg eines Unternehmens sieht.

2. 'Strategic-Leadership'-Theorie

2.1 Entwicklung und theoretische Grundlegung

Die 'Strategic-Leadership'-Theorie lässt sich als eine neuere Richtung innerhalb des Strategischen Managements bezeichnen. Im Mittelpunkt der Betrachtung steht das Top Management, dem in der Management- und Organisationstheorie über viele Jahre hinweg keine große Bedeutung beigemessen wurde. Während in den frühen Ansätzen des Strategischen Managements der 1960er und 1970er Jahre die Merkmale zentraler Entscheidungsträger eines Unternehmens noch eine entscheidende Rolle spielten, rückten die Einflüsse des Top Managements auf den Prozess der Strategieformulierung in der Folgezeit immer stärker in den Hintergrund. So werden im frühen Strategiekonzept der HARVARD BUSINESS SCHOOL die Wertvorstellungen der Entscheidungsträger neben der Analyse der Umwelt und des unternehmensbezogenen Ressourcenpotenzials noch als wichtige Einflussgrößen auf die Phase der Strategieformulierung gesehen.[243] In den von PORTER geprägten industrieökonomischen Theorieansätzen des Strategischen Managements in den späten 1970er und frühen 1980er Jahren wurden diese Einflussfaktoren nahezu vollständig ausgeblendet.[244] Die industrieökonomische Schule des Strategischen Managements konzentriert sich ausschließlich auf die Chancen und

---

[241] Vgl. WALSH (1995), S. 280.

[242] Der manageriale Handlungsspielraum wird in der Agenturtheorie nicht zuletzt deshalb vernachlässigt, weil sich der Ansatz allein auf das bilaterale Verhältnis zwischen Shareholdern und Management konzentriert und somit Probleme im Zusammenhang mit den übrigen Stakeholdern des Unternehmens ausblendet.

[243] Vgl. ANDREWS (1971); LEARNED/CHRISTENSEN/ANDREWS (1961) sowie die Zusammenfassung bei WELGE/AL-LAHAM (2001), S. 26 ff.

[244] Den Ausgangspunkt der industrieökonomischen Theorieansätze des Strategischen Managements bilden die Arbeiten von PORTER (1980). Vgl. hierzu auch ZU KNYPHAUSEN-AUFSEß (2004), Sp. 1384 f.; WELGE/AL-LAHAM (2001), S. 35 ff.

Risiken der ökonomisch-technischen Umwelt.[245] Manager werden bei dieser rein ökonomischen Betrachtungsweise – im Gegensatz zu den bereits vorgestellten deterministischen Ansätzen der Organisationstheorie – zwar nicht generell als irrelevant gesehen.[246] Nach industrieökonomischer Auffassung sind sie mit den von ihnen getroffenen strategischen Entscheidungen durchaus in der Lage, Veränderungen einzuleiten und die Geschicke des Unternehmens erfolgsorientiert zu beeinflussen. Diese Sichtweise geht jedoch mit der Annahme einer, dass Manager die Fähigkeit besitzen, allein auf Basis der Erkenntnisse und Empfehlungen der ökonomischen Ansätze des Strategischen Managements „richtige" Entscheidungen zu treffen.[247]

2.1.1 'Strategic-Choice'-Ansatz nach Child

Der Gegentrend zum mangelnden Interesse an Top Managern ist auf zwei unabhängige Ströme innerhalb der Management- und Organisationsforschung zurückzuführen, die zur Entwicklung der 'Strategic-Leadership'-Theorie wesentlich beigetragen haben. Ein Meilenstein bildet der 'Strategic-Choice'-Ansatz nach CHILD, der ursprünglich als ein Korrektiv zu den in den 1970er dominierenden deterministischen Ansätzen der Organisationstheorie gedacht war.[248] In seiner viel zitierten Publikation von 1972 bezog sich CHILD dabei zunächst nur auf die Kontingenztheorie. In einem späteren rückblickenden Artikel auf die 25-jährige Entwicklung des Ansatzes, schloss er den Evolutionstheoretischen und Institutionalistischen Ansatz in seine kritische Betrachtung der deterministischen Richtung innerhalb der Organisationstheorie jedoch aus-

---

[245] Vgl. FINKELSTEIN/HAMBRICK (1996), S. 5.

[246] Siehe hierzu oben, S. 40 ff. Zu nennen ist an dieser Stelle auch die die 1970er Jahre dominierende Kontingenztheorie, die davon ausgeht, dass die Organisationsstruktur eines Unternehmens von situativen Faktoren wie Umwelt, Technologie und Unternehmensgröße determiniert wird. Auch hier liegt eine entpersonifizierte Betrachtung der Organisation vor. Zum kontingenztheoretischen Ansatz siehe BLAU (1970); HICKSON/PUGH/PHEYSEY (1969) sowie die Zusammenfassung von KIESER (2006).

[247] Vgl. SCHRADER (1995), S. 32 ff. Diese Annahme liegt im Übrigen auch dem seit Anfang der 1990er Jahre verbreiteten ressourcenbasierten Ansatz des Strategischen Managements zugrunde. Auch hier spielt das Management im Grunde keine zentrale Rolle. Vgl. ZU KNYPHAUSEN-AUFSEß (2004), Sp. 1385 ff. Die mangelnde Berücksichtigung von Managern in der industrieökonomischen Richtung des Strategischen Managements kommentiert HAMBRICK in einem Interview wie folgt: "My behaviorally oriented strategy friends and I used to joke that you could always tell if a case had been written by Mike Porter: it didn't have any people in it". [HAMBRICK/PETTIGREW (2001), S. 37].

[248] Vgl CHILD (1972), S. 2 sowie in der Retrospektive CHILD (1997), S. 43 ff. Eine „Übersättigung" deterministischer Ansätze in der Organisationstheorie sieht ferner auch BOURGEOIS (1984), S. 586.

drücklich mit ein.[249] Die deterministischen Ansätze gehen – wie oben bereits dargelegt wurde – davon aus, dass die Bedingungen der Umwelt die Gestalt einer Organisation bestimmen: „Put it simply, *they stress environmental selection rather than selection of the environment.*"[250]

Der 'Strategic-Choice'-Perspektive zufolge greift die deterministische Sichtweise zu kurz, da sie die Möglichkeit übersieht, dass wichtige Akteure einer Organisation die Geschicke eines Unternehmens – auch im Hinblick auf ihre eigenen Präferenzen – beeinflussen können. Der 'Strategic-Choice'-Ansatz konzentriert sich damit auf die aktive Rolle führender Gruppen innerhalb einer Organisation, so genannte *dominante Koalitionen*, die die Kompetenz besitzen, die strategische Ausrichtung des Unternehmens zu lenken und zu gestalten.[251]

Nach CHILD vollzieht sich die strategische Wahl in drei Phasen:

(1) Zunächst bewerten Entscheidungsträger die Situation, in der sich die Organisation befindet. Dabei berücksichtigen sie die Erwartungen wichtiger Ressourcenanbieter (Eigen- und Fremdkapitalgeber, Mitarbeiter etc.), Veränderungen der Umwelt, bisher gültige Ideologien, die vergangene Performance etc.

(2) Auf der Grundlage dieser situativen Beurteilung legen sie sodann umweltbezogene Strategien fest. Ziel ist es, durch eine Beeinflussung der wahrgenommenen Umwelt die Markteffizienz zu steigern.

(3) In einem letzten Schritt werden die organisationalen Strategien bestimmt, die Parameter der Organisation wie Betriebsgröße, eingesetzte Technologie, Mitarbeiter und die Organisationsstruktur umfassen und auf eine Steigerung der organisationalen Effizienz hinwirken (vgl. Abb. 9).[252]

---

[249] Vgl. CHILD (1997), S. 45.
[250] CHILD (1997), S. 45 [Kursivierung im Original].
[251] Vgl. CHILD (1972), S. 13; CHILD (1997), S. 43, 45 f.
[252] Vgl. CHILD (1972), S. 17.

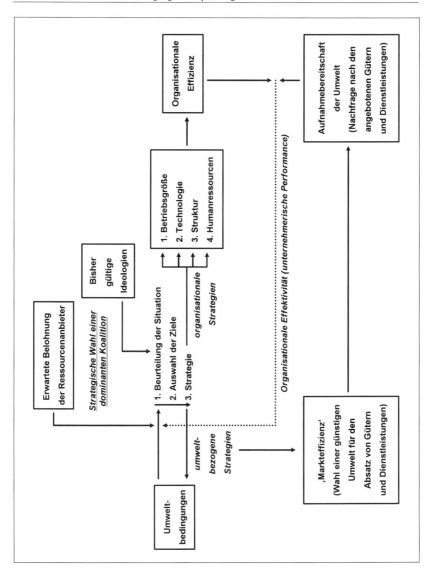

Abb. 9: 'Strategic-Choice'-Ansatz nach CHILD[253]

---

[253] In Anlehnung an CHILD (1972), S. 18.

Unter dominanter Koalition wird ein soziales Netzwerk von Individuen verstanden, die den größten Einfluss auf die Wahl der unternehmerischen Ziele und Strategien besitzen.[254] Das Konzept der dominanten Koalition geht auf CYERT/MARCH zurück, die Organisationen als Koalitionen von Individuen begreifen, von denen einige in Subkoalitionen organisiert sind. Zwischen den Koalitionsmitgliedern bestehen Unterschiede. So haben Mitarbeiter andere Erwartungen an die Organisation als beispielsweise das Management. Manche Koalitionsmitglieder wie etwa die Aktionäre widmen der Organisation auch weniger Zeit als andere Mitglieder. Infolgedessen lassen sich passive und aktive Gruppen unterscheiden. Organisationsziele entstehen hauptsächlich durch Verhandlungen innerhalb aktiver Gruppen einer Organisation.[255]

2.1.1.1 Strategische Wahl unter dem Einfluss politischer Prozesse

Eine effektive strategische Wahl setzt nach CHILD die Ausübung von Macht und Einfluss voraus und macht sie somit stets auch zu einem politischen Phänomen.[256] Das Wahlverhalten hängt im Anschluss an FELDMAN/MARCH unmittelbar mit dem Informationsverhalten in Organisationen zusammen. Informationen werden aus Sicht der klassischen Entscheidungstheorie beschafft und genutzt, um Entscheidungen zu fundieren. Investitionen in Informationen tragen demnach dazu bei, Entscheidungen zu

---

[254] Vgl. PEARCE (1995), S. 1075.

[255] Vgl. CYERT/MARCH (1995), S. 27, 30. Obwohl der 'Strategic-Choice'-Ansatz in der wissenschaftlichen Community auf breites Interesse stieß, ist es ihm jedoch nicht gelungen, die Basis für eine neue Richtung innerhalb der empirischen Forschung zu bilden. FINKELSTEIN/HAMBRICK (1996) begründen dies mit dem wenig greifbaren Konzept der dominanten Koalition: "The dominant coalition could be some combination of board members, executives, investors, technical employees, union leaders, or others. Under such a view, scholars could not reliably target a fixed locus of strategic choice in a cross-section of organizations; hence, systematic research based on Child's ideas was somewhat stymied." (S. 6). Unverständlich ist daher die Kritik von KIESER (2006), der behauptet, der Ansatz konzentriere sich ausschließlich auf eine Person an der Spitze einer Organisation: „Es ist auch problematisch, davon auszugehen, dass nur eine einzelne Person an der Spitze der Organisation Einfluss auf Strategien und Organisationsstrukturen nimmt. In deutschen Unternehmungen wird die Unternehmungsspitze etwa meist von Kollegialorganen (Vorstand, Geschäftsführung) gebildet, deren Mitglieder nicht unbedingt übereinstimmende persönliche Charakteristika und Präferenzen gegenüber der Organisationsgestaltung aufweisen." (S. 239 f.).

[256] Vgl. CHILD (1997), S. 46 und ferner auch EISENHARDT/ZBARACKI (1992), S. 22 f. Der politische Charakter des Ansatzes spiegelt sich auch in der folgenden Aussage von CHILD wider: "The term 'strategic' was used to signify matters of importance to an organization as a whole, particularly those bearing upon its ability to prosper within an environment where it faces competition or the need to maintain credibility. It is closely related to the idea of 'stratagem', which is a way of attempting to accomplish an objective in interaction with, or against, others." (S. 48).

verbessern. Eine Investition gilt als sinnvoll, wenn der erwartete Grenzertrag zur Optimierung von Entscheidungen ihre Grenzkosten übersteigt.[257]

Das tatsächliche Informationsverhalten in Organisationen stimmt jedoch mit diesem Bild kaum überein. Individuen und Organisationen investieren zwar in Informationen und Informationssysteme. Ihre Investitionen machen jedoch aus Sicht der klassischen Entscheidungstheorie wenig Sinn. So beurteilen Organisationsmitglieder Informationen oftmals als wertvoll, die im Grunde keine hohe Relevanz für die zu treffende Entscheidung besitzen. Nicht selten beschaffen sie Informationen, die sie gar nicht nutzen, oder sie handeln, bevor sie die angeforderten Informationen erhalten haben.[258]

FELDMAN/MARCH liefern für dieses scheinbar ineffiziente Verhalten verschiedene Erklärungen. Den Überkonsum von Informationen in Organisationen begründen die beiden Autoren u. a. damit, dass die im Zuge der strategischen Wahl zu generierenden Informationen in einen Kontext divergierender Ziele eingebunden sind. Infolgedessen wird der Prozess der Informationsbeschaffung und -weiterleitung regelmäßig von Interessenkonflikten innerhalb der Organisation begleitet und erfolgt im Bewusstsein möglicher Auswirkungen auf die zu treffende Entscheidung. Informationen werden im Realkontext häufig mit der Intention verbreitet, jemand zu einer bestimmten Handlung bzw. Entscheidung zu veranlassen. Sie werden somit immer auch als ein Machtinstrument eingesetzt. Unter der Bedingung von Interessenkonflikten können vernünftige Entscheidungsträger daher nicht davon ausgehen, dass die verfügbaren Informationen zuverlässig sind.[259]

2.1.1.2 Strategische Wahl unter der Bedingung begrenzter Rationalität

Neben der politischen Dimension wird die strategische Wahl aber auch durch das Phänomen unvollständiger Information beeinflusst. Nach der Theorie der begrenzten Rationalität werden Entscheidungsträger infolge kognitiver Grenzen der Informationsaufnahme und -verarbeitung daran gehindert, objektiv rationale Entscheidungen zu treffen.[260] SIMON begründet dies mit den beschränkten Kapazitäten des menschlichen Verstands zur Lösung komplexer Probleme. In der realen Welt übersteigt die Komplexität der auftretenden Probleme die menschliche Fähigkeit, eine angemessene Lösung

---

[257] Vgl. FELDMAN/MARCH (1981), S. 172.
[258] Vgl. FELDMAN/MARCH (1981), S. 174, 182.
[259] Vgl. FELDMAN/MARCH (1981), S. 176 f.
[260] Vgl. MARCH/SIMON (1958), S. 138.

auf der Grundlage objektiv rationalen Verhaltens zu finden. Selbst eine einigermaßen vernünftige Annäherung an eine solche objektive Rationalität erscheint zwecklos.[261] Folglich ist menschliches Entscheidungsverhalten allenfalls intendiert rational.[262]

SIMONs Rationalitätsverständnis stellt ein Korrektiv zum objektiven Rationalitätsbegriff der neoklassischen Theorie der Wirtschaftswissenschaften dar. Nach der objektiven Rationalitätsauffassung müsste ein Entscheidungsträger sämtliche Entscheidungsalternativen mit ihren Konsequenzen kennen und mit Blick auf die angestrebten Ziele bewerten, um eine optimale Problemlösung zu finden.[263] Diese Eigenschaften eines idealtypischen „homo oeconomicus" treffen auf reale Entscheidungsträger jedoch aufgrund folgender kognitiver Barrieren nicht zu:

(1) das fragmentarische Wissen über die Bedingungen und mögliche Konsequenzen von Entscheidungsalternativen,

(2) die Unmöglichkeit der Bewertung zukünftiger Ereignisse,

(3) die begrenzte Auswahl der zu berücksichtigenden Entscheidungsalternativen.[264]

2.1.1.3 Strategische Wahl unter dem Einfluss managerialer Kognition

Neben informationellen Barrieren wird die strategische Wahl von Merkmalen der Entscheidungsträger beeinflusst. Dazu zählt insbesondere der Einfluss von Interpretation und managerialer Kognition.[265] In der kognitiven Managementforschung werden Manager als „information workers"[266] betrachtet, die ihre Zeit damit verbringen, Informationen über unternehmerische Sachverhalte, Gelegenheiten und Probleme aufzunehmen, zu verarbeiten und zu verbreiten. Ein zentrales Problem liegt dabei in der Komplexität und Ambiguität ihrer informationellen Umwelt.[267] Manager stellen sich dieser Herausforderung, indem sie Wissensstrukturen anwenden, die ein Abbild ihrer

---

[261] Vgl. SIMON (1957), S. 198.
[262] Vgl. SIMON (1957), S. 196; SIMON (1987b), S. 266 ff.
[263] Vgl. SIMON (1997), S. 78.
[264] Vgl. SIMON (1997), S. 93 ff.
[265] Vgl. CHILD (1997), S. 50. Einen umfassenden Überblick über das Forschungsfeld managerialer Kognition, das sich vor allem in jüngerer Zeit wachsender Beliebtheit erfreut, liefern WALSH (1995) und SACKMANN (2004). Wichtige Beiträge zu dem Thema stammen u. a. von BARNES (1984); HUFF (1990) und STUBBART (1989).
[266] MCCALL/KAPLAN (1990), S. 16.
[267] Vgl. WALSH (1995), S. 280. Siehe ferner MINTZBERG/RAISINGHANI/THEORET (1976), S. 252 ff.; SACKMANN (2004), Sp. 588 f.; SCHWENK (1984b), S. 114 ff.

Informationswelt darstellen und somit eine Grundvoraussetzung für die Informationsverarbeitung und Entscheidungsfindung bilden. Diese Wissensstrukturen haben zwar den großen Vorteil, dass sie das Informationsumfeld in seiner Komplexität reduzieren. Von Nachteil ist allerdings, dass Manager dadurch wesentliche Veränderungen in ihrem Umfeld nicht erkennen (können). Somit wird die Fähigkeit von Managern, vernünftige strategische Entscheidungen zu treffen, durch ihre Wissensstrukturen begrenzt.[268]

2.1.1.4 Zusammenfassung

Die die strategische Wahl beeinflussenden drei Phänomene (politische Prozesse, unvollständige Information, manageriale Kognition) sind in den obigen Ausführungen zwar isoliert betrachtet worden. Tatsächlich sind sie aber interdependent. So lässt sich die Unvollständigkeit von Informationen zum einen auf die bedingte Rationalität der Entscheidungsträger zurückführen. Zum anderen ist sie nicht selten auch das Resultat politischer Prozesse. Der 'Strategic-Choice'-Ansatz richtet sein Augenmerk mithin in erster Hinsicht auf reale Einflüsse, die auf die Entscheidungsprozesse in Organisationen wirken.

2.1.2 Manageriale Aktivitätsforschung

Den zweiten Strom, durch den die Entwicklung der 'Strategic-Leadership'-Theorie wesentlich geprägt wurde, bildet die so genannte manageriale Aktivitätsforschung.[269] Gegenstand dieser Forschungsrichtung ist das reale Arbeitsverhalten von Top Managern. Den Ausgangspunkt bildet dabei die Kritik an der klassischen Managementlehre. Nach der auf FAYOL zurückgehenden analytisch-funktionsorientierten Sichtweise der klassischen Managementlehre haben Manager ganz spezifische Funktionen wie Planung, Organisation, Personaleinsatz, Führung und Kontrolle zu erfüllen, die in eine bestimmte Ordnung und Abfolge gebracht werden und so einen idealtypischen Management-Prozess umreißen.[270] Dabei wird davon ausgegangen, dass Manager zur Bewältigung der Aufgaben innerhalb der einzelnen Phasen dieses Management-Prozesses ihr Wissen und Können anwenden und sich politisch neutral verhalten. Die Manage-

---

[268] Vgl. WALSH (1995), S. 281.

[269] Der Begriff der Aktivitätsforschung (*Work Activity School*) wurde von MINTZBERG (1973) geprägt.

[270] Die hier aufgeführten fünf Managementfunktionen gehen auf die Konzeption von KOONTZ/WEIHRICH (1988) zurück. Diese stehen wiederum in der Tradition der Arbeiten von FAYOL (1929). Siehe hierzu auch STEINMANN/SCHREYÖGG (2000), S. 8 ff. sowie WALGENBACH (1994), S. 15.

mentfunktionen werden als universell gültig betrachtet, d. h. sie sind unabhängig von der Hierarchieebene und den Merkmalen der Organisation und Landeskultur. Die Frage, wie Manager ihre Aufgaben und Funktionen tatsächlich erledigen und damit zur Zielerreichung der Organisation beitragen, spielt in der klassischen Managementlehre keine Rolle. Unter der Ausgangsfrage *"What Do Managers Do?"* sollte der traditionellen Betrachtung des Managers als reflexiven, systematischen Planer mit der Aktivitätsforschung ein reales Bild gegenübergestellt werden.[271]

In den meisten empirischen Studien der managerialen Aktivitätsforschung werden die Kennzeichen der Arbeitsweise von Managern untersucht. Im Anschluss an WALGENBACH lassen sich die Ergebnisse dieser Untersuchungen wie folgt zusammenfassen:

- Das Arbeitspensum von Managern ist in der Regel sehr hoch.
- Ihre Aktivitäten sind von relativ kurzer Dauer, großer Heterogenität und Vielfalt. Aufgrund häufiger Unterbrechungen ist die Arbeitsweise von Managern durch Diskontinuitäten gekennzeichnet, die allerdings in oberen Managementebenen deutlich abnehmen.
- Viele Aktivitätsforscher kommen aufgrund vieler unvorhergesehener und geplanter Kontakte und Ereignisse zu dem Schluss, dass Manager eher reaktiv und intuitiv handeln anstatt ihre Zeit mit Planung und kritischer Reflexion zu verbringen.
- Der Arbeitsalltag von Managern ist durch einen sehr hohen Anteil verbaler Kommunikation vor allem in Form von face-to-face-Besprechungen und Telefonaten geprägt. Insbesondere Top Manager verbringen mehr als 65% ihrer Arbeitszeit mit verbaler Kommunikation.
- Manager haben ein großes Interesse an weichen Informationen wie persönlichen Einschätzungen, Vermutungen und sogar Gerüchten.[272]

WALGENBACH warnt davor, aus den Ergebnissen der bloßen Beobachtung physischer Aktivitäten den Schluss zu ziehen, dass Manager nicht planen und die klassischen Managementfunktionen daher generell zurückzuweisen sind:[273] „Die Schlussfolgerung, daß das Bild des Managers als Stratege, Planer und Denker ein Mythos ist, die

---

[271] Vgl. MINTZBERG (1998b), S. 24; WALGENBACH (1994), S. 15 ff. sowie das Review von HALES (1986).
[272] Vgl. WALGENBACH (1994), S. 20 ff.
[273] In diesem Sinne etwa MINTZBERG (1998b), S. 24.

aufgrund der Befunde eines immer wieder ununterbrochenen Arbeitsflusses des reaktiven Verhaltens der Manager, der Vielzahl der ungeplanten ‚face-to-face-Kontakte', in denen die Manager von Themenkreis zu Themenkreis springen, gezogen wurde, ist möglicherweise ein Methodenartefakt."[274]

Im Gegensatz zu den früheren Untersuchungen der Aktivitätsforschung[275] gelingt es KOTTER mit seiner umfassenden Studie die beobachteten Verhaltensweisen von Managern verständlich zu machen. In konzeptioneller Hinsicht ist seiner Arbeit eine besondere Bedeutung beizumessen, da KOTTER der Brückenschlag zu den klassischen Managementfunktionen gelingt. REBER sieht darin sogar einen Neuanfang in der verhaltensorientierten Führungsforschung.[276] Aber auch für die Entwicklung der 'Strategic-Leadership'-Theorie stellt sie einen Meilenstein dar, da sie letztlich den Anstoß für eine erneute Beschäftigung mit den Akteuren an der Spitze einer Organisation lieferte.[277] Zwischen 1976 und 1981 hat KOTTER 15 erfolgreiche General Manager[278] in neun Unternehmen aus unterschiedlichen Branchen unter Anwendung verschiedener Forschungsinstrumente (Interviews, Fragebögen, Verhaltensbeobachtungen, Dokumentenanalysen von Geschäftsplänen, Geschäftsberichten und Terminkalendern) untersucht und dabei die Zusammenhänge zwischen unterschiedlichen Verhaltensmustern und persönlichen Merkmalen in unterschiedlichen Kontexten analysiert. Für das Verständnis der Verhaltensweisen von erfolgreichen Managern ist es laut KOTTER zunächst von zentraler Bedeutung, zwei fundamentale Herausforderungen und Dilemmata zu erkennen, die mit den Aufgaben der Manager einhergehen:

---

[274] WALGENBACH (1994), S. 28.

[275] Dazu zählt z. B. das viel beachtete Rollenkonzept nach MINTZBERG. Aus seinen detailgenauen Untersuchungen der Aktivitäten von fünf CEOs leitet MINTZBERG zehn Managerrollen ab und ordnet sie drei übergeordneten Dimensionen zu: Die interpersonale Dimension (Repräsentant, Vorgesetzter, Liaison), die informationelle Dimension (Monitor, Informationsverteiler, Sprecher) und die Entscheidungsdimension (Unternehmer, Störungsregler, Ressourcenzuteiler, Verhandler). Siehe hierzu ausführlich MINTZBERG (1973), S. 54 ff. sowie die Zusammenfassung und Kritik von WALGENBACH (1994), S. 31 ff.

[276] Vgl. REBER (1992), Sp. 989.

[277] Vgl. FINKELSTEIN/HAMBRICK (1996), S. 6. Das in den 1980er Jahre wachsende Forschungsinteresse an den Personen an der Spitze eines Unternehmens kommt u. a. in den Arbeiten von DONALDSON/LORSCH (1983); MEINDL/EHRLICH/DUKERICH (1985) und WAGNER/ PFEFFER/O'REILLY (1984) zum Ausdruck.

[278] Die von KOTTER (1982) untersuchten General Manager sind laut WALGENBACH eher dem Top Management zuzuordnen. Vgl. WALGENBACH (1994), S. 45.

(1) Wie finden Manager heraus, was sie trotz Unsicherheit und der großen Menge potenziell relevanter Informationen zu tun haben?

(2) Wie stellen Manager sicher, dass die große und heterogene Gruppe von Menschen, über die sie keine direkte Kontrolle ausüben können, in ihrem Sinne handeln?[279]

Um diesen beiden Herausforderungen gerecht zu werden, entwickeln Manager Handlungspläne (*agenda setting*) und bauen Netzwerke auf (*network building*). Die ihren Aktivitäten zugrunde liegenden Handlungspläne erfordern ein großes Ausmaß an Informationen, die schnell erschlossen werden müssen. Bei der Informationsbeschaffung verlassen sich erfolgreiche Manager mehr auf Gespräche mit verschiedenen internen und externen Akteuren des Unternehmens und weniger auf schriftliche Quellen wie Berichte, Bücher, Magazine etc. Ihre Handlungspläne enthalten Ziele, Präferenzen, Strategien und Maßnahmen, die in den schriftlich fixierten Plänen des Unternehmens häufig nicht auftauchen. Daraus darf KOTTER zufolge allerdings nicht der Schluss gezogen werden, dass diese die formale Planung des Unternehmens konterkarieren.[280]

Für die Umsetzung der Handlungspläne ist der Aufbau und Erhalt von Netzwerken von entscheidender Bedeutung. Dies macht (häufig informelle) Kommunikation mit einer Vielzahl von Personen erforderlich, und erklärt, warum Manager den Großteil ihrer Arbeitszeit mit Menschen verbringen. In der Kommunikation mit verschiedenen internen und externen Akteuren haben auch nicht arbeitsbezogene Themen und Humor einen hohen Stellenwert, um gute Beziehungen aufrecht zu erhalten. Das gilt insbesondere in kritischen Situationen. KOTTER argumentiert, dass zu den beobachteten Verhaltensmustern von Managern, die am wenigsten geschätzt werden, zum einen reaktive anstatt detailliert-planerische Vorgehensweisen und zum anderen kurze, informelle und scheinbar zusammenhangslose Gespräche gehören. Diesen fehlt aber nur bei oberflächlicher Betrachtung der Bezug zu den Funktionsweisen des Managements. Tatsächlich gehören sie aber zu den wichtigsten und effizientesten Merkmalen managerialen Handelns.[281]

---

[279] Vgl. KOTTER (1999), S. 148.
[280] Vgl. KOTTER (1999), S. 150.
[281] Vgl. KOTTER (1999), S. 155 f.

2.2 'Upper-Echelons'-Ansatz

2.2.1 Grundlagen

Während sich die manageriale Aktivitätsforschung mit Verhaltensaspekten von Managern auf verschiedenen Ebenen der organisationalen Hierarchie beschäftigt, wurde mit dem 'Upper-Echelons'-Ansatz nach HAMBRICK/MASON der Grundstein für eine neue Richtung innerhalb der verhaltensorientierten Managementforschung gelegt, in der nicht einzelne Entscheidungsträger, sondern eine ganze Gruppe von Personen an der Spitze eines Unternehmens – das Top Management Team[282] – die Analyseeinheit bildet.[283] Unter Rückgriff auf das bereits von CHILD aufgegriffene Konzept der dominanten Koalition steht der 'Upper-Echelons'-Ansatz in der Tradition der verhaltenswissenschaftlichen Entscheidungstheorie der CARNEGIE SCHOOL.[284] Der Ansatz betrachtet die Performance eines Unternehmens als eine abhängige Variable der strategischen Entscheidungen des Top Managements (*management matters*).[285] Richtungsweisende Entscheidungen werden allerdings selten von einzelnen Akteuren des Unternehmens sondern von dominierenden Gruppen bzw. „Corporate Elites"[286] getroffen.[287] Der größte Einfluss auf strategische Entscheidungen geht dem 'Upper-Echelons'-Ansatz zufolge von jener Gruppe aus, die an der Spitze der unternehmerischen Hierarchie angesiedelt ist.[288] Eine grundlegende Annahme des Ansatzes besteht nun darin,

---

[282] Die ersten Studien, die sich mit Top Management Teams beschäftigen, wurden von BOURGEOIS (1980) und HAMBRICK (1981) vorgelegt. Zum Begriff des Top Management Teams siehe unten, S. 81 f.

[283] Vgl. CARPENTER/GELETKANYCZ/SANDERS (2004), S. 752 f. Die drei Autoren liefern mit ihrem Beitrag im Übrigen auch einen umfassenden Review der 'Upper-Echelons'-Forschung der Jahre 1996 bis 2003. Für den Zeitraum von 1984 bis 1992 fassen JACKSON (1992) und FINKELSTEIN/HAMBRICK (1996) den mittlerweile beachtlichen Literaturstand zum 'Upper-Echelons'-Ansatz zusammen.

[284] Vgl. FINKELSTEIN/HAMBRICK (1990), S. 485; HAMBRICK (2007), S. 334; HAMBRICK/D'AVENI (1992), S. 1446.

[285] Vgl. HAMBRICK/MASON (1984), S. 194.

[286] JENSEN/ZAJAC (2004), S. 2004.

[287] Vgl. HAMBRICK/MASON (1984), S. 196 sowie auch KNIGHT ET AL. (1999), S. 447; FINKELSTEIN/HAMBRICK (1990), S. 485 f. Auf die Bedeutung von Gruppenentscheidungen im Rahmen der organisationalen Zielbildung wurde bereits früh von den Vertretern der CARNEGIE SCHOOL hingewiesen. Die CARNEGIE SCHOOL betrachtet Organisationen als Koalitionen von Individuen. Siehe hierzu CYERT/MARCH (1963), S. 27 ff. An dieser Stelle sei auch noch einmal ausdrücklich an das bereits oben, S. 30 f., erläuterte Kollegialprinzip erinnert, das für die Leitung einer deutschen Aktiengesellschaft (im Gegensatz zur U.S. Corporation) aus rechtlicher Sicht sogar bindend ist.

[288] Diese Sichtweise impliziert nicht, dass untere Hierarchieebenen ohne Einfluss auf den Prozess der Strategieformulierung sind. Außer Frage steht jedoch, dass die Top Manager eines Unter-

dass der Output einer Organisation wie Strategien, Wettbewerbsverhalten, strategischer Wandel, Markteintrittsverhalten, Konkurs und unternehmerische Performance durch die Merkmale und Eigenheiten der Mitglieder dieser einflussreichen Gruppe reflektiert wird.[289] Dazu zählen vor allem deren Wertvorstellungen und kognitiven Fähigkeiten. Kurz gefasst lässt sich eine Organisation nach der 'Upper-Echelons'-Perspektive als ein Spiegelbild ihres Top Managements begreifen.[290]

Die Vertreter der CARNEGIE SCHOOL argumentieren, dass komplexe Entscheidungen von verhaltensbezogenen Faktoren determiniert werden und nicht das Resultat einer vollkommen rationalen Analyse auf Basis vollständiger Informationen sind.[291] Begrenzte Rationalität, verzweigte und zum Teil konfliktäre Ziele, unzählige Operationen und variierende Anspruchsniveaus schränken die Möglichkeit erheblich ein, komplexe Entscheidungen auf einer rein techno-ökonomischen Basis zu treffen. Folglich wächst mit zunehmender Komplexität einer Entscheidung die Bedeutung verhaltensorientierter Aspekte, so dass für jene Klasse unternehmerischer Wahlakte, die als „strategisch" gelten und auf der obersten Hierarchieebene eines Unternehmens getroffen werden, der verhaltenswissenschaftliche Ansatz eine besondere Relevanz besitzt.[292] In Anlehnung an CHILD richtet der 'Upper-Echelons'-Ansatz sein Augenmerk auf strategische Wahlakte (*strategic choices*) dominanter Koalitionen von Top Managern.[293] Dazu zählen allerdings in weiterem Sinne nicht nur rein strategische Entscheidungen über die produkt-, markt- und wettbewerbsspezifische Ausrichtung des Unternehmens, sondern auch alle administrativen Entscheidungen zur Personalbesetzung oder Gestaltung des Belohnungssystems.[294]

Die betrachteten Wahlakte werden im Zuge der Entscheidungsfindung in hohem Maße durch verschiedene verhaltensbezogene Eigenschaften der Manager beeinflusst. Im

---

nehmens im Rahmen der Strategiefestlegung aufgrund ihrer Stellung das größte Gewicht haben. Siehe hierzu CANNELLA/MONROE (1997), S. 219.

[289] Siehe etwa die Studien von BOEKER (1997a); BOEKER (1997b); FINKELSTEIN/HAMBRICK (1990); HAMBRICK/CHO/CHEN (1996); HAMBRICK/D'AVENI (1992); WIERSEMA/BANTEL (1992).

[290] Vgl. HAMBRICK/MASON (1984), S. 193.

[291] Vgl. CYERT/MARCH (1963), S. 114 ff.; MARCH/SIMON (1958), S. 137 ff.

[292] Siehe hierzu auch FELDMAN/MARCH (1981), 176 f.

[293] Vgl. CANNELLA/MONROE (1997), S. 219.

[294] Siehe hierzu nochmals die Ausführungen zum Aufgabenkatalog des Top Managements in einer deutschen Aktiengesellschaft, S. 6 ff.

Anschluss an MARCH/SIMON hat jeder Entscheidungsträger zunächst eine unterschiedliche kognitive Basis. Diese setzt sich zusammen aus:

(1) Wissen und Annahmen über zukünftige Entwicklungen,

(2) Kenntnis von Handlungsalternativen und

(3) Wissen über Konsequenzen, die mit verschiedenen Handlungsmöglichkeiten verbunden sind.[295]

Darüber hinaus spielt das individuelle Wertesystem des Entscheidungsträgers eine zentrale Rolle. Gemeint sind hiermit Prinzipien, nach denen ein Entscheidungsträger Handlungskonsequenzen und -alternativen gemäß seiner Präferenzen in eine Rangordnung bringt. Die Merkmale des Entscheidungsträgers wie kognitive Fähigkeiten und eigene Wertvorstellungen können sich zwar im Laufe der Zeit an externe Veränderungen anpassen. Dennoch übernehmen sie in nicht zu unterschätzendem Ausmaß die Funktion eines Filters. Dieser verzerrt die Wahrnehmung über das, was im Realkontext vor sich geht und wie darauf zu reagieren ist. Komplexe Entscheidungen sind mithin immer auch das Resultat menschlicher Grenzen und Wahrnehmungsverzerrungen. Infolgedessen variieren sie von Entscheidungsträger zu Entscheidungsträger. Manager werden dadurch in ihren Handlungsweisen zwar nicht generell unbestimmbar. HAMBRICK/FINKELSTEIN zufolge handeln sie aber stets auf der Grundlage dessen, was sie wissen, glauben, wahrnehmen und wollen.[296]

2.2.2 Prozess der Realitätskonstruktion von Top Managern

Auf der Grundlage des Konzepts der begrenzten Rationalität der CARNEGIE SCHOOL[297] haben HAMBRICK/MASON ein verhaltensorientiertes Modell zur Erklärung der strategischen Wahl durch Manager vorgelegt.[298] Im Folgenden wird das Modell in der erweiterten Form von FINKELSTEIN/HAMBRICK vorgestellt (vgl. Abb. 10).

---

[295] Vgl. MARCH/SIMON (1958), S. 137 f.
[296] Vgl. FINKELSTEIN/HAMBRICK (1996), S. 40.
[297] Siehe hierzu nochmals oben, S. 63 f.
[298] Vgl. HAMBRICK/MASON (1984), S. 194 ff.

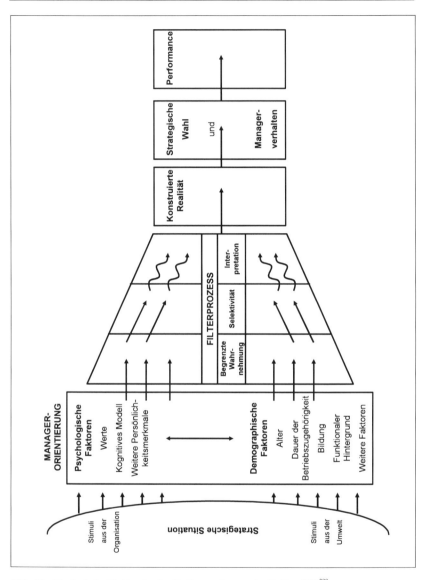

Abb. 10: Strategische Wahl unter der Bedingung begrenzter Rationalität[299]

---

[299] In Anlehnung an FINKELSTEIN/HAMBRICK (1996), S. 42.

Auf der linken Seite des Modells ist die strategische Situation abgebildet, die sich aus unzähligen Ereignissen und Entwicklungen innerhalb und außerhalb des Unternehmens zusammensetzt. Auf der rechten Seite stehen strategische Wahlakte, die die unternehmerische Performance maßgeblich beeinflussen. Das Herzstück des Modells stellen jedoch die Eigenheiten des Managers und jener Prozess dar, welcher zur Konstruktion einer managerialen Realität führt. Ausgangspunkt bildet dabei die Orientierung eines Managers, die aus einem Set psychologischer (innerer) Merkmale und beobachtbarer (äußerer) Merkmale wie Alter, Ausbildung, Berufserfahrung und Dauer der Betriebszugehörigkeit besteht. Auf Basis dieser Managerorientierung deuten Entscheidungsträger die strategische Situation und treffen Entscheidungen. Zwischen der „objektiven" Realität der strategischen Situation auf der einen Seite und der strategischen Wahl der Manager auf der anderen Seite liegt nun eine Vielzahl menschlicher Einflussfaktoren:[300] „Biases, blinders, egos, aptitudes, experiences, fatigue, and other human factors in the executive ranks greatly affect what happens to companies."[301]

Das Konzept der begrenzten Rationalität basiert auf der grundlegenden Prämisse, dass Manager mit weitaus mehr Stimuli aus der Umwelt und der Organisation konfrontiert werden als sie gewöhnlich erfassen können. Darüber hinaus sind diese Stimuli oftmals mehrdeutig, komplex und mitunter auch widersprüchlich. Um sich dennoch ein eigenes Bild von der strategischen Situation machen zu können und sich eine eigene Realität zu konstruieren, selektieren und interpretieren Manager die ihnen zur Verfügung stehenden Informationen.[302] Dies geschieht über einen dreistufigen Filterprozess bestehend aus den Phasen „begrenztes Sichtfeld", „selektive Wahrnehmung" und „Interpretation".[303]

In der ersten Phase werden sich Manager nur mit einer Teilmenge der bestehenden Stimuli aus der Umwelt und Organisation beschäftigen.[304] Nach SIMON hat jeder Entscheidungsträger stets nur einen begrenzten und spezifischen *focus of attention*.[305] Während sich manche Manager im Rahmen der Informationsbeschaffung beispiels-

---

[300] Vgl. FINKELSTEIN/HAMBRICK (1996), S. 40 f.
[301] HAMBRICK (1989), S. 5.
[302] Vgl. CARPENTER/GELETKANYCZ/SANDERS (2004), S. 750; CHO/HAMBRICK (2006), S. 453; SACKMANN (2004), Sp. 589 f.
[303] Vgl. HAMBRICK (2007), S. 337.
[304] Vgl. ABRAHAMSON/HAMBRICK (1997), S. 516.
[305] Vgl. SIMON (1997), S. 288.

weise sehr stark auf formale Berichte und Studien von externen Beratern und Forschungseinrichtungen konzentrieren, um sich ein Bild von umweltbezogenen Entwicklungen zu machen, verlassen sich andere eher auf informale Informationsquellen innerhalb und außerhalb des Unternehmens. Ferner unterscheiden sich Manager darin, auf welche Ausschnitte der komplexen Umwelt sie sich konzentrieren. Neben möglicherweise wichtigen Umweltinformationen entgeht den Entscheidungsträgern auch eine Vielzahl organisationsinterner Informationen (z. B. über eine Verschlechterung des Betriebsklimas oder über gesetzeswidrige Verhaltensweisen einzelner Mitarbeiter). Mit zunehmender Größe und Komplexität des Unternehmens nimmt die Begrenzung des Sichtfelds von Managern naturgemäß zu. Im Anschluss an KOTTER hängt das manageriale Sichtfeld nicht zuletzt auch erheblich von der Breite und Intensität des von ihnen aufgebauten Netzwerkes ab.[306] So kann ein neues, auf dem externen Arbeitsmarkt rekrutiertes Vorstandsmitglied bei seiner Suche nach Informationen anfangs vermutlich noch nicht auf informale Quellen innerhalb der Organisation zurückgreifen. Im Gegensatz zu seinen Vorstandskollegen stehen ihm dafür aber möglicherweise aufgrund guter Kontakte zu externen Institutionen wertvolle Informationsquellen aus der Organisationsumwelt zur Verfügung. Festzuhalten ist, dass Top Manager niemals Zugang zu sämtlichen existierenden Informationen haben und durch ihr begrenztes Sichtfeld somit nur einen Teil der Informationen im Rahmen der Entscheidungsfindung berücksichtigen können.[307]

In der zweiten Phase erfolgt eine weitere Auslese an Informationen über den Prozess der selektiven Wahrnehmung. Nicht alle Stimuli, denen ein Manager aus der Umwelt und Organisation ausgesetzt ist, werden gleichermaßen beachtet. Einige Informationen, die z. B. im Rahmen eines mehrstündigen Vortrags eines Beraters präsentiert werden und somit durchaus in das Sichtfeld fallen, werden aufgrund bestimmter Eigenschaften (z. B. Bekanntheit oder Vertrautheit) unmittelbar registriert. Viele Informationen werden allerdings nur im Unterbewusstsein des Managers gespeichert und manche Informationen noch nicht einmal (unbewusst) perzipiert: "(S)trategists only see a portion of what they are watching, and they hear only a portion of what they are listening to."[308]

---

[306] Siehe hierzu nochmals oben, S. 67.
[307] Vgl. FINKELSTEIN/HAMBRICK (1996), S. 41 ff.
[308] FINKELSTEIN/HAMBRICK (1996), S. 44.

In der dritten Phase des sequentiellen Filterprozesses interpretieren Manager die wahrgenommenen Stimuli bzw. messen ihnen Bedeutung bei. So können Entscheidungsträger in einem umweltbezogenen Stimulus z. B. entweder eine Chance oder auch eine Bedrohung sehen. DUTTON/ASHFORD betonen, dass kein Sachverhalt inhärent strategisch sei, sondern erst durch die Interpretation des Top Managements im Hinblick auf seine Relevanz für den unternehmerischen Erfolg einen strategischen Stellenwert erhält.[309]

Der Ablauf des Filterprozesses erfolgt idealerweise in der aufgezeigten Reihenfolge der drei Phasen. In der Realität kann sich diese Reihenfolge aber auch verändern. Ein Manager, der im Rahmen der selektiven Wahrnehmung die Informationen einer bestimmten verlässlichen Informationsquelle erfasst und verarbeitet hat, wird vermutlich auch in Zukunft auf diese Quelle zurückgreifen. In diesem Fall bestimmt der Prozess der selektiven Wahrnehmung, welche Stimuli überhaupt in das Sichtfeld des Managers fallen.[310]

Festzuhalten ist, dass eine unverzerrte Wahrnehmung des situativen Kontextes einer Organisation aufgrund eines Filterprozesses, der die Perzeption der strategischen Situation bzw. die „konstruierte Realität"[311] eines Top Managers bestimmt, nicht möglich ist.[312] Daraus folgt auch, dass die Realitätskonstruktionen verschiedener Manager eines Unternehmens erhebliche Unterschiede aufweisen können.[313] "In the face of ambiguity and massive bombardment of information that typifies the top management task, no two strategists will necessarily identify the same array of options; if they were

---

[309] Vor diesem Hintergrund betrachten die Autoren den Prozess des so genannten *issue selling* an das Top Management als eine kritische Phase im frühen Stadium organisationaler Entscheidungsprozesse. Vgl. DUTTON/ASHFORD (1993), S. 397 f.

[310] Vgl. FINKELSTEIN/HAMBRICK (1996), S. 45.

[311] KARL E. WEICK würde für die „konstruierte Realität" eines Managers vermutlich den Begriff der gestalteten Umwelt (*enacted environment*) wählen. In seiner konstruktivistischen Denkweise fasst WEICK (2001) den Einfluss der Umwelt auf ein Unternehmen wie folgt zusammen: „*Die Umwelt beeinflusst Organisationen durch die Art, wie sie wahrgenommen wird!*" (S. 133) [Kursivierung im Original].

[312] CANNELLA/MONROE weisen darauf hin, dass sich insbesondere Manager der höheren Hierarchieebenen verstärkt auf ihre Intuition verlassen. Die Bedeutung intuitiver Informationsverarbeitungsprozesse wurde in dem Filterprozess jedoch noch nicht berücksichtigt. Vgl. CANNELLA/MONROE (1997), S. 223. Siehe hierzu eingehend unten, S. 99 ff.

[313] Vgl. FINKELSTEIN/HAMBRICK (1996), S. 45. Daher erscheint es umso wichtiger, dass sich Top Manager über ihre konstruierten Realitäten im Vorfeld der strategischen Wahl austauschen, womit nicht zuletzt die Bedeutung offener Diskussionen in Top Management Teams unterstrichen wird.

to pick the same major options, they almost certainly would not implement them identically."[314]

Von zentraler Bedeutung sind also die persönlichen Merkmale von Top Managern, die im 'Upper-Echelons'-Ansatz zur Erklärung der strategischen Wahl und Performance herangezogen werden. Diese lassen sich – wie oben bereits erwähnt – in zwei Klassen unterteilen. Zur ersten Klasse der psychologischen Faktoren zählen vor allem Werte und das kognitive Modell, mit dem jeder Manager im Sinne der managerialen Kognitionsforschung[315] ausgestattet ist. Das kognitive Modell eines Managers determiniert, ob und wie neue Stimuli zunächst wahrgenommen werden, sodann kodiert werden und schließlich bestimmte Handlungen auslösen.[316] Die zweite Klasse der Faktoren, die die Orientierung eines Managers bestimmen, sind die nach außen hin sichtbaren demographischen Merkmale einer Person wie der funktionale Hintergrund, die Dauer der Betriebszugehörigkeit, das Alter und die Ausbildung.[317] Hierin spiegelt sich der Erfahrungshorizont eines Managers wider.[318]

Obgleich psychologischen Aspekte beim 'Upper-Echelons'-Ansatz klar im Vordergrund stehen, haben sich bislang jedoch nur wenige empirische Studien mit dem Verhältnis zwischen psychologischen Merkmalen von Top Managern und organisationalen Ergebnisgrößen beschäftigt.[319] Der Fokus des 'Upper-Echelons'-Ansatzes ist stattdessen auf die beobachtbaren managerialen Eigenschaften gerichtet, die sich in empirischen Untersuchungen relativ problemlos messen lassen.[320] Einer fundamentalen Prämisse des Ansatzes zufolge stehen diese in enger Wechselbeziehung mit den psychologischen Elementen der Managerorientierung. Der 'Upper-Echelons'-Ansatz verwendet mithin leicht erfassbare demographische Merkmale von Managern als Pro-

---

[314] HAMBRICK (1987), S. 88.
[315] Siehe hierzu ausführlich SACKMANN (2004), Sp. 587 ff; WALSH (1995), S. 280 ff.
[316] Vgl. FINKELSTEIN/HAMBRICK (1996), S. 57.
[317] Vgl. LAWRENCE (1997), S. 5 f.
[318] Vgl. HAMBRICK/MASON (1984), S. 196.
[319] Vgl. CANNELLA/MONROE (1997), S. 220, 223. Zu den wenigen Ausnahmen zählen etwa die Untersuchungen von KETS DE VRIES/MILLER (1984) und HILLER/HAMBRICK (2005). KETS DE VRIES/MILLER haben die Persönlichkeitsstrukturen bzw. -störungen von Top Managern in direktem Zusammenhang mit verschiedenen organisationalen Variablen analysiert. HILLER/HAMBRICK betrachten die Auswirkungen bestimmter Persönlichkeitsmerkmale von Top Managern (übermäßiges Selbstvertrauen, Narzissmus und Hybris) auf den strategischen Entscheidungsprozess, die strategische Wahl und die unternehmerische Performance.
[320] Vgl. CANNELLA/MONROE (1997), S. 220.

xy-Variablen, die die das Verhalten erklärenden psychologischen Eigenschaften zwar nur indirekt reflektieren, aber dennoch verwendet werden, weil bessere Indikatoren entweder fehlen oder nur schwer zu erheben sind.[321] Damit reiht sich der Ansatz in das Forschungsgebiet der organisationalen Demographie ein, dessen Wurzeln bereits Anfang der 1980er Jahren gelegt wurden.[322]

2.2.3 Resümee

Zusammenfassend können drei Wesensmerkmale des 'Upper-Echelons'-Ansatzes genannt werden, die Mitte der 1980er die Etablierung der neuen Richtung innerhalb der empirischen Managementforschung wesentlich geprägt haben.[323] Der 'Upper-Echelons'-Ansatz ist erstens durch die Betrachtung der Organisation als ein Spiegelbild ihrer Top Manager gekennzeichnet. Manager handeln auf der Grundlage ihres unvollständigen und gefilterten Verständnisses der unternehmensinternen und -externen Situation. Um zu verstehen, warum Organisationen bestimmte Maßnahmen ergreifen (oder auch nicht ergreifen), ist es erforderlich, die Erfahrungen, Werte, Motive und Vorurteile von Top Managern zu kennen.[324] An die Stelle einer isolierten Betrachtung der Eigenheiten einzelner Top Manager rückt als zweites Wesensmerkmal des 'Upper-Echelons'-Ansatzes die Untersuchung der charakteristischen Merkmale einer Gruppe einflussreicher Personen bzw. eines Top Management Teams. Diese liefern oftmals bessere Erklärungen für organisationale Ergebnisgrößen.[325] Als drittes Wesensmerkmal ist schließlich ist die Verwendung demographischer Ersatzindikatoren für die nur schwer messbaren psychologischen Charakteristika von Top Managern zu nennen.[326] Das Erkenntnisinteresse des 'Upper-Echelons'-Ansatzes ist mithin auf den Zusammenhang zwischen (vornehmlich) demographischen Merkmalen des Top

---

[321] Vgl. BARKEMA/SHVYRKOV (2007), S. 664; CANNELLA/MONROE (1997), S. 223; CARPENTER/GELETKANYCZ/SANDERS (2004), S. 750; HAMBRICK (2007), S. 335; HAMBRICK/MASON (1984), S. 196; KNIGHT ET AL. (1999), S. 447; LAWRENCE (1997), S. 3 f.; MILLER/BURKE/GLICK (1998), S. 51; PRIEM/LYON/DESS (1999), S. 935 ff.; PITCHER/SMITH (2001), S. 15.

[322] Vgl. LAWRENCE (1997), S. 2.

[323] Vgl. CARPENTER/GELETKANYCZ/SANDERS (2004), S. 752, die betonen, dass neben der Managementforschung auch die Psychologie und sogar die Volkswirtschaftslehre von der 'Upper-Echelons'-Bewegung beeinflusst wurden.

[324] So stellt HAMBRICK zusammenfassend fest: "You can't fully understand strategy unless you understand strategists." [HAMBRICK/PETTIGREW (2001), S. 42]. Ähnlich auch BLEICHER (2006), S. 467.

[325] Vgl. HAMBRICK (2007), S. 334.

[326] Vgl. HAMBRICK (2007), S. 335; HAMBRICK/PETTIGREW (2001), S. 37 f.

Managements eines Unternehmens als Input-Variablen und gesamtunternehmerischen Ergebnisgrößen als Output-Variablen gerichtet. Auf der Basis des in Abbildung 11 zusammengefasst dargestellten Grundgerüsts des Ansatzes wurde eine Vielzahl empirischer Studien durchgeführt.[327]

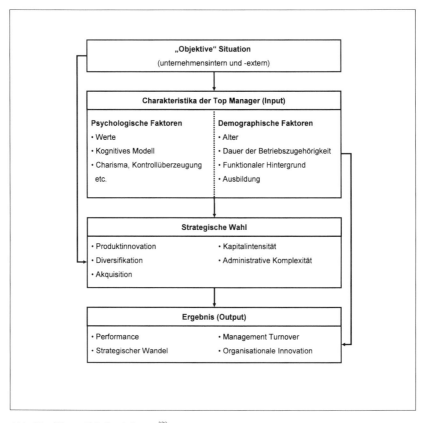

Abb. 11: 'Upper-Echelons'-Ansatz[328]

---

[327] Vgl. KNIGHT ET AL. (1999), S. 447. Dazu zählen exemplarisch die Untersuchungen von BANTEL (1994); BANTEL/JACKSON (1989); BARKEMA/SHVYRKOV (2007); CARPENTER/FREDRICKSON (2001); CHO/HAMBRICK (2006); DAELLENBACH/MCCARTHY/SCHOENECKER (1999); FINKELSTEIN/HAMBRICK (1990); GRIMM/SMITH (1991); GUPTA/GOVINDARAJAN (1984); HAMBRICK/D'AVENI (1992); MICHEL/HAMBRICK (1992); MURRAY (1989); O'REILLY/SNYDER/BOOTHE (1995); SANDERS/CARPENTER (1998); SMITH ET AL. (1994); WAGNER/PFEFFER/O'REILLY (1984); WIERSEMA/BANTEL (1992).

[328] Eigene Darstellung in Anlehnung an HAMBRICK/MASON (1984), S. 198.

2.2.4 Kritische Würdigung

Kritisch anzumerken ist, dass in der aufgezeigten 'Upper-Echelons'-Perspektive die zwischen Input- und Output-Variablen liegenden Prozesse wie beispielsweise das Kommunikationsverhalten innerhalb des Teams kaum berücksichtigt werden.[329] Auf dieses Defizit weist auch HAMBRICK in einem rückblickenden Interview auf die 'Upper-Echelons'-Forschung 18 Jahre nach Erscheinen des bahnbrechenden Aufsatzes von HAMBRICK/MASON hin: "I remain very sensitive to the fact that demographics are exceedingly limited, imprecise, and noisy surrogates for executive and team psychology, and that researchers need to investigate inside 'the black box' of demography."[330]

In der Untersuchung der innerhalb von Top Management Teams ablaufenden Prozesse sieht er eines der zentralen Forschungsfelder der Zukunft: "(W)e must do much more research to get inside the black box that stands between executive characteristics and strategic outcomes. (...) One reason there is so much opportunity here is because of the multitude of elements at work inside the black box. There's individual psychology – such factors as need for power, tolerance for ambiguity, values, beliefs, and so on. There are also group processes – including communication patterns, power and influence patterns, envy, rivalries, cooperation, and others. And finally, there are the cognitions that result from these individual and group forces – attention, awareness, interpretation."[331]

Diese von HAMBRICK aufgezeigte Forschungslücke, die insbesondere auch die Prozessdimension von Top Management Teams betrifft, soll in der vorliegenden Arbeit näher untersucht werden. In Anlehnung an DEAN/SHARFMAN kann dabei von folgendem einfachen Grundmodell ausgegangen werden: Variationen in strategischen Entscheidungsprozessen führen annahmegemäß zu unterschiedlichen strategischen Wahl-

---

[329] In diesem Sinne auch CARPENTER (2002), S. 275; CARPENTER/GELETKANYCZ/SANDERS (2004), S. 768; HAMBRICK (2007), S. 335; KNIGHT ET AL. (1999), S. 445 f.; PETTIGREW (1992), S. 175 f.; SIMSEK ET AL. (2005), S. 69. Zu den nennenswerten Ausnahmen zählen etwa die Studien von O'REILLY/SNYDER/BOOTHE (1995); SMITH ET AL. (1994); MICHEL/HAMBRICK (1992) und BOURGEOIS (1980), die auch prozessuale Aspekte wie Kommunikationsqualität, Kommunikationshäufigkeit, soziale Integration, Interdependenz und Konsens erfassen. Siehe ferner auch die empirische Studie von SIMONS/PELLED/SMITH (1999), die aufgrund ihrer Bedeutung für den hier verfolgten Untersuchungszweck noch ausführlich vorgestellt wird. Vgl. dazu unten, S. 108 ff.

[330] HAMBRICK/PETTIGREW (2001), S. 38.

[331] HAMBRICK/PETTIGREW (2001), S. 39. Die hohe Bedeutung der Prozessdimension in der Untersuchung von Top Management Teams wird im Übrigen auch von PETTIGREW in einer Reaktion auf ein Interview von HAMBRICK hervorgehoben. Vgl. hierzu HAMBRICK/PETTIGREW (2001), S. 43.

akten, d. h. die Art und Weise, wie strategische Entscheidungsprozesse ablaufen, beeinflusst die strategische Wahl.[332] Unterschiede in der strategischen Wahl einer dominanten Koalition führen im Anschluss an CHILD zu verschiedenen organisationalen Ergebnissen. Das Gesamtergebnis eines Unternehmens hängt damit in hohem Maße von der Frage ab, wie die strategischen Entscheidungsprozesse innerhalb des Top Management Teams ablaufen.

2.3 Wesensmerkmale der 'Strategic-Leadership'-Theorie

Die über eine reine Input-Output-Betrachtung hinausgehende Berücksichtigung der Prozessdimension von Top Management Teams lässt sich auch als eines der wesentlichen Merkmale der aus dem 'Upper-Echelons'-Ansatz entwickelten und weiter gefassten 'Strategic-Leadership'-Theorie begreifen. Neben der rein instrumentalen Sichtweise des 'Upper-Echelons'-Ansatzes, nach der Top Manager lediglich als Entscheidungsträger und Ressourcenzuteiler betrachtet werden, schließt die 'Strategic-Leadership'-Theorie darüber hinaus auch symbolische Aspekte wie Prestige, Status und soziale Konstruktion von Top Managern explizit mit ein. Ferner werden die Merkmale von Top Managern nicht nur als unabhängige, sondern auch als abhängige Variablen analysiert. Die begriffliche Differenzierung sollte laut HAMBRICK aber auch nicht überbewertet werden,[333] da viele Forscher nach wie vor die weit verbreitete 'Upper-Echelons'-Bezeichnung für das gesamte Spektrum der Top Management-Forschung wählen.[334]

Neben seiner Abgrenzung zum 'Upper-Echelons'-Ansatz ist ferner zu klären, wodurch sich der Terminus "Strategic Leadership" von dem in der Managementlehre weit verbreiteten Begriff "Leadership" unterscheidet. Hier sind vor allem zwei Aspekte zu nennen. Zum einen konzentriert sich "Strategic Leadership" ausschließlich auf die Entscheidungsträger an der Spitze der organisationalen Hierarchie. Das herkömmliche Verständnis von "Leadership" bezieht sich hingegen auf Manager, die auf allen Stufen der organisationalen Hierarchie tätig sind. Häufig rücken dabei gerade diejenigen Führungskräfte in den Mittelpunkt der Betrachtung, welche dem unteren bis mittleren Management angehören. Zum anderen kennzeichnet "Strategic Leadership" das Interesse an der gesamten Bandbreite der Handlungen von Top Managern einschließlich strategischer Wahlakte und symbolischer Handlungen. „Leadership" ist hingegen auf

---

[332] Vgl. DEAN/SHARFMAN (1996), S. 369.
[333] Vgl. HAMBRICK/PETTIGREW (2001), S. 40.
[334] So z. B. SIMSEK ET AL. (2005), S. 69 f.

das direkte Interaktionsverhältnis zwischen einem Vorgesetzten und seinen Untergebenen beschränkt und umfasst zumeist Aspekte der Verhaltensbeeinflussung und -steuerung unterstellter Mitarbeiter durch den Vorgesetzten.[335]

Auf der Grundlage der 'Strategic-Leadership'-Theorie wird im folgenden Abschnitt ein Modell zur Erklärung der Effektivität von Top Management Teams entwickelt. Da die Prozessdimension von Top Management Teams, auf die hierbei besonders Rücksicht genommen werden soll, bislang noch kaum erforscht wurde, wird zu diesem Zweck auf die Erkenntnisse des angrenzenden sozialpsychologischen Gebiets der Kleingruppenforschung rekurriert. In der Sozialpsychologie hat die Untersuchung der Effektivität von Arbeitsgruppen bereits seit vielen Jahren einen beachtlichen Stellenwert.[336]

III. Erklärungsmodell der Effektivität von Top Management Teams

1. Grundlegung

1.1 Begriff des Top Management Teams

Der Begriff des Top Management Teams taucht in der Managementliteratur erstmals Anfang der 1980er Jahre auf und hat seitdem als Forschungsobjekt – wenn auch nur im angloamerikanischen Raum – eine beachtliche Verbreitung gefunden.[337] Unter einem Top Management Team wird eine relativ kleine Gruppe von Managern verstanden, die an der Spitze der organisationalen Hierarchie steht und den größten Einfluss auf die Geschicke des Unternehmens ausübt.[338] Das wissenschaftliche Interesse richtet sich dabei vornehmlich auf die Zusammensetzung, Strukturen und Prozesse jenes Kreises von Personen, die die Leitung des Unternehmens übernehmen und strategische Entscheidungen treffen. Im Anschluss an CYERT/MARCH stellt das Top Management Team somit die *dominante Koalition* einer Organisation dar.[339] In empirischen Untersuchungen variiert der Personenkreis, der zur dominanten Koalition gerechnet wird,

---

[335] Vgl. HAMBRICK/PETTIGREW (2001), S. 40; VERA/CROSSAN (2004), S. 223.
[336] Vgl. GUZZO/DICKSON (1996), S. 308; KERR/TINDALE (2004), S. 624 ff.; LEVINE/MORELAND (1990), S. 585 ff.
[337] Vgl. BOURGEOIS (1980), S. 234; HAMBRICK (1994), S. 172.
[338] Vgl. FINKELSTEIN/HAMBRICK (1996), S. 8; HAMBRICK (1994), S. 173; HAMBRICK/MASON (1984), S. 196.
[339] Vgl. BOURGEOIS (1980), S. 235; FINKELSTEIN/HAMBRICK (1996), S. 118; HAMBRICK (1994), S. 172.

jedoch erheblich. Das liegt daran, dass in der Literatur keine einheitliche definitorische Abgrenzung vorgenommen wird.[340] Für die deutsche Aktiengesellschaft wurde bereits an anderer Stelle[341] festgestellt, dass der Vorstand als Leitungsorgan für die strategische Ausrichtung des Unternehmens zuständig ist und damit eindeutig als das Top Management bezeichnet werden kann. Fraglich ist allerdings, ob es sich beim Vorstand um ein „Team" handelt und dieser somit im Sinne der Managementforschung als Top Management Team betrachtet werden kann. Zur Beantwortung dieser Frage wird im Folgenden zunächst auf die definitorischen Merkmale des allgemeinen Teambegriffs rekurriert und geprüft, ob ein Vorstand diese Merkmale erfüllt.

1.2 Der Vorstand als Team

In Anlehnung an HACKMAN und ALDERFER wird ein Team oder eine Arbeitsgruppe üblicherweise wie folgt definiert:

- Ein Team ist eine soziale Einheit, die aus mindestens drei Personen besteht.[342]
- Das Team ist in einen organisationalen Kontext eingebunden.[343]
- Die Mitglieder eines Teams verfolgen gemeinsame Ziele und haben eine oder mehrere Aufgaben zu bewältigen.[344]
- Die Teammitglieder sind interdependent und interagieren kooperativ.[345] Für das Ergebnis sind sie gemeinsam verantwortlich.[346]

---

[340] Vgl. CARPENTER/GELETKANYCZ/SANDERS (2004), S. 253 f.

[341] Siehe hierzu nochmals oben, S. 7 ff.

[342] Zwei Personen bilden noch kein Team, da wesentliche Gruppenprozesse in Dyaden nicht möglich sind. Dazu zählen das Bilden von Koalitionen, soziale Vermittlung und Schlichtung, vielschichtige Macht- und Statusdifferenzen sowie komplexe Interaktions- und Kommunikationsbeziehungen. Vgl. hierzu auch GEMÜNDEN/HÖGL (2005), S. 8; GUZZO/SHEA (1992), S. 272 f.

[343] Vgl. hierzu auch GEBERT/VON ROSENSTIEL (2002), S. 142.

[344] Ein übergeordnetes gemeinsames Ziel bedeutet nicht, dass die Mitglieder eines Teams keine individuellen Interessen verfolgen. Im Regelfall besteht in jeder Gruppe Interessenpluralität, welche die Ursache für die Entstehung von Konflikten darstellt. Aufgrund der Tatsache, dass Teams in einen organisatorischen Kontext eingebunden sind, sind sie zunächst dem Zielsystem der Organisation verpflichtet und haben ihr Handeln somit an einem übergeordneten Ziel auszurichten. Vgl. hierzu auch KAUFFELD (2001), S. 11.

[345] Vgl. GUZZO/SHEA (1992), S. 272; HÖGL (2004), Sp. 1402.

[346] KAUFFELD macht darauf aufmerksam, dass das Teamergebnis unabhängig von seiner Art (ein physisches Gruppenprodukt, eine Entscheidung oder eine Leistung) identifizierbar und zumindest theoretisch messbar und zu bewerten ist. Auf die Frage, ob und wie das Ergebnis eines Top

- Das Team besitzt eine organisationale Identität, d. h. seine Mitglieder werden von außen als definierte und abgegrenzte Gruppe erkannt und nehmen sich selbst als eine Gruppe wahr.[347]

Wie in Kapitel B. bereits ausgeführt wurde, sehen das Gesetz (§§ 76 Abs. 2, 77 Abs. 1 AktG) und der Kodex (Tz. 4.2.1 Satz 1 DCGK) für den Vorstand einer (börsennotierten) Aktiengesellschaft in aller Regel eine Mehr-Personen-Leitung vor. Ausnahmen von dieser Regelung (Einzelvorstände) sind gelegentlich in jungen börsennotierten Gesellschaften vorzufinden.[348] Einer empirischen Erhebung des Beratungsunternehmens SPENCER STUART aus dem Jahre 2004 zufolge, an der 51 deutsche Aktiengesellschaften (davon 29 der DAX-30-Unternehmen) teilgenommen haben, setzen sich deutsche Vorstände aus zwei bis zwölf Mitgliedern zusammen. Die Durchschnittgröße beträgt ca. fünf Personen. Ungefähr ein Drittel der Vorstände besteht aus vier bis fünf Mitgliedern, ein weiteres Drittel aus sechs bis sieben Personen. Bei der Gruppe der DAX-30-Unternehmen liegt die Vorstandsgröße bei 41% zwischen sechs und sieben Mitgliedern.[349] Vorstände mit weniger als drei Personen gelten daher vor allem in großen börsennotierten Gesellschaften als Ausnahme.

Der Vorstand einer Aktiengesellschaft hat – wie bereits ausführlich erläutert wurde – die Aufgabe der Leitung des Unternehmens und ist dabei an das Unternehmensinteresse gebunden sowie der Steigerung des nachhaltigen Unternehmenswertes verpflichtet.[350] Er ist damit in einen organisationalen Kontext eingebunden, verfolgt ein übergeordnetes Ziel und hat eine gemeinsame Aufgabe zu bewältigen. Durch das gesetzlich vorgeschriebene Kollegialprinzip ist eine Interaktion innerhalb des Vorstands insbesondere in Bezug auf die gemeinsam zu erfüllende Leitungsaufgabe unerlässlich. Originäre Führungsfunktionen wie die Entwicklung der strategischen Ausrichtung des Unternehmens (Tz. 4.1.3 DCGK) hat der Vorstand somit in jedem Fall gemeinsam zu erfüllen. Im Zuge der gesetzlich möglichen Geschäftsverteilung kann zwar eine organ-

---

Management Teams zu beurteilen ist, wird an späterer Stelle noch ausführlicher einzugehen sein. Vgl. KAUFFELD (2001), S. 11.

[347] Vgl. ALDERFER (1987), S. 190 ff.; HACKMAN (1987), S. 315 ff. Siehe hierzu auch die Definitionen von COHEN/BAILEY (1997), S. 241; GUZZO/DICKSON (1996), S. 308 f.; HÖGL (2004), Sp. 1401 f.; HOEGL/GEMUENDEN (2001), S. 436; WURST (2001), S. 8.

[348] Siehe hierzu auch RINGLEB ET AL. (2008), Rn. 663 ff., die auf die Verbreitung von Alleinvorständen in den Boomjahren am Neuen Markt und das damit verbundene Risiko für Anleger infolge des fehlenden internen Systems von Checks and Balances hinweisen.

[349] Vgl. SPENCER STUART (2004), S. 36.

[350] Vgl. hierzu nochmals oben, S. 6 ff. sowie Tz. 4.1.1 DCGK.

interne Arbeitsteilung vorgenommen werden. Diese befreit das einzelne Mitglied jedoch nicht von seiner Verantwortung für die gesamte Geschäftsführung.[351]

Eine organisationale Identität wird dem Vorstand zum einen durch die klare Abgrenzung des Leitungsorgans von den übrigen Organen der Gesellschaft verliehen. Zum anderen wird die Zugehörigkeit der Vorstandsmitglieder zu einer klar definierten und abgegrenzten Gruppe von Personen nicht zuletzt auch durch den formalen Akt ihrer Berufung durch den Aufsichtsrat gemäß § 84 AktG bewirkt.

Im Ergebnis kann also festgestellt werden, dass der Vorstand einer Aktiengesellschaft – mit Ausnahme des Allein- und Zwei-Personen-Vorstands – die Merkmale der vorliegenden Teamdefinition erfüllt und damit als ein Top Management Team bezeichnet werden kann.

1.3 Eigenheiten eines Top Management Teams

Neben dem Top Management Team an der Spitze einer Organisation finden sich auf den unteren Ebenen der Hierarchie weitere Arten von Teams, für die die oben beschriebenen Definitionsmerkmale prinzipiell auch zutreffen. STOCK zufolge lassen sich in der empirischen Teamforschung generell drei Teamtypen unterscheiden: Arbeitsteams und Innovationsteams auf den mittleren und unteren Stufen der organisationalen Hierarchie sowie (Top) Management Teams auf den höheren Hierarchieebenen.[352] *Arbeitsteams* sind zeitlich unbefristete Einheiten, die vorwiegend ausführende Tätigkeiten ausüben. Dazu zählen etwa die Fertigung von Produkten und die Erbringung von Dienstleistungen. Typische Beispiele für Arbeitsteams sind Produktionsteams, Customer Service Teams und Sales Teams. *Innovationsteams* sind häufig temporär befristete Gruppen, die mit Planungs- und Entwicklungsaufgaben wie der Entwicklung eines neuen Produkts betraut sind. Nicht selten werden Innovationsteams zu diesem Zweck mit Experten aus verschiedenen Funktionalbereichen zusammengesetzt. Zu den Innovationsteams werden neben Produktentwicklungsteams Organisationsentwicklungsteams und Business Development Teams gerechnet. *(Top) Management Teams* setzen sich aus Führungskräften einzelner interdependenter Unternehmensbereiche zusammen und erfüllen vornehmlich strategische Aufgaben.[353] Neben ihrer

---

[351] Vgl. nochmals HEFERMEHL/SPINDLER (2004), §§ 77 Rn. 28, 93 Rn. 71.
[352] Vgl. STOCK (2004), S. 276.
[353] Vgl. COHEN/BAILEY (1997), S. 242 f.; GEMÜNDEN/HÖGL (2005), S. 10 f.; STOCK (2004), S. 276; WURST (2001), S. 9 f.

unterschiedlichen Platzierung in der organisationalen Hierarchie lassen sich die drei Teamtypen ferner nach Aufgabenmerkmalen differenzieren. Während die Aufgaben von Management Teams vorrangig dispositive Elemente beinhalten, sind Arbeitsteams in aller Regel operativ tätig. Die Aufgaben von Innovationsteams haben hingegen sowohl operativen als auch dispositiven Charakter (vgl. Abb. 12).

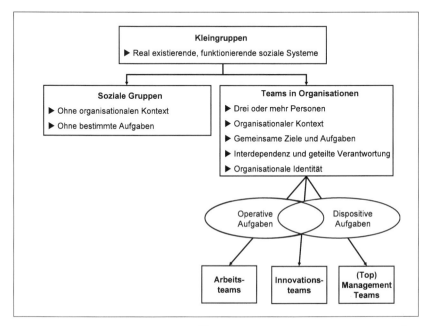

Abb. 12: Klassifikationsrahmen von Teams[354]

HAMBRICK nennt drei wesentliche charakteristische Merkmale, die Top Management Teams von anderen Teams bzw. Arbeitsgruppen in einem Unternehmen unterscheiden.[355] Zunächst einmal sind Top Management Teams durch die hohe *Komplexität* ihrer Aufgaben gekennzeichnet. Sie haben unstrukturierte Managementprobleme zu lösen und sind an der Spitze des Unternehmens mit einer Vielzahl mehrdeutiger Informationen konfrontiert.[356] HALEBLIAN/FINKELSTEIN zufolge kann das Top Manage-

---

[354] In Anlehnung an GEMÜNDEN/HÖGL (2005), S. 11.
[355] Vgl. HAMBRICK (1994), S. 175 f. Ähnlich auch O'REILLY/SNYDER/BOOTHE (1995), S. 152.
[356] Darüber hinaus betont ANCONA auch den Aspekt *politischer* und *sozialer Komplexität* in Top Management Teams. So sind nicht selten Entscheidungen zu treffen, die mit der Allokation knapper Ressourcen zusammenhängen, bestehende Einfluss- und Machtkonstellationen verän-

ment Team daher auch als das Zentrum der Informationsverarbeitung einer Organisation im Verhältnis zu ihrer Umwelt betrachtet werden.[357] An der Schnittstelle zwischen Organisation und Umwelt ist das Handeln von Top Managern einer hohen Differenziertheit und Dynamik situativer Einflüsse ausgesetzt und dadurch stets mit hoher Unsicherheit verbunden.[358] Die Dynamik des situativen Kontextes macht es zudem erforderlich, dass Entscheidungen in der Regel unter empfindlichem Zeitdruck getroffen werden müssen.[359]

Neben der Aufgabenkomplexität ist die *exponierte Stellung* von Top Management Teams in der organisationalen Hierarchie ein weiteres zentrales Abgrenzungskriterium. An der Spitze der Organisation haben das Verhalten, das Auftreten, die Vergütung und personelle Veränderungen innerhalb des Top Management Teams sowohl im Innen- als auch im Außenverhältnis des Unternehmens stets eine große symbolische Bedeutung.[360] So steht das Top Management häufig im Fokus der Beobachtung wichtiger Stakeholder, deren Verhalten (nicht unerheblich) durch äußere Eindrücke und Wahrnehmungen des obersten Managementteams beeinflusst wird.[361] Eine wichtige

---

dern und das Wertesystem der beteiligten Personen fundamental berühren. Ferner stammen die Mitglieder des Teams häufig aus sehr unterschiedlichen Bereichen des Unternehmens mit heterogenen Präferenzen, Sprachen und Werten, die ein hohes Ausmaß an Uneinigkeit im Hinblick auf die anzustrebenden Ziele und die einzusetzenden Mittel erzeugen. Vgl. ANCONA (1990), S. 104 f.

[357] Vgl. HALEBLIAN/FINKELSTEIN (1993), S. 845.

[358] Vgl. ANCONA (1990), S. 104; FINKELSTEIN/HAMBRICK (1996), S. 19 f.

[359] Vgl. etwa BOURGEOIS/EISENHARDT (1988), S. 816 ff.; D'AVENI (1994), S. 271 f.; DUTTON/ASHFORD (1993), S. 397; EISENHARDT (1989b), S. 543 ff.; EISENHARDT/BOURGEOIS (1988), S. 763; SCHWEIGER/SANDBERG/RECHNER (1989), S. 746; VOLBERDA (1996), S. 359.

[360] Vgl. ANCONA (1990), S. 105; FINKELSTEIN/HAMBRICK (1996), S. 19 f.; MEINDL/EHRLICH/DUKERICH (1985), S. 99; O'REILLY/SNYDER/BOOTHE (1995), S. 152; PFEFFER (1981), S. 3 ff.

[361] Vgl. HAMBRICK (1994), S. 175; HAMBRICK/D'AVENI (1992), S. 1463. Ein aktuelles Beispiel für die exponierte Stellung von Top Managern liefert die kontrovers und zum Teil sehr emotional geführte Debatte über die Offenlegung von Vorstandsgehältern, die sich an folgenden Schlagzeilen aus der Tages- und Wirtschaftspresse verdeutlichen lässt: „Debatte über Managergehälter neu entbrannt" in: Süddeutsche Zeitung v. 29.12.04; „Offenlegung der Vorstandsgehälter stößt auf harten Widerstand" in: F.A.Z. v. 14.03.05; „Wichtiges Signal" in: Handelsblatt v. 17.08.04; „Obszöner Erklärungszwang" in: Handelsblatt v. 07.01.05; „Die gläsernen Chefs kommen" in: Handelsblatt v. 23.03.05; „Was verdient Schrempp?" in: Frankfurter Allgemeine Sonntagszeitung v. 16.01.05; „Pierer ist einer der Spitzenverdiener" in: F.A.Z. v. 29.11.2004; „Das Schweigen der Vorstände" in: Börsen-Zeitung v. 03.08.04; „Front der Schweiger bröckelt" in: Die Welt v. 11.01.05. Zur symbolischen Bedeutung von CEO-Gehältern siehe auch eingehend ZAJAC/WESTPHAL (1995).

Funktion übernehmen in diesem Zusammenhang die Massenmedien.³⁶² Schließlich unterscheiden sich Top Management Teams von anderen Arbeitsgruppen durch *persönliche Merkmale* ihrer Mitglieder. Nach HAMBRICK handelt es bei den Angehörigen des Top Managements in Anlehnung an KOTTER oftmals um Personen, die auf ihrem steilen Karriereweg an die Spitze der Organisation sehr viel Ehrgeiz und Zielstrebigkeit bewiesen haben. Sie entwickeln dabei häufig ein so genanntes „Erfolgssyndrom",³⁶³ das mit der Erwartung eines hohen Autonomiegrads und Handlungsspielraums einhergeht. Solche Persönlichkeitsmuster bleiben gewiss nicht ohne Auswirkungen auf das Verhalten und die Zusammenarbeit im Team.³⁶⁴ Vor diesem Hintergrund lässt sich auch die Kritik von HAMBRICK am inflationären Gebrauch des Begriffs „Top Management Team" in der Managementliteratur verstehen.³⁶⁵ So kommt der Autor zu dem Ergebnis, dass in der Praxis nur wenige Top Management Teams die Bezeichnung „Team" verdienen.³⁶⁶

1.4 Funktionaler Ansatz der Kleingruppenforschung

Zur Untersuchung der Effektivität von Top Management Teams wird als theoretischer Bezugsrahmen der in der Kleingruppenforschung dominierende *funktionale Ansatz*

---

³⁶² Siehe hierzu auch die Studien von CHEN/MEINDL (1991), S. 521 ff.; HAYWARD/RINDOVA/POLLOCK (2004), S. 637 ff.

³⁶³ Vgl. CONGER/KOTTER (1987), S. 401; KOTTER (1982), S. 36.

³⁶⁴ Vgl. HAMBRICK (1994), S. 176; KOTTER (1982), S. 25 ff.

³⁶⁵ Die meisten Autoren verwenden den Begriff „Top Management Team". Eher selten taucht in der Literatur der Begriff „Top Management Group" auf. Beispiele hierfür liefern die Publikationen von MURRAY (1989) und SIEGEL/HAMBRICK (2005). COHEN/BAILEY zufolge wird vor allem in der populären Managementliteratur eher von Teams gesprochen, während in wissenschaftlichen Publikationen häufiger der Gruppenbegriff Verwendung findet. Das mag darauf zurückzuführen sein, dass mit dem Terminus „Team" nicht selten ein zugleich wünschenswerter Zustand zum Ausdruck gebracht werden soll. So legt die Wahl des Teambegriffs gegenüber der Gruppe eine stärkere Konnotation funktionierender Kooperation nahe. Der Unterscheidung der Begriffe liegt mithin implizit die Annahme zugrunde, dass ein Team „mehr" sei als eine Gruppe. Demnach ist ein Team zwar stets eine Gruppe, eine Gruppe aber nicht automatisch ein Team. Vgl. hierzu COHEN/BAILEY (1997), S. 241; GUZZO/DICKSON (1996), S. 309; KAUFFELD (2001), S. 14.

³⁶⁶ Vgl. HAMBRICK (2007), S. 336. In diesem Sinne auch KATZENBACH (1997), S. 84. Exemplarisch zitiert HAMBRICK (1994) die folgende Äußerung eines Executive Vice President of Marketing: "Team? How do you define 'team'? When I think of a team, I think of interaction, a lot of give-and-take, and shared purpose. In our company, we're a collection of strong players, but hardly a 'team'. We rarely meet as a team – rarely see each other, in fact. We don't particularly share the same views. I wouldn't say we actually work at cross-purposes, but a lot of self-centered behavior occurs. Where's the 'team' in all this?" (S. 172). An dieser Stelle sei jedoch noch einmal daran erinnert, dass in den USA – im Gegensatz zu Deutschland – eine direktoriale Unternehmensführung rechtlich zulässig und in der Rechtswirklichkeit infolgedessen auch wahrscheinlicher ist.

gewählt. Die funktionale Richtung der Kleingruppenforschung stellt einen normativen Ansatz zur Beschreibung und Prognose der Leistung einer Gruppe dar. Übergeordnetes Ziel dieses Ansatzes ist es, den Erfolg bzw. Misserfolg von Gruppen oder Teams zu erklären. Auf dieser Grundlage lassen sich in einem nächsten Schritt Handlungsempfehlungen zur Verbesserung der Gruppenleistung ableiten.

Dem funktionalen Ansatz liegen drei Basisannahmen zugrunde:

(1) Gruppen handeln zielorientiert.

(2) Die Leistung einer Gruppe variiert in qualitativer und quantitativer Hinsicht und lässt sich beurteilen.

(3) Interne und externe Faktoren beeinflussen die Gruppenleistung über Interaktionsprozesse.

Zu den internen Faktoren, die Einfluss auf die Gruppenleistung ausüben, zählen etwa die Zusammensetzung (Geschlecht, Alter, Fähigkeiten etc.) und Größe einer Gruppe. Als externe Faktoren lassen sich z. B. äußere Bedrohungen, Beziehungen zu anderen Gruppen, verfügbare Ressourcen, Zeitdruck etc. nennen. Das Input-Output-Verhältnis einer Gruppe wird vermittelt über Interaktionsprozesse zwischen den Gruppenmitgliedern. Diese Prozesse in Form von Kommunikationsverhalten, Konfliktmanagement etc. bedingen schließlich Variationen im Ergebnis der Gruppe. Damit ergibt sich – in sequentieller Reihenfolge – folgender kausaler Zusammenhang: Input-Faktoren beeinflussen gruppeninterne Interaktionsprozesse, die sich ihrerseits wiederum (positiv oder negativ) auf die Leistung der Gruppe (Output) auswirken.[367]

Basierend auf dieser Grundstruktur werden in der Literatur zahlreiche Vorschläge zur Konzeptualisierung der Teameffektivität unterbreitet.[368] Die vorgeschlagenen Modelle gehen dabei von zum Teil recht unterschiedlichen Einflussgrößen (Input- und Prozess-Variablen) aus, die auf den Output des Teams (bzw. näher konkretisierte Output-Variablen) einwirken. Die Output-Variablen werden allgemein als Team- oder Gruppeneffektivität beschrieben und häufig unterteilt in leistungsbezogene Ergebnisse (*performance outcomes*) wie etwa die Produktivität eines Teams und andere psychoso-

---

[367] Vgl. WITTENBAUM ET AL. (2004), S. 18 ff.

[368] Vgl. zum Folgenden etwa das Modell von MCGRATH (1984), S. 12 ff. und darauf aufbauend GLADSTEIN (1984), S. 502; HACKMAN (1987), S. 316; TANNENBAUM/BEARD/SALAS (1992), S. 121.

ziale Ergebnisse (*psychosocial outcomes*) wie z. B. die Zufriedenheit der Teammitglieder.[369] Tabelle 1 fasst einige der wichtigsten Modelle exemplarisch zusammen.

Input-Variablen	Prozess-Variablen	Output-Variablen
MCGRATH (1984)		
Faktoren der Individualebene (z. B. Muster der Fähigkeiten, Einstellungen, Persönlichkeitsmerkmale der Mitglieder) **Faktoren der Gruppenebene** (z. B. Struktur, Ausmaß der Kohäsion, Gruppengröße) **Faktoren der Umweltebene** (z. B. Merkmale der Aufgabe, Belohnungsstruktur, Ausmaß des Umweltstresses)	**Gruppeninteraktionsprozess**	**Performance** (z. B. Qualität der Leistung, Geschwindigkeit, mit der die Lösung erreicht wurde, Anzahl der Fehler) **Andere Ergebnisse** (z. B. Zufriedenheit der Mitglieder, Gruppenkohäsion, Veränderung der Einstellung, soziometrische Struktur)
GLADSTEIN (1984)		
<u>Gruppenebene</u> **Zusammensetzung der Gruppe** Fähigkeiten, Heterogenität, Dauer der Betriebszugehörigkeit **Gruppenstruktur** Klarheit über Rollen u. Ziele, spezifische Arbeitsnormen, Aufgabenkontrolle, Größe, formelle Führung <u>Unternehmensebene</u> **Verfügbare Ressourcen** Training u. technische Beratung, Marktwachstum **Unternehmensstruktur** Belohnungen für Gruppenleistungen, Kontrolle durch den Vorgesetzten	<u>Gruppenprozess</u> Offene Kommunikation, gegenseitige Unterstützung, Konflikt, Diskussion der Strategie, Gewichtung individueller Beiträge, Boundary Management	<u>Gruppeneffektivität</u> Performance, Zufriedenheit
	Gruppenaufgabe als moderierende Variable Komplexität der Aufgabe, Unsicherheit der Umwelt, Interdependenz	

Tab. 1: Input-Prozess-Output-Modelle der Teameffektivität

---

[369] Siehe z. B. GLADSTEIN (1984), S. 500; HÖGL (2004), Sp. 1405.

Input-Variablen	Prozess-Variablen	Output-Variablen
HACKMAN (1987)		
Unternehmenskontext Belohnungssystem, Fortbildungssystem, Informationssystem **Gruppendesign** Struktur der Aufgabe, Zusammensetzung der Gruppe, Gruppennormen bzgl. des Leistungsprozesses	**Prozesskriterien der Effektivität** Ausmaß der Anstrengung sowie des Wissens und der Fähigkeiten, die für die Gruppenaufgabe aufgewendet wurde; Angemessenheit der angewandten Strategien	**Effektivität der Gruppe** Akzeptables Ergebnis für den Auftraggeber; Aufrechterhaltung oder Festigung der Fähigkeit der Mitglieder in der Zukunft zusammen zu arbeiten; Zufriedenheit der Mitglieder
Gruppensynergie als moderierende Variable Reduktion von Prozessverlusten, Ermöglichung von Synergien		**Materielle Ressourcen als moderierende Variable**
TANNENBAUM/BEARD/SALAS (1992)		
Merkmale der Aufgabe Organisation, Art u. Komplexität der Aufgabe **Struktur des Arbeitsprozesses** Arbeitsaufträge, Gruppennormen, Kommunikationsstruktur **Individuelle Merkmale** Aufgabenpräferenzen, allgemeine Fähigkeiten, Motivation, Einstellungen, Persönlichkeit, mentale Modelle **Merkmale des Teams** Machtverteilung, Heterogenität der Mitglieder, Ressourcen des Teams, Teamklima, Kohäsion	**Team Prozess** Koordination, Kommunikation, Konfliktlösung, Entscheidungsfindung, Problemlösung, Boundary Spanning **Teaminterventionen** Individuelles Training, Teamtraining, Teambuilding	**Veränderungen im Team** Neue Normen, Rollen, Kommunikationsmuster, Prozesse **Team Performance** Qualität, Quantität, Zeit, Fehler, Kosten **Individuelle Veränderungen** Aufgabenpräferenzen, Einstellungen, Motivation, mentale Modelle

Tab. 1 (Fortsetzung): Input-Prozess-Output-Modelle der Teameffektivität

2. Output-Variablen

Für das im Folgenden zu entwickelnde Modell ist zunächst zu klären, anhand welcher Output-Größen sich die Effektivität eines Top Management Teams überhaupt messen lässt. Es sind mit anderen Worten Gütekriterien der Zusammenarbeit eines Top Management Teams abzuleiten. Als Ergebnis eines Top Management Teams können – wie oben bereits festgestellt wurde – strategische Wahlakte bzw. Entscheidungen betrachtet werden. Fraglich ist daher, wovon es abhängt, ob eine Entscheidung als gut oder schlecht zu beurteilen ist. Top Management-Entscheidungen sind strategische Entscheidungsprozesse vorgeschaltet, die sich auf Vorstandsebene in Diskussionen zwischen den Vorstandsmitgliedern manifestieren.[370] Die von manchen Forschern als Output-Variable gewählte gesamtunternehmerische Performance[371] erscheint als Effektivitätskriterium aus zwei Gründen ungeeignet. Zunächst einmal ergibt sich ein wesentliches Problem bei der Festlegung eines konkreten Performancemaßes. Die Führungsorgane einer deutschen Aktiengesellschaft sind aus rechtlicher Sicht dem Unternehmensinteresse verpflichtet und haben somit die Interessen unterschiedlicher Bezugsgruppen auszutarieren. Eine monovariable Zielfunktion wie etwa die Maximierung des Shareholder Value lässt sich demzufolge ausschließen.[372]

Eine weitere Ursache für die mangelnde Eignung unternehmerischer Zielgrößen ist darin zu sehen, dass die erfolgreiche Realisierung von Unternehmenszielen wie die Steigerung von Gewinn, Unternehmenswert oder Wettbewerbsfähigkeit nicht allein von den Entscheidungen des Top Managements abhängt, sondern von zahlreichen weiteren internen und externen Einflussfaktoren determiniert wird.[373] Infolgedessen sind der Bewertung des Diskussionsverhaltens in Top Management Teams Subziele zugrunde zu legen, die im Kern zwei Bedingungen erfüllen müssen. Zum einen muss es sich um Subziele in dem Sinne handeln, dass direkte Zusammenhänge zwischen den jeweiligen Ausprägungen des Diskussionsverhaltens und der Zielerreichung festgestellt werden können. Zum anderen soll davon ausgegangen werden dürfen, dass eine Erreichung der Subziele zur Verwirklichung der übergeordneten Unternehmensziele wesentlich beiträgt.[374] Auf Basis dieser Vorüberlegungen werden im Folgenden die *Qualität* und die *Akzeptanz* der Entscheidung des Top Managements als Output-

---

[370] Die Prozess-Variable „Diskussionsverhalten" wird im folgenden Abschnitt ausführlich erörtert.
[371] Siehe hierzu exemplarisch nur die Studien von EISENHARDT/SCHOONHOVEN (1990); GLICK/MILLER/HUBER (1993); MICHEL/HAMBRICK (1992); WEST/SCHWENK (1996).
[372] Siehe hierzu nochmals oben, S. 14 f.
[373] Siehe hierzu bereits die Ausführungen zum beschränkten managerialen Handlungsspielraum, S. 45 ff.
[374] Siehe in diesem Zusammenhang auch RAJAGOPALAN/RASHEED/DATTA (1993), S. 352, die bei strategischen Entscheidungsprozessen zwischen zwei Arten von Ergebnis-Variablen unterscheiden: Prozessergebnisse (*process outcomes*) wie Entscheidungsqualität, Geschwindigkeit, Commitment etc. und wirtschaftliche Ergebnisse (*economic outcomes*) wie ROI, Wachstum, Marktanteil etc.

Variablen des Effektivitätsmodells gewählt.[375] Es wird angenommen, dass die Qualität und die Akzeptanz von Top Management-Entscheidungen durch offenes Diskussionsverhalten steigen. Des Weiteren ist davon auszugehen, dass sich qualitativ hochwertige und akzeptierte Entscheidungen wiederum positiv auf die unternehmerische Performance auswirken.

Im Hinblick auf das Kriterium der Entscheidungsqualität ist davon auszugehen, dass offene Diskussionen Prozesse der Informationsgewinnung und -verarbeitung aktivieren, die zur Steigerung der *kognitiven Rationalität* und damit zur Verbesserung von Entscheidungen beitragen.[376] Dies impliziert die in der betriebswirtschaftlichen Literatur allerdings nicht einhellig geteilte Auffassung, dass manageriale Entscheidungen grundsätzlich besser rational als intuitiv getroffen werden sollten.

2.1 Qualität einer Entscheidung als Gütekriterium

Die Festlegung des Rationalitätskriteriums zur Beurteilung der Güte einer managerialen Entscheidung setzt zunächst eine Klärung des zugrunde liegenden Rationalitätsverständnisses voraus.

2.1.1 Rationalitätsverständnis

Der Rationalitätsbegriff ist in der Wissenschaft, vor allem in der Philosophie, Soziologie und Ökonomie von zentraler Bedeutung. Auffallend ist jedoch, dass er ausgesprochen uneinheitlich gebraucht wird und daher nicht selten für heftige Kontroversen sorgt. Übereinstimmung besteht lediglich darin, dass mit der Auszeichnung „rational" ein bestimmtes Urteil ausgesprochen wird. In den Wirtschaftswissenschaften wird Rationalität häufig mit „rationalem Verhalten" gleichgesetzt. In den Mittelpunkt der

---

[375] Zu den wenigen empirischen Studien, die die Qualität einer Entscheidung als Output-Größe gewählt haben, zählen beispielsweise die Untersuchungen von AMASON (1996), S. 128 f. und JANSSEN/VAN DE VLIERT/VEENSTRA (1999), S. 124. Die Akzeptanz von Gruppenentscheidungen haben SCHWEIGER/SANDBERG/RAGAN (1986), S. 66; SCHWEIGER/SANDBERG/RECHNER (1989), S. 750 als Output-Variablen untersucht. Die höhere Akzeptanz und die höhere Qualität von Entscheidungen nennen im Übrigen auch KERSCHREITER ET AL. als die zwei wesentlichen Vorteile von Gruppenentscheidungen gegenüber Individualentscheidungen. Vgl. hierzu KERSCHREITER ET AL. (2003), S. 86.

[376] Ähnlich auch BOURGEOIS/EISENHARDT (1988), S. 827 f., die davon ausgehen, dass je rational-analytischer der strategische Entscheidungsprozess abläuft und je fundierter die Suche nach strategischen Alternativen in dynamischen Umwelten ausfällt, desto besser ist die unternehmerische Performance. Vgl. ferner auch GOLL/RASHEED (2005), S. 1006, 1013 f., die den Zusammenhang zwischen Rationalität von Entscheidungen von Top Management Teams und unternehmerischer Performance untersuchen. Kritisch hierzu STUMPF, der die Anwendbarkeit des Rationalprinzips als Maß der Gruppeneffektivität aufgrund begrenzter Rationalität bezweifelt. Siehe hierzu STUMPF (1992), S. 47 f.

Betrachtung rückt dabei die Wahl von Mitteln zur Erreichung von Zielen auf Basis bestimmter Überzeugungen. Zwei Ansätze haben das ökonomische Rationalitätsverständnis in besonderer Weise geprägt: Der *Rational-Choice-Ansatz* und das bereits beschriebene *Konzept der begrenzten Rationalität*.[377]

Nach HABERMAS steht Rationalität stets in enger Beziehung zu Wissen. Wissen kann entweder explizit in sprachlichen Äußerungen oder implizit (durch ein Können) in zielgerichteten Handlungen zum Ausdruck gebracht werden. Als „rational" lassen sich demzufolge entweder Personen bezeichnen, die über Wissen verfügen, oder Äußerungen und Handlungen, die Wissen verkörpern.[378] Dahinter verbirgt sich der Grundgedanke, dass die Rationalität einer Äußerung letztlich von der Zuverlässigkeit der zugrunde liegenden Wissensgrundlage abhängt. Da Wissen prinzipiell als unzuverlässig kritisiert werden kann, lässt sich auch die Rationalität einer Behauptung oder Handlung generell bestreiten. Anders gewendet kann bezweifelt werden, ob eine Behauptung wahr ist oder eine zielgerichtete Handlung Erfolg verspricht. Sowohl die Behauptung als auch die zielgerichtete Handlung müssen sich im Rationalitätsfall begründen lassen. Bei der zielgerichteten Handlung bedeutet die behauptete Wirksamkeit den Anspruch, dass die gewählten Mittel unter den gegebenen Rahmenbedingungen geeignet sind, die gesetzten Ziele zu erreichen.[379]

Die enge Verknüpfung zwischen Rationalität und Wissen (sowie dem Aspekt der Zielgerichtetheit) spiegelt sich trotz heterogener Begriffsauffassungen in vielen Rationalitätsdefinitionen wider. Dies lässt sich am besten anhand alternativer Rationalitätskonzepte verdeutlichen, die von MARCH vorgelegt wurden. Der Autor unterscheidet prinzipiell zwischen einer *kalkulierten Rationalität* und einer *systemischen Rationalität*. Während Handeln nach dem Konzept der kalkulierten Rationalität auf einem expliziten Kalkül seiner Konsequenzen in Bezug auf bestimmte Ziele beruht,[380] erwächst

---

[377] Vgl. VALCÁRCEL (2004), Sp. 1237, 1241 sowie zum Konzept der begrenzten Rationalität oben, S. 63 f.

[378] In anschaulicher Weise verdeutlicht HABERMAS (1981) dieses Begriffsmerkmal wie folgt: „Wir können Männer und Frauen, Kinder und Erwachsene, Minister und Busschaffner ‚rational' nennen, nicht aber Fische oder Fliederbüsche, Gebirge, Straßen oder Stühle. Wir können Entschuldigungen, Verspätungen, chirugische Eingriffe, Kriegserklärungen, Reparaturen, Baupläne oder Konferenzbeschlüsse ‚irrational' nennen, nicht aber ein Unwetter, einen Unfall, einen Lottogewinn oder eine Erkrankung." (S. 25).

[379] Vgl. HABERMAS (1981), S. 25 ff.

[380] Vgl. hierzu auch den von MAX WEBER geprägten Begriff des zweckrationalen Handelns, der das Rationalitätsverständnis der Wirtschafts- und Sozialwissenschaften stark geprägt hat. Zweckra-

Handeln nach dem Konzept der systemischen Rationalität aus Verhaltensregeln. Diese Verhaltensregeln sind durch Prozesse entstanden, die zwar als vernünftig bezeichnet werden können, für den Handlungsträger aber nicht unbedingt nachvollziehbar sein müssen.[381] Als Unterformen der kalkulierten Rationalität bezeichnet MARCH die begrenzte Rationalität, die kontextuale Rationalität, die Spielrationalität sowie die Prozessrationalität. Zur systemischen Rationalität rechnet er die adaptive Rationalität, die selektive Rationalität und die posteriore Rationalität (vgl. Abb. 13).

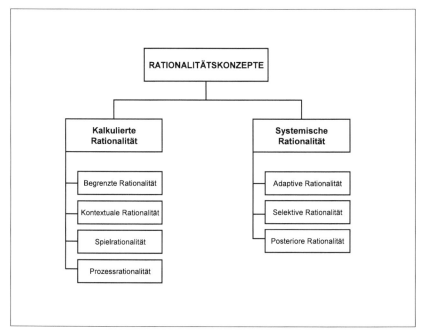

Abb. 13: Rationalitätskonzepte nach MARCH[382]

Das gemeinsame Merkmal der Konzepte der *kalkulierten Rationalität* liegt in der Annahme, dass intelligente Individuen die Folgen verschiedener Handlungsalternativen bewusst kalkulieren, um zielorientiert handeln zu können. Handlungen erfolgen

---

tional handelt nach WEBER, wer eine systematische Zweck-Mittel-Abwägung vornimmt. Vgl. WEBER (1984), S. 45.

[381] Vgl. MARCH (1990b), S. 304.

[382] Eigene Darstellung in Anlehnung an MARCH (1990b), S. 304 ff.

mithin intendiert und mit dem Wissen über persönliche Ziele und zukünftige Ergebnisse. Im Unterschied zur kalkulierten Rationalität richtet die *systemische Rationalität* ihr Augenmerk nicht auf eine kalkulierte, sondern eine ganzheitliche Art von Intelligenz. Nach der systemischen Rationalitätsauffassung hat sich Wissen im Laufe der Zeit in einem System von Regeln entwickelt, die das Verhalten steuern. Dieses Wissen hat sich quer durch Zeit, Personen und Organisationen in evolutionärer Weise ohne vollständiges Bewusstsein seiner Entwicklung herausgebildet. Verschiedene Handlungs- und Verhaltensweisen lassen sich daher auch nicht immer unmittelbar begründen.

Adaptive Rationalität hat ihren Ursprung in individuellen und kollektiven Lernprozessen.[383] Verhaltensweisen nähern sich bei hinreichend stabilen Rahmenbedingungen über eine ausreichend lange Lernperiode hinweg schrittweise an ein Verhalten an, das auf Basis vollkommenen Wissens gewählt würde. Erfahrungsinformationen werden in einfachen Verhaltensregeln gespeichert, die zwar nicht mehr im Detail über die zugrunde liegenden Wirkungszusammenhänge informieren, aber dennoch der jeweiligen Situation angemessen sind. Die Anwendung bestimmter Regeln lässt sich damit im Einzelfall auch nicht immer nachvollziehen.

Selektive Rationalität stellt im Wesentlichen auf deterministische Aspekte evolutionstheoretischer Ansätze ab.[384] Verhaltensregeln gelten demnach als rational, wenn ihre Anwendung durch Selektionsprozesse der Umwelt dazu führt, dass Individuen und Institutionen im Wettbewerb überleben und wachsen. Wie bei der adaptiven Rationalität sind Maßnahmen nicht das Resultat bewusster Kalkulation von Handlungsfolgen. Sie resultieren vielmehr aus der unreflektierten Befolgung von Regeln. Im Gegensatz zur adaptiven Rationalität wird bei der selektiven Rationalität das Wahlverhalten jedoch noch stärker von externen Kräften dominiert.

Die *posteriore Rationalität* betont den Aspekt der Interpretation. Im Gegensatz zum klassischen Rationalitätsverständnis, nach dem zunächst Ziele festzulegen und erst im Anschluss daran Handlungsalternativen generiert werden, postuliert die posteriore Rationalität eine umgekehrte Vorgehensweise. Die Auswahl von Alternativen erhält ihre Begründung erst durch ihre nachträgliche Konsistenz mit Zielen. Diese Ziele werden durch eine kritische Interpretation des Wahlverhaltens entwickelt. Handlungen

---

[383] Vgl. MARCH (1990b), S. 305.
[384] Vgl. MARCH (1990b), S. 306. Zu den evolutionstheoretischen Ansätzen in der Organisationstheorie siehe nochmals oben, S. 40 ff.

werden demnach ex post in eine Bewertung eingeordnet, die anhand von Präferenzen erfolgt. Diese kristallisieren sich aus der Handlung und deren Folgen heraus.

Systemische bzw. ganzheitliche Rationalität ist nicht intentional. Verhalten lässt sich somit nicht als eine Folge der Kalkulation von Konsequenzen hinsichtlich zuvor festgelegter Ziele verstehen. Dennoch wird von den Vertretern der systemischen Rationalität häufig behauptet, dass in der Aufhebung der Kalkulation Intelligenz liege.[385] Die oben herausgestellten Merkmale „Wissen" und „Zielgerichtetheit" des Rationalitätsbegriffs lassen sich demzufolge also auch auf die systemischen Rationalitätskonzepte anwenden. Damit ist das der vorliegenden Arbeit zugrunde liegende Verständnis von Rationalität allerdings noch nicht hinreichend spezifiziert.

2.1.2 Dimensionen der Rationalität nach Rescher

Aus philosophischer Sicht besteht Rationalität im Anschluss an RESCHER im intelligenten Verfolgen angemessener Ziele. Diesem Begriffsverständnis liegen drei bedeutende Entscheidungskomplexe zugrunde:

(1) *Überzeugungen*: Was soll man glauben oder akzeptieren?

(2) *Handlungen*: Was soll man tun oder wie soll man handeln?

(3) *Wertvorstellungen*: Was soll man bevorzugen oder wertschätzen?

Die drei Entscheidungskomplexe sind den Kontexten (1) der *kognitiven Rationalität*, (2) der *praktischen Rationalität* und (3) der *evaluativen Rationalität* zuzuordnen. Gemeinsames Merkmal der drei Rationalitätsdimensionen liegt im Treffen von Entscheidungen auf bestmögliche Weise, d. h. in Übereinstimmung mit den „besten Gründen".[386]

Analog zu den drei Dimensionen der Rationalität existieren nach RESCHER drei Typen von Überlegungen: (1) der theoretische oder kognitive Typus (Nachdenken über Probleme der Information), (2) der praktische Typus (Nachdenken über Handlungen) und (3) der evaluative Typus (Nachdenken über Werte, Zwecke, Präferenzen). Diese drei Typen stehen allerdings in einer interdependenten Beziehung zueinander. Folglich sind die kognitive, praktische und evaluative Rationalität untrennbar miteinander verbunden. So ist es z. B. im Rahmen der praktischen Rationalität nicht möglich, zwischen

---

[385] Vgl. MARCH (1990b), S. 306.
[386] Vgl. RESCHER (1993), S. 1 ff.

alternativen Handlungen eine rationale Entscheidung zu treffen, wenn keine Überzeugungen über die Konsequenzen dieser Handlungen vorliegen.[387] Mit anderen Worten ist auch für die praktische Rationalität der kognitive Aspekt von Bedeutung.[388] Umgekehrt erfordert die kognitive Rationalität auch praktische Vernunft, da der Prozess der Informationsbeschaffung und -bewertung letztlich eine praktische Aktivität darstellt. Alle drei Aspekte der Rationalität müssen somit eine Einheit bilden: Dies spiegelt sich konsequenterweise auch in RESCHERs Rationalitätsbegriff des intelligenten Verfolgens angemessener Ziele wider: So bezieht sich *Intelligenz* auf Wissen (kognitive Dimension), *Verfolgen* entspricht Handeln (praktische Dimension) und *angemessene Ziele* erfordert eine Bewertung (evaluative Dimension).[389]

Der Fokus der Wirtschaftswissenschaften ist auf die Rationalität des Verhaltens und Handelns von Individuen gerichtet. Ökonomisch ausgerichtete Untersuchungen beschäftigen sich daher überwiegend mit der praktischen Rationalität.[390] Seit einigen Jahren werden in der Betriebswirtschaftslehre darüber hinaus aber auch Fragen der evaluativen und kognitiven Rationalität behandelt. Fragen der evaluativen Rationalität betreffen die Wertvorstellungen, auf die die in Entscheidungsprozessen angestrebten Ziele beruhen. Diese werden vor allem unter dem Stichwort „Unternehmensethik" diskutiert.[391] Die kognitive Rationalität richtet sich auf die Fundierung managerialer Entscheidungen. Sie fragt nach der Güte der Wissensgrundlage einer Entscheidung.[392]

---

[387] RESCHER (1993) verdeutlicht dies an einem prägnanten Beispiel: „Selbst wenn die Durchführung einer Handlung für die Realisierung von jemandes angemessenen Interessen dienlich ist (falls etwa das Einnehmen jener chemischen Substanz tatsächlich seine Krankheit heilen wird), ist es dennoch *nicht* rational, so zu handeln, wenn der Handelnde kein Wissen von diesem Umstand hat (und umso mehr, wenn seine Information in die andere Richtung weist). Selbst wenn wir durch Glück oder Zufall das den Umständen gemäß Beste tun, haben wir *nicht* rational gehandelt, wenn wir keinen Grund für unsere Überzeugung hatten, daß sich unsere Handlungen als angemessene erweisen würden – gar nicht zu reden davon, hätten wir guten Grund für die Überzeugung gehabt, daß sie unangemessen sein würden." (S. 145) [Kursivierung im Original].

[388] Ähnlich verhält es sich mit den Zielen bzw. der evaluativen Rationalität. Handlungen, die auf unangemessene Ziele ausgerichtet sind, können nicht als rational eingestuft werden. Vgl. RESCHER (1993), S. 146 f.

[389] Vgl. RESCHER (1993), S. 152.

[390] Vgl. VALCÁRCEL (2004), Sp. 1237 ff. Zu nennen ist an dieser Stelle beispielsweise das Rationalitätsverständnis im Rational-Choice-Ansatz sowie in der verhaltenswissenschaftlichen Entscheidungstheorie der CARNEGIE SCHOOL.

[391] Siehe VALCÁRCEL (2004), Sp. 1241.

[392] Zur kognitiven Rationalität sei an dieser Stelle das von V. WERDER vorgelegte Konzept der Argumentationsrationalität zur Bearbeitung unstrukturierter Managementprobleme genannt. Vgl. V. WERDER (1994) und zusammenfassend hierzu auch GRAUMANN/DUCKLAU (2004) sowie kritisch SCHERER (1995).

Mit zunehmender Intensität der einer Entscheidung vorangehenden Informationsgewinnungs- und Informationsverarbeitungsprozesse steigt tendenziell ihr Rationalgehalt. Mit anderen Worten lässt sich das Ausmaß der Fundierung einer Entscheidung anhand der zuvor durchgeführten Informationsaktivitäten messen. Bei individuellen Entscheidungsträgern sind informationelle Tätigkeiten vorwiegend mentale Prozesse, die sich nicht unmittelbar beobachten lassen. Sie lassen sich nur indirekt über artikulierte Begründungen ablesen.[393] Bei Teamentscheidungen spielt neben individuellen kognitiven Prozessen aber auch die (beobachtbare) soziale Kognition, d. h. der Austausch von Informationen über Kommunikation und Interaktion zwischen den Teammitgliedern, eine entscheidende Rolle für die Steigerung kognitiver Rationalität.[394]

2.1.3 Rationalität contra Intuition

Im Kern wird in dem von RESCHER vorgelegten Begriffsverständnis im Sinne der klassischen Rationalitätsauffassung der präskriptiven Entscheidungstheorie bzw. der kalkulierten Rationalität der bewusste, d. h. reflektierte oder besser analytische Mitteleinsatz propagiert, um die gesetzten Ziele zu erreichen. Eine Zielrealisation ohne eine zuvor durchgeführte umfassende Analyse ist vielmehr dem Zufall oder Glück als dem Umstand von Rationalität zuzuschreiben.[395] Für die Vertreter der Gegenposition ist die bewusste Überlegung kein zwingendes Merkmal von Rationalität. Demnach kann auch unreflektiertes und zum Teil sogar unbewusstes Verhalten als rational bezeichnet werden. Entscheidend ist dabei lediglich dessen Zielwirksamkeit. Ganz im Sinne der adaptiven und selektiven Rationalität kann die Zweckmäßigkeit eines solchen unbewussten Verhaltens auf Erfahrungen beruhen, die in bestimmte Verhaltensregeln gespeichert werden.

Ganzheitliche und unreflektierte Verhaltensweisen werden auch in einer (jüngeren) betriebswirtschaftlichen Richtung aufgegriffen, die als intuitiver Managementansatz bezeichnet wird.[396] Der intuitive Managementansatz versteht sich häufig allerdings

---

[393] Vgl. V. WERDER (1998), S. 481 f.
[394] Zur Informationsverarbeitung in Gruppen siehe unten, S. 136 ff.
[395] Vgl. RESCHER (1988), S. 2, 145.
[396] Zum intuitiven Managementansatz siehe exemplarisch AGOR (1989); BLATTBERG/HOCH (1990); BURKE/MILLER (1999).

nicht als eine Variante rationaler Handlungsweisen, sondern vielmehr als eine dezidierte Gegenposition zur Rationalitätskonzeption.[397]

2.1.3.1 Intuitiver Managementansatz

An anderer Stelle[398] wurde bereits ausführlich dargelegt, dass die begrenzten kognitiven Fähigkeiten von Top Managern den Informationsverarbeitungsprozess beeinflussen und damit die strategische Wahl grundsätzlich einschränken. CANNELLA/MONROE kritisieren, dass eine solche Sichtweise auf den rein kognitiven Aspekt der Informationsverarbeitung abstellt und intuitive Prozesse vernachlässigt, die insbesondere auf der Ebene des Top Managements eine wichtige Rolle spielen sollen. Die Autoren betonen, dass durch holistische und unbewusste Wahrnehmung Top Manager zu kreativen Erkenntnissen gelangen können, die den durch psychologische Eigenschaften begrenzten Handlungsspielraum mit Blick auf die strategische Wahl erweitern können. Sie plädieren mithin für eine Öffnung der 'Strategic-Leadership'-Theorie für intuitive Problemlösungen.[399]

Der intuitive Managementansatz wird seit geraumer Zeit und mit wachsender Beliebtheit sowohl in der populären Managementliteratur und Wirtschaftspresse[400] als auch in renommierten wissenschaftlichen Journalen und von ernstzunehmenden Managementforschern[401] als ein Schlüssel des Erfolgs strategischer Entscheidungsprozesse diskutiert.[402] Begründet wird die Überlegenheit intuitiver Handlungsweisen gegenüber analytischen Prozeduren, deren Grenzen aufgrund der beschränkten kognitiven Kapazitäten von Entscheidungsträgern offenkundig sind, mit zahlreichen „Erfolgsstorys" aus der Managementpraxis. Fraglich ist allerdings, ob singuläre Erfolgsgeschichten eine hinreichende Begründung für die Vorzugswürdigkeit intuitiver Entscheidungsprozesse

---

[397] Vgl. nur BECHTLER (1986), S. 22; ROWAN (1986), S. 11; WATERMAN (1986), S. 11. Anders MILLER/IRELAND (2005), S. 21.

[398] Siehe oben, S. 71 ff.

[399] Siehe hierzu CANNELLA/MONROE (1997), S. 231.

[400] Siehe exemplarisch AGOR (1989) („Intuitives Management: Die richtige Entscheidung zur richtigen Zeit durch integrierten Einsatz der Fähigkeiten des linken und rechten Gehirns"); BONABEAU (2003) ("Don't Trust Your Gut"); CAPPON (1994) ("Intuition and Management"); HAYASHI (2001) ("When to Trust Your Gut"); KLEIN (2003) ("Intuition at Work: Why Developing Your Gut Instincts Will Make You Better at What You Do"); PARIKH (1994) ("Intuition: The New Frontier in Management").

[401] Zu nennen sind hier insbesondere DANE/PRATT (2007); EISENHARDT (1999); LEONARD/SENSIPER (1998); MINTZBERG (1994), S. 324 ff. sowie auch SIMON (1987a).

[402] Siehe hierzu näher MILLER/IRELAND (2005), S. 20.

gegenüber einer rationalen Vorgehensweise liefern können.[403] Fundierte empirische Nachweise für die Überlegenheit intuitiver Vorgehensweisen liegen zumindest bislang noch nicht vor.[404] Eine wesentliche Ursache hierfür ist darin zu sehen, dass intuitive Entscheidungsträger zumeist nicht in der Lage sind, zu artikulieren, wie sie zu ihren (erfolgreichen) Entscheidungen gelangt sind.[405] Gegen rationale Problemlösung spricht den Vertretern des intuitiven Managementansatzes ferner der höhere Aufwand, der durch den Einsatz von Personal- und Sachressourcen (Kostenaspekt)[406] und den größeren Zeitbedarf (Zeitaspekt) aufgrund ausgedehnter Analysen[407] entsteht.[408]

2.1.3.2 Intuitionsbegriff

Für eine generelle (Erfolgs-)Beurteilung intuitiver Managementansätze im Kontext strategischer Entscheidungen ist zunächst Klarheit im Hinblick auf den in der Literatur uneinheitlich verwendeten Intuitionsbegriff zu schaffen.[409] Nach MILLER/IRELAND bezeichnet Intuition weder das Gegenteil von Rationalität noch einen beliebigen Prozess der Mutmaßung. Intuition bezieht sich vielmehr auf Ideen, Feststellungen oder Wahlakte, die sich vollständig oder auch nur teilweise auf unterbewusste mentale Prozesse zurückführen lassen und sich damit jenseits eindeutiger Logik und Beurtei-

---

[403] BONABEAU (2003) äußert sich diesbezüglich eher skeptisch: "We remember the examples of hunches that pay off but conveniently forget all the ones that turn out badly." (S. 118)

[404] Vgl. SIMON (1993), S. 34.

[405] Vgl. HAYASHI (2001), S. 60. In der Artikulationsbarriere sehen LEONARD/SENSIPER schließlich auch ein Wesensmerkmal von Intuition und "tacit knowledge". Siehe hierzu LEONARD/SENSIPER (1998), S. 113 f.

[406] Das Kostenargument wird von MINTZBERG (1989) allerdings relativiert: "Ask almost anyone which process is more costly and the response will be 'analysis'. After all, it takes time to study an issue systematically, whereas intuition is right there with an answer. Well, this might be an example of intuition itself leaping to the wrong conclusion, because the question turns out to be more involved than it first seems. The fact is that analysis has a high *operating* cost, but its *investment* cost is relatively low (just hire a few freshly minted MBAs). Intuition, on the other hand (again, so to speak), has almost no operating cost ('Hey Fred, should we expand to Guadeloupe?'). But its investment cost is high: A person has to know a subject deeply, has to have a long and intimate experience with it, to be able to deal with it effectively through intuition." (S. 70) [Kursivierung im Original].

[407] Nach KAST/ROSENZWEIG besteht die Gefahr der Paralyse durch Analyse. Vgl. KAST/ROSENZWEIG (1979), S. 371 sowie hierzu auch DANE/PRATT (2007), S. 38; EISENHARDT (1989b), S. 544 f.; LANGLEY (1995), S. 65 ff.

[408] Da sowohl der Kosten- als auch der Zeitaspekt unmittelbar vom Umfang der einer Entscheidung vorausgehenden Analysen und damit vom Ausmaß der Rationalität bestimmt wird, wird dieses Problem ausführlich an späterer Stelle erörtert. Siehe unten, S. 103 f.

[409] Eine umfassende Übersicht unterschiedlicher Definitionen des Intuitionsbegriffs aus der Psychologie, der Philosophie und der Managementlehre von 1933 bis 2004 liefern DANE/PRATT (2007), S. 35.

lung bewegen. Das Intuitionsverständnis lässt sich den beiden Autoren zufolge weiter differenzieren und kann dabei im Kern zwei divergierende Ausprägungsformen annehmen. So kann Intuition entweder als holistische Intuition (*holistic hunch*) oder als Experten-Intuition (*automated expertise*)[410] konzeptualisiert werden.

Nach dem holistischen Intuitionsverständnis werden Urteile und Entscheidungen auf der Grundlage einer unterbewussten Synthese diverser Erfahrungen getroffen. Im Gedächtnis gespeicherte Informationen werden im Unterbewusstsein auf eine komplexe und neuartige Weise kombiniert und resultieren in einem Urteil oder einer Entscheidung, die sich (ohne langes Nachdenken) „richtig anfühlt".[411] Ein solcher Entscheidungsvorgang wird in der Literatur häufig mit herkömmlichen Bezeichnungen wie „aus dem Bauch heraus", „gut-feeling", oder auch „Fingerspitzengefühl" umschrieben. Die Schwierigkeit besteht darin, die in der holistischen Intuition verankerten unterbewussten Prozesse zu erfassen. Dies verdeutlicht die folgende Beschreibung von ROWAN: "Intuition is knowledge gained without rational thought. And since it comes from some stratum of awareness just below the conscious level, it is slippery and elusive, to say the least. (…) New ideas spring from a mind that organizes experiences, facts, and relationships to discern a path that has not been taken before."[412]

Das auf SIMON zurückgehende Verständnis der Experten-Intuition erfreut sich zwar einer geringeren Popularität als der holistische Intuitionsbegriff, ist dafür aber auch weniger mystisch.[413] Experten-Intuition bezieht sich auf das Erkennen einer vertrauten Situation und die direkte, jedoch teilweise unbewusste und automatische Anwendung von Erfahrungswissen. Diese Form der Intuition entwickelt sich in einem Lernprozess über einen längeren Zeitraum hinweg durch Ansammlung von domänenspezifischen Erfahrungen. Während Problemlösungen in den früheren Entwicklungsstadien der Experten-Intuition noch auf der Grundlage expliziter Analysen erfolgen, wird die analytische Problemdurchdringung mit der Zeit immer rudimentärer und zunehmend durch die unbewusste Verarbeitung von Informationen ersetzt.[414] Experten-Intuition

---

[410] Die direkte Übersetzung von "automated expertise" klingt etwas umständlich. Daher wird im Folgenden in Anlehnung an MINTZBERG (1989), S. 66 und CROSSAN/LANE/WHITE (1999), S 526 der Begriff „Experten-Intuition" gewählt.

[411] Vgl. DANE/PRATT (2007), S. 37 f.; MILLER/IRELAND (2005), S. 21 f.

[412] ROWAN (1986), S. 11 f.

[413] Siehe hierzu ausführlich SIMON (1987a), S. 57 ff.

[414] Vgl. MILLER/IRELAND (2005), S. 21 f.

gründet also auf Wissen und Analysen der Vergangenheit und wird von SIMON daher auch schlicht als "analyses frozen into habit"[415] bezeichnet.[416]

Nach MILLER/IRELAND erfreut sich das Phänomen „Intuition" im managerialen Kontext nicht zuletzt deshalb einer so großen Beliebtheit, weil sich mit ihm – in Abhängigkeit vom zugrunde liegenden Begriffsverständnis – entweder das Bild des heldenhaften Spielers (*heroic gambler*) im Fall holistischer Intuition oder das Bild des erfahrenen Experten (*well-traveled expert*) im Fall der Experten-Intuition verbindet.[417]

2.1.3.3 Kritik am intuitiven Managementansatz

Zur Beurteilung der Erfolgswirksamkeit intuitiver (strategischer) Entscheidungen gehen MILLER/IRELAND in Anlehnung an MARCH von zwei unterschiedlichen strategischen Kontexten aus.[418] Sie differenzieren zwischen Situationen, in denen sich Organisationen auf ein Ausforschen der Umwelt im Hinblick auf neue Technologien und Strategien konzentrieren (*exploration*) und Situationen, in denen sich Organisationen darauf fokussieren, bereits existierende Technologien und Strategien auszuschöpfen und zu optimieren (*exploitation*).[419]

Holistische Intuition kann in einer explorativen Phase des Strategieprozesses von Vorteil sein, wenn vergangene Handlungsweisen abgelegt und neue strategische Wege beschritten werden sollen. Problematisch erscheint dabei allerdings die für die Umsetzung einer Entscheidung erforderliche Akzeptanz der Betroffenen zu erlangen, da sich holistisch-intuitive Entscheidungen aufgrund der aufgezeigten Artikulationsbarrieren nicht begründen lassen. Ein weiteres Problem liegt in dem hohen Irrtumsrisiko. Das betrifft vor allem Entscheidungen des Top Managements, da diese bekanntermaßen von hoher Tragweite sind. Im Gegensatz zur holistischen Intuition erscheint Experten-Intuition im Entdeckungszusammenhang hingegen generell ungeeignet, da sie auf

---

[415] SIMON (1987a), S. 63.

[416] Kritisch zum SIMONschen Intuitionsverständnis MINTZBERG (1989), S. 66 ff.

[417] Vgl. MILLER/IRELAND (2005), S. 22. In den beiden Bildern des heldenhaften Spielers und des erfahrenen Experten kommt die bereits an anderer Stelle angeklungene Gefahr einer Glorifizierung und Überschätzung der Fähigkeiten von Top Managern besonders deutlich zum Ausdruck.

[418] Siehe näher MARCH (1991), S. 71 ff.

[419] Zum Unterschied zwischen *exploration* und *exploitation* siehe auch LEVINTHAL/MARCH (1993), S. 105.

bewährten Praktiken der Vergangenheit beruht und somit innovative und experimentelle Handlungsweisen eher verhindert.[420]

In Situationen, in denen es um die Ausschöpfung bestehender Fähigkeiten und Potenziale (*exploitation*) geht, ist nach MILLER/IRELAND sogar keine der beiden Intuitionsformen anwendbar. Für holistische Intuition bietet eine solche Situation aufgrund ihrer Strukturiertheit wenig Spielraum. Für Experten-Intuition entsteht das Problem mangelnder Realiabilität und Validität. Realiabilität bezieht sich dabei auf die über einen längeren Zeitraum bestehende Konsistenz des angewandten Wissens. Inkonsistenzen werden demnach durch ein bedingtes Erinnerungsvermögen, Ermüdungserscheinungen, Informationsüberflutung und Zerstreuung verursacht. Validitätsprobleme lassen sich auf das (zumindest vorläufig) mangelnde Bewusstsein zentraler Ursache-Wirkungszusammenhänge zurückführen.[421]

Eine generelle Ablehnung rational-analytischer Entscheidungen zugunsten intuitiver Handlungsweisen ist trotz zeitlicher Nachteile insbesondere bei strategischen Entscheidungen daher wenig ratsam.[422] MILLER/IRELAND empfehlen somit einen äußerst vorsichtigen Gebrauch von Intuition im Rahmen der strategischen Entscheidungsfindung.[423] Selbst ausgewiesene Anhänger des intuitiven Managementansatzes sprechen sich vor dem Hintergrund der aufgezeigten Risiken nicht für eine generelle Ablehnung rationaler Handlungsweisen aus, sondern plädieren für eine Kombination intuitiver und analytischer Problemlösungen.[424]

2.1.4 Rationalitätsmaß

Ein weiterer zentraler Aspekt, der im Zusammenhang mit dem Rationalitätsbegriff zu klären ist, ist die Frage, von welchem Maßstab der Rationalität auszugehen ist. Es ist mit anderen Worten auf das Ausmaß des zugrunde liegenden Kenntnis- und Informati-

---

[420] Vgl. MILLER/IRELAND (2005), S. 22 ff.

[421] In dieser Sichtweise wird abermals – auch im Kontext intuitiver Entscheidungsprozesse – die Bedeutung einer offenen Diskussionskultur deutlich. Siehe zum Stellenwert von Intuition im Fall von *exploitation* MILLER/IRELAND (2005), S. 25 ff.

[422] Ganz in diesem Sinne auch BOURGEOIS/EISENHARDT (1988), S. 827 f.; DEAN/SHARFMAN (1996), S. 387; GOLL/RASHEED (2005), S. 1006, 1013 f.; MILLER/CARDINAL (1994), S. 1662; PRIEM (1994), S. 434; PRIEM/RASHEED/KOTULIC (1995), S. 925; SIMON (1993), S. 38; SIMONS/PELLED/SMITH (1999), S. 669, 671.

[423] Vgl. MILLER/IRELAND (2005), S. 29.

[424] Vgl. hierzu nur MINTZBERG (1989), S. 61. Im Übrigen sind auch aus juristischer Sicht rein intuitive Problemlösungen abzulehnen. Siehe hierzu oben, S. 11 f.

onsstandes einzugehen.[425] Dabei lassen sich in einer groben Einteilung zwei Klassen unterscheiden: Die *globale* und die *relative Rationalität*. Die Vorstellung einer globalen Rationalität geht einher mit der Forderung nach einer lückenlosen und sicheren Wissensbasis. Demnach sind alle für eine Entscheidung relevanten Informationen zu erheben. In dieser Sichtweise spiegelt sich das Bild des „homo oeconomicus" der klassischen Entscheidungslehre wider,[426] das aufgrund unerfüllbarer Annahmen als realitätsfern kritisiert wurde. Hierauf hat insbesondere – wie an anderer Stelle bereits ausgeführt wurde – SIMON hingewiesen und dem Verständnis einer globalen Rationalität den Begriff der begrenzten Rationalität (*bounded rationality*) gegenübergestellt.[427] Nach dem Konzept der begrenzten Rationalität unterliegt das Handeln von Entscheidungsträgern grundsätzlich einem beschränkten Kenntnis- und Informationsstand. Darüber hinaus weist SIMON darauf hin, dass es aus zwei Gründen häufig auch gar nicht sinnvoll ist, alle potenziell relevanten Informationen erfassen und verarbeiten zu wollen. Zum einen könnte der durch die Erhebung und Verarbeitung von Informationen entstehende Aufwand an Zeit und Energie in keinem vernünftigen Verhältnis zu dem durch die Verarbeitung dieser Informationen erzielten Rationalitätsnutzen stehen (Wirtschaftlichkeitsaspekt). Zum anderen übersteigt die Menge potenziell relevanter Informationen in aller Regel die kognitiven Fähigkeiten von Entscheidungsträgern (Kapazitätsaspekt). Daher fordert SIMON eine mit Blick auf die Fähigkeiten des Menschen angemessenere Theorie, die als Zielgröße nicht maximal rationale, sondern in Abhängigkeit von der jeweiligen Situation und den jeweiligen Zielen brauchbare Entscheidungen anstrebt.[428]

2.1.5 Rationalität und Diskussion in Top Management Teams

Basierend auf den generellen Überlegungen zum Maßstab der Rationalität des vorherigen Abschnitts lassen sich für den Diskussionsprozess in Top Management Teams und sein Ergebnis zwei Schlussfolgerungen ziehen.[429]

Aus den oben genannten Gründen erscheint ist es zunächst einmal wenig sinnvoll, vom Maßstab einer globalen Rationalität auszugehen und darauf beruhend eine maximal rationale Entscheidung als Zielgröße offener Diskussionen in Top Management

---

[425] Angesprochen ist hier also der kognitive Aspekt der praktischen Rationalität.
[426] Vgl. KIRCHGÄSSNER (2000), S. 68 f.
[427] Siehe hierzu nur SIMON (1987b), S. 266 ff. sowie oben, S. 63 f.
[428] Vgl. GROEBEN/SCHREIER/CHRISTMANN (1990), S. 20.
[429] Siehe zum Folgenden auch GROEBEN/SCHREIER/CHRISTMANN (1990), S. 21 ff.

Teams zu bestimmen. In Anlehnung an das Konzept der begrenzten Rationalität wird stattdessen von einem relativen Rationalitätsmaß ausgegangen. Für den Diskussionsprozess in Top Management Teams bedeutet dies, dass unter den jeweils gegebenen situativen Rahmenbedingungen eine *optimal rationale Entscheidung* anzustreben ist. Ein solches Optimum weicht von einem Rationalitätsmaximum ab, da es sich nach dem jeweiligen Zweck der Diskussion richtet. So stellt etwa das Maximum an Rationalität bei einer Entscheidung, die unter hohem Zeitdruck zu treffen ist, keinen geeigneten Maßstab dar, da die Aufnahme und Auswertung *aller* potenziell relevanten Informationen – sofern überhaupt möglich – in aller Regel mit einem hohen Zeitaufwand verbunden sein dürfte.[430] Vor diesem Hintergrund erscheint es sinnvoller, die Diskussion auf wesentliche Aspekte zu konzentrieren. Ferner stellt die globale Rationalität kein geeignetes Optimum dar, wenn eine Entscheidung von vergleichsweise geringer Bedeutung zu treffen ist. Basierend auf dem Konzept der begrenzten Rationalität sollte somit eine *möglichst optimal rationale* Entscheidung angestrebt werden. Der Begriff des „Optimalen" ist im Anschluss an GROEBEN/SCHREIER/CHRISTMANN dabei als strukturelle Zielvorgabe zu verstehen, die dem jeweiligen Zweck entsprechend näher zu spezifizieren ist. Das im Einzelfall zu bestimmende Rationalitätsoptimum kann dabei wiederum selbst Gegenstand einer Diskussion sein.[431]

Mit Blick auf die von TVERSKY/KAHNEMANN und ELSTER aufgezeigten Verzerrungen der Informationsverarbeitung liegt in Diskussionen durch das Offenlegen und damit auch Kritisierbar-Machen von Argumenten[432] aber zweitens auch eine Möglichkeit der Überwindung menschlicher Rationalitätsbarrieren. Die genannten Studien beziehen sich auf die individuelle menschliche Vernunft, die von kognitiven "biases" und motivationalen Einflüssen beeinträchtigt wird. Solche individuellen Verzerrungen lassen sich durch eine argumentative Auseinandersetzung beheben bzw. (zumindest) verringern. So kann eine offene Diskussion maßgeblich zur Aufdeckung und damit zur Reduktion der begrenzten Rationalität eines Individuums beitragen, wenn ‚mehr' Ratio-

---

[430] Vgl. GOLL/RASHEED (1997), S. 584. Bemerkenswerterweise konnte EISENHARDT (1989b) mit ihrer Studie über zeitnahe strategische Entscheidungsfindung von Top Management Teams in dynamischen Kontexten das weit verbreitete (Vor-)Urteil widerlegen, dass schnelle Entscheidungen stets mit einer geringeren Fundierung verbunden sind. Sie hat im Gegenteil herausgefunden, dass Top Management Teams, die Entscheidungen unter hohem Zeitdruck trafen, ihrer Entscheidungsfindung oftmals sogar mehr Informationen und Alternativen zugrunde legten als langsame Entscheidungsfinder. Vgl. hierzu EISENHARDT (1989b), S. 549, 555 f.

[431] Vgl. GROEBEN/SCHREIER/CHRISTMANN (1990), S. 22.

[432] Nach HABERMAS lässt sich die Rationalität einer Äußerung auf ihre Kritisierbarkeit und Begründungsfähigkeit zurückführen. Vgl. HABERMAS (1981), S. 27.

nalität geboten ist, als ein Individuum aufgrund seiner individuellen kognitiven Grenzen erreichen kann.[433] Der Informations- und Wissensvorsprung eines Diskussionsteilnehmers kann beispielsweise im Rahmen einer Argumentation mögliche Rationalitätsdefizite anderer Teilnehmer ausgleichen. Ferner kann ein auf Wunschdenken zurückzuführender Abbruch der Informationssammlung in einer Diskussion als solcher erkannt und die erforderliche Suche nach relevanten Informationen fortgeführt werden.[434] Die Diskussion in Top Management Teams liefert somit einen wichtigen Ansatzpunkt für eine Überwindung der Beschränkung menschlicher Rationalität.

2.2 Akzeptanz einer Entscheidung als Gütekriterium

Die Akzeptanz einer Entscheidung stellt neben ihrer Qualität ein weiteres Kriterium dar, das in der Forschung über Entscheidungsfindung in Teams eine zentrale Rolle spielt.[435] Es ist offenkundig, dass der Erfolg Top einer Management-Entscheidung nicht allein von der Formulierung möglichst kognitiv rationaler Ziele und Strategien bestimmt wird, sondern ebenso davon abhängt, ob und wie gut ihre Umsetzung gelingt.[436] Eine noch so rationale Entscheidung ist letztlich wertlos, solange sie aufgrund mangelnder Akzeptanz nicht realisiert wird.[437] Dabei ist neben dem hier nicht weiter zu vertiefenden Problem der Akzeptanz von Top Management-Entscheidungen auf den unteren Hierarchieebenen[438] zunächst einmal die Bereitschaft aller Mitglieder des

---

[433] Anders gewendet: Dort, „wo also das oben benannte Optimum an Rationalität ein ‚Mehr' ist gegenüber dem je individuell möglichen Maximum", kann ein Zugewinn an Rationalität durch Argumentation „im besten Falle sogar die individuelle Vernunft selbst optimieren." [GROEBEN/SCHREIER/CHRISTMANN (1990), S. 22]. In diesem Sinne bereits IMMANUEL KANT: „Allein, wie viel und mit welcher Richtigkeit würden wir wohl denken, wenn wir nicht gleichsam in Gemeinschaft mit anderen, denen wir unsere und die uns ihre Gedanken mitteilen, dächten!" [KANT (1983), S. 280 zit. nach GROEBEN/SCHREIER/CHRISTMANN (1990), Fn. 12]

[434] Vgl. GROEBEN/SCHREIER/CHRISTMANN (1990), S. 22 f.

[435] Vgl. etwa BRODBECK ET AL. (2007), S. 459; KORSGAARD/SCHWEIGER/SAPIENZA (1995), S. 61; SCHWEIGER/SANDBERG/RAGAN (1986), S. 66; SCHWEIGER/SANDBERG/RECHNER (1989), S. 750; TJOSVOLD/FIELD (1983), S. 500, 504. Vgl. hierzu ferner auch die Studien von AMASON (1996) und AMASON/SCHWEIGER (1994), die noch ausführlich vorgestellt werden. Siehe dazu unten, S. 184 ff.

[436] Siehe hierzu nochmals oben die Kritik von MINTZBERG am rational-entscheidungsorientierten Strategieverständnis, S. 16 f.

[437] So auch KORSGAARD/SCHWEIGER/SAPIENZA (1995), S. 60 f.; SIMONS/PELLED/SMITH (1999), S. 664; WERTHER (1988), S. 38. Auf der Annahme positiver Motivationswirkungen akzeptierter Ziele beruht im Kern auch das Konzept des Management by Objectives (MbO). Siehe hierzu LIEBEL/OECHSLER (1994), S. 323 ff.

[438] In diesem Sinne bereits VROOM/YETTON, die in ihrem berühmten normativen Entscheidungsmodell davon ausgehen, dass die Effektivität der von einer Führungskraft getroffenen Entscheidung neben der Qualität bzw. Rationalität und dem Zeitaufwand für die Entscheidungsfindung

Top Management Teams, die gemeinsam getroffene Entscheidung auch geschlossen zu tragen, von primärer Bedeutung. Je nach Organisationsmodell des Top Managements sind für die Umsetzung von Top Management-Entscheidungen die einzelnen Mitglieder des Leitungsorgans auch in operativer Hinsicht verantwortlich. So übernehmen die Teammitglieder beim Ressort-Modell neben ihrer Beteiligung an der strategischen Entscheidungsfindung auf der obersten Hierarchieebene auch Verantwortung für Unternehmensbereiche auf der zweiten Hierarchieebene („Zwei-Hüte-Prinzip"), indem ihnen individuelle Entscheidungskompetenzen innerhalb der ihnen zugewiesenen Ressorts eingeräumt werden.[439] Bei innerem Widerstand gegen kollegial getroffene Entscheidungen des Leitungsgremiums könnten sie daher ihren Handlungsspielraum (aus)nutzen und die erfolgreiche Umsetzung in ihren Zuständigkeitsbereichen verzögern oder verhindern.[440]

3. Prozess-Variable

Als Prozess-Variable wird im Folgenden das *Diskussionsverhalten in Top Management Teams* betrachtet. Die Untersuchung von (verbaler) Kommunikation als gruppeninterne Prozess-Größe wurde in der Kleingruppenforschung bislang allerdings eher vernachlässigt.[441] So weist etwa GLADSTEIN in ihrem prominenten Ansatz zur Teameffektivität zwar auf die Relevanz offener Kommunikation hin. Die Wirkungsweisen dieser Prozess-Variable und konkrete Verknüpfungen mit einzelnen Input- und Outputgrößen werden allerdings nicht weiter untersucht.[442]

3.1 Diskussionsverhalten in Top Management Teams

Noch weniger Beachtung findet die Prozess-Variable ‚Kommunikation' in den Arbeiten über Top Management Teams.[443] Eine Ausnahme stellt die empirische Studie von

---

auch von der Akzeptanz der Entscheidung durch die Untergebenen abhängt. Vgl. hierzu VROOM/YETTON (1973), S. 20.

[439] Siehe hierzu oben, S. 27 f.

[440] Vgl. KORSGAARD/SCHWEIGER/SAPIENZA (1995), S. 61. Zu den Folgen mangelnder Bereitschaft zur Strategieumsetzung auf der Ebene des mittleren Managements siehe ferner auch die aussagekräftige Studie von GUTH/MACMILLAN (1986), S. 313 ff.

[441] Vgl. STOCK (2004), S. 274 ff. Eine Ausnahme bildet die Studie von STUMPF (1992), S. 32 ff.

[442] Vgl. GLADSTEIN (1984), S. 502.

[443] Generell dominiert in der Forschung des Strategischen Managements die Beschäftigung mit Strategieinhalten. Die Betrachtung strategischer Entscheidungsprozesse findet hingegen kaum Beachtung. Siehe hierzu ausführlich RAJAGOPALAN/RASHEED/DATTA (1993), S. 349.

SIMONS/PELLED/SMITH dar, die aufgrund ihrer Bedeutung für das im Folgenden zu entwickelnde Effektivitätsmodell ausführlich dargestellt wird.[444]

Die Forscher untersuchen den Zusammenhang zwischen der Diversität eines Top Management Teams (als unabhängige Variable) und der unternehmerischen Performance (als abhängige Variable) in 57 Produktionsunternehmen. Sie gehen davon aus, dass die Stärke der Beziehung zwischen den beiden Variablen durch die moderierende Drittvariable *Diskussionsverhalten* beeinflusst wird. Dabei wird angenommen, dass sich die Diversität eines Top Management Teams nur über einen teaminternen Diskussionsprozess vorteilhaft entfalten kann. So entscheidet letztlich der Teamprozess als Moderator darüber, ob und in welchem Umfang die mit der Diversität der Gruppe verbundenen positiven Eigenschaften wie die größere Wissensbasis sowie die Perspektivenvielfalt in Entscheidungen des Top Management Teams einfließen und damit zum Unternehmenserfolg beitragen können.[445]

3.1.1 Erklärungsmodell nach Simons/Pelled/Smith

3.1.1.1 Modellkomponenten

Das von SIMONS/PELLED/SMITH vorgelegte Erklärungsmodell setzt sich aus vier Komponenten zusammen:

- die Diversität des Top Management Teams,
- das Diskussionsverhalten (*debate*) des Top Management Teams,
- die Fundierung der Entscheidung (*decision comprehensiveness*) des Top Management Teams und
- die unternehmerische Performance.

Die *Diversität eines Top Management Teams* wird als Grad der Heterogenität im Hinblick auf demographische und kognitive Eigenschaften der Teammitglieder definiert. Hierbei lassen sich verschiedene Diversitätsarten unterscheiden: der funktionale Hintergrund, das Ausbildungsniveau, die Dauer der Betriebszugehörigkeit und das Alter

---

[444] Als eine weitere Ausnahme ist hier ferner die Studie von SMITH ET AL. (1994) zu nennen.
[445] Vgl. SIMONS/PELLED/SMITH (1999), S. 663. Die mit der Diversität des Teams verbundenen Vorteile, die in der Perspektivenvielfalt sowie der Erweiterung von kognitiven Ressourcen, Erfahrungen und allgemeinen Problemlösungsfähigkeiten zum Ausdruck kommen und auf diese Weise zur Steigerung der Performance beitragen, werden von vielen Autoren geteilt. Sie gehen in ihrer theoretischen Begründung auf HOFFMAN/MAIER (1961) zurück. Vgl. BARSADE ET AL. (2000), S. 809.

der Teammitglieder als demographische Merkmale sowie die wahrgenommene Unsicherheit der Umwelt als Merkmal, das vor allem in kognitiver Hinsicht einen wichtigen Einflussfaktor auf die strategischen Entscheidungen des Top Management Teams darstellt. Ein für die Studie zentrales Kriterium zur Unterteilung der Diversitätsarten stellt ihr Bezug zur ausgeübten Tätigkeit (*job relatedness*) dar. Das Kriterium beschreibt in Anlehnung an PELLED, in welchem Ausmaß die Diversitätsart heterogene Erfahrungen, Fähigkeiten oder Perspektiven beinhaltet, die für die Bewältigung der (kognitiven) Aufgabe des Teams von Bedeutung sind.[446] Zur Gruppe der tätigkeitsbezogenen Variablen werden der funktionale Hintergrund, das Ausbildungsniveau, die Dauer der Betriebszugehörigkeit sowie die wahrgenommene Unsicherheit der Umwelt gerechnet. Als Diversitätsmaß mit geringem Bezug zur ausgeübten Tätigkeit des Top Managements wird das Alter der Teammitglieder gesehen.[447]

Items zur Messung des Diskussionsverhaltens

- In der Diskussion über das strittige Thema haben die Führungskräfte ihre Meinungsunterschiede klar zum Ausdruck gebracht.
- Verschiedene Führungskräfte schlugen unterschiedliche Ansätze zur Lösung des Problems vor.
- Die Führungskräfte stellten die vertretenen Standpunkte gegenseitig offen in Frage.
- Die Diskussion war hitzig.

Items zur Messung der Fundierung der Entscheidung

- In welchem Umfang hat die Gruppe mehrere Lösungsansätze gegeneinander abgewogen?
- In welchem Umfang hat die Gruppe die Pro- und Contra-Argumente verschiedener möglicher Handlungsweisen geprüft?
- In welchem Umfang hat die Gruppe von mehreren Entscheidungskriterien Gebrauch gemacht, um mögliche Handlungsweisen auszuschließen?

Tab. 2: Items zur Messung von Diskussionsverhalten und Entscheidungsfundierung[448]

---

[446] Vgl. PELLED (1996), S. 615.
[447] Vgl. SIMONS/PELLED/SMITH (1999), S. 662 f.
[448] Vgl. SIMONS/PELLED/SMITH (1999), S. 666.

Das *Diskussionsverhalten* des Top Management Teams als zweite Modellkomponente wird als "open discussion of task-related differences and the advocacy, by different top management group members, of differing approaches to the strategic decision-making task"[449] definiert. Seine Messung erfolgt anhand von vier Items (siehe Tab. 2). Die *Fundierung der Entscheidung* des Top Management Teams wird in Anlehnung an FREDRICKSON als "extent to which organizations attempt to be exhaustive or inclusive in making and integrating strategic decisions"[450] erfasst. Sie wurde in der Studie mit Hilfe von drei Items gemessen (siehe Tab. 2).

3.1.1.2 Hypothesen

Die angenommenen Beziehungen zwischen den aufgezeigten vier Modellkomponenten werden in drei Hypothesen zusammengefasst. Nach Hypothese 1 wird der Zusammenhang zwischen der Diversität eines Top Management Teams (als unabhängige Variable) und der unternehmerischen Performance sowie der Fundierung der Entscheidung (als abhängige Variable) durch die Variable „Diskussionsverhalten" moderiert (vgl. Abb. 14). Im Anschluss an BARON/KENNY ist ein Moderator eine Drittvariable, die die Stärke der Wirkbeziehung zwischen zwei Variablen beeinflusst, ohne im Idealfall selbst mit den beiden anderen Variablen zu korrelieren.[451] Der Hypothese 1 zufolge sollen also die Performance des Unternehmens und die Fundierung von Entscheidungen durch das Diskussionsverhalten in Top Management Teams zunehmen. SIMONS/PELLED/SMITH argumentieren, dass die Diversität des Teams nur über den gruppeninternen Diskussionsprozess zu einer qualitativ hochwertigeren Entscheidungsfindung beitragen kann. Durch kontroverse Auseinandersetzungen werden divergente Wissensbestände offen gelegt und Teammitglieder gegenseitig mit neuen Informationen und Erkenntnissen versorgt, die sie veranlassen, bisher vertretene Standpunkte zu überdenken und neu hinzugekommene Aspekte bei der Alternativenbewertung zu berücksichtigen. Auf diese Weise kommt es zu einer verbesserten Entscheidungsfundierung innerhalb des Top Management Teams.

Die hiermit verbundene höhere Entscheidungsqualität ist aber auch für die unternehmerische Performance von zentraler Bedeutung. Ohne Diskussionsprozess kann ein Top Management Team die Expertise seiner Mitglieder nur bedingt ausschöpfen und bleibt somit in seiner Fähigkeit begrenzt, Entscheidungen zu treffen, die eine Optimie-

---

[449] SIMONS/PELLED/SMITH (1999), S. 663.
[450] FREDRICKSON (1984), S. 445.
[451] Vgl. BARON/KENNY (1986), S. 1174.

rung der unternehmerischen Performance herbeiführen. Überdies übernimmt das Diskussionsverhalten in heterogenen Teams auch in motivationaler Hinsicht eine wichtige Funktion. Bei fehlender Diskussion könnten sich einzelne Teammitglieder von der Beteiligung an der Entscheidungsfindung ausgeschlossen fühlen und diese aufgrund von Ohnmachts- und Frustrationsgefühlen mit mangelnder Akzeptanz quittieren, die die Umsetzung der Entscheidung und damit die unternehmerische Performance erheblich beeinträchtigen kann.

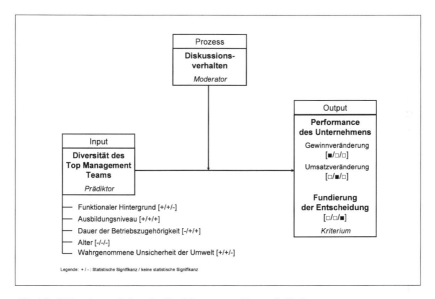

Abb. 14: Diskussionsverhalten des Top Management Teams als Moderator

Nach Hypothese 2 fungiert die Fundierung der Entscheidung als Mediator zwischen dem interaktiven Einfluss von Diversität und Diskussionsverhalten und der unternehmerischen Performance (vgl. Abb. 15).[452] Mediatoren sind Variablen, die eine Beziehung zwischen einem Prädiktor und einem Kriterium verringern (partielle Mediation) oder vollständig aufklären (vollständige Mediation). Sie sollen als vermittelnde Größen erklären, wie und warum bestimmte Effekte auftreten.[453] Während der Moderator „Diskussionsverhalten" in Hypothese 1 einen Faktor darstellt, welcher auf die Beziehung zwischen einer unabhängigen und einer abhängigen Variablen wirkt, ist unter

---

[452] Vgl. SIMONS/PELLED/SMITH (1999), S. 664.
[453] Vgl. BARON/KENNY (1986), S. 1176.

dem Mediator „Entscheidungsfundierung" ein Faktor zu verstehen, der sowohl mit der unabhängigen als auch mit der abhängigen Variablen in einer signifikanten Beziehung steht und das Verhältnis auf diese Weise beeinflusst.

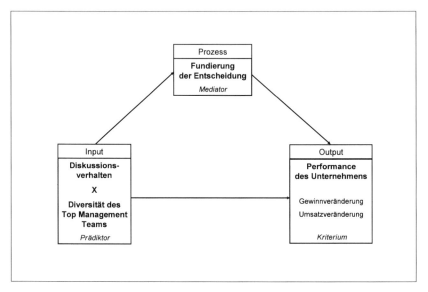

Abb. 15: Fundierung der Top Management-Entscheidung als Mediator

Nach Hypothese 3 ist der in Hypothese 1 vertretene Zusammenhang zwischen der Diversität des Top Management Teams und der Entscheidungsfundierung bzw. Performance des Unternehmens, der über das Diskussionsverhalten moderiert wird, für tätigkeitsbezogene Formen der Diversität (wie z. B. der funktionale Hintergrund) stärker als für weniger tätigkeitsbezogene Diversitätsarten (wie z. B. das Alter der Teammitglieder). Dahinter verbirgt sich die bereits zuvor geäußerte Annahme, dass eine Steigerung der Entscheidungsfundierung und Performance vor allem auf dem heterogenen Wissenspool der Gruppe gründet. Die unterschiedlichen Erfahrungen, Fähigkeiten und Kenntnisse der Teammitglieder sind allerdings nur dann von Nutzen, wenn sie für die zu bewältigende (kognitive) Aufgabe auch relevant sind.[454]

---

[454] Vgl. SIMONS/PELLED/SMITH (1999), S. 665.

3.1.1.3 Befunde

Die angenommenen Zusammenhänge wurden in hierarchischen Regressionsanalysen berechnet. Hypothese 1 ließ sich dabei weitgehend bestätigen. So konnte für 9 der insgesamt 15 untersuchten Interaktionsterme ein signifikanter Zusammenhang nachgewiesen werden (siehe im Einzelnen nochmals Abb. 14). Hypothese 2 ließ sich partiell bestätigen. Für die Hypothese 3 wurde ein Nachweis für die Performance des Unternehmens erbracht. Für die Entscheidungsfundierung als abhängige Variable konnte statisch kein signifikanter Unterschied der unabhängigen Variablen „Alter" im Vergleich zu den tätigkeitsbezogenen Variablen festgestellt werden.[455]

Die Ergebnisse der Studie lassen sich somit wie folgt zusammenfassen:

- Diskussionsverhalten moderiert die Auswirkungen von Diversität des Top Management Teams auf die unternehmerische Performance.

- Für bestimmte demographische Diversitätsarten moderiert das Diskussionsverhalten die Auswirkungen von Diversität des Top Management Teams auch auf die Fundierung einer Entscheidung.

- Die Fundierung einer Entscheidung beeinflusst den "debate-by-diversity"-Effekt auf die unternehmerische Performance partiell.

- Tätigkeitsbezogene Diversitätsformen haben in Interaktion mit Diskussionsverhalten einen stärkeren Einfluss auf die unternehmerische Performance als weniger tätigkeitsbezogene Arten von Diversität.

Bemerkenswerterweise hatten – mit Ausnahme des funktionalen Hintergrunds – alle tätigkeitsbezogenen Variablen der Diversität in der Studie keine unmittelbaren Auswirkungen auf die unternehmerische Performance. Erst durch den Einfluss des Diskussionsverhaltens kam der positive Effekt auf die Performance zustande. Die zentrale Bedeutung des Tätigkeitsbezugs der Diversität deutet darauf hin, dass der Wissenspool eines Top Management Teams tatsächlich eine entscheidende Rolle zu spielen scheint. Infolgedessen lässt sich auch erklären, warum die Fundierung der Entscheidung – zumindest in zwei Fällen (und zwar bei den Variablen „Ausbildungsniveau" und „Dauer der Betriebszugehörigkeit") – den Zusammenhang zwischen Diversität in Interaktion mit dem Diskussionsverhalten und der Performance partiell vermittelt. Fraglich ist allerdings, warum dies nicht auch für die wahrgenommene Unsicherheit

---

[455] Vgl. SIMONS/PELLED/SMITH (1999), S. 668 ff.

der Umwelt sowie den funktionalen Hintergrund bestätigt werden konnte. Eine Ursache für dieses überraschende Ergebnis sehen die Autoren in der Existenz möglicher weiterer Mediatoren wie die Akzeptanz einer Entscheidung.[456]

3.1.2 Zwischenergebnis und weiteres Vorgehen

Für das hier zu entwickelnde Effektivitätsmodell liefert die Studie einige wertvolle Erkenntnisse. So legen die Autoren mit der Entscheidungsfundierung, die sich anhand des Umfangs der eingebrachten Informationen sowie der Ausgewogenheit von Pro- und Contra-Argumenten bestimmen lässt,[457] ebenfalls die kognitive Rationalität als Qualitätskriterium einer Entscheidung zugrunde: "Quality of decision making is difficult to measure in real-world groups but may be estimated by decision comprehensiveness."[458] Wenn der Rationalgehalt einer Entscheidung von der Art und Weise des Entscheidungsprozesses abhängt, spielt die Güte des Diskussionsverhaltens im Top Management Team naturgemäß eine zentrale Rolle. Diese wird in der Studie allerdings nur unzureichend erfasst.[459] So lässt sich mit den vier Items zur Bestimmung des Diskussionsverhaltens im Grunde nur feststellen, *ob* innerhalb des Teams diskutiert wurde. Unterschiedliche Qualitätsabstufungen des Diskussionsverhaltens (die Frage also, *wie* diskutiert wurde) können mit den zugrunde liegenden Items jedoch nicht gemessen werden. Dies wird vor allem beim letzten Item deutlich. Eine als „hitzig" empfundene Diskussion kann sowohl auf eine kontrovers geführte und fundierte Auseinandersetzung auf der Sachebene hindeuten als auch eine völlig unsachliche und „unterhalb der Gürtellinie" geführte Diskussion beschreiben und somit eher eine Barriere kognitiver Rationalität darstellen als zur Steigerung der Qualität und Akzeptanz einer Entscheidung beizutragen. Daher erscheint es erforderlich, die Prozesskomponente ‚Diskussionsverhalten' zu präzisieren und im Zuge dessen auch präskriptive Aspekte einfließen zu lassen. Dies soll im nächsten Abschnitt unter Berücksichtigung argumentationstheoretischer Überlegungen geschehen. Dabei wird angenommen, dass das angestrebte (Sub-)Ziel einer qualitativ hochwertigen und auf breiter Basis akzeptierten Entscheidung von der Güte des Diskussionsverhaltens innerhalb des Top Management Teams abhängt, welche im Kern von zwei Kriterien determiniert wird:

---

[456] Vgl. SIMONS/PELLED/SMITH (1999), S. 671.
[457] Vgl. hierzu nochmals die Items zur Messung der Entscheidungsfundierung in Tab. 2.
[458] SIMONS/PELLED/SMITH (1999), S. 664.
[459] Vgl. hierzu nochmals oben die Abgrenzung der Begriffe ‚Diskussionsverhalten' und ‚Entscheidungsfundierung', S. 108 f.

(1) Es muss sichergestellt sein, dass der Diskussionsprozess innerhalb des Top Management Teams fair abläuft bzw. den Anforderungen einer idealtypischen Argumentation entspricht (*Fairness der Diskussion*).

(2) Es muss zudem gewährleistet sein, dass die Expertise bzw. das Potenzial des Top Management Teams durch den Austausch von Informationen hinreichend ausgeschöpft wird (*Ausschöpfung des Wissenspools*).

3.2 Fairness der Diskussion

Die Qualität und Akzeptanz einer Entscheidung werden im Wesentlichen durch die Art und Weise bestimmt, wie teaminterne Diskussionsprozesse ablaufen. Eine zentrale Rolle – vor allem für die Akzeptanz getroffener Entscheidung – spielt hier die *prozedurale Fairness* als Determinante bestimmter entscheidungsbezogener Einstellungen und Verhaltensweisen.[460] Prozedurale Fairness bezeichnet die subjektiv wahrgenommene faire Behandlung während eines Entscheidungsprozesses.[461] Die Wahrnehmung der Fairness eines Entscheidungsprozesses kann einen erheblichen Einfluss auf die Haltung eines Top Managers in Bezug auf eine strategische Entscheidung und auf sein Verhalten im Zuge der Umsetzung dieser Entscheidung haben.[462]

Zur Erklärung der Wirkungsweise prozeduraler Fairness haben sich innerhalb der Sozialpsychologie zwei dominante Ansätze herausgebildet.[463] Der instrumentalökonomischen Sichtweise zufolge, die auf die Pionierstudien zur prozeduralen Gerechtigkeit von THIBAUT/WALKER zurückgeht, streben Individuen nach einer Maximierung ihrer Kontrolle über Entscheidungen, die das Ergebnis einer Austauschbeziehung mit anderen festlegen. Die *Entscheidungskontrolle* ermöglicht ihnen, Entscheidungen so zu steuern, dass das Ergebnis der Austauschbeziehung in ihrem Sinne ausfällt. In den meisten Fällen haben Individuen aber nicht die Möglichkeit, eine solche direkte Kontrolle auf das Ergebnis einer Austauschbeziehung auszuüben. Folglich werden sie danach streben, das Ergebnis (zumindest) indirekt über das Verfahren zu kontrollieren.[464] Eine solche *Prozesskontrolle* setzt allerdings voraus, dass sie auch

---

[460] Vgl. BROCKNER (2002), S. 58; KORSGAARD/SCHWEIGER/SAPIENZA (1995), S. 63.
[461] Vgl. BIES/SHAPIRO (1988), S. 676.
[462] Siehe hierzu die umfassende Studie von KIM/MAUBORGNE (1993).
[463] Vgl. TYLER/BLADER (2000), S. 89.
[464] Siehe hierzu ausführlich THIBAUT/WALKER (1975) sowie die Zusammenfassungen von BROCKNER (2002), S. 58 und TYLER/BLADER (2000), S. 89 f.

tatsächlich die Möglichkeit haben, ihre Position zu äußern (*voice*), um auf diesem Wege eigene Interessen in die finale Entscheidung einfließen zu lassen.[465]

Nach dem *group value model*[466] und dem später erweiterten *relational model*[467] ist die Wirkung prozeduraler Fairness eher auf symbolische bzw. sozialpsychologische Aspekte wie Selbstwertgefühl, Selbstfindung, Status und soziale Zugehörigkeit zurückzuführen. Demzufolge befriedigt die Interaktion mit prozedural fair handelnden Akteuren bestimmte soziale und psychologische Bedürfnisse eines Individuums wie die Zugehörigkeit zu einer Gruppe und die Partizipation innerhalb der Gruppe.[468] Dies führt dazu, dass das Individuum eine enge emotionale Verbundenheit mit der Gruppe entwickelt, sich mit der kollektiv getroffenen Entscheidung identifiziert und dessen Umsetzung unterstützt.[469]

Eine zentrale Erkenntnis der Forschung zur prozeduralen Gerechtigkeit, die sich auf die strategische Entscheidungsfindung eines Top Management Teams übertragen lässt, besteht nun darin, dass die Unterstützung einer getroffenen Entscheidung bei Wahrnehmung hoher prozeduraler Fairness weniger von ihrer Vorzugswürdigkeit abhängt als im Fall einer geringen prozeduralen Fairness.[470] Die Akzeptanz einer Entscheidung hängt damit nicht allein davon ab, ob der Einzelne von ihr überzeugt ist bzw. durch den Austausch von Argumenten am Ende eines Diskussionsprozesses von ihr überzeugt werden konnte. Sie wird auch stark davon bestimmt werden, wie fair der Diskussionsprozess ablief. Zur Untersuchung der Merkmale und Bedingungen eines als fair geltenden Diskussionsprozesses wird im Folgenden auf das von GROEBEN/ SCHREIER/CHRISTMANN entwickelte Wertkonzept der Argumentations-integrität zurückgegriffen.

3.2.1 Wertkonzept der Argumentationsintegrität

Die Qualität argumentativer Entscheidungsprozesse hängt in Top Management Teams in hohem Maße davon ab, ob entscheidungsrelevante Informationen zur Kenntnis

---

[465] Vgl. KORSGAARD/SCHWEIGER/SAPIENZA (1995), S. 64 f.
[466] Nach LIND/TYLER (1988).
[467] Nach TYLER/LIND (1992).
[468] Vgl. BROCKNER (2002), S. 58; NAUMANN/BENNETT (2000), S. 881; TYLER/BLADER (2000), S. 91 f.
[469] Vgl. KIM/MAUBORGNE (1993), S. 507; KORSGAARD/SCHWEIGER/SAPIENZA (1995), S. 66.
[470] Vgl. BROCKNER (2002), S. 60, 62.

genommen werden oder von einzelnen Teammitgliedern bewusst zurückgehalten werden, ob eine Entscheidung bereits feststeht, bevor der Entscheidungsprozess abgeschlossen ist, ob persönliche Rivalitäten zwischen einzelnen Teammitgliedern das Diskussionsklima vergiften etc. Für Entscheidungsprozesse, die auf argumentativem Austausch beruhen, haben GROEBEN/SCHREIER/CHRISTMANN das Konstrukt der Argumentationsintegrität entwickelt, das als (objektives) Wertkonzept eine Grundlage zur Beurteilung von Argumentationsbeiträgen liefert. Mit dem Wertkonzept werden allgemeine Kriterien entwickelt, die eine Bewertung von (Sprech-)Handlungen in Argumentationen ermöglichen. Als *integres Argumentieren* lässt sich eine bestimmte Ausprägung des Diskussionsverhaltens bezeichnen, das allgemein als gut oder erstrebenswert gilt. Dazu zählt z. B. die Forderung, eine Diskussion möglichst sachlich zu führen. Die Kriterien der Argumentationsintegrität dienen insbesondere der Bewertung von Argumentationsbeiträgen, die aus einer ethischen Perspektive als unfair oder unredlich einzustufen sind.[471] Sie können somit für die Mitglieder eines Top Management Teams als generelle Handlungsaufforderung oder Spielregeln betrachtet werden, bestimmte Handlungsweisen in Argumentationen zu unterlassen.

3.2.1.1 Argumentationsbegriff

Die Herleitung des Wertkonzepts der Argumentationsintegrität beruht zunächst auf der Explikation des Wertträgers ‚Argumentieren'. Die Besonderheit dieses Wertträgers liegt darin, dass er sowohl eine deskriptive als auch eine präskriptive Verwendungsweise erlaubt. GROEBEN/SCHREIER/CHRISTMANN stellen fest, dass die kontemporäre Argumentationstheorie durch eine Dichotomie in deskriptive und präskriptive Ansätze gekennzeichnet ist. Gemeint ist damit eine Aufspaltung in normativ-rationalitätsorientierte, „ideale" Argumentationstheorie auf der einen Seite und wertungsfreie Beschreibung interessenorientierter und realer Argumentationspraxis auf der anderen Seite. Die Vertreter der deskriptiven Ausrichtung werfen den Vertretern einer normativen Argumentationstheorie vor, dass die Normierung zu einer Ausklammerung des großen Bereichs tatsächlichen strategischen Handelns aus dem Geltungsbereich der Theorie führt. Anhänger der normativen Theorie hingegen beklagen, dass

---

[471] Vgl. GROEBEN/SCHREIER/CHRISTMANN (1990), S. 1 ff. sowie GROEBEN/SCHREIER/CHRISTMANN (1993), S. 355 ff.

eine reine Deskription nicht in der Lage ist, Kriterien dafür bereitzustellen, wie eine vernünftige und verantwortungsvolle Argumentation auszusehen habe.[472]

Zur Überwindung dieser Zweiteilung legen die drei Autoren ein Verständnis von *Argumentieren* zugrunde, das sowohl beschreibende als auch normative Elemente enthält.[473] Argumentieren wird folglich als ein Begriff aufgefasst, der nach dem Prototypen-Ansatz einen Randbereich und einen Kernbereich hat. Demnach lässt sich bereits dann von Argumentieren sprechen, wenn (nur) die beschreibenden Definitionsmerkmale erfüllt sind. *Prototypisches Argumentieren* liegt allerdings erst dann vor, wenn neben den deskriptiven auch die präskriptiven Voraussetzungen erfüllt sind. Eine solche präskriptive Verwendungsweise des Begriffs kann im Anschluss an MAX WEBER auch als ‚idealtypische' Ausprägung betrachtet werden.[474] Basierend auf diesem Grundverständnis definieren GROEBEN/SCHREIER/CHRISTMANN den Gesprächstyp *Argumentation* wie folgt anhand von vier Begriffsmerkmalen:

---

[472] Vgl. hierzu auch ausführlich GROEBEN/SCHREIER/CHRISTMANN (1993), S. 356 ff. Anders ausgedrückt handelt es sich hier um den Gegensatz zwischen *Überzeugen* (to convince) und *Überreden* (to persuade). Während *Überzeugen* den Idealtypus menschlicher Kommunikation darstellt, der in der Tradition der Antike (PLATO, ARISTOTELES, CICERO, QUINTILIANUS) auf Verständigung und Wahrheit ausgerichtet ist und in der neueren Zeit von bedeutenden Vertretern der Argumentationstheorie wie PERELMAN, TOULMIN, HABERMAS, KOPPERSCHMIDT, VÖLZING etc. fortgesetzt wird, geht es beim *Überreden* vor allem um die Wirksamkeit von Kommunikation. *Überzeugen* kennzeichnet nach LUDWIG (1997) den Gesprächstyp der kooperativen Argumentation, *Überreden* beinhaltet hingegen strategische Argumentationen, „in denen alle Kommunikationsteilnehmer so tun, als ob sie sich in einer kooperativen Argumentation befänden. In Wirklichkeit verfolgt aber jeder ein Ziel, das vor allem ihm nützt, dem anderen aber eventuell schadet." (S. 13).

[473] Vgl. SCHREIER (1997), S. 7 f.

[474] WEBER unterscheidet zwischen einem ‚Idealtypus' und einem ‚Durchschnittstypus'. Der Idealtypus stellt dabei einen Fixpunkt dar, der reales Handeln in Bezug auf Übereinstimmungen mit und Abweichungen von dem Idealtyp beschreibbar macht. Sofern die realen Abweichungen vom Idealtyp ihrerseits spezifische Ausprägungen haben, werden sie als Durchschnittstypus beschreibbar. GROEBEN/SCHREIER/CHRISTMANN (1990) verdeutlichen dies unter Rückgriff auf ein Beispiel von HÖRMANN (1976) anhand des Begriffs ‚weiblich'. Nach der idealtypischen Verwendungsweise gelten nur Frauen als weiblich, die spezifische Eigenschaften besitzen. Nach der durchschnittstypischen Verwendungsweise ist notwendigerweise jede Frau als weiblich zu bezeichnen. Bezogen auf den Wertträger des ‚Argumentierens' bedeutet dies, dass ‚Argumentieren' einen Oberbegriff darstellt, dem sich nicht nur ‚integeres' sondern auch ‚unintegeres' Argumentieren subsumieren lässt. Zur Abgrenzung werden die deskriptiven und präskriptiven Bedeutungsanteile des Begriffs im Folgenden getrennt erläutert. Vgl. hierzu GROEBEN/SCHREIER/CHRISTMANN (1990), S. 2 f. sowie HÖRMANN (1976), S. 211.

„In einer Argumentation wird versucht
eine strittige Frage (Voraussetzung)
Durch partner-/zuhörerbezogene Auseinandersetzung (Prozeß)
Einer (*möglichst rational*) begründeten Antwort (Ziel)
von (*möglichst kooperativer*) transsubjektiver Verbreitung (Ziel)
zuzuführen."[475]

Die vier deskriptiven Begriffsmerkmale werden im Folgenden näher beschrieben.

3.2.1.1.1 Deskriptive Begriffsmerkmale

Voraussetzung einer Argumentation

Das erste Merkmal der ‚strittigen Frage' bezieht sich auf die Voraussetzung einer Argumentation. In der Regel wird erst dann argumentiert, wenn mehrere (mindestens zwei) Personen davon überzeugt sind, dass zwischen ihnen etwas strittig ist, und die Personen ein Interesse daran haben, ihre Meinungsverschiedenheit zu klären. Zwischen Personen ist etwas strittig, wenn zu Beginn einer Argumentation unterschiedliche Präferenzen in Bezug auf Ansichten, Handlungsalternativen etc. bestehen.[476] Wenn z. B. in der Vorstandssitzung eines Automobilherstellers das Vorstandsmitglied K den Einstieg in das Kleinwagengeschäft vorschlägt, um die bestehende Unternehmenskrise zu bewältigen, der Finanzvorstand F sich jedoch strikt gegen die damit verbundenen zusätzlichen Investitionen ausspricht und stattdessen die Veräußerung von einigen Tochtergesellschaften anregt, besteht zwischen den beiden offensichtlich eine Meinungsverschiedenheit darüber, welche Managementmaßnahme (zur Lösung des komplexen Managementproblems) ergriffen werden sollte. Da es sich bei der Meinungsverschiedenheit zweifelsohne um eine Frage von strategischer Tragweite für die Gesellschaft handelt, sollten beide auch ein ernstes Interesse daran haben, diese (bestenfalls in argumentativer Form) zu klären.

Argumentation als Prozess

Das zweite Merkmal der partner-/zuhörerbezogenen Auseinandersetzung fokussiert den prozessualen Charakter von Argumentationen. Die Klärung der Meinungsverschiedenheit erfolgt durch die sprachliche Auseinandersetzung mit den jeweils abwei-

---

[475] GROEBEN/SCHREIER/CHRISTMANN (1993), S. 366. Die präskriptiven Bedeutungsanteile des Begriffs wurden in Klammern kursiv hervorgehoben.
[476] Vgl. GROEBEN/SCHREIER/CHRISTMANN (1990), S. 4 f.

chenden Auffassungen, Positionen, Einwänden oder Überzeugungen des Gegenübers. Der Prozesscharakter des Begriffs ‚Auseinandersetzung' hebt dabei hervor, dass sich das Interesse der Forscher nicht in erster Hinsicht auf die Argumente als Produkte richtet, sondern das partnerbezogene (Sprech-)Handeln bzw. die *argumentative Interaktion* der Teilnehmer im Vordergrund steht. Durch die Wahl des Begriffs „partnerbezogen" anstelle von „dialogisch" wird klar zum Ausdruck gebracht werden, dass nicht nur solche Situationen mit einer Argumentation erfasst sind, in denen mehrere Personen unmittelbar miteinander interagieren, sondern auch all diejenigen Fälle abgedeckt sind, in denen eine Person zu einer oder mehreren anderen (auch nicht unmittelbar anwesenden) Personen spricht (oder schreibt) und sich somit mit deren tatsächlichen und potenziellen Einwänden auseinandersetzt.[477] Im Hinblick auf das von F und K zu lösende Managementproblem bedeutet dies, dass sich jedes der beiden Vorstandsmitglieder mit den Argumenten des Gegenübers auseinandersetzt, mit den eigenen Argumenten vergleicht und dem Kollegen auf dieser Grundlage nach Möglichkeit weitere Gründe zur Stützung der eigenen Position nennt.[478]

Ziele einer Argumentation
Das dritte und vierte deskriptive Definitionsmerkmal thematisiert die beiden Ziele (und indirekt auch die Mittel) einer Argumentation. Nach dem dritten Merkmal der ‚begründeten Antwort' besteht das primäre Ziel einer Argumentation darin, eine Antwort auf die strittige Frage zu finden, und damit die Meinungsverschiedenheit (im Gegensatz etwa zu einer einfachen Abstimmung) durch *Begründung* zu klären.[479] Die Klärung besteht im obigen Beispiel darin, für das genannte Managementproblem gemeinsam eine Lösung zu finden. Dabei muss es sich aber nicht zwangsläufig um eine der beiden von K und F vorgebrachten Handlungsalternativen handeln. So könnten die Vorstände im Laufe der Diskussion auch auf eine dritte Managementmaßnahme stoßen, für die sich beide am Ende einmütig entscheiden.

Nach dem vierten Definitionsmerkmal der ‚transsubjektiven Verbreitung' streben die Teilnehmer einer Argumentation an, ihre jeweils subjektiv vertretenen Meinungen in

---

[477] Die weite Sicht des Argumentationsbegriffs spielt im Übrigen auch für den hier vertretenen Geltungsumfang der Diskussionskultur in einem Top Management Team eine wichtige Rolle. Diese soll sich nicht nur auf aktuell dialogischen Situationen (etwa in Vorstandssitzungen) beziehen, sondern prinzipiell auch für alle virtuell dialogische Situationen gelten, in denen die Mitglieder des Top Management Teams nicht unmittelbar *(face to face)* miteinander argumentieren.
[478] Vgl. auch SCHREIER (1997), S. 9.
[479] Vgl. GROEBEN/SCHREIER/CHRISTMANN (1990), S. 9.

transsubjektive zu transformieren. Mit anderen Worten begründen sie die von ihnen vertretene Position in der interaktiven Auseinandersetzung so, dass sie für den oder die Diskussionspartner akzeptabel wird. Dieses Definitionsmerkmal konzentriert sich also auf die von den Argumentationsteilnehmern angestrebte Zielsetzung der Annahme der eigenen Antwort auf die strittige Frage durch den Hörer.[480] Im obigen Beispiel möchte das Vorstandsmitglied F in seiner argumentativen Auseinandersetzung mit K nicht bloß zu irgendeiner Entscheidung gelangen, sondern zu einer Entscheidung, die seinen Präferenzen entspricht. F möchte K davon überzeugen, dass es zur Sanierung der Gesellschaft dringend erforderlich ist, Teile des Unternehmens zu veräußern.

Vor allem der Zielaspekt von Argumentationen sorgt in der argumentationstheoretischen Literatur für zum Teil heftige Kontroversen. GROEBEN/SCHREIER/CHRISTMANN konstatieren, dass die Spannbreite der genannten Ziele von universalisierbarem Konsens[481] bis hin zu „den Gegner in die Enge treiben, ihn zur Aufgabe von Terrain zu zwingen"[482] reicht.[483] Die Ableitung einer (zunächst noch rein) deskriptiven Verwendungsweise des Argumentationsbegriffs macht es erforderlich, „quasi den ‚kleinsten gemeinsamen Nenner' der unterschiedlichen Zielexplikationen zu bestimmen, und zwar ganz unabhängig von möglichen Bewertungen dieser jeweiligen Explikationen"[484]. Übereinstimmung besteht den Autoren zufolge lediglich darin, dass eine Argumentation eine Problemsituation kennzeichnet, in der es darum geht, einen Ist-Zustand (die strittige Frage) mit bestimmten Mitteln (Argumentieren) in einen Soll-Zustand zu überführen. Der Ist- und Soll-Zustand einer Argumentation können weiter unterschieden werden in sachbezogene Aspekte (die strittige Frage selbst) und personenbezogene Aspekte (soziale Interessen der Teilnehmer einer Argumentation). Anders gewendet lässt sich ein primär sachbezogenes Argumentationsziel von einem sekundär interessenbezogenen Argumentationsziel differenzieren. Als primäre Argumentationsziele nennen die Autoren exemplarisch Ziele wie die ‚Beseitigung von Uneinigkeit', ‚Antwortfindung' und ‚Klärung'. Zu den sekundäre Zielen zählen sie z. B. ‚Recht behalten wollen' und ‚sich durchsetzen wollen'. In der Literatur finden sich aber zumeist Mischformen der primären und sekundären Aspekte von Argumentati-

---

[480] Vgl. SCHREIER (1997), S. 10.
[481] In diesem Sinne etwa HABERMAS (1981), S. 49; KOPPERSCHMIDT (1989), S. 118, 121; PERELMAN (1979), S. 93 f.
[482] DYCK (1980), S. 136.
[483] Vgl. GROEBEN/SCHREIER/CHRISTMANN (1990), S. 10.
[484] GROEBEN/SCHREIER/CHRISTMANN (1990), S. 10.

onszielen, so dass es sich streng genommen nur um eine künstliche Trennung handelt.[485] In dem von GROEBEN/SCHREIER/CHRISTMANN vorgelegten Argumentationsbegriff werden daher bewusst sach- und interessenbezogene Zielmerkmale berücksichtigt und weitgehend auseinander gehalten, um der „Janusqualität von Argumentationen"[486] gerecht zu werden: Während das dritte Definitionsmerkmal der ‚begründeten Antwort' den sachbezogenen Aspekt abdeckt, spiegelt sich in dem vierten Merkmal der ‚transsubjektiven Verbreitung' der interessenbezogene Zielaspekt wider. Der Begriff der ‚Antwort' wird dabei in einem weiten Sinne verstanden, so dass in der gefundenen Antwort sowohl ein Konsens als auch ein Dissens oder eine Konfliktverschärfung liegen kann.[487]

Mittel einer Argumentation
In dem dritten Definitionsmerkmal der ‚begründeten Antwort' äußert sich neben dem Zielaspekt aber auch der oben bereits angesprochene Mittelaspekt einer Argumentation. Das Grundprinzip des ‚Argumentierens' liegt im ‚Folgern' bzw. ‚Begründen', womit der Versuch unternommen wird, eine Aussage durch die formale und inhaltliche Anknüpfung an eine andere Aussage, die der Diskussionspartner für akzeptabler hält als die erste, ebenfalls akzeptabel zu machen. Die Verknüpfung zwischen der ersten und zweiten Aussage wird als ‚Übergang' oder auch – im Sinne des Argumentationstheoretikers TOULMIN – als ‚Schlussregel' bezeichnet. Zur Verdeutlichung der Bedeutung des Übergangs bzw. der Schlussregel erscheint es sinnvoll, an dieser Stelle kurz auf die Grundzüge der Argumentationstheorie von TOULMIN einzugehen.

TOULMIN hat ein Argumentationsschema entwickelt, das sechs Kernelemente umfasst. Zu Beginn einer Argumentation stellt ein Sprecher oder Proponent eine *Behauptung* auf, deren Gültigkeit ein Hörer bzw. Opponent in Frage stellt.[488] Beispielsweise könnte das Vorstandsmitglied F behaupten, dass sich das Kleinwagengeschäft negativ auf den Unternehmenserfolg auswirken wird und Vorstandskollege K, der sich für den Einstieg in das Kleinwagensegment ausspricht, diese Einschätzung in Zweifel ziehen.

---

[485] GROEBEN/SCHREIER/CHRISTMANN (1990), S. 11 liefern hierfür u. a. folgende Beispiele: „Beeinflussung von Einstellung und/oder Handeln des Kommunikationspartners" [VÖLZING (1979), S. 10]; „[Jeder Gesprächspartner] will den anderen dazu bringen, seine eigene Behauptung zugunsten von der des anderen aufzugeben" [MAAS/WUNDERLICH (1972), S. 260].

[486] SCHREIER (1997), S. 10.

[487] Vgl. GROEBEN/SCHREIER/CHRISTMANN (1990), S. 10 f.; GROEBEN/SCHREIER/CHRISTMANN (1993), S. 363.

[488] Vgl. TOULMIN (1975), S. 88.

Nach TOULMIN muss zur Stützung einer Behauptung, deren Gültigkeit durch einen Argumentationspartner in Frage gestellt wird, ein *Faktum* bzw. mehrere Fakten angeführt werden, damit derjenige, der die Behauptung aufgestellt hat, als glaubwürdig gilt.[489] So könnte F argumentieren, dass Kleinwagen nicht zum Kerngeschäft der Gesellschaft zählen.

Die Verbindung zwischen der Behauptung und dem Faktum kann dem Gegenüber einleuchten, sie kann aber ebenso wie die Ausgangsbehauptung in Frage gestellt werden. Sofern der Diskussionspartner die Verbindung zwischen der Behauptung und dem Faktum bezweifelt, sind allgemeine Sätze erforderlich, die die Tragfähigkeit des Faktums für die Behauptung rechtfertigen. Das ist Aufgabe der *Schlussregel*. Die Schlussregel benennt den Grund, warum das aufgeführte Faktum „gut" ist. Im Gegensatz zum Faktum, das der Proponent expliziert, bleibt die Schlussregel, die die Form von Gesetzen, Prinzipien, Regeln etc. annimmt und situationsunabhängig ist, jedoch implizit. Sie sorgt für die Legitimation der Verbindung zwischen Behauptung und Faktum.[490] In der Auseinandersetzung zwischen F und K lautet die einfache Schlussregel: Aktivitäten außerhalb des Kerngeschäfts verringern den Unternehmenserfolg.

Die Schlussregel kann ihrerseits wiederum im Hinblick auf ihre Zuverlässigkeit und Anwendbarkeit hinterfragt werden. Sie lässt sich mit Aussagen begründen bzw. absichern, die TOULMIN als *Stützungen* bezeichnet. Stützungen bestimmen mit anderen Worten den Grad an Zuverlässigkeit einer herangezogenen Schlussregel.[491] Sie beziehen sich auf Evidenzen verschiedener Art, aus denen die Schlussregeln gewonnen werden.[492] So könnte das Vorstandsmitglied F zur Stützung der Schlussregel darauf verweisen, dass bislang alle Aktivitäten, die außerhalb des Kerngeschäfts des Unternehmens lagen, negative Auswirkungen auf den Erfolg der Gesellschaft gehabt hätten.

Stützungen unterscheiden sich von Fakten durch ihre Rolle in einer Argumentation. Während Fakten generell benötigt werden, um Argumente zu bilden, brauchen Stützungen nicht expliziert zu werden. Im Unterschied zu Schlussregeln, die hypothetische Standpunkte darstellen, werden Stützungen in Form kategorischer Tatsachenaussagen gemacht. Bei fehlender Kenntnis der Schlussregel bleibt unklar, ob und inwieweit das

---

[489] Vgl. TOULMIN (1975), S. 89.
[490] Vgl. TOULMIN (1975), S. 91.
[491] Vgl. TOULMIN/RIEKE/JANIK (1979), S. 57 ff.
[492] Vgl. HABERMAS (1981), S. 48.

Faktum, das lediglich eine Anwendung der allgemeinen Regel auf den konkreten Einzelfall darstellt, für die Behauptung überhaupt relevant ist.[493] Ferner spielt die vom Proponenten angenommene Stärke des Geltungsanspruchs der Behauptung eine zentrale Rolle. So könnte der Opponent nach dem Überzeugungsgrad fragen, mit dem der Proponent seine Anfangsaussage vertritt. Den Indikator hierfür bildet der *modale Operator*, der in Bezeichnungen wie „vermutlich", „sicher", „möglich", „wahrscheinlich" etc. zum Ausdruck kommt.[494] Der modale Operator lässt sich wiederum durch eine *Ausnahmebedingung* spezifizieren. Diese weist auf Umstände hin, die wesentliche Einschränkungen und Voraussetzungen der Gültigkeit der Behauptung des Proponenten darstellen.[495] Als Ausnahmenbedingung könnte der Finanzvorstand F darauf verweisen, dass in der vom Kerngeschäft der Gesellschaft abweichenden Branche noch kein hohes Marktwachstum besteht.

Die Grundstruktur und Zusammenhänge der sechs Kernelemente des Argumentationsschemas sind zur Verdeutlichung nochmals in Abb. 16 dargestellt.

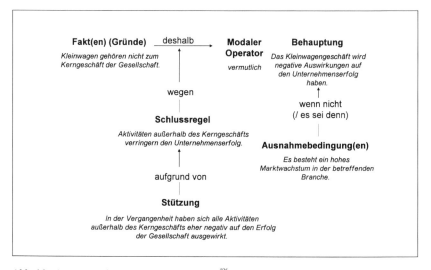

Abb. 16: Argumentationsschema nach TOULMIN[496]

---

[493] Vgl. TOULMIN (1975), S. 93 f.
[494] Siehe hierzu TOULMIN/RIEKE/JANIK (1979), S. 70 f.
[495] Vgl. TOULMIN/RIEKE/JANIK (1979), S. 75 ff.
[496] Eigene Darstellung in Anlehnung an TOULMIN (1975), S. 96.

TOULMINs Argumentationstheorie hat – wie die meisten und an der Argumentationspraxis orientierten Theorien – ihren Ausgangspunkt in der Kritik an der formalen Logik. Die so genannten „umgangssprachlichen" Argumentationstheorien konzentrieren sich mehr auf die praktische Überzeugungskraft eines Arguments als auf die formale Korrektheit einer Schlussfolgerung. So wird in der einschlägigen Literatur immer wieder betont, dass die formale Logik bzw. der Syllogismus[497] praktische Argumentationen nicht hinreichend beurteilen kann.[498] Ein großes Manko der Logik als Argumentationstheorie liegt vor allem darin, dass deduktiv erschlossene Urteile kein neues Wissen generieren, obwohl es bei einer Argumentation vor allem darum geht, durch Folgern zu substantiell neuen Informationen zu gelangen.[499] Das Prinzip einer Argumentation besteht eben nicht darin, zweifelhafte Aussagen durch sichere Tatsachen zu Glaubwürdigkeit zu verhelfen, denn auch die zur Fundierung einer Behauptung eingebrachten Argumente lassen sich zumeist in Frage stellen. Für die praktische Argumentation ist vielmehr kennzeichnend, dass die Anwendung eines bestimmten Arguments auf ein anderes Argument durch einen Opponenten stets bezweifelt werden kann, so dass ein Ermessensspielraum in Bezug auf die Anwendbarkeit des Inhalts eines Arguments bleibt.[500] Daher wird in der praktischen Argumentationstheorie davon ausgegangen, dass Argumente substantiell sein müssen und logische Kontinuität durch Plausibilität ersetzt wird.[501] So lässt sich mit TOULMIN auch analytisches von substanziellem Argumentieren unterscheiden. Analytische Argumente liegen vor, wenn die Stützung der Schlussregel die Information bereits beinhaltet, die mit der Behauptung geliefert wurde (tautologischer Schluss).[502] Als substantiell lassen sich dagegen nur solche Argumente bezeichnen, „die bei logischer Diskontinuität, d. h. eines Typensprungs zwischen w [warrant, dt.: Schlussregel] und b [backing, dt.: Stützung], Plausibilität erzeugen"[503] (siehe hierzu nochmals das Beispiel in Abb. 16).

---

[497] Der Syllogismus bezeichnet in der klassischen Logik die Form des Schlusses, der vom Allgemeinen auf das Besondere schließt. Beispiel: Alle A sind X, B ist ein A, dann ist B ein X.

[498] Siehe zur Kritik an der geringen Eignung der formalen Logik für die Beurteilung der Überzeugungskraft einer Argumentation neben TOULMIN (1975), S. 131 ff. und passim auch HABERMAS (1981), S. 46; KOPPERSCHMIDT (1980), S. 12 ff.

[499] Vgl. GROEBEN/SCHREIER/CHRISTMANN (1990), S. 12.

[500] Vgl. LUDWIG (1997), S. 44.

[501] Vgl. TOULMIN (1975), S. 111 f.; VÖLZING (1979), S. 39.

[502] Vgl. TOULMIN (1975), S. 113 und hierzu auch KOPPERSCHMIDT (1980), S. 94 f.

[503] HABERMAS (1989), S. 164.

Mit der Argumentationstheorie von TOULMIN lässt sich daher auch die Bedeutung von offenen Diskussionen in Top Management Teams verdeutlichen. Über die Schlussregel gewinnt das Team substantiell neue Informationen, deren Qualität sich nach dem zugrunde liegenden Stützungswissen bemisst. Je intensiver der argumentative Austausch zwischen den Teammitgliedern ausfällt, desto mehr neues Wissen wird generiert. Unter deskriptiven Gesichtspunkten ist es hinreichend, wenn ein Sprecher versucht, den bzw. die Hörer dazu zu bringen, die von ihm vertretene Position als berechtigt anzuerkennen. Die Güte der eingesetzten Mittel und Strategien ist aus deskriptiver Perspektive zunächst irrelevant.[504] Folglich spielt es auch noch keine Rolle, ob die Übergänge zwischen einzelnen Aussagen legitim sind oder nicht.[505]

3.2.1.1.2 Präskriptive Begriffsmerkmale

Die beiden präskriptiven Aspekte des Argumentationsbegriffs (in der obigen Definition kursiv hervorgehoben) spezifizieren die deskriptiven Zielmerkmale. Das erste präskriptive Zielmerkmal steht in enger Verbindung mit dem oben bereits dargelegten Ziel der begründeten Antwort. Die hörerseitige Akzeptanz einer Aussage, die durch ihre Anknüpfung an eine andere Aussage steigen soll, ist abhängig von den zugrunde liegenden Argumenten und verwendeten Schlussregeln. Der Proponent wird umso erfolgreicher sein, je mehr es ihm im Idealfall gelingt, dem Opponenten seine Gründe einsichtig zu machen. Dabei darf es sich nicht um beliebige Argumente handeln, sondern um vernünftige, die der Hörer gemäß dem „eigentümlich zwanglosen Zwang des besseren Arguments"[506] gewissermaßen als gültig anerkennen muss. So wird K sicherlich nicht die Einsicht von F in die von ihm angestrebte Managementmaßnahme gewinnen, wenn er mit seinen eigenen Präferenzen argumentiert: „Wir sollten in das Kleinwagengeschäft einsteigen, weil ich diese Handlungsalternative bevorzuge."

Das Verfahren einer Argumentation zeichnet sich also im prototypischen Fall durch *Rationalität*[507] aus, das im Ergebnis zu einer Antwort führt, die die Diskussionspartner

---

[504] Vgl. GROEBEN/SCHREIER/CHRISTMANN (1993), S. 364.

[505] Vgl. GROEBEN/SCHREIER/CHRISTMANN (1990), S. 12.

[506] HABERMAS (1989), S. 144. Zur Bedeutung dieses viel zitierten Oxymorons siehe auch KOPPERSCHMIDT (1980), S. 111; KOPPERSCHMIDT (1989), S. 115.

[507] Um Missverständnissen vorzubeugen, sei in Abgrenzung zum obigen Rationalitätsverständnis an dieser Stelle erwähnt, dass die Autoren den Begriff der Rationalität auf das Verfahren der Argumentation beziehen und mit der Logik der Argumentation verbinden: „Das Verfahren der Argumentation i. S. des Entwickelns von Argumenten stellt sich im idealtypischen Fall dar als ein *rationales*, in dem nicht beliebige Daten als Argumente gelten können, sondern nur solche, die

aufgrund ihrer Einsichtigkeit übernehmen können.[508] Kritisiert wird an der rationalen Zielperspektive allerdings der fehlende Realitätsbezug. So haben Diskussionsteilnehmer in einer realen Argumentationssituation im Gegensatz zu idealer Argumentation nicht nur sachbezogene Lösungsabsichten, sondern verfolgen immer auch individuell-partikuläre Interessen.[509]

Diesem Aspekt der Interessengebundenheit von Argumentationen werden GROEBEN/SCHREIER/CHRISTMANN mit ihrem zweiten Zielmerkmal der *Kooperativität* gerecht. Aus präskriptiver Sicht spielen hierbei allerdings nicht nur die eigenen Interessen eine Rolle. Vielmehr sind hier auch die Interessen der anderen Beteiligten einzubeziehen.[510] In Anlehnung an VÖLZING bezeichnen die Autoren eine solche Form von Argumentation als kooperativ.[511] Für eine kooperative Argumentation ist kennzeichnend, dass am Ende alle Betroffenen der Lösung eines Problems zustimmen könnten, sofern eine faire und sachliche Auseinandersetzung stattgefunden hat.[512] Die zweite präskriptive Begriffskomponente der Kooperationsbereitschaft nimmt damit Bezug auf die Zustimmungsfähigkeit von Argumenten. So könnte K dem von F vorgetragenen Argument, dass ein Ausstieg aus dem Kleinwagengeschäft mit dem für das Unternehmen dringend gebotenen „Rauswurf" von K verbunden sei, wohl kaum zu-

---

dem Prinzip der Logik der Argumentation genügen" [GROEBEN/SCHREIER/CHRISTMANN (1990), S. 13]. [Kursivierung im Original].

[508] Obwohl das Zielmerkmal der Rationalität in der argumentationstheoretischen Literatur durchaus verbreitet ist, wird es jedoch nicht von allen Seiten ohne Widerspruch hingenommen. So kritisiert z. B. KLEIN (1980) auf schillernde Weise den normativen Charakter der Rationalität von Argumentationen: „Mir geht es nicht darum, was rationale, vernünftige oder richtige Argumentation ist, sondern darum, wie die Leute, dumm wie sie sind, tatsächlich argumentieren." (S. 49). KLEIN verfolgt – wenn auch nicht ganz widerspruchsfrei – ein rein deskriptives Forschungsziel, Argumentationsvorgänge aus der externen Perspektive des Beobachters zu beschreiben und zu erklären. Allerdings schließt er präskriptive Aspekte dabei nicht vollständig aus: „Ich glaube, daß sich bei der systematischen Analyse tatsächlicher Argumentationen – wie bei jeder empirischen Analyse – relativ feste Gesetzmäßigkeiten auffinden lassen, nach denen unter Menschen argumentiert wird. Und ich glaube darüberhinaus, daß dieser Begriff vieles von dem abdeckt, was man gemeinhin unter ‚Rationalität der Argumentation' versteht." (S. 49 f.) In dieser Gedankenführung sehen GROEBEN/SCHREIER/CHRISTMANN eine Verschleierung der von ihm vehement abgelehnten Normativität. Der Begriff der Rationalität wird von KLEIN lediglich durch den – weniger wertend klingenden – Ausdruck „Logik der Argumentation" ersetzt, ohne dabei auf die dem Begriff inhärenten präskriptiven Inhalte zu verzichten. Vgl. GROEBEN/SCHREIER/CHRISTMANN (1990), S. 14 f. und ferner auch HABERMAS (1981), S. 50 ff.

[509] Vgl. GROEBEN/SCHREIER/CHRISTMANN (1990), S. 15.
[510] Vgl. SCHREIER (1997), S. 11.
[511] Vgl. GROEBEN/SCHREIER/CHRISTMANN (1990), S. 15 f.
[512] Vgl. VÖLZING (1979), S. 125.

stimmen. Von einer kooperativen Argumentation ist eine derartige Begründung weit entfernt.

Ein präskriptiv spezifiziertes Argumentationsziel besteht also darin, eine Antwort auf eine strittige Frage zu finden, die möglichst rational begründet ist und der nach Möglichkeit alle Diskussionsteilnehmer zustimmen können, da ihre individuellen Interessen berücksichtigt werden. Die Integration der beiden Kriterien der Rationalität und der Kooperativität bezeichnen die Autoren zusammenfassend auch als *Verallgemeinerbarkeit*: „Ziel einer Argumentation im idealtypischen Sinn ist also eine verallgemeinerbare Antwort; und eine Antwort kann genau dann als verallgemeinerbar gelten, wenn sie sowohl dem Kriterium der Rationalität als auch dem der Kooperativität genügt – wenn sie sowohl einsichtig ist als auch den Interessen der Beteiligten (und im besten Fall auch der Betroffenen) nicht zuwiderläuft."[513]

3.2.1.2 Argumentationsbedingungen

Die beiden präskriptiven Zielmerkmale der Rationalität und Kooperativität können generell als Wertungsdimensionen betrachtet werden, die die Basis für Kriterien der Beurteilung von (Sprech-)Handlungen im Rahmen von Argumentationen bilden. Unter Rückgriff auf normative Kriterien, die in der argumentationstheoretischen Literatur diskutiert werden,[514] haben GROEBEN/SCHREIER/CHRISTMANN zunächst auf einem recht hohen Abstraktionsniveau vier Argumentationsbedingungen expliziert, die der im Folgenden aufgezeigten Systematik folgen. Eine Argumentation stellt sowohl eine Folge von Argumenten (d. h. Produkten) als auch einen kommunikativen Prozess dar.[515] (Sprech-)Handlungen in Argumentationen lassen sich daher im Hinblick auf beide Aspekte nach formalen und inhaltlichen Gesichtspunkten beurteilen. Formal kann eine Bewertung sowohl in Bezug auf die *Relation zwischen den Argumenten (I)* als auch in Bezug auf die *Relation zwischen Produzent und Rezipient (IV)* erfolgen. Inhaltlich richtet sich die Bewertung auf der einen Seite auf die *Relation zwischen Produzent und Argument (II)* und auf der anderen Seite auf die *Relation zwischen Rezipient und Argument (III)*.[516] Die vier Argumentationsbedingungen sind in Abbildung 17 zusammengefasst. Die ersten beiden Bedingungen lassen sich dabei zur

---

[513] GROEBEN/SCHREIER/CHRISTMANN (1990), S. 17.
[514] Siehe hierzu im Überblick GROEBEN/SCHREIER/CHRISTMANN (1990), S. 31 f.
[515] Ähnlich auch HABERMAS (1981), S. 47 ff.
[516] Vgl. GROEBEN/SCHREIER/CHRISTMANN (1990), S. 32; GROEBEN/SCHREIER/CHRISTMANN (1993), S. 368 f.

Hauptsache der Zieldimension der Rationalität, die dritte und vierte Bedingung schwerpunktmäßig der Zieldimension der Kooperativität zuordnen.[517]

> I. **Formale Richtigkeit:** Die in einer Argumentation vorgebrachten Beiträge müssen formal und inhaltlich valide bzw. richtig sein, d. h. sie sollen im Einklang mit allgemeinen Übergangsregeln stehen sowie relevant sein.
>
> II. **Inhaltliche Richtigkeit/Aufrichtigkeit:** Argumentationsteilnehmer müssen aufrichtig sein, d. h. nur solche Meinungen und Überzeugungen zum Ausdruck bringen, die sie selbst für richtig erachten.
>
> III. **Inhaltliche Gerechtigkeit:** Die vorgebrachten Argumente müssen den anderen Teilnehmern gegenüber inhaltlich gerecht sein.
>
> IV. **Prozedurale Gerechtigkeit/Kommunikativität:** Die Durchführung des Verfahrens muss gerecht sein, d. h. die einzelnen Teilnehmer müssen gleichermaßen die Möglichkeit haben, gemäß ihren individuellen Überzeugungen an einer Antwortfindung mitzuwirken.

Abb. 17: Argumentationsbedingungen[518]

Im Zuge der Herleitung des Konstrukts der Argumentationsintegrität gehen GROEBEN/SCHREIER/CHRISTMANN davon aus, dass sich Individuen der vier Bedingungen zumindest intuitiv bewusst sind, wenn sie sich auf Argumentationen einlassen. Auf Basis dieses intuitiven Wissens wird ferner angenommen, dass Diskussionsteilnehmer sowohl von sich selbst als auch von den anderen Teilnehmern erwarten, im Sinne der Argumentationsbedingungen zu handeln.[519] Integer zu argumentieren heißt damit, „nicht wissentlich etwas zu tun, was den Argumentationsbedingungen und folglich den Zielmerkmalen des Gesprächstyps ‚Argumentation' zuwiderläuft."[520] Wenn Vorstandsmitglied K seinem Kollegen F in der Diskussion erwidert: „Sie haben doch überhaupt keine Ahnung vom Kleinwagengeschäft!", verletzt er mit seiner Aussage

---

[517] Vgl. SCHREIER (1997), S. 13.

[518] Darstellung in Anlehnung an SCHREIER (1997), S. 13 [nach GROEBEN/SCHREIER/CHRISTMANN (1993), S. 368 f.].

[519] Vgl. GROEBEN/SCHREIER/CHRISTMANN (1990), S. 36.

[520] GROEBEN/SCHREIER/CHRISTMANN (1993), S. 371.

die Bedingung inhaltlicher Gerechtigkeit. Aus diesem Grund wäre seine Argumentation als uninteger zu beurteilen.

Das Wertkonzept der Argumentationsintegrität beschreibt damit einen Zustand, der generell als gut oder erstrebenswert betrachtet wird. Die Beachtung der vier Argumentationsbedingungen stellt eine normative Forderung, die allerdings nicht als Positivforderung sondern als eine Unterlassensforderung aufzufassen ist. So wird vom Sprecher verlangt, dass er keine Argumentationsbeiträge in die Diskussion einbringt, die seinem Wissen zufolge eine Verletzung der vier Bedingungen darstellt.

3.2.1.3 Standards integren Argumentierens

Zur weiteren Differenzierung des Wertkonzepts haben die Forscher ausgehend von den vier Argumentationsbedingungen in zwei weiteren Schritten konkrete Handlungsstandards, so genannte Standards integeren Argumentierens entwickelt. In einem ersten deduktiven Schritt wurden zunächst analog zu den vier Argumentationsbedingungen vier komplementäre Unterlassensforderungen abgeleitet, die Merkmale (un-)integeren Argumentierens darstellen. Dazu zählen (I) fehlerhafte Argumentationsbeiträge, (II) unaufrichtige Argumentationsbeiträge, (III) ungerechte Argumente sowie (IV) ungerechte Interaktionen (vgl. auch Abb. 18).

Die Standards spezifizieren auf einem mittleren Abstraktionsniveau, welche (Sprech-)Handlungen in einer integren Argumentation zu unterlassen sind. Sie stellen generelle Verhaltensregeln dar und liefern damit Kriterien zur Beurteilung von Argumentationsbeiträgen.[521] Eine Regelverletzung findet ihren Ausdruck in konkreten Argumentationsstrategien. So manifestiert sich etwa eine Verletzung des Standards 8 (*Diskreditieren*) in taktischen Strategien wie persönlich werden, den Gegenüber lächerlich machen, Absprechen der Argumentationskompetenz, unberechtigte Vorwürfe, den Gegenüber vorführen, Sachkompetenz abstreiten, Verleumdungen, Rufmord und sich auf Kosten anderer lustig machen.[522] Im obigen Beispiel diskreditiert K mit seiner Äußerung („Sie haben doch keine Ahnung vom Kleinwagengeschäft!") seinen Kollegen F, indem er dessen Sachverstand abstreitet. Er verletzt damit den Standard 8 integren Argumentierens.

---

[521] Vgl. GROEBEN/CHRISTMANN/MISCHO (1996), S. 11.

[522] Vgl. GROEBEN/CHRISTMANN/MISCHO (1996), S. 11; SCHREIER/GROEBEN (1996), S. 129 ff. Eine detaillierte Auflistung und Explikation von 86 Argumentationsstrategien findet sich bei SCHREIER/GROEBEN (1990), S. 71 ff.

Erklärungsmodell 131

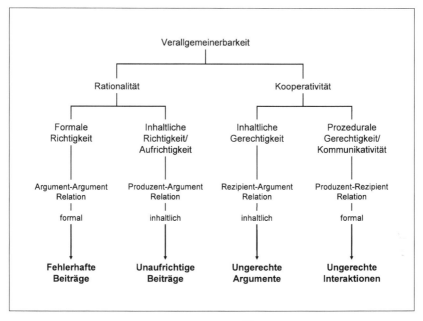

Abb. 18: Binnenstruktur der Argumentationsintegrität[523]

Die Standards dienen darüber hinaus als subjektive Wertstandards, die mit den Hygienefaktoren von HERZBERG vergleichbar sind.[524] Sie werden erst im Verletzungsfall salient und führen dann zu Gefühlen der Enttäuschung und Empörung.[525] Empirisch nachgewiesene Reaktionen auf unintegres Argumentieren reichen vom schlichten Übergehen über das direkte Ansprechen bis hin zum offenen Abbruch der Diskussion.[526] Wird ein Diskussionspartner häufig und wiederholt mit unfairem Argumentieren

---

[523] Darstellung in Anlehnung an GROEBEN/SCHREIER/CHRISTMANN (1990), S. 47.
[524] Vgl. SCHREIER (1997), S. 16. Zu den Hygienefaktoren siehe HERZBERG (1966), S. 74.
[525] Vgl. GROEBEN/SCHREIER/CHRISTMANN (1993), S. 372.
[526] Vgl. GROEBEN/CHRISTMANN/MISCHO (1996), S. 17.

| Merkmal I: | Fehlerhafte Argumentationsbeiträge |

1. **Stringenzverletzung:** Unterlasse es, absichtlich in nicht stringenter Weise zu argumentieren.
   Exemplarische Strategien: Unzulässige Verallgemeinerungen, Fehlschlüsse, Umkehrschlüsse, Leerformeln.
2. **Begründungsverweigerung:** Unterlasse es, deine Behauptungen absichtlich nicht oder nur unzureichend zu begründen.
   Exemplarische Strategien: Bloßer Autoritätsverweis, bloßer Gefühlsappell, reine Behauptungswiederholung.

| Merkmal II: | Unaufrichtige Argumentationsbeiträge |

3. **Wahrheitsvorspiegelung:** Unterlasse es, Behauptungen als objektiv wahr auszugeben, von denen du weißt, dass sie falsch oder nur subjektiv sind.
   Exemplarische Strategien: Bestreiten oder Erfinden von Tatsachen, Vorbringen von Halbwahrheiten, Verbreitung von Gerüchten.
4. **Verantwortlichkeitsverschiebung:** Unterlasse es, Verantwortlichkeiten absichtlich ungerechtfertigt in Abrede zu stellen, in Anspruch zu nehmen oder auch auf andere (Personen oder Instanzen) zu übertragen.
   Exemplarische Strategien: Sündenböcke suchen, Fehler vertuschen, Verweis auf widrige Umstände.
5. **Konsistenzvorspiegelung:** Unterlasse es, absichtlich nicht oder nur scheinbar in Übereinstimmung mit deinen sonstigen (Sprech-)Handlungen zu argumentieren.
   Exemplarische Strategien: So-Tun-als-ob, Ausnahmen aufstellen.

| Merkmal III: | Inhaltlich ungerechte Argumente |

6. **Sinnentstellung:** Unterlasse es, fremde oder eigene Beiträge sowie Sachverhalte absichtlich sinnentstellend wiederzugeben.
   Exemplarische Strategien: Übertreiben, Pauschalurteile, Ausweichen ins Allgemeine.
7. **Unerfüllbarkeit:** Unterlasse es, und sei es auch nur leichtfertig, für solche (Handlungsauf-)Forderungen zu argumentieren, von denen du weißt, dass sie so nicht befolgt werden können.
   Exemplarische Strategien: Unmögliche Beweise fordern, zwei sich wechselseitig ausschließende Forderungen stellen.
8. **Diskreditieren:** Unterlasse es, andere Teilnehmer absichtlich oder leichtfertig zu diskreditieren.
   Exemplarische Strategien: Lächerlich-Machen, Vorwürfe früherer Fehler und Versäumnisse.

| Merkmal IV: | Ungerechte Interaktionen |

9. **Feindlichkeit:** Unterlasse es, deine Gegner in der Sache absichtlich als persönliche Feinde zu behandeln.
   Exemplarische Strategien: Beleidigungen, Provokationen, ungehörige Fragen stellen, Einschüchterungsversuche durch Grobheiten.
10. **Beteiligungsbehinderung:** Unterlasse es, absichtlich in einer Weise zu interagieren, die das Mitwirken anderer Teilnehmer/innen an einer Klärung behindert.
    Exemplarische Strategien: Killerphrasen, Vernebelung, Tabuisieren, gehäufte Verwendung von Fachausdrücken.
11. **Abbruch:** Unterlasse es, die Argumentation ungerechtfertigt abzubrechen.
    Exemplarische Strategien: Dringendes vorschieben, Ablenken, Rückzug auf scheinbar Ausdiskutiertes.

Abb. 19: **Standards integren Argumentierens**[527]

---

[527] Vgl. BLICKLE (1994), S. 17 ff.; GROEBEN/SCHREIER/CHRISTMANN (1993), S. 377.

konfrontiert, so sind langfristig weitere Folgen zu erwarten. Dazu zählen u. a. Handlungen), die die Etablierung einer offenen Diskussionskultur beeinträchtigen oder verhindern.[528]

3.2.2 Integres Argumentieren in Top Management Teams

Im Rahmen einer Argumentation ist nicht ein Maximum an Rationalität und Kooperativität anzustreben, sondern vielmehr ein vom jeweiligen Zweck und der jeweiligen Situation einer Argumentation abhängiges Optimum.[529] Wie bereits oben ausgeführt wurde, trägt argumentativer Austausch innerhalb des Top Management Teams zur Optimierung von Rationalität bei, da die individuell begrenzte Rationalität eines einzelnen Teammitglieds aufgrund des eingeschränkten Wissens, begrenzter Informationsverarbeitungskapazitäten sowie kognitiver und motivationaler Verzerrungen durch das Eintreten in die argumentative Auseinandersetzung mit anderen Teammitgliedern über das Darlegen und Kritisierbar-Machen der eigenen Gründe überwunden werden kann. Die Optimierung der Zieldimension der Kooperativität liegt nicht nur in der Offenlegung der unterschiedlichen Interessen von Teammitgliedern, sondern vor allem auch darin, unterschiedliche Interessenkonstellationen optimierend zu verändern. „Während individuelle Interessen im Rahmen von Verfahren wie z. B. Abstimmungen also Fixpunkte darstellen, ist das Verfahren der Argumentation gerade darüber definiert, daß individuelle Interessen zur Disposition stehen, d. h. veränderbar sind: Wer ein ernsthaftes Interesse daran hat, ein Fragliches argumentativ zu klären, ist auch bereit, die eigene Position gegebenenfalls zu verändern."[530] Die optimierende Veränderung von Interessenkonstellationen kann über verschiedene Mechanismen erfolgen. Dazu zählen Modifikationen von Interessen, der Ausgleich von Interessen durch Kompromisse, die Integration verschiedener Interessen oder aber auch Stufenpläne mit sequentieller Berücksichtigung unterschiedlicher Interessen. Überdies ist denkbar, dass die „(Un-)Vereinbarkeit von Interessenkonstellationen selbst Gegenstand der argumentativen Reflexion"[531] ist.

Vor diesem Hintergrund ist WITT auch nur bedingt zuzustimmen, wenn er im Anschluss an das ARROW-Paradox die in der Praxis deutscher Vorstände häufig zu beobachtende direktoriale Entscheidungsfindung (trotz des gesetzlich verankerten Kolle-

---

[528] Vgl. GROEBEN/SCHREIER/CHRISTMANN (1993), S. 372.
[529] Vgl. GROEBEN/SCHREIER/CHRISTMANN (1990), S. 24.
[530] GROEBEN/SCHREIER/CHRISTMANN (1990), S. 28.
[531] GROEBEN/SCHREIER/CHRISTMANN (1990), S. 29.

gialprinzips⁵³²) mit dem quasi unvermeidbaren „Diktator-Prinzip" der Entscheidungstheorie begründet. WITT argumentiert, dass nach der Theorie der Gruppenentscheidungen ein Vorstand zunächst aus den individuellen Interessen seiner Mitglieder eine gemeinsame Präferenzordnung ermitteln müsse, bevor eine Entscheidung, etwa über ein Investitionsprojekt, getroffen werden könne. Ein theoretisch richtiges Verfahren zur Bestimmung der Gruppenpräferenz sei aber nach dem ARROW-Theorem nicht möglich. ARROW hat den mathematischen Nachweis geliefert, dass – unter der Voraussetzung uneingeschränkter Zulässigkeit individueller Präferenzen, eines einstimmigen Votums aller Gruppenmitglieder sowie der Unabhängigkeit der Entscheidung von irrelevanten Alternativen – nur ein „Diktator" in der Lage ist, individuellen Interessen der Gruppenmitglieder in eine gemeinsame Präferenzordnung zu bringen.[533]

Personen, die sich mit dem Anspruch der Ernsthaftigkeit auf eine Argumentation einlassen, erklären sich jedoch implizit bereit, auch die eigenen Interessen zur Disposition zu stellen. Nur auf diese Weise lässt sich das Kollegialprinzip der Unternehmensführung faktisch realisieren und die Erfolgsaussichten der Umsetzung gemeinsam getroffener und auf breiter Basis gebilligter Entscheidungen auch verbessern. Zusammenfassend lässt sich somit feststellen, dass die Optimierung von Rationalität und Kooperativität im Rahmen der argumentativen Auseinandersetzung innerhalb eines Top Management Teams erheblich dazu beiträgt, dass die jeweils individuellen Beschränkungen der Teammitglieder überwunden werden, so dass im Ergebnis die Qualität und die Akzeptanz von Entscheidungen des Leitungsorgans steigen. Die beiden Zieldimensionen sind dabei als wechselseitige Korrektiva zu verstehen. So sollte auf der einen Seite die Rationalität nicht zulasten der berechtigten Interessen der anderen gehen und eine Berücksichtigung der Interessen aller Beteiligten auf der anderen Seite nicht zulasten der Rationalität erfolgen. Folglich ist die optimierende Integration der beiden Zielperspektiven, die sich – wie oben bereits erwähnt – unter dem Begriff der ‚Verallgemeinerbarkeit' subsumieren lässt, als eine regulative Zielidee des Diskussionsverhaltens in Top Management Teams zu begreifen. Eine verallgemeinerbare Antwort ist mit anderen Worten das, „was ‚Argumentieren' im besten Fall zu leisten in der Lage ist."[534]

---

[532] Siehe hierzu oben, S. 30 f.
[533] Vgl. WITT (2003a), S. 256 sowie ARROW (1963), S. 98 ff. Zum ARROW-Theorem siehe auch ausführlich LENK/TEICHMANN (1999), S. 866 ff.
[534] GROEBEN/SCHREIER/CHRISTMANN (1990), S. 31.

Die positiven Auswirkungen einer fair geführten Diskussion dürfen allerdings nicht darüber hinwegtäuschen, dass nicht auch in Top Management Teams mitunter geblufft, getäuscht oder in persönlich verletzender Weise argumentiert bzw. kommuniziert wird.[535] So weist etwa HAMBRICK darauf hin, dass auch Top Manager keine „übernatürlichen" Fähigkeiten besitzen, sondern wie jeder Mensch dem Einfluss menschlicher Eigenheiten wie Eifersucht und Egoismus unterliegen können.[536] Fraglich ist daher, ob und wie sich eine positive Bindung an den Wert der Argumentationsintegrität bei Mitgliedern des Top Management Teams bewirken lässt, um wünschenswerte Ausprägungen des Diskussionsverhaltens zu erzielen. Dieses Problem wird im folgenden Kapitel ausführlich behandelt.

3.3 Ausschöpfung des Wissenspools

Die höhere Qualität von Teamentscheidungen gegenüber Individualentscheidungen lässt sich dadurch erklären, dass eine Gruppe in aller Regel über einen größeren Wissenspool zur Lösung eines Entscheidungsproblems verfügt als ein Individuum und somit in kognitiv rationaler Sicht einem einzelnen Entscheidungsträger prinzipiell überlegen ist.[537] Gestützt wird diese auf den ersten Blick einsichtige Idee durch die Fähigkeit von Teammitgliedern, durch argumentative Auseinandersetzungen gegenseitige Fehlerkorrekturen vorzunehmen, zu denen eine einzelne Person allein nicht in der Lage ist.[538] Es besteht allerdings begründeter Anlass, diese ausgesprochen positive Sichtweise in Zweifel zu ziehen, da sie eine ganze Reihe von Rationalbarrieren vernachlässigt, die einer optimalen Nutzung des vorhandenen Wissens entgegenwirken können.[539] Dazu zählen allgemeine gruppenpsychologische Phänomene wie Groupthink[540], „soziales Faulenzen"[541] bzw. Trittbrettfahrer-Effekte[542] oder speziell in

---

[535] Begünstigt werden diese insbesondere durch die häufig feststellbaren Machtkämpfe zwischen einzelnen Vorstandsmitgliedern. Vgl. HENN (1998), Rn. 574.
[536] Vgl. HAMBRICK (2007), S. 341.
[537] Siehe hierzu nur BRODBECK ET AL. (2007), S. 459; DEVINE (1999), S. 608 f.; HILL (1982), S. 517; HINSZ (1990), S. 705; KERSCHREITER ET AL. (2003), S. 85; LARSON/CHRISTENSEN (1993), S. 8 ff.; LEVINE/MORELAND (1990), S. 617 ff.
[538] Vgl. HILL (1982), S. 525; HINSZ (1990), S. 705; HIROKAWA (1990), S. 190.
[539] Vgl. BRODBECK ET AL. (2007), S. 460; FREDRICKSON/IAQUINTO (1989), S. 521; HIROKAWA/ERBERT/HURST (1996), S. 270 f.
[540] Vgl. JANIS (1983) und hierzu ausführlich unten, S. 196 ff.
[541] Vgl. KARAU/WILLIAMS (1993).
[542] Vgl. WAGNER (2005), S. 386.

Top Management Teams die Etablierung von "undiscussability norms"[543], opportunistische Praktiken einzelner Teammitglieder, die auf den Erhalt von (Informations-) Macht anstatt eine bestmögliche Entscheidung gerichtet sind, [544] die fehlende verhaltensbezogene Integration des Teams[545] sowie die mangelnde Fähigkeit einer adäquaten Verarbeitung der verfügbaren Informationen[546].

Die zuletzt genannte Unzulänglichkeit von Gruppen ist einer bahnbrechenden Studie von STASSER/TITUS zufolge dem Umstand zuzuschreiben, dass das Potenzial des innerhalb einer Gruppe vorhandenen Wissens nicht optimal ausgeschöpft wird, obgleich alle Gruppenmitglieder bestrebt sind, eine optimale Entscheidung herbeizuführen. So gehört die Erkenntnis, dass in Gruppendiskussionen überwiegend solche Informationen ausgetauscht werden, die bereits allen Mitgliedern bekannt sind, seit STASSER/TITUS zu den robustesten Erkenntnissen der empirischen Kleingruppenforschung.[547]

3.3.1 Informationsverarbeitung in Gruppen

Seit den 1980er richtet die Kleingruppenforschung ihr Augenmerk verstärkt auf die Prozesse der Informationsverarbeitung in Gruppen.[548] Bei der Betrachtung einer Gruppe als informationsverarbeitendes System sind zwei Ebenen zu unterscheiden:

---

[543] Vgl. LORSCH (1996), S. 210 f. Gemeint ist die Entwicklung bestimmter informeller Regeln, die festlegen, über welche Themen innerhalb des Top Management Teams (nicht) diskutiert werden soll.

[544] Siehe hierzu im Überblick O'REILLY (1983), S. 103 ff.

[545] Vgl. HAMBRICK (1994), S.188 f.; HAMBRICK (2007), S. 336; LUBATKIN ET AL. (2006), S. 651 f. Verhaltensbezogene Integration (*behavioral integration*) bezeichnet das Ausmaß gegenseitiger und kollektiver Interaktion innerhalb einer Gruppe. Ein zentrales Element verhaltensbezogener Integration in Top Management Teams ist beispielsweise die Qualität und Quantität des Informationsaustausches zwischen den Teammitgliedern.

[546] Vgl. hierzu nur STASSER (1999), S. 50 f. sowie WITTENBAUM/STASSER (1996), S. 5 ff.

[547] Vgl. STASSER/TITUS (1985), S. 1470 f.; STASSER/TITUS (1987), S. 81. Die Robustheit des Nennungsvorteils geteilter Informationen gegenüber ungeteilten Informationen wird ferner bestätigt durch die empirischen Studien von BRODBECK ET AL. (2002); CRUZ/BOSTER/RODRIGUEZ (1997); CRUZ/HENNINGSEN/SMITH (1999); GRUENFELD ET AL. (1996); HOLLINGSHEAD (1996a); HOLLINGSHEAD (1996b); LAM/SCHAUBROECK (2000); LARSON (1997); LARSON ET AL. (1998); LARSON/FOSTER-FISHMAN/FRANZ (1998); LARSON/FOSTER-FISHMAN/KEYS (1994); LARSON ET AL. (2002); MENNECKE (1997); SCHITTEKATTE/VAN HIEL (1996); STASSER/STEWART (1992); STASSER/STEWART/WITTENBAUM (1995); STASSER/TAYLOR/HANNA (1989); STASSER/VAUGHAN/STEWART (2000); STEWART/STASSER (1998); WINQUIST/LARSON (1998); WITTENBAUM (1998); WITTENBAUM (2000).

[548] Vgl. BRAUNER/SCHOLL (2000), S. 117 ff.; HINSZ/TINDALE/VOLLRATH (1997), S. 43 f.

- Ebene der individuellen Kognition (Individualebene)
- Ebene des Informationsaustausches zwischen den Gruppenmitgliedern (Gruppenebene).[549]

Basierend auf dieser Unterteilung definieren LARSON/CHRISTENSEN *soziale Kognition* auf der Gruppenebene als "those processes (e.g. introducing information into a group discussion) that relate to the acquisition, storage, transmission, manipulation and use of information for the purpose of creating a group-level intellective product."[550] Die Autoren legen damit ein Begriffsverständnis sozialer Kognition zugrunde, das dem seit den 1980er Jahren aufkommenden Trend der Kleingruppenforschung entspricht, gruppeninterne Kommunikation generell als eine Form der Informationsverarbeitung zu betrachten.[551] Auf der Ebene des Individuums findet zunächst die Aufnahme und Verarbeitung von Informationen statt. Diese werden durch Interaktion und Kommunikation in die Gruppe getragen. Dadurch werden problemrelevante Informationen mit den anderen Gruppenmitgliedern geteilt. Die Verarbeitung von Informationen innerhalb der Gruppe wirkt schließlich wieder auf die individuelle Kognition zurück. Dieses Zusammenspiel individueller und kollektiver Informationsprozesse wird als Rekursivität bezeichnet.[552]

Obgleich die Betrachtung der Kognition einer Gruppe mehr als eine bloße Analogie zur Kognition eines Individuums darstellt, durchläuft eine Gruppe im Rahmen ihrer Informationsverarbeitung Phasen, die mit der Informationsverarbeitung eines Individuums vergleichbar sind.[553] Nach LARSON/CHRISTENSEN setzt sich dieser Prozess aus den folgenden sechs Phasen zusammen:

(1) Problemidentifizierung

(2) Problemkonzeptualisierung

(3) Erwerb von Informationen

(4) Speicherung von Informationen

---

[549] Vgl. BRAUNER/SCHOLL (2000), S. 118.
[550] LARSON/CHRISTENSEN (1993), S. 6.
[551] Vgl. LARSON/CHRISTENSEN (1993), S. 6.
[552] Vgl. BRAUNER (2003), S. 59.
[553] Vgl. BRAUNER/SCHOLL (2000), S. 117; LARSON/CHRISTENSEN (1993), S. 6 f.; PAVITT (2003), S. 592 f.

(5) Abruf von Informationen

(6) Nutzung von Informationen.[554]

Analog zur Problemlösung auf individueller Ebene setzt eine Problemlösung auf kollektiver Ebene zunächst das Erkennen eines Problems voraus. Allerdings ist die Identifizierung eines Problems auf der Gruppenebene nicht gleichzusetzen mit dem Erkennen eines Problems durch ein Individuum. Eine Gruppe stößt erst dann auf ein Problem, wenn es zwischen den Gruppenmitgliedern kommuniziert und geteilt wird. Eine Problemidentifizierung durch die Gruppe liegt selbst dann noch nicht vor, wenn jedes Gruppenmitglied für sich das Problem erkannt hat. Folglich erfordert das Erkennen eines Problems auf der Gruppenebene mehr als nur individuelle Kognition. Von zentraler Bedeutung ist die Kommunikation zwischen den Gruppenmitgliedern. Gruppennormen können diesen wesentlichen ersten Schritt sozialer Kognition entweder begünstigen oder verhindern. So werden Normen offener Diskussionen die Mitglieder dazu ermutigen, stets wachsam im Hinblick auf auftretende Probleme zu sein, während Normen, die auf den Erhalt von Harmonie und Kohäsion gerichtet sind, das Aufdecken von Problemen und damit verbundene Konflikte unterdrücken werden.

Während die Phase der Problemidentifizierung lediglich auf das Erkennen bestimmter Probleme gerichtet ist, wird im Rahmen der Problemkonzeptualisierung ein umfassendes Verständnis darüber entwickelt, welcher Problemtypus zugrunde liegt und welche Informationen zur Lösung des Problems relevant sind. Auch die Problemkonzeptualisierung der einzelnen Gruppenmitglieder kann unabhängig voneinander erfolgen. Heterogene Konzeptualisierungen erschweren die Koordination der Informationssuche und der Aktivitäten der Problemlösung. Sie machen ebenfalls Kommunikation und Interaktion erforderlich.[555]

In den Phasen des Erwerbs und der Speicherung von Informationen werden zunächst relevante Informationen zur Bearbeitung des Problems gesucht. Hier sind Entscheidungen darüber zu treffen, welche Informationen benötigt werden und welche Gruppenmitglieder für die Beschaffung dieser Informationen verantwortlich sind. Ein we-

---

[554] Vgl. LARSON/CHRISTENSEN (1993), S. 6 An dieser Stelle sei auch das Modell der Informationsverarbeitung von HINSZ/TINDALE/VOLLRATH erwähnt, das in seiner Grundstruktur mit dem hier vorgestellten Modell von LARSON/CHRISTENSEN weitgehend übereinstimmt. So differenzieren HINSZ/TINDALE/VOLLRATH zwischen den Phasen der Aufmerksamkeit, der Enkodierung, der Speicherung und des Abrufs. Siehe hierzu ausführlich HINSZ/TINDALE/VOLLRATH (1997), S. 46 ff.

[555] LARSON/CHRISTENSEN (1993), S. 8 ff.

sentlicher Vorteil kollektiver Informationsprozesse gegenüber individueller Informationsverarbeitung liegt in der Möglichkeit der Speicherung von Informationen. Eine Gruppe verfügt über mehrere individuelle Gedächtnisse. Folglich steht ihr grundsätzlich mehr Speicherkapazität zur Verfügung als einem Individuum. Individuen speichern Informationen im Langzeitgedächtnis. Diese werden in bereits existierende Wissensstrukturen eingefügt und mit diesen vernetzt. Auf ähnliche Weise erfolgt die Speicherung von Informationen auf Gruppenebene. Gruppen weisen Informationen bereits vorhandener Expertise zu. Hierin liegt ein wesentliches Merkmal so genannter transaktiver Wissenssysteme. Die Mitglieder einer Gruppe fungieren wechselseitig als externe Speicher, in dem sie jenen Mitgliedern die Speicherung von Informationen zuweisen, die bereits über (Vor-)Wissen in der entsprechenden Domäne verfügen.[556]

Die anschließenden Phasen des Abrufs und der Nutzung von Informationen haben nach LARSON/CHRISTENSEN in idealtypischer Abfolge drei Funktionen zu erfüllen. Zunächst sollen durch die Gruppendiskussion für das zu lösende Problem relevante Informationen in die Gruppe eingebracht werden. Hierin ist den Autoren zufolge auch ein zentraler Aspekt sozialer Kognition zu sehen. Zweitens sollen die problemrelevanten Informationen zu einem Gruppenergebnis bzw. einer Entscheidung integriert werden und schließlich sollen – wie bereits erwähnt – die individuellen Kognitionen durch die Interaktion und Kommunikation wiederum rekursiv beeinflusst werden. Auch beim Abruf von Informationen ist klar zwischen der Gruppen- und der Individualebene zu trennen. Während der Abruf einer Information auf der individuellen Ebene mit dem bloßen Erinnern der Information übereinstimmt, erfolgt der Abruf auf Gruppenebene durch einen zweistufigen Prozess. So stellt das individuelle Erinnern zwar eine notwendige, jedoch noch keine hinreichende Bedingung für den Abruf einer Information auf der Gruppenebene dar. Eine entscheidende Rolle spielt neben dem Erinnern die Bereitschaft des einzelnen Gruppenmitglieds, eine erinnerte Information mit den anderen Mitgliedern der Gruppe zu teilen. Der Abruf auf Gruppenebene ist damit nicht zuletzt von verschiedenen Einflussfaktoren abhängig.[557] Dazu zählen z. B. die bereits in der Phase der Problemidentifizierung erwähnten Normen und Regeln.[558]

Im Ergebnis lässt sich somit feststellen, dass in der Gruppe als informationsverarbeitendes System einerseits ein großes Potenzial steckt, andererseits aber auch einige

---

[556] Vgl. BRAUNER (2003), S. 61 sowie ausführlich sogleich im folgenden Abschnitt.
[557] Vgl. LARSON/CHRISTENSEN (1993), S. 19 ff.
[558] Siehe hierzu nur POSTMES/SPEARS/CIHANGIR (2001), S. 918 ff.

grundlegende Barrieren liegen, die eine optimale Nutzung dieses Potenzials beeinträchtigen können. Die bereits angerissenen Möglichkeiten und Grenzen kollektiver Informationsverarbeitung werden im Folgenden mit der 'Hidden Profile'-Problematik und dem transaktiven Wissenssystem weiter vertieft.

3.3.2 'Hidden Profile'-Problematik

Der durch eine ausgewogene Diskussion der Teammitglieder erwartete Anstieg der Entscheidungsqualität bzw. kognitiven Rationalität basiert auf der Prämisse, dass zur Lösung des zugrunde liegenden Managementproblems einzelne Teammitglieder Informationen und Perspektiven in den Lösungsprozess einbringen, die den übrigen Mitgliedern bislang nicht bekannt waren. Auf diese Weise nimmt die Wissensbasis jedes einzelnen Teammitglieds zu, was im Ergebnis zu fundierteren Entscheidungen des Teams führt. Voraussetzung für einen Wissenszuwachs mittels Diskussion ist folglich die Existenz verteilten Wissens. Einzelne Teammitglieder verfügen mit anderen Worten über Spezialwissen, das den anderen nur über den teaminternen Diskussionsprozess zugänglich wird. Dieses Phänomen dient im so genannten *'Information Pooling'-Paradigma* als Grundlage für eine eingehende Analyse des Austausches von Informationen in Gruppen.[559] Die Grundzüge dieses Paradigmas sollen im Folgenden anhand eines einfachen Beispiels verdeutlicht werden.[560]

Ausgangspunkt bildet ein dreiköpfiger Vorstand, der über ein Investitionsvorhaben zu entscheiden hat. Zur Auswahl stehen zwei alternative Investitionsprojekte. Zur Vereinfachung wird angenommen, dass alle Informationen über die beiden Projekte die gleiche Wertigkeit besitzen. Die Verteilung der Informationen sieht wie folgt aus: Jedes der drei Vorstandsmitglieder verfügt über zwei Informationen zugunsten des Investitionsprojekts A und drei Informationen zugunsten des Projekts B (vgl. obere Hälfte der Tab. 3). Bei einer einfachen Abstimmung ohne vorherige Diskussion würden alle Teammitglieder folgerichtig für das Projekt B stimmen, da jedem Vorstand mehr positive Informationen zu Projekt B als zu Projekt A vorliegen. Die Indizes der Informationen machen deutlich, dass einige Informationen aus dem Informationspool des Teams sämtlichen Vorstandsmitgliedern vorliegen (A_1, B_1, B_2), wohingegen andere Informationen aus dem Pool nur einzelnen Mitgliedern bekannt sind (A_2, A_3, A_4, B_3, B_4, B_5). Die Informationen der zuerst genannten Gruppe werden als geteilte Informationen, die Informationen der zweiten Gruppe als ungeteilte Informationen bezeichnet.

---

[559] Vgl. KERSCHREITER ET AL. (2003), S. 88.

[560] Das konstruierte Beispiel geht im Kern auf KERSCHREITER ET AL. (2003), S. 88 ff. zurück.

Manifest Profile				
Ebene	Informationen zugunsten von Projekt A	Informationen zugunsten von Projekt B	Informations-verteilung	Implizierte Entscheidung
Teammitglied				
X	A_1, A_2	B_1, B_2, B_3	2A < 3B	B
Y	A_1, A_3	B_1, B_2, B_4	2A < 3B	B
Z	A_1, A_4	B_1, B_2, B_5	2A < 3B	B
Team als Ganzes				
X Y Z	A_1, A_2, A_3, A_4	B_1, B_2, B_3, B_4, B_5	4A < 5B	B
Hidden Profile				
Ebene	Informationen zugunsten von Projekt A	Informationen zugunsten von Projekt B	Informations-verteilung	Implizierte Entscheidung
Teammitglied				
X	A_1, A_2	B_1, B_2, B_3	2A < 3B	B
Y	A_1, A_3	B_1, B_2, B_3	2A < 3B	B
Z	A_1, A_4	B_1, B_2, B_3	2A < 3B	B
Team als Ganzes				
X Y Z	A_1, A_2, A_3, A_4	B_1, B_2, B_3	4A < 3B	A

Tab. 3: **Informationsverteilung im manifesten und verdeckten Profil**[561]

Kommt es in der Diskussion zwischen den drei Vorständen zu einem Austausch ungeteilter Informationen, steigt der Wissensbestand jedes einzelnen Mitglieds.[562] Bei Vorliegen eines so genannten *manifesten Profils*[563] hat der vollständige Austausch der

---

[561] Tabelle nach KERSCHREITER ET AL. (2003), S. 89.

[562] KERSCHREITER ET AL. machen darauf aufmerksam, dass durch den Austausch geteilter Informationen im Rahmen einer Diskussion häufig auch deren unterschiedliche Interpretationen geklärt werden können. Streng genommen findet somit auch hier ein Austausch von Spezialwissen statt, der im Übrigen – wie oben bereits gezeigt wurde – für eine Argumentation charakteristisch ist. So wurde bereits zuvor ausführlich erläutert, wie durch die Anwendung einer Schlussregel substanziell neues Wissen generiert werden kann. Dieser Aspekt soll hier aber nicht weiter vertieft werden. Vgl. KERSCHREITER ET AL. (2003), S. 89 f.

[563] Siehe hierzu LAVERY ET AL. (1999), S. 282.

vorhandenen Informationen innerhalb des Gremiums trotz des Wissenszuwachses keine Auswirkungen auf die Qualität der Entscheidung, da sich alle oder die Mehrheit der Teammitglieder bereits vor einer Diskussion für die beste Lösung entscheiden würde.[564] Im vorliegenden Beispiel des manifesten Profils sprechen auch insgesamt mehr Informationen für Investitionsprojekt B als für das Projekt A.

Implikationen für die Entscheidungsqualität hat der Wissensvorsprung des Teams hingegen nur bei einem so genannten *verdeckten Profil*[565] (*hidden profile*). Dies wird im unteren Teil der Tabelle exemplarisch veranschaulicht. Wie im Fall des manifesten Profils sprechen die den Teammitgliedern individuell vorliegenden Informationen jeweils für das Projekt B (drei Informationen für Alternative B versus zwei Informationen für Alternative A). Im Unterschied zum obigen Beispiel werden hier aber sämtliche Informationen über das Projekt B geteilt. Bei einem Austausch aller ungeteilten Informationen (A_1, A_2, A_3, A_4) durch eine ausgewogene Diskussion würden die Teammitglieder allerdings zu der Erkenntnis gelangen, dass entgegen ihres je individuell-begrenzten Wissens insgesamt mehr Informationen für das Projekt A sprechen.

Verdeckte Profile stellen mithin Situationen dar, in denen Gruppenentscheidungen in kognitiv rationaler Hinsicht Individualentscheidungen eindeutig überlegen sind.[566] Dennoch konnte in einer Vielzahl von empirischen Studien nachgewiesen werden, dass Gruppen in Situationen, in denen durch Diskussionen bessere Entscheidungen getroffen werden können als Individualentscheidungen bzw. die mathematische Aggregation individuell getroffener Entscheidungen, regelmäßig scheitern.[567]

3.3.2.1 Collective Information Sampling (CIS)-Modell

Mit ihrem *Collective Information Sampling (CIS-)Modell* haben STASSER/TITUS einen Erklärungsansatz für den verzerrten Informationsaustausch in Gruppen entwickelt. Das Modell liefert eine stochastische Begründung für den so genannten Nennungsvorteil geteilter Informationen in Gruppendiskussionen.

---

[564] Vgl BRODBECK ET AL. (2007), S. 461; SCHULZ-HARDT (2002), S. 231.
[565] Vgl. STASSER (1988), S. 398 ff.
[566] Vgl. BRODBECK ET AL. (2007), S. 462.
[567] Siehe hierzu nur LAM/SCHAUBROECK (2000), S. 565 f.; STASSER (1999), S. 51; WITTENBAUM/STASSER (1996), S. 6.

3.3.2.1.1 Kernaussage

Die Wahrscheinlichkeit, dass eine Information in einer Diskussion genannt wird, $p(D)$, lässt sich in eine einfache mathematische Gleichung fassen:[568]

$$p(D) = 1 - [1 - p(M)]^n \quad [D = \text{Discussion}; M = \text{Mentioning}].$$

$p(M)$ bezeichnet die Wahrscheinlichkeit, dass ein Individuum die Information während der Gruppendiskussion erinnert und nennt, und n für die Anzahl der Teammitglieder, die über diese Information verfügen. Das bedeutet, dass die Wahrscheinlichkeit der Nennung einer Information innerhalb eines Teams mit der Anzahl der Teammitglieder steigt, denen die Information bereits vor der Diskussion bekannt war.

Zur Verdeutlichung soll hier noch einmal das obige Beispiel aufgegriffen werden. Wenn in einer Sitzung der drei Vorstandsmitglieder jedes Mitglied 30% der ihm zu dem Entscheidungsproblem vorliegenden Informationen erinnert und nennt, beträgt die Wahrscheinlichkeit der Nennung ungeteilter Informationen 30% ($p(D) = p(M) = 0{,}3$), wohingegen geteilte Informationen von allen drei Vorstandsmitgliedern ($n = 3$) in die Diskussion eingebracht werden können. Die Wahrscheinlichkeit der Nennung geteilter Informationen beläuft sich mithin auf 66% ($p(D) = 1 - [1 - 0{,}3]^3 = 0{,}66$) und liegt damit rein rechnerisch wesentlich höher.

Mit einer einfachen Berechnung lässt sich also mathematisch nachweisen, dass geteilte Informationen einen so genannten *sampling advantage* gegenüber ungeteilten Informationen besitzen.[569] Abbildung 20 illustriert die Entwicklung der Nennungswahrscheinlichkeit $p(D)$ für verschiedene Werte von $p(M)$ und unterschiedliche Teamgrößen (n).

---

[568] Vgl. STASSER (1992), S. 51.
[569] Vgl. STASSER/TAYLOR/HANNA (1989), S. 68.

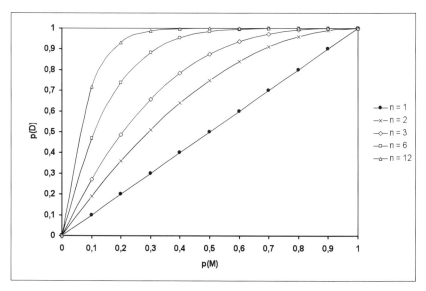

Abb. 20: Nennungswahrscheinlichkeiten (un-)geteilter Informationen in Teams[570]

Die Gerade (für $n = 1$) verdeutlicht die Wahrscheinlichkeit der Nennung von Informationen an, über die nur ein Teammitglied verfügt (ungeteilte Informationen). Der vertikale Abstand zwischen dieser Geraden und den Kurven für geteilte Informationen ($n > 1$) stellt den Nennungsvorteil geteilter Informationen dar.[571] Die Graphik zeigt deutlich, dass der Sampling-Vorteil von der Größe des Teams abhängt. Bezogen auf das obige Beispiel führt eine Vergrößerung des Vorstands von drei auf sechs Mitglieder zu einem Anstieg der Nennungswahrscheinlichkeit von 66% auf 88%, während die Nennungswahrscheinlichkeit ungeteilter Informationen unverändert bei 30% liegt.[572]

---

[570] Abbildung nach STASSER (1992), S. 53.

[571] Vgl. STASSER (1992), S. 52.

[572] Um das Beispiel einfach zu halten, wurde bei dieser Vergleichsrechnung angenommen, dass die wachsende Gruppengröße keine Auswirkungen auf die individuelle Erinnerungs- und Nennungswahrscheinlichkeit $p(M)$ hat. Tatsächlich ist allerdings zu erwarten, dass ein Individuum in einer großen Gruppe weniger Gelegenheiten hat, sich an der Gruppendiskussion zu beteiligen, als in einer kleinen Gruppe. Daher müsste streng genommen auch $p(M)$ abnehmen. Der Nennungsvorteil geteilter Informationen bleibt dadurch allerdings unberührt. Vgl. hierzu auch STASSER (1992), S. 54.

3.3.2.1.2 Kritik

Für die kritische Betrachtung des Erklärungsansatzes ist es zunächst erforderlich, auf grundlegenden Annahmen des Ansatzes einzugehen. Diese bilden die Basis für die Ableitung zentraler Kritikpunkte. Dem 'Hidden Profile'-Phänomen und dem CIS-Modell als Erklärungsansatz liegen zusammengefasst folgende Prämissen über Individuen und Gruppen zugrunde:

(1) Geteilte und ungeteilte Informationen werden mit gleicher Wahrscheinlichkeit erinnert und genannt: $p(M_{geteilt}) = p(M_{ungeteilt})$.

(2) Die Beteiligungsrate der einzelnen Teammitglieder an der Diskussion ist gleich verteilt.

(3) Die Erinnerung und Nennung einer Information einzelner Mitglieder der Gruppe erfolgt unabhängig voneinander. Das Erinnern und Nennen einer Information eines einzelnen Mitglieds hat keinen Einfluss auf das Erinnern und Nennen der anderen Mitglieder der Gruppe.

(4) Die Verdichtung der Informationen zu einer Entscheidung erfolgt als Addition sämtlicher genannter Informationen mit gleichem Gewicht. Im Ergebnis wird daher die Alternative gewählt, auf die die meisten positiven Informationen entfallen.

(5) Der Parameter $p(M)$ umfasst sowohl die Erinnerung als auch die Nennung einer Information. Die beiden Prozessphasen können somit nicht unabhängig voneinander abgebildet werden.

(6) Der Parameter $p(D)$ ermöglicht keine Abbildung der kommunizierten Valenz bzw. der Implikationen genannter Informationen für die Entscheidung. Ausschlaggebend ist lediglich, ob eine Information genannt wird oder nicht.[573]

Unter Zugrundelegung der sechs Prämissen gelingt dem CIS-Modell eine einfache Erklärung für Verzerrungen im Informationsaustausch zugunsten geteilter Informationen. Die Einfachheit des Modells hat allerdings den Nachteil, dass einige wesentliche Aspekte ausgeblendet werden, die für das reale Diskussionsverhalten von Individuen und Gruppen kennzeichnend sind. Gruppenmitglieder werden den Annahmen des CIS-Modells zufolge als interessenlose Akteure betrachtet, die sich stets im Sinne übergeordneter (Gruppen-)Ziele verhalten. In der Realität verhalten sich Individuen aber

---

[573] Vgl. SCHAUENBURG (2004), S. 12 f.

zumindest auch eigeninteressenorientiert. Sie verfolgen bestimmte Ziele, die das individuelle Diskussionsverhalten sowie den (strategischen) Austausch von Informationen maßgeblich prägen.

Eine grundlegende Schwäche des CIS-Modells liegt damit in der generellen Vernachlässigung verhaltensbezogener Aspekte. Dieses Defizit macht sich bereits in der fehlenden Trennung zwischen dem Erinnern und Nennen einer Information bemerkbar, die annahmegemäß für den Parameter $p(M)$ gilt. Zur Abbildung realer Gruppenprozesse ist hier jedoch eine weitaus differenziertere Betrachtung erforderlich. So wird die Wahrscheinlichkeit der Nennung einer Information entgegen der vereinfachenden Prämisse des CIS-Modells von drei Einflussfaktoren determiniert. Diese drei Faktoren lassen sich auch als Stufen eines sequentiellen Prozesses begreifen:

(1) Die Wahrscheinlichkeit, dass ein Individuum die Information erinnert (Frage des ‚Erinnern-Könnens').

(2) Die Bereitschaft des Individuums, die Information in die Diskussion einzubringen (Frage des ‚Nennen-Wollens').

(3) Die Möglichkeit, die Information in die Diskussion einfließen zu lassen (Frage des ‚Nennen-Könnens').[574]

Folglich bleiben im CIS-Modell eine Reihe wichtiger Einflussgrößen auf die Nennungswahrscheinlichkeit von Informationen unberücksichtigt, die sowohl dem Individuum als auch dem sozialen Kontext der Gruppe zugeordnet werden können.[575] Ferner wird nicht berücksichtigt, dass neben dem Austausch auch die Bewertung von Informationen für die Lösung verdeckter Profile eine zentrale Rolle spielt. Auf die genannten zwei Kritikpunkte soll im Folgenden näher eingegangen werden.

3.3.2.2 Einfluss individueller Präferenzen auf das Diskussionsverhalten

Eine zentrale Funktion übernehmen die bereits angedeuteten individuellen Interessen der Teammitglieder. Diese können ganz unterschiedliche Auswirkungen auf die Nennung geteilter und ungeteilter Informationen haben. Im CIS-Modell hingegen spielt die Möglichkeit der bewussten Zurückhaltung von Informationen zur Durchsetzung eigener Interessen und Präferenzen keine Rolle. Diese ist jedoch entscheidend für ein um-

---

[574] Vgl. SCHAUENBURG (2004), S. 19.

[575] Zur Bedeutung des motivationalen Aspekts der Nennung einer Information siehe ferner WITTENBAUM/STASSER (1996), S. 27 f.

fassendes Verständnis des Diskussionsverhaltens in Teams.[576] In den Ausführungen zum Konstrukt der Argumentationsintegrität wurde bereits deutlich gemacht, dass die Teilnehmer einer Diskussion bestrebt sind, die Präferenzen der Diskussionspartner in Richtung der eigenen Präferenzen über den Prozess des Einsichtig-Machens zu verändern. Der Versuch, Diskussionspartner argumentativ zu überzeugen, der eine Form informationaler Einflussnahme darstellt,[577] hat infolgedessen unmittelbare Auswirkungen auf die bewusste Auswahl von Informationen im Rahmen einer Diskussion.[578] Der Einfluss individueller Präferenzen der Teammitglieder auf das Diskussionsverhalten ließ sich auch in einer Studie von DENNIS nachweisen. Demnach neigen Teammitglieder in aller Regel dazu, überwiegend solche Informationen in eine Diskussion einzubringen, die ihre anfangs vertretenen Präferenzen stützen.[579]

Neben einer strategischen Dosierung von Informationen zur Durchsetzung eigener Interessen kommen nach MOJZISCH/SCHULZ-HARDT zwei weitere Erklärungen für den Vorteil präferenzkonsistenter Informationen in Betracht. Eine Ursache liegt in der so genannten „Advokatennorm", die in Diskussionen in aller Regel vorherrscht. So gehen Diskussionsteilnehmer üblicherweise davon aus, dass sie ihre Präferenzen im Rahmen der argumentativen Auseinandersetzung mit anderen Teilnehmern verteidigen sollen. Infolgedessen werden sie ihren Gesprächspartnern in einer Diskussionsrunde zunächst ihre individuellen Präferenzen mitteilen und diese anschließend begründen. Die Diskussionsteilnehmer werden also Argumente vorbringen, die präferenzkonsistente Informationen enthalten. Kein Teammitglied wird sich nach Offenlegung der bevorzugten Entscheidungsalternative veranlasst fühlen, Gründe zu nennen, die gegen die eigene Präferenz sprechen.[580]

---

[576] Vgl. WITTENBAUM/HOLLINGSHEAD/BOTERO (2004), S. 298; WITTENBAUM/STASSER (1996), S. 27 f.

[577] DEUTSCH/GERAD unterscheiden zwei Formen des sozialen Einflusses: Normativer versus informationaler Einfluss. Normativer Einfluss ist auf den Versuch ausgerichtet, eine Person zu erwartungskonformem Verhalten zu bewegen (z. B. sich der Mehrheitsmeinung des Teams anzuschließen). Informationaler Einfluss stellt hingegen den Versuch dar, eine Person von der Richtigkeit und Gültigkeit einer Information zu überzeugen. Vgl. DEUTSCH/GERAD (1955), S. 629.

[578] Vgl. SCHAUENBURG (2004), S. 22.

[579] Vgl. DENNIS (1996), S. 542.

[580] Vgl. MOJZISCH/SCHULZ-HARDT (2006), S. 310; VAN SWOL/SAVDORI/SNIEZEK (2003), S. 287. In diesem Sinne konstatieren STASSER/TITUS (1987): "(P)laying devil's advocate, in the absence of explicit instructions to do so, is viewed as unusual, if not insincere, behavior." (S. 83).

Selbst wenn das Informationsverhalten von Teammitgliedern nicht durch eigene Interessen und eine Advokatennorm geleitet wird, haben präferenzkonsistente Informationen bereits dadurch einen Nennungsvorteil, dass Individuen diese generell für glaubwürdiger halten als präferenzinkonsistente Informationen und ihnen somit grundsätzlich einen höheren Stellenwert einräumen.[581] Das führt zu einer Verzerrung der Erinnerungswahrscheinlichkeit zugunsten präferenzkonsistenter Informationen. Die voreingenommene Beurteilung der Wichtigkeit einer Information hat mithin zur Folge, dass die Wahrscheinlichkeit der Erinnerung und Nennung einer Information nicht für alle verfügbaren Informationen gleich ist, womit eine wesentliche Prämisse des CIS-Modells bereits verletzt wäre.

GIGONE/HASTIE haben einen alternativen Erklärungsansatz zum CIS-Modell entwickelt, der unter Berücksichtigung der Präferenzen sogar vollständig ohne Informationsaustausch auskommt. Mit ihrem *'Preference Negotiation'-Modell*[582] begründen die Autoren die mangelnde Fähigkeit von Gruppen zur Aufdeckung der besten Handlungsalternative in 'Hidden Profile'-Situationen mit der Dominanz individueller Präferenzen auf die Gruppenentscheidung. Die Entscheidungspräferenzen der einzelnen Gruppenmitglieder werden von den jeweils individuell vorliegenden (geteilten und ungeteilten) Informationen geprägt. Diese Präferenzen stellen in 'Hidden Profile'-Situationen – wie oben dargelegt – suboptimale Lösungen dar. Bezogen auf das dort verwendete Beispiel sprechen sich alle Vorstandsmitglieder jeweils individuell für das Investitionsprojekt B aus, da jedes einzelne Mitglied des Vorstands mehr Informationen zugunsten dieser Handlungsalternative besitzt. Nach GIGONE/HASTIE kommt es auf diese Weise zu einer voreiligen und nicht weiter hinterfragten Einigung auf das Projekt B. Die Entscheidungsfalle liegt in der 'Hidden Profile'-Situation mithin darin, dass die Einigkeit hinsichtlich der von allen Mitgliedern präferierten Lösung die Gruppenmitglieder zu der falschen Annahme verleitet, dass die Gruppe die optimale Lösung bereits gefunden habe. Ein weiterer Informationsaustausch wird daher nicht für notwendig erachtet.[583]

---

[581] Vgl. MOJZISCH/SCHULZ-HARDT (2006), S. 311 und hierzu auch die Untersuchungen GREITEMEYER/SCHULZ-HARDT/FREY (2003), S. 16. Zur präferenzkonsistenten Bewertung von Informationen siehe ferner die Studien von EDWARDS/SMITH (1996); DITTO ET AL. (1998) und SVENSON (1992).

[582] Vgl. KERSCHREITER ET AL. (2003), S. 94.

[583] Vgl. zum so genannten *common knowledge effect* GIGONE/HASTIE (1993), S. 973; GIGONE/HASTIE (1996), S. 230 ff.; GIGONE/HASTIE (1997), S. 132.

Die Tatsache, dass Akteure im Realkontext auch eigene Interessen verfolgen, darf allerdings nicht grundsätzlich als dysfunktionale Wirkung des Informationsaustausches betrachtet werden. Die Heterogenität von Präferenzen kann mit Blick auf das Ziel einer möglichst fundierten Entscheidung auch von Vorteil sein, wenn diese bewirkt, dass intensiver diskutiert wird. Die Qualität einer Gruppenentscheidung nimmt jedoch ab, wenn opportunistisches Verhalten einzelner Gruppenmitglieder zu einer beabsichtigten Täuschung über den Wahrheitsgehalt von Informationen führt. Dies lässt sich allerdings weitgehend verhindern, wenn sichergestellt ist, dass die Standards integren Argumentierens befolgt werden. So lange also erwartet werden kann, dass die Gruppenmitglieder authentisch argumentieren und nicht vortäuschen, die beste Entscheidung zu suchen, während sie tatsächlich zur Durchsetzung eigener Entscheidungspräferenzen Informationen und Argumente vorbringen, deren Richtigkeit sie selbst bezweifeln, ist die Gefahr eines verzerrten Informationsaustausches zumindest reduziert.

3.3.2.3 Informationsauslese durch evaluative Interaktion

Dem CIS-Modell liegt die Annahme[584] zugrunde, dass ein verdecktes Profil gelöst wird und das Team damit zu einer optimalen Entscheidung gelangt, sofern es ihm nur gelingt, einen vollständigen Informationsaustausch herbeizuführen. Die jüngere Forschung zeigt jedoch, dass auch diese Einschätzung reale Gegebenheit nicht hinreichend widerspiegelt.[585] Eine entscheidende Rolle spielt hier die Bewertung von Informationen. Selbst wenn es der Gruppe gelingt, alle verfügbaren Informationen auszutauschen, ist damit noch längst nicht garantiert, dass diese auch tatsächlich in der Entscheidungsfindung berücksichtigt werden.[586]

Dies lässt sich anhand des so genannten *'Evaluative-Interaction'-Modells* nach PROPP verdeutlichen. Die Autorin unterscheidet zwischen Informationen mit positiver Valenz, die aufgabenrelevant sind und daher in Entscheidungen einfließen, und Informationen mit negativer Valenz, die im Rahmen der Entscheidungsfindung aufgrund mangelnder Aufgabenrelevanz nicht berücksichtigt werden. Nach PROPP durchlaufen Informationen im Entscheidungsprozess einer Gruppe insgesamt vier Stufen, in denen entscheidungsbezogene Informationen gefiltert werden.[587] Ausgangspunkt bildet der

---

[584] Vgl. hierzu sinngemäß die Prämisse 4.
[585] Vgl. GREITEMEYER/SCHULZ-HARDT (2003), S. 336.
[586] Vgl. MOJZISCH/SCHULZ-HARDT (2006), S. 318.
[587] Vgl. PROPP (1997), S. 429 f.

Wissensbestand jedes einzelnen Gruppenmitglieds. Dieser individuelle Informationspool wird geprägt durch die Kenntnisse und Erfahrungen sowie die gezielte Informationssuche der Mitglieder im Zuge der Entscheidungsvorbereitung. Die Aggregation der individuellen Informationspools ergibt den Informationspool der Gruppe, der die Summe aller Informationen darstellt, die der Gruppe zumindest potenziell zur Verfügung stehen. Die Ausschöpfung dieser potenziellen Informationsbasis als Voraussetzung einer möglichst rationalen Entscheidung macht Kommunikation innerhalb der Gruppe erforderlich. Nur diejenigen Informationen, welche innerhalb der Gruppe ausgetauscht werden, fließen in einem nächsten Schritt in einen kommunizierten Informationspool. Hier erfolgt sodann die Bewertung durch die Gruppenmitglieder. In einem letzten Schritt des Filterprozesses haben lediglich die positiv bewerteten Informationen Zugang zum finalen Informationspool der Gruppe, der die Basis der Gruppenentscheidung bildet.

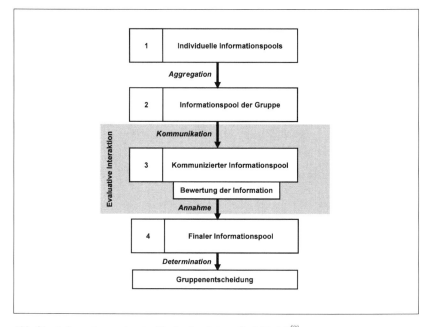

Abb. 21: Informationsauslese im 'Evaluative-Interaction'-Modell[588]

---

[588] Abbildung in Anlehnung an SCHAUENBURG (2004), S. 43.

Der Kernbereich des Modells, den PROPP als *evaluative Interaktion* bezeichnet, sind die Phasen des Übergangs vom Informationspool der Gruppe in den kommunizierten Pool und die anschließende Bewertung, ob eine Information im finalen Informationspool aufgenommen wird oder nicht (vgl. auch Abb. 21).

In der evaluativen Interaktion findet der argumentative Austausch zwischen den Gruppenmitgliedern statt, im Rahmen dessen die Informationen mit positiver oder negativer Valenz dargestellt werden. Während Informationen mit positiver Valenz mit Gründen gestützt werden, die deren Nützlichkeit für das zu lösende Problem hervorheben, konzentriert sich die Darstellung von Informationen mit negativer Valenz auf deren mangelnde Eignung und Relevanz. Die evaluative Interaktion stellt mithin einen gruppeninternen Diskussionsprozess zur Bewertung von Informationen dar. Sie liefert damit die entscheidende Grundlage für die durch die Gruppe zu treffende Entscheidung.

Interessenkonflikte innerhalb der Gruppe führen tendenziell zu einem größeren Informationspool als Interessenharmonie, da jedes einzelne Gruppenmitglied bemüht ist, dafür zu sorgen, dass präferenzkonsistente Informationen in den finalen Informationspool gelangen. Informationen, die gegen die eigenen Präferenzen sprechen, werden hingegen mit negativer Valenz präsentiert, um ihre Aufnahme in den finalen Informationspool zu verhindern. Somit ist auch die Bewertung von Informationen durch die Gruppe stets interessengefärbt.[589]

Diese Annahme ließ sich auch in einer Studie von GREITEMEYER/SCHULZ-HARDT bestätigen. Die Forscher kommen zu dem Ergebnis, dass präferenzkonsistente Informationen in aller Regel wichtiger und glaubwürdiger eingestuft werden als präferenzinkonsistente Informationen.[590] Daher neigen Teammitglieder dazu, an ihren suboptimalen Anfangspräferenzen festzuhalten, selbst nachdem bereits alle relevanten Informationen ausgetauscht wurden.[591] Eine solche Bewertungsverzerrung zugunsten präferenzkonsistenter Informationen gilt aber letztlich auch für geteilte Informationen, da durch den Austausch eine soziale Validierung erfolgt.[592]

---

[589] Vgl. PROPP (1997), S. 429 ff.
[590] Vgl. GREITEMEYER/SCHULZ-HARDT/FREY (2003), S. 20.
[591] Vgl. GREITEMEYER/SCHULZ-HARDT (2003), S. 336 f.
[592] Vgl. WITTENBAUM/HUBBELL/ZUCKERMAN (1999), S. 977.

3.3.2.4 Resümee

Zusammengefasst lässt sich feststellen, dass den Studien von STASSER/TITUS das große Verdienst zugute kommt, auf das Problem des verzerrten Informationsaustausches in Gruppen aufmerksam gemacht zu haben. Sie haben einen wichtigen Anstoß für eine neue Ausrichtung der Kleingruppenforschung geliefert. Eine intensive Auseinandersetzung mit dem von STASSER/TITUS vorgelegten Erklärungsansatz sowie darauf aufbauende Folgeuntersuchungen haben entscheidend zur Ableitung von Handlungsempfehlungen beigetragen, mit denen eine bessere Ausschöpfung des Wissensvorsprungs von Gruppen im Rahmen der Entscheidungsfindung gelingen kann.[593] Die Untersuchungen zeigen aber auch, dass das CIS-Modell aufgrund seiner starken Vereinfachung realer Gegebenheiten nicht in der Lage ist, die tatsächlich in Gruppen ablaufenden Prozesse adäquat abzubilden. So werden in dem probabilistischen Modell wichtige psychologische Faktoren, die die Motivation zum Informationsaustausch beeinflussen, gänzlich ausgeblendet.[594]

MOJZISCH/SCHULZ-HARDT plädieren daher für eine integrierte Betrachtung verschiedener Erklärungsansätze, in denen neben dem rein stochastischen Nennungsvorteil geteilter Informationen auch die unterschiedlichen Interessen der Gruppenmitglieder sowie die Bewertung von Informationen berücksichtigt werden. Auf Basis der bisherigen Forschungsergebnisse kommen die Autoren zu dem Schluss, dass insgesamt drei Prozesse für das Scheitern von Gruppen in 'Hidden Profile'-Situationen verantwortlich sind. Im Sinne des 'Preference Negotiation'-Modells konzentrieren sich Gruppen zunächst einmal stärker auf den Austausch von individuell präferierten Entscheidungsalternativen als den Austausch von vorliegenden Informationen zum Entscheidungsproblem. In einer 'Hidden Profile'-Situation führt die vorschnelle Einigung auf die dominante Entscheidungspräferenz der Gruppe somit zu einer suboptimalen Lösung. Selbst wenn sich diese Hürde überwinden ließe, und es zu einem Austausch relevanter Informationen käme, verfehlen die Gruppenmitglieder die bestmögliche Lösung, da der Informationsaustausch aufgrund des Nennungsvorteils geteilter und präferenzkonsistenter Informationen verzerrt ist. Schließlich führt auch ein Austausch aller relevanten Informationen nicht automatisch zu einer optimalen Entscheidung, da eine verzerrte Bewertung der Informationen zugunsten geteilter und präferenzkonsistenter Infor-

---

[593] Siehe hierzu ausführlich Kapitel F.
[594] So auch die Kritik von WITTENBAUM/HOLLINGSHEAD/BOTERO (2004), S. 304; WITTENBAUM/HUBBELL/ZUCKERMAN (1999), S. 967; WITTENBAUM/STASSER (1996), S. 25 ff.

mationen ein Festhalten an der anfänglichen suboptimalen Entscheidungspräferenz begünstigt.[595] Die drei Prozesse werden in Abbildung 22 illustriert.

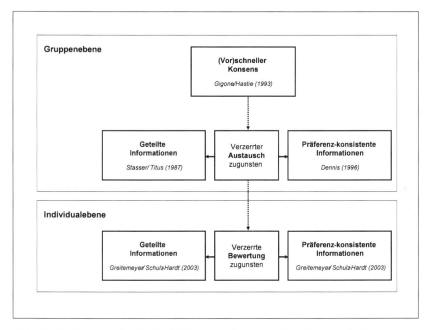

Abb. 22: Erklärungsansätze für das Scheitern von Gruppen bei der Lösung verdeckter Profile[596]

Jeder der drei Prozesse fungiert bereits als eine hinreichende Barriere zur Lösung eines verdeckten Profils. Die drei Prozesse stehen in einer komplementären Beziehung zueinander. So könnte ein voreiliger Konsens auf eine suboptimale Entscheidungsalternative durch eine ausgewogene Diskussion der ungeteilten Informationen überwunden werden. Hiermit ist allerdings nicht zu rechnen, da in der Diskussion gemäß dem CIS-Modell der stochastisch nachgewiesene Nennungsnachteil ungeteilter Informationen liegt.[597] Ferner liegt in dem Austausch ungeteilter Informationen die Möglichkeit, gegenseitige Fehlerkorrekturen in Bezug auf die suboptimalen Anfangspräferenzen

---

[595] Vgl. MOJZISCH/SCHULZ-HARDT (2006), S. 319. Siehe ferner auch BRODBECK ET AL. (2007), S. 462 ff., die die genannten Asymmetrien der Informationsverarbeitung in die drei Kategorien *negotiation focus*, *discussion bias* und *evaluation bias* unterteilen.

[596] In Anlehnung an MOJZISCH/SCHULZ-HARDT (2006), S. 320.

[597] Vgl. WINQUIST/LARSON (1998), S. 375 f.

vorzunehmen. Diese werden jedoch durch verzerrte Bewertungen zugunsten geteilter und präferenzkonsistenter Informationen verhindert. Folglich haben Gruppen mehrere Barrieren auf der Gruppen- und Individualebene zu überwinden, um in 'Hidden Profile'-Situationen eine möglichst rationale Entscheidung treffen zu können. Dies erklärt MOJZISCH/SCHULZ-HARDT zufolge auch, warum die meisten Interventionen bislang wenig erfolgreich waren.[598] Interventionen sind nur dann wirksam, wenn sie in der Lage sind, die Barrieren aller drei Prozesse zu überwinden.[599] Dies gilt es mit Blick auf die Herleitung von Handlungsempfehlungen zu berücksichtigen.

3.3.3 Grundzüge eines transaktiven Wissenssystems

Mitte der 1980er Jahre wurde von WEGNER das Konzept des Transactive Memory bzw. des transaktiven Wissenssystems[600] vorgelegt, das ebenfalls auf einer Betrachtung der Gruppe als ein informationsverarbeitendes System beruht.[601] Ein transaktives Wissenssystem stellt ein prototypisches Modell für das Zusammenwirken individueller und sozialer Prozesse in einer Gruppe dar und lässt sich prägnant umschreiben als „Wissen, das jedes Gruppenmitglied über das Wissen der anderen Gruppenmitglieder hat."[602] Es entsteht in einer Gruppe über die Prozesse der Kommunikation und Interaktion zwischen den Gruppenmitgliedern und spielt für die Qualität von Top Management-Entscheidungen eine entscheidende Rolle.[603]

Im Anschluss an WEGNER/GIULIANO/HERTEL setzt sich ein transaktives Wissenssystem aus einer Strukturkomponente und einer Prozesskomponente zusammen.[604] Die *Strukturkomponente* stellt einen organisierten Wissensspeicher dar, der im individuellen Gedächtnis jedes einzelnen Mitglieds der Gruppe enthalten ist. Die dynamische *Prozesskomponente* kennzeichnet transaktive, wissensbasierte Prozesse zwischen den Mitgliedern einer Gruppe. Ein transaktives Wissenssystem basiert damit auf Gedächt-

---

[598] Zu den bisher wirkungslosen Interventionen siehe nur KERSCHREITER ET AL. (2003), S. 96 ff. sowie STASSER (1999), S. 53 f.

[599] Vgl. MOJZISCH/SCHULZ-HARDT (2006), S. 320.

[600] Der deutsche Begriff des transaktiven Wissenssystems geht auf BRAUNER (2002) zurück. Siehe hierzu BECKER/DUSCHEK/BRAUNER (2002), S. 14.

[601] Vgl. WEGNER (1987) sowie auch ANAND/MANZ/GLICK (1998), S. 797 f.; BRANDON/HOLLINGSHEAD (2004), S. 633 ff.; HOLLINGSHEAD (1998), S. 425 ff.; HOLLINGSHEAD (2000), S. 258 f.; MORELAND (1999), S. 5 ff.; MORELAND/ARGOTE/KRISHNAN (1996), S. 63 ff.

[602] BRAUNER (2003), S. 58.

[603] Vgl. WEGNER (1987), S. 186, 194.

[604] Vgl. hierzu WEGNER/GIULIANO/HERTEL (1985), S. 256.

nissystemen einzelner Gruppenmitglieder, die durch Kommunikation und Interaktion verknüpft werden. Dieses Netzwerk eröffnet jedem Mitglied die Möglichkeit, neben den eigenen Gedächtnisinhalten auf das gespeicherte Wissen der anderen Mitglieder wie bei anderen externen Speichern (Computer, Bücher, Berichte, Dokumente etc.) zuzugreifen. Für die effektive Nutzung von Gruppenmitgliedern als externe Speicher ist es nicht erforderlich, dass der Nutzer selbst über *Objektwissen*, d. h. (Detail-)Wissen auf dem betreffenden Gebiet, verfügt.[605] Er sollte jedoch ein Label oder einen Überbegriff für die entsprechende Information bilden und wissen, wo die Information abrufbar ist, wenn sie benötigt wird. Dieses Wissen wird als *Metawissen* bezeichnet. Metawissen kann sich sowohl auf den eigenen Informations- und Kenntnisstand als auch auf das Wissen anderer Gruppenmitglieder beziehen.

Das Verhältnis zwischen Metawissen und Objektwissen kann zwei Ausprägungsformen annehmen. Eine *integrierte Struktur* liegt vor, wenn sowohl Metawissen als auch Objektwissen geteilt wird. Eine *differenzierte Struktur* bezeichnet hingegen ein hohes Maß an geteiltem Metawissen bei ungeteiltem Objektwissen.[606] Ein transaktives Wissenssystem setzt sich aus geteiltem Metawissen und geteiltem sowie ungeteiltem Objektwissen zusammen.[607] Um die Vorteile des Systems nutzen zu können, muss die Gruppe über geteiltes Metawissen verfügen.[608] Darüber hinaus ist in jeder Gruppe auch ein Mindestmaß an Übereinstimmung des Objektwissens erforderlich, z. B. Wissen über Normen und Routinen, damit eine Gruppe effektiv zusammenarbeiten kann.

Die Entwicklung eines funktionierenden transaktiven Wissenssystems ist zeitintensiv und erfordert kontinuierliche Interaktion und Kommunikation zwischen den Gruppenmitgliedern.[609] Sie erfolgt über zwei zentrale Prozesse:

- Speicherung von Wissen auf der Metaebene (*directory updating*),
- Zuweisung von Wissen auf der Objektebene (*information allocation*).[610]

Bei der *Speicherung von Metawissen* steht die Aktualisierung des jeweiligen Verzeichnisses im Mittelpunkt. Hier geht es um den Aufbau und die kontinuierliche Er-

---

[605] Vgl. BRAUNER (2003), S. 63.
[606] Vgl. WEGNER/GIULIANO/HERTEL (1985), S. 263 ff.
[607] Vgl. BRAUNER (2003), S. 64.
[608] Vgl. BRODBECK ET AL. (2007), S. 469.
[609] Vgl. HOLLINGSHEAD (1998), S. 427; HOLLINGSHEAD (2000), S. 258.
[610] Vgl. WEGNER (1995), S. 324 f.

neuerung des Wissens über den Wissensbestand der anderen Gruppenmitglieder. Der Aufbau eines Verzeichnisses wird initialisiert durch die anfänglich noch recht undifferenzierte Wahrnehmung der Eigenschaften des Gegenübers. Durch verbale und nonverbale Kommunikation vermitteln die Gruppenmitglieder Informationen über ihre Eigenschaften, Präferenzen, Einstellungen, Wissen und Fähigkeiten. Die übrigen Gruppenmitglieder nehmen diese Informationen auf, speichern sie im Gedächtnis und rufen sie bei Bedarf ab. Im Anfangsstadium einer Gruppe verlassen sich die Mitglieder noch auf oberflächliche Hinweisreize, da ihnen das konkrete Wissen über die anderen Mitglieder fehlt.[611] Stereotypen und Vorurteile hinsichtlich des Geschlechts, des funktionalen Hintergrunds, des Alters etc. prägen allerdings häufig ein falsches Bild. Das Verzeichnis verfeinert sich somit erst im Laufe der Zeit durch Beobachtungen und Erfahrungen.[612]

Die *Zuweisung von Objektwissen* zu individuellen Personen bezeichnet WEGNER als Allokation von Informationen.[613] Der Allokation von Informationen wird eine hohe Bedeutung beigemessen, da Informationen, die nicht an den jeweils zuständigen Experten weitergegeben werden, häufig verloren gehen und infolgedessen für eine Gruppe wertlos werden. Durch die Allokation von Informationen kommt es zu einer progressiven Differenzierung des transaktiven Wissenssystems.[614] Der Handlungsspielraum einer Gruppe erweitert sich durch die zunehmende kognitive Spezialisierung ihrer Mitglieder, da sie durch die Zuweisung von Objektwissen über mehr Expertise verfügen.[615] Dieser Prozess wird für die Gruppe allerdings nur dann von Vorteil sein, wenn es den Gruppenmitgliedern zugleich gelingt, das transaktive Wissenssystem durch kontinuierliche Erneuerung ihres Metawissens effizient zu nutzen.

Insbesondere für Top Management Teams, deren Leitungsaufgaben durch ein hohes Maß an Komplexität charakterisiert sind, erscheint (kognitive) Arbeitsteilung zwischen den Mitgliedern des Teams unabdingbar. Hier ist ein hohes Maß an ungeteiltem Objektwissen für eine hohe Entscheidungsqualität prinzipiell von Vorteil, da nur auf diese Weise die Perspektivenvielfalt der Gruppe fruchtbar in die Entscheidungen ein-

---

[611] Vgl. BRANDON/HOLLINGSHEAD (2004), S. 641; WEGNER (1987), S. 191.
[612] Vgl. BRAUNER (2003), S. 65.
[613] Vgl. WEGNER (1995), S. 325.
[614] Vgl. BRAUNER (2003), S. 66; WEGNER (1987), S. 192; WEGNER/GIULIANO/HERTEL (1985), S. 263 ff.
[615] Vgl. BRANDON/HOLLINGSHEAD (2004), S. 633.

fließen kann. Die Etablierung und Pflege eines transaktiven Wissenssystems stellt damit eine wichtige Voraussetzung für die effektive Zusammenarbeit eines Top Management Teams dar.

4. Input-Variablen

Die beiden Prozesskomponenten „Fairness der Diskussion" und „Ausschöpfung des Wissenspools" dienen als zentrale Maßstäbe zur Beurteilung der Güte des Diskussionsverhaltens im Vorstand. Als Inputgrößen sind im nächsten Schritt Bedingungen zu identifizieren, die eine möglichst faire und fundierte Diskussion ermöglichen. Zur Systematisierung solcher generellen Handlungsbedingungen effektiver Zusammenarbeit in Top Management Teams wird auf das von SCHOLL entwickelte Modell effektiver Teamarbeit rekurriert. Im Unterschied zu den meisten Teameffektivitätsforschern gelingt es SCHOLL, Erkenntnisse über den Gruppenprozess in sein differenziertes Kausalmodell zu integrieren und auf dieser Grundlage direkte und indirekte Determinanten der Teameffektivität abzuleiten. Das Modell beruht auf einem generellen theoretischen Bezugsrahmen zur interdisziplinären Analyse sozialer Interaktionen.[616] Es verfolgt damit den Anspruch, auf verschiedene Teamtypen anwendbar zu sein. Der Nachteil eines universal gültigen Modells liegt allerdings in der Vernachlässigung der jeweilige Eigenheiten und Spezifika bestimmter Teamarten.[617] Wie die bisherigen Ausführungen zu den Output- und Prozess-Variablen eines Top Management Teams verdeutlichen, macht es aber durchaus Sinn, teamspezifische Besonderheiten zu berücksichtigen. Gleichwohl liefern die allgemeinen Erkenntnisse von SCHOLL eine gute Ausgangsbasis für den weiteren Gang der Untersuchung. Im Folgenden sollen daher wesentliche Komponenten des Modells übernommen und in den Kontext effektiver Top Management Teamarbeit eingebettet werden.

Die Effektivität eines Teams wird nach SCHOLL durch zwei Größen bestimmt: a) der *Wissenszuwachs* in Bezug auf die aufgabenbezogenen Probleme und die Zusammenarbeit des Teams und b) die *Handlungsfähigkeit* des Teams. Die Handlungsfähigkeit eines Teams bezeichnet sein Potenzial, relevante Probleme zu analysieren und Entscheidungsprozesse voranzutreiben (Entscheidungsfähigkeit) sowie die zielbezogene Umsetzung der getroffenen Entscheidungen und die Akzeptanz der Maßnahme sicher-

---

[616] Vgl. SCHOLL (1996), S. 127.
[617] Zu den verschiedenen Teamtypen siehe oben, S. 84 f.

zustellen (Implementierungsfähigkeit).[618] Beide Determinanten korrespondieren weitgehend mit den oben abgeleiteten Gütekriterien des Diskusssionsverhaltens in Top Management Teams. Der Wissenszuwachs bzw. die Ausschöpfung des Wissenspools eines Teams führt zu besseren Problemlösungen bzw. Entscheidungen. Er ist damit insbesondere auf den oberen Ebenen der organisationalen Hierarchie von zentraler Bedeutung, da hier im Gegensatz zu den unteren Hierarchieebenen keine einfachen Routineaufgaben, sondern komplexe Entscheidungsaufgaben zu bewältigen sind.[619]

Zur Ableitung von Bedingungen, unter denen Wissenszuwachs und Handlungsfähigkeit eines Teams erzielt werden können, greift SCHOLL auf zwei Grunddimensionen sozialer Interaktion zurück: a) die Koordination von Handlungen über Affiliation bzw. Synchronisation individueller Aktivitäten und b) die Koordination von Handlungen über Dominanz bzw. Hierarchisierung durch die Ausübung von Macht und Einfluss.[620] Die Synchronisation individueller Handlungen wird erleichtert, wenn zwischen den Teammitgliedern eine Übereinstimmung im Denken (kognitiv), Fühlen (affektiv), Wollen (konativ) und Sollen (normativ) besteht.[621]

4.1 Kognitive, affektive, konative und normative Kongruenz

Die *kognitive Kongruenz* bezeichnet das Maß für die inhaltliche Ähnlichkeit oder Unterschiedlichkeit der Kognitionen der Mitglieder eines Teams. Kognitive Übereinstimmung liegt vor, wenn sich die Wahrnehmungen, Begrifflichkeiten, Erinnerungen, Überzeugungen und Schlussfolgerungen von zwei oder mehreren Personen decken. Für die Bezeichnung der jeweiligen Ausprägung kognitiver Übereinstimmung wird in der Literatur häufig auch das Begriffspaar „Konsens/Dissens" verwendet. Auf die Ausschöpfung des Wissenspools hat der jeweilige Grad kognitiver Übereinstimmung unterschiedliche Auswirkungen. Zum einen wird eine Diskussion erleichtert, wenn die

---

[618] Vgl. SCHOLL (2003), S. 5; SCHOLL (2004), S. 108 ff.
[619] Vgl. SCHOLL (1996), S. 134 f.
[620] Vgl. SCHOLL (2003), S. 9; SCHOLL (1996), S. 130. Die folgenden Ausführungen konzentrieren sich zunächst auf die Synchronisation individueller Aktivitäten. Die Frage der Ausübung von Macht und Einfluss als Mittel zur Koordination von Handlungen wird im Rahmen der Erörterung der Funktion des Vorstandsvorsitzenden noch einmal aufgegriffen.
[621] Vgl. SCHOLL (2003), S. 10. Darüber hinaus nennt SCHOLL als einen weiteren Aspekt die fähigkeitsbezogene Übereinstimmung, die sich im Gegensatz zur kognitiven Übereinstimmung nicht auf das geteilte explizite Wissen, sondern auf das geteilte implizite Wissen bzw. Können bezieht. Im Kontext von Top Management Teams kann eine solche begriffliche Feinheit jedoch vernachlässigt werden. Die Diversität der Fähigkeiten und Kompetenzen wird daher im Folgenden unter dem Begriff der kognitiven Kongruenz subsumiert.

Teilnehmer einer Diskussion gleiche Ansichten und Meinungen vertreten. Auf der anderen Seite steigt die kognitive Rationalität einer Teamentscheidung in aller Regel erst durch eine kontroverse Diskussion, da nur so gegenseitige Fehlerkorrekturen zwischen den Akteuren vorgenommen werden können, zu denen Personen mit hoher kognitiver Übereinstimmung nicht in der Lage sind.[622] Da allerdings mit wachsender Meinungsverschiedenheit die Verständigung zwischen den Diskussionspartnern beeinträchtigt wird, hat nach SCHOLL der Grad kognitiver Übereinstimmung einen kurvilinearen Effekt auf den Wissenszuwachs. Bei einem ausgeprägten Konsens können die einzelnen Teammitglieder nur wenig voneinander lernen. Bei großen Meinungsunterschieden besitzen Teammitglieder im Extremfall allerdings nicht mehr die Fähigkeit, den Diskussionspartner zu verstehen, obgleich sie viel voneinander lernen könnten.[623] Der Kurvilinearitätsthese zufolge gelingt eine optimale Ausschöpfung des Wissenspools des Teams daher nur unter der Bedingung einer mittleren kognitiven Übereinstimmung.[624] Allerdings weist SCHOLL darauf hin, dass der kurvilineare Effekt empirisch bislang noch nicht bestätigt werden konnte, da die Variablen der kognitiven Übereinstimmung und Wissenszuwachs nur indirekt erfasst wurden. Es existieren zwar Studien, die belegen, dass kontroverse Diskussionen zu besseren Entscheidungen führen. Der Wissenszuwachs wurde in diesen Untersuchungen allerdings nicht gemessen.[625]

Die emotionale Übereinstimmung bzw. *affektive Kongruenz* wird definiert als die funktionale Vereinbarkeit der Gefühle von Personen. Sie äußert sich in wechselseitiger Sympathie. Für die Teamarbeit spielt affektive Kongruenz zwischen den Teammitgliedern eine wichtige Rolle, da sie die Zusammenarbeit fördert und den Diskussionsprozess erleichtert. Sympathie trägt zu Offenheit und Vertrauen bei und ist damit eine wichtige Voraussetzung für eine faire Argumentation. Sie ermöglicht eine höhere Aufmerksamkeit gegenüber dem Diskussionspartner, erleichtert das Zuhören und lässt

---

[622] Vgl. HILL (1982), S. 525; HINSZ (1990), S. 705.

[623] So wurde bereits an anderer Stelle festgestellt, dass ein Mindestmaß an übereinstimmendem *Objektwissen* erforderlich ist, damit eine Gruppe effektiv zusammenarbeiten kann. Siehe in diesem Zusammenhang nochmals die Ausführungen zum transaktiven Wissenssystem, S. 154 ff.

[624] Vgl. SCHOLL (2003), S. 13.

[625] Siehe exemplarisch nur SMITH ET AL. (1986), S. 246; TJOSVOLD (1985), S. 23 f.

Kritik und offene Meinungsäußerungen wohlmeinend und sachlich erscheinen. Dadurch wirkt sie sich auch positiv auf die Ausschöpfung des Wissenspools aus.[626]

Die *konative Kongruenz* beschreibt das Ausmaß der Bereitschaft zur Kooperation. Sie beruht entweder auf einer generellen Motivation zu kooperativem Verhalten oder der Einsicht, dass sich Kooperation in einer spezifischen Situation lohnt. Fehlende konative Übereinstimmung ist allerdings nicht mit einem Interessenkonflikt gleichzusetzen. Die Intention zur Kooperation der Interaktionspartner stellt vielmehr eine ideale Voraussetzung zur Lösung bestehender Interessenkonflikte dar. Konative Nichtübereinstimmung bzw. die Neigung zur Konkurrenz in der Zusammenarbeit kann dagegen einen bereits existierenden Interessenkonflikt verstärken.[627] Kooperation ermöglicht eine bessere Ausschöpfung des vorhandenen Wissens, da ein intensiver, offener und weniger verzerrter Informationsaustausch unter den Teammitgliedern gefördert wird. So ließen sich einer klassischen Studie von DEUTSCH zufolge unter der Bedingung von Kooperation eine höhere Beachtung der Informationen der Diskussionspartner sowie eine höhere Akzeptanz ihrer Vorschläge und Argumente im Hinblick auf die strittige Frage konstatieren.[628] Ferner stellt Kooperation – wie an anderer Stelle ausführlich erläutert wurde – ein präskriptives Zielmerkmal einer Argumentation dar. Empirisch nachgewiesene Reaktionen auf unkooperative Verhaltensweisen in Diskussionen reichen kurzfristig von schlichtem Übergehen oder direktem Ansprechen bis hin zum offenen Abbruch der Diskussion. Langfristig beeinträchtigt mangelnde Kooperation die Diskussionskultur durch Vertrauensverlust sowie einer fehlenden Bereitschaft zur Teilnahmen an Diskussionen.[629]

Die *normative Kongruenz* als letzte Handlungsbedingung effektiver Teamarbeit beschreibt das Ausmaß der Übereinstimmung von Normen, die die Teammitglieder für richtig erachten. Sie prägen den Arbeitsstil des Teams.[630] Für das vorliegende Effektivitätsmodell eines Top Management Teams sind vor allem Normen bezogen auf das

---

[626] Vgl. SCHOLL (2003), S. 11; SCHOLL (2004), S. 122. Dieser Zusammenhang ließ sich auch empirisch bestätigen. Siehe hierzu SCHOLL (1996), S. 142.
[627] Vgl. SCHOLL (2003), S. 10.
[628] Vgl. DEUTSCH (1949b), S. 217 ff. und hierzu auch sogleich ausführlich unten, S. 206 ff. In diesem Sinne auch SCHOLL (1996), S. 142, der einen empirischen Nachweis über den Zusammenhang zwischen konativer Übereinstimmung und Wissenszuwachs liefern konnte.
[629] Vgl. hierzu nochmals oben, S. 130 ff.
[630] Vgl. SCHOLL (2003), S. 15. Siehe ferner auch JEHN (1994), S. 224; JEHN/MANNIX (2001), S. 241.

teaminterne Diskussionsverhalten von Interesse, die die Etablierung einer offenen Diskussionskultur fördern.[631] Normative Einflüsse können einerseits einen direkten Einfluss auf das Diskussionsverhalten eines Top Management Teams ausüben. So trägt eine offene Diskussionskultur maßgeblich dazu bei, ob und in welcher Art und Weise in einem Top Management diskutiert wird. Andererseits erfolgt der normative Einfluss aber auch indirekt über die anderen Übereinstimmungsvariablen. So wird sich eine offen gelebte Diskussionskultur ebenfalls positiv auf die Wertschätzung kognitiver Heterogenität, die Kooperationsbereitschaft und die wechselseitige Sympathie der Teammitglieder auswirken.[632]

4.2 Wechselwirkungen zwischen Kongruenzfaktoren

Zwischen kognitiver, affektiver und konativer Übereinstimmung besteht aber auch eine positive Interdependenz. Eine Erklärung für diesen Zusammenhang liefern die aus der Sozialpsychologie stammenden konsistenztheoretischen Ansätze, die eine wechselseitige Beeinflussung des Denkens (Kognition), Fühlens (Affekt) und Wollens (Konation) annehmen.[633] Die Ähnlichkeit der Kognitionen beeinflusst den Grad der Sympathie und dieser umgekehrt die Angleichung von Meinungen, da ein sympathischer Mensch eine höhere Überzeugungskraft besitzt.[634] Gegenseitige Wertschätzung erhöht zudem die Bereitschaft, sich kooperativ zu verhalten, da sie ein positives Gefühl gegenüber den Sichtweisen des Diskussionspartners hervorruft.[635] Die Kooperationsbereitschaft wird von den übrigen Teammitgliedern auch wahrgenommen, so dass sie ihrerseits wiederum die Sympathie verstärkt.[636] Sie wirkt sich aber auch positiv auf die Konsensfindung bzw. kognitive Kongruenz aus. Die in der Wechselwirkung zwischen den drei Variablen der Übereinstimmung zum Ausdruck kommende menschli-

---

[631] Vgl. AMASON/SAPIENZA (1997), S. 500; JEHN (1995), S. 263; JEHN (1997), S. 533.

[632] Vgl. SCHOLL (2003), S. 16 und in speziell in Top Management Teams ferner auch AMASON/SAPIENZA (1997), S. 500 ff.

[633] Vgl. SCHOLL (2004), S. 124. Zu den bedeutendsten Konsistenztheorien zählen neben der Theorie der kognitiven Dissonanz von FESTINGER (1957), die auf HEIDER (1958) zurückgehende Balance-Theorie, die Kongruenztheorie von OSGOOD/TANNENBAUM (1955) und die Theorie der affektiv-kognitiven Konsistenz von ROSENBERG (1956, 1960a, 1960b). Zusammenfassungen der Theorien liefern STAHLBERG/FREY (1997) und FREY/BENNING (1997).

[634] Nach SCHOLL basiert dieser Zusammenhang auf der Balance-Theorie von HEIDER (1958). Vgl. SCHOLL (2003), S. 17. Siehe hierzu ferner auch BARSADE ET AL. (2000), S. 805 ff.

[635] Vgl. BARSADE (2002), S. 651; TJOSVOLD (1984), S. 757.

[636] In Anlehnung an FISHBEIN/AJZEN (1975) handelt es sich hierbei um eine Einwirkung der Einstellung (Sympathie) auf die Verhaltensabsicht (Kooperationsbereitschaft) und das Verhalten (Kooperation). Die Rückwirkung des Verhaltens auf die Einstellung lässt sich mit der Dissonanztheorie nach FESTINGER (1957) erklären. Vgl. hierzu SCHOLL (2003), S. 17.

che Konsistenzbestrebung zwischen dem Denken, Fühlen und Wollen ließ sich im Übrigen auch empirisch bestätigen.[637]

Mit Blick auf die Teameffektivität erscheint diese wechselseitig positive Beeinflussung der drei Übereinstimmungsvariablen jedoch aus zwei Gründen nicht ganz unproblematisch. Zum einen erhöht sie das Risiko der Polarisierung in der Zusammenarbeit. So trägt die positive Interdependenz zwischen den Variablen maßgeblich dazu bei, dass die teaminternen Beziehungen entweder zu der positiven Ausprägung von Konsens, Sympathie und Kooperation oder zum negativen Gegenpol von Dissens, Antipathie und Konkurrenz neigen. Zum anderen wird die optimale Ausschöpfung des Wissenspools über den Diskussionsprozess nur schwer gelingen, da der Zusammenhang zwischen kognitiver Übereinstimmung und dem Wissenszuwachs nicht wie bei der affektiven und konativen Übereinstimmung linear, sondern kurvilinear verläuft. Nach der Kurvilinearitätsthese lernen Teammitglieder, die sich in kognitiver Hinsicht entweder stark gleichen oder stark unterscheiden, nur wenig voneinander. Mit Blick auf die zuvor festgestellte Polarisierungstendenz neigen die Beziehungen folglich zu den Extremausprägungen sehr niedriger oder sehr hoher kognitiver Übereinstimmung, die bekanntermaßen mit negativen Folgen für die Ausschöpfung des Wissenspools verbunden ist.[638]

Im negativen Fall werden die Meinungsdifferenzen zwischen Teammitgliedern, die sich unsympathisch sind und nicht miteinander kooperieren wollen, stetig zunehmen. Dadurch verringert sich der Grad kognitiver Übereinstimmung und der Diskussionsprozess wird nur noch bestimmt durch eine Austragung von Meinungsunterschieden. Bemühungen um gegenseitige Annäherung rücken in den Hintergrund. Im positiven Fall kann eine (zu) starke wechselseitige Zuneigung und eine (zu) hohe Kooperationsbereitschaft die Teameffektivität dadurch hemmen, dass Meinungsunterschiede verschwiegen werden, um das gute Arbeitsklima und die Harmonie im Team nicht zu gefährden.[639]

---

[637] So hat SCHOLL in seiner empirischen Studie zwischen kognitiver und affektiver Übereinstimmung eine Korrelation von +.51*** (n = 133), zwischen kognitiver und konativer Übereinstimmung eine Korrelation von +.54*** (n = 133) und zwischen affektiver und konativer Übereinstimmung eine Korrelation von immerhin +.85*** festgestellt. Vgl. SCHOLL (1996), S. 142 f.

[638] Vgl. SCHOLL (2003), S. 18; SCHOLL (2004), S. 125.

[639] Vgl. JANIS (1983), S. 174 f. und hierzu auch ausführlich unten, S. 196 ff.

Ein Team, das kontrovers diskutiert, wird hingegen negative Auswirkungen auf die affektive und konative Übereinstimmung in Kauf nehmen müssen, was wiederum den Wissenszuwachs reduziert. Die Instabilität einer kontrovers und konstruktiv-sachlich gehaltenen Diskussion, die nur bei mäßiger Sympathie und Kooperationsbereitschaft zu erzielen ist, liegt in der Tendenz zur Polarisierung begründet. Durch wechselseitige Verstärkungseffekte kommt es aufgrund mäßiger Sympathie und Kooperationsbereitschaft schnell zu Abneigung, Konkurrenz, unüberbrückbaren Meinungsverschiedenheiten sowie einer Zunahme von Strategien und Taktiken unfairer Argumentationen, so dass das Diskussionsverhalten am Ende dysfunktionale Formen annimmt.[640] Eine optimale Konstellation der Übereinstimmungsgrößen liegt folglich in einer mittleren kognitiven Kongruenz bei gleichzeitig hoher affektiver und konativer Übereinstimmung. Eine wesentliche Schwierigkeit für die später noch abzuleitenden Maßnahmen und Empfehlungen wird vor allem darin liegen, diese instabile Optimalitätsbedingung auch praktisch herzustellen. So muss verhindert werden, dass das Team in dem Kräftefeld zwischen unüberwindbaren Differenzen auf der einen Seite und übertriebener Einmütigkeit auf der anderen Seite in das eine oder andere Extrem verfällt.

5. Zusammenfassung des Effektivitätsmodells

Die bisher erörterten Input-, Prozess- und Output-Komponenten lassen sich nun – basierend auf dem funktionalen Ansatz der Kleingruppenforschung – zu einem Gesamtmodell der Effektivität eines Top Management Teams zusammenfügen (vgl. Abb. 23).

Die übergeordnete Zielsetzung eines Top Management Teams wie dem Vorstand einer deutschen Aktiengesellschaft kann allgemein in der *Steigerung der unternehmerischen Performance* gesehen werden. Da der Handlungsspielraum eines Top Management Teams aber (mehr oder weniger) beschränkt ist, kann es dieses Ziel bestenfalls mittelbar beeinflussen. Unmittelbaren Einfluss hat es jedoch auf Entscheidungen, die eine Steigerung der unternehmerischen Performance bewirken sollen. Seine originäre Aufgabe besteht daher darin, im Rahmen strategischer Entscheidungsprozesse Beschlüsse zu fassen (Prozess-Ergebnis), die der Steigerung der unternehmerischen Performance (wirtschaftliches Ergebnis) dienen. Als Output eines Top Management Teams ist folglich die (strategische) *Entscheidung* des Teams zu betrachten.

---

[640] Vgl. SCHOLL (2003), S. 18 f.

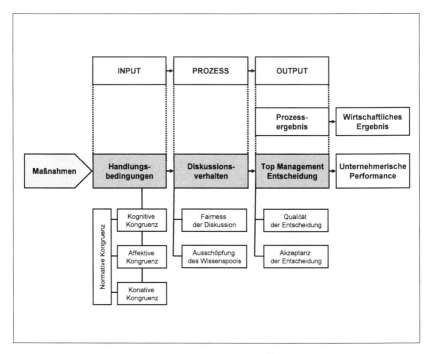

Abb. 23: **Effektivitätsmodell eines Top Management Teams**[641]

Die Güte des Outputs eines Top Management Teams lässt sich anhand von zwei Kriterien bestimmen: die *Qualität* und die *Akzeptanz* der getroffenen Entscheidung. Die Qualität der Entscheidung als erstes Gütekriterium ist abhängig von ihrer Fundierung bzw. *kognitiven Rationalität*. Da Top Manager im Realkontext stets unter der Bedingung begrenzter Rationalität handeln, können sich rationale Entscheidungen ex post zwar durchaus auch als negativ für die Performance eines Unternehmens erweisen. Mit zunehmendem Rationalgehalt steigt jedoch annahmegemäß die Wahrscheinlichkeit, dass sich diese positiv auf den Erfolg des Unternehmens auswirkt.[642] Die Akzeptanz der Entscheidung als zweites Gütekriterium steigert die *Motivation* ihrer Umsetzung. Sie stellt damit vor allem bei kollektiven Entscheidungsprozessen eine notwendige Voraussetzung für ihre Erfolgswirksamkeit dar.

---

[641] Eigene Darstellung.
[642] Vgl. hierzu KRASSER (1995), S. 67.

Die beiden Gütekriterien der Entscheidung werden maßgeblich durch die Art und Weise des Entscheidungs- bzw. Diskussionsprozesses innerhalb des Top Management Teams beeinflusst. Der Fokus des vorliegenden Effektivitätsmodells ist daher auf das teaminterne *Diskussionsverhalten* als Prozess-Variable gerichtet. Hierbei geht es um den Austausch von Argumenten und Informationen zwischen den Teammitgliedern zur Lösung eines (in der Regel komplexen) Managementproblems. Während die Akzeptanz der Entscheidung primär durch die *Fairness der Diskussion* und sekundär durch die *Ausschöpfung des Wissenspools* bestimmt wird, hängt die Entscheidungsqualität primär von der Ausschöpfung des Wissenspools und sekundär von der Fairness der Diskussion ab. Eine faire Diskussion liegt vor, wenn der Diskussionsprozess den Anforderungen einer als idealtypisch zu bezeichnenden Argumentation entspricht. Die Ausschöpfung des Wissenspools erfolgt über Informationsverarbeitungsprozesse der Gruppe (soziale Kognition). Sie gelingt über den möglichst unverzerrten Austausch aller verfügbaren problemrelevanten Informationen und über die Nutzung transaktiver Wissenssysteme.

Zur Sicherstellung der beiden optimalen Ausprägungen des Diskussionsverhaltens müssen als Input-Variablen des Modells bestimmte *Handlungsbedingungen* erfüllt sein. Sie betreffen die kognitive, affektive, konative und normative Kongruenz der Teammitglieder. Die vier Kongruenzfaktoren beeinflussen sich wechselseitig. Als eine effektivitätsförderliche Handlungsbedingung kann mit Blick auf die normative Kongruenz beispielsweise die Etablierung einer offenen Diskussionskultur genannt werden, auf die neben weiteren Handlungsbedingungen noch ausführlich einzugehen sein wird.

Das Effektivitätsmodell liefert zusammengefasst einen theoretisch fundierten Bezugsrahmen, der im folgenden Kapitel D. mit (empirischen) Erkenntnissen aus der 'Upper-Echelons'-Forschung gefüllt wird. Darauf aufbauend lassen sich im anschließenden Kapitel E. praxisrelevante Handlungsempfehlungen für die Verbesserung der Effektivität eines Top Management Teams ableiten. Betrachtet werden dabei intervenierende *Maßnahmen*, die entweder direkt auf das Diskussionsverhalten einwirken oder dieses indirekt über eine Variation der Handlungsbedingungen beeinflussen.

D. Handlungsbedingungen offener Diskussionen

I. Kognitive Kongruenz in Top Management Teams

Das im vorherigen Kapitel abgeleitete Effektivitätsmodell beruht auf der Prämisse, dass ein Top Management Team in kognitiv rationaler Hinsicht potenziell bessere Entscheidungen treffen kann, als ein einzelner Entscheidungsträger, da eine Gruppe aufgrund unterschiedlicher Erfahrungen, Ausbildungen und verfügbarer Informationen ihrer Mitglieder über einen größeren Wissenspool verfügt als ein Individuum. Mit zunehmender Anzahl der Teammitglieder wächst demnach das kognitive Potenzial der Gruppe. Der Zuwachs an Wissen verringert sich allerdings mit jedem neuen Mitglied, da die eingebrachten (neuen) Kenntnisse und Erfahrungen zumindest teilweise bereits vorhanden sind (vgl. Kurve a in Abb. 24). So ist davon auszugehen, dass es bei einem großen Team eine größere Übereinstimmung entscheidungsrelevanten Wissens vorliegt als bei einem kleinen Team.[643]

Das höhere kognitive Potenzial des Teams gegenüber dem Individuum ist allerdings wertlos, wenn es nicht genutzt wird. Im vorherigen Kapitel wurde mit dem 'Hidden Profile'-Dilemma bereits auf ein wesentliches Problem bei der Ausschöpfung des vorhandenen Wissens hingewiesen. Überdies existieren weitere (potenzielle) Rationalbarrieren, die einer optimalen Nutzung des vorhandenen Wissens entgegenwirken (können) und von STEINER allgemein als Prozessverluste bezeichnet werden.[644] Zu den Prozessverlusten zählen in (zu) großen Teams z. B. die geringere Beteiligung einzelner Mitglieder an der Diskussion aufgrund der vor allem in Top Management Teams eingeschränkten Diskussionszeit, die Tendenz zur Cliquenbildung und abnehmende Motivation, sich aktiv in die Teamarbeit einzubringen.[645] Nach SCHOLL steigen mit wachsender Teamgröße die Kommunikations- und Motivationsprobleme überproportional an, so dass die Ausschöpfung des Wissenspools der Gruppe zunehmend begrenzt wird (vgl. Kurve b).

---

[643] Vgl. SCHOLL (2004), S. 115 sowie auch STEINER (1972), S. 68 f., der auf diesen Zusammenhang erstmals aufmerksam gemacht hat.

[644] Vgl. STEINER (1972), S. 8 f., 95 und ferner auch ANCONA (1990), S. 107; KERR/TINDALE (2004), S. 625.

[645] Vgl. SCHOLL (2004), S. 116. Zum Phänomen des sozialen Faulenzens (*social loafing*) in Gruppen siehe ausführlich KARAU/WILLIAMS (1993).

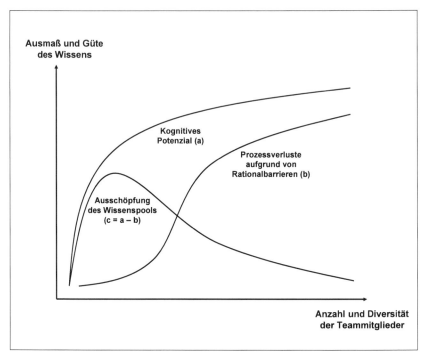

Abb. 24: Ausschöpfung des kognitiven Potenzials eines Teams[646]

Das tatsächliche Ausmaß des ausgeschöpften Wissens (Kurve c) stellt die Differenz des kognitiven Potenzials des Teams (Kurve a) und der Prozessverluste (Kurve b) dar. Es nimmt mit wachsender Teamgröße zunächst stark zu, erreicht jedoch rasch sein Maximum und nimmt dann langsam wieder ab. In quantitativer Hinsicht erreichen Teams mithin ihr Optimum, wenn sie weder zu klein noch zu groß sind.[647]

Dieser Zusammenhang gilt allerdings nicht nur für die Teamgröße, sondern auch für die Heterogenität der Teamzusammensetzung. Je heterogener die Erfahrungen, Kenntnisse und verfügbaren Informationen der Teammitglieder sind, desto stärker steigt die Kurve des kognitiven Potenzials an. Da sich das entscheidungsrelevante Wissen der Mitglieder des Top Managements mit wachsender Größe deckt, erscheint auch hier ein

---

[646] In Anlehnung an SCHOLL (1996), S. 137.
[647] Vgl. SCHOLL (1996), S. 137; STEINER (1972), S. 87 ff.

abflachender Verlauf der Kurve plausibel.[648] Prozessverluste treten auf, wenn die Verständigung zwischen Teammitgliedern aufgrund hoher kognitiver Diversität beeinträchtigt wird. Eine (zu) hohe Heterogenität der Kognitionen führt zu unterschiedlichen impliziten Grundannahmen, Überzeugungen, Erinnerungen und Prozessen der individuellen geistigen Informationsverarbeitung und erschwert somit in zunehmendem Maße den Austausch von Meinungen und Ideen.[649]

Im Rahmen der 'Upper-Echelons'-Forschung sind die kognitiven Merkmale von Top Management Teams und ihre Auswirkungen auf verschiedene unternehmerische Ergebnis-Variablen in einer Vielzahl von empirischen Studien eingehend untersucht worden.[650] Im Mittelpunkt der 'Upper-Echelons'-Perspektive stehen – wie an anderer Stelle[651] bereits ausführlich beschrieben wurde – zwar die Kognitionen, Werte und Wahrnehmungen von der Personengruppe an der Spitze eines Unternehmens und deren Einfluss auf strategische Wahlakte sowie die daraus resultierende Performance. Da die Kognitionen, Werte und Wahrnehmungen von Top Managern einer direkten Messung aber nur schwer zugänglich sind, konzentriert sich die empirische Top Management-Forschung auf die Analyse demographischer Merkmale, die eine Annäherung an zu Grunde liegende Unterschiede in Kognitionen, Werten und Wahrnehmungen ermöglichen. In empirischen Untersuchungen dienen demographische Größen folglich als Proxy-Variablen für die nur schwer erfassbaren psychologischen Konstrukte. So wird in der 'Upper-Echelons'-Forschung zumeist das Verhältnis zwischen demographischen Merkmalen von Top Managern bzw. die Diversität von Top Management Teams und verschiedenen Output-Größen untersucht.[652] Zu den untersuchten Output-Variablen zählen etwa die unternehmerische Performance[653], die Strategie[654],

---

[648] BARKEMA/SHVYRKOV weisen im Übrigen darauf hin, dass sich die kognitive Diversität eines Top Management Teams auch im Zeitablauf verringert, da der wechselseitige und permanente Austausch von Informationen eine Angleichung der individuellen Wissensbestände bewirkt. Vgl. BARKEMA/SHVYRKOV (2007), S. 664, 668.

[649] Vgl. SCHOLL (1996), S. 136 sowie speziell für Top Management Teams auch CARPENTER (2002), S. 282; MILLER/BURKE/GLICK (1998), S. 42.

[650] Einen umfassenden Überblick über die Effekte von Diversität in Entscheidungsteams vermitteln JACKSON/MAY/WHITNEY (1995), S. 204 ff.

[651] Siehe hierzu oben, S. 69 ff.

[652] Siehe hierzu auch die *black box*-Kritik von LAWRENCE (1997), S. 2 ff.

[653] Vgl. CARPENTER (2002); GOLL/RASHEED (2005); HAMBRICK/D'AVENI (1992); HAMBRICK/CHO/CHEN (1996); KECK (1997); KILDUFF/ANGELMAR/MEHRA (2000); MURRAY (1989); SIMONS/PELLED/SMITH (1999); SMITH ET AL. (1994).

strategischer Wandel[655], Management Turnover[656] und organisationale Innovation[657]. Als demographische Größen werden in den meisten Studien Merkmale wie die Ausbildung, die Dauer der Branchen- und Betriebszugehörigkeit sowie der Mitgliedschaft im Top Management Team, das Alter und der funktionale Hintergrund herangezogen.[658] Eine ausführliche Beschäftigung mit den zahlreichen 'Upper-Echelons'-Studien erscheint an dieser Stelle jedoch entbehrlich. Festzuhalten ist vielmehr, dass mit wachsender demographischer Heterogenität das kognitive Potenzial des Top Management Teams prinzipiell steigt.[659]

Eine enge Beziehung besteht darüber hinaus zum Forschungszweig der managerialen Kognition.[660] Die manageriale Kognitionsforschung basiert auf der Grundannahme, dass individuelle mentale Modelle (*mental models*)[661] die Entscheidungsfindung von Managern maßgeblich beeinflussen.[662] Übertragen auf die Gruppenebene lässt sich die Aggregation der individuellen mentalen Modelle auch als *team mental model* bezeichnen.[663]

---

[654] Vgl. BARKEMA/SHVYRKOV (2007); FINKELSTEIN/HAMBRICK (1990); HAMBRICK/CHO/CHEN (1996).

[655] Vgl. GRIMM/SMITH (1991); WIERSEMA/BANTEL (1992).

[656] Vgl. WAGNER/PFEFFER/O'REILLY (1984).

[657] Vgl. BANTEL/JACKSON (1989).

[658] Vgl. BARKEMA/SHVYRKOV (2007), S. 663; KNIGHT ET AL. (1999), S. 445. Einen umfassenden Überblick zum Stand der 'Upper-Echelons'-Forschung liefern die Reviews von CARPENTER/GELETKANYCZ/SANDERS (2004); FINKELSTEIN/HAMBRICK (1996), S. 79 ff. und JACKSON (1992).

[659] So steht demographische Heterogenität u. a. für höhere Innovationsfähigkeit und -bereitschaft, mehr Kreativität, bessere Problemlösungsfähigkeiten, Offenheit für Veränderungen und neue Herausforderungen sowie die Diversität der Informationsquellen und Perspektiven. Vgl. FINKELSTEIN/HAMBRICK (1996), S. 125 m. w. N.

[660] Siehe hierzu SACKMANN (2004), Sp. 587 ff.; WALSH (1995), S. 280 ff.

[661] In der managerialen und organisationalen Kognitionsliteratur werden für vergleichbare Konstrukte zum Teil sehr unterschiedliche Bezeichnungen verwendet. Vgl. SACKMANN (2004), Sp. 590; WALSH (1995), S. 284 f. So sprechen manche Autoren von Wissensstrukturen (*knowledge structure*), Schemata (*scheme*) oder kognitiven Landkarten (*cognitive maps*). Siehe hierzu exemplarisch IRELAND ET AL. (1995), S. 469 ff.; LANGFIELD-SMITH (1992), S. 349 ff.; WALSH (1995), S. 280 ff.

[662] Vgl. KIESLER/SPROULL (1982), S. 557; KNIGHT ET AL. (1999), S. 446; THOMAS/CLARK/GIOIA (1993), S. 240.

[663] Vgl. KLIMOSKI/MOHAMMED (1994), S. 406 f.

1. Konsens-Performance-Forschung

Die Beschäftigung mit der Frage, welche Auswirkungen die kognitive Kongruenz (Konsens) in Top Management Teams auf die unternehmerische Performance hat, hat in der empirischen Managementforschung bereits eine lange Tradition.[664] Konsens innerhalb eines Top Management Teams wird gemeinhin verstanden als "level of agreement among the TMT or dominant coalition on factors such as goals, competitive methods, and perceptions of the environment."[665] KNIGHT ET AL. bezeichnen die geteilten Kognitionen zwischen den Mitgliedern des Top Management Teams als *strategischen Konsens*. Unter Einbeziehung der managerialen Kognitionsforschung definieren sie strategischen Konsens als Deckungsgrad individueller mentaler Modelle in Bezug auf die zu verfolgende Strategie. Strategischer Konsens stellt demnach das Ausmaß an Ähnlichkeit der Interpretationen über die strategische Ausrichtung eines Unternehmens zwischen den Mitgliedern des Top Management Teams dar.[666] Im Mittelpunkt der Betrachtung steht zumeist ein Begriffsverständnis, das sich nicht auf den Prozess der Konsensbildung richtet, sondern kognitive Übereinstimmung vielmehr als Ergebnis des Entscheidungsprozesses deutet und diese als eine unabhängige Variable in Beziehung setzt zur unternehmerischen Performance.[667] Der angenommene positive Zusammenhang zwischen kognitiver Kongruenz und unternehmerischer Performance ließ sich in der empirischen Konsens-Performance-Forschung allerdings nicht immer bestätigen.[668] Während BOURGEOIS, DESS und HREBINIAK/SNOW beispielsweise ein positives Verhältnis zwischen Konsens und Performance festgestellt haben, ermittelt BOURGEOIS in seiner späteren Studie aus dem Jahr 1985 einen signifikanten negativen Zusammenhang zwischen den beiden Variablen.[669]

---

[664] Siehe hierzu DESS/ORIGER (1987), S. 314 ff., die in ihrem Review der Konsens-Literatur bereits LAWRENCE/LORSCH (1967) zitieren.

[665] DESS/PRIEM (1995), S. 402. Der allein auf den kognitiven Aspekt abstellende Konsensbegriff entspricht dem allgemeinen Begriffsverständnis der managerialen Konsensforschung. Eine hiervon abweichende Definition haben WOOLDRIDGE und FLOYD vorgelegt. Sie vertreten die Auffassung, dass der Konsensbegriff sowohl kognitive als auch affektive Aspekte umfassen sollte. Vgl. FLOYD/WOOLDRIDGE (1992), S. 28; WOOLDRIDGE/FLOYD (1989), S. 295.

[666] Vgl. KNIGHT ET AL. (1999), S. 446, 453.

[667] Vgl. BOURGEOIS (1980), S. 227; DESS/ORIGER (1987), S. 313; DESS/PRIEM (1995), S. 401; KNIGHT ET AL. (1999), S. 453.

[668] Vgl. PITCHER/SMITH (2001), S. 2; PRIEM (1990), S. 469; WOOLDRIDGE/FLOYD (1989), S. 295.

[669] Vgl. BOURGEOIS (1980), S. 243; BOURGEOIS (1985), S. 561; DESS (1987), S. 273, HREBINIAK/SNOW (1982), S. 1153. Bemerkenswerterweise wird dieser Widerspruch in der noch relativ jungen managerialen Konsensstudie von FLOOD ET AL. vollständig ignoriert. Die Autoren stützen sich in ihrer Argumentation lediglich auf jene empirischen Untersuchungen, welche positive

Zur Integration der widersprüchlichen Ergebnisse der Konsens-Performance-Forschung entwickelt PRIEM einen Erklärungsansatz, der über das bivariate Verhältnis zwischen Konsens und Performance hinausgeht und weitere (antezedierende und moderierende) Variablen einbezieht.[670] Das Ausmaß von Konsens innerhalb des Top Management Teams ist vor allem von der Zusammensetzung bzw. dem Homogenitätsgrad des Top Management Teams abhängig. Bezogen auf Faktoren wie Alter, Ausbildung, Dauer der Betriebszugehörigkeit, funktionaler Hintergrund gelangen homogen zusammengesetzte Top Management Teams prinzipiell schneller zu einer Einigung als heterogene Teams.[671]

Ähnlich wie SCHOLL betrachtet PRIEM Konsens bzw. kognitive Übereinstimmung in einem Top Management Team als ein Kontinuum, das von vollkommener Meinungsverschiedenheit (Dissens) bis zur vollkommenen Übereinstimmung (Konsens) im Hinblick auf die Ziele, Maßnahmen und Wahrnehmungen von Umweltfaktoren reicht. Vollkommener Dissens lässt sich definieren als ein Zustand, der durch fehlende Schnittmenge zwischen den Sichtweisen der Mitglieder des Top Management Teams gekennzeichnet ist. In einer solchen Extremsituation vollständiger Uneinigkeit innerhalb des Top Management Teams wird die Teameffektivität sehr gering ausfallen und die unternehmerische Performance negativ beeinflusst. Situationen, in denen absoluter Konsens innerhalb des Top Management Teams besteht, sind hingegen durch lückenlose Übereinstimmung der Perspektiven und Meinungen sämtlicher Mitglieder gekennzeichnet. PRIEM bezeichnet ein durch diesen Zustand geprägtes Team als ‚orwellianisches' Top Management Team. Da das durch die multipersonale Besetzung größere kognitive Potenzial praktisch ungenutzt bleibt, wird die Teameffektivität gering ausfallen und die unternehmerische Performance negativ beeinflusst werden.[672] Aus diesen beiden Ausnahmesituationen und deren negativen Folgen für die unternehmeri-

---

Auswirkungen von Konsens auf die Performance bestätigen konnten. Vgl. FLOOD ET AL. (2000), S. 404.

[670] Vgl. PRIEM (1990), S. 469.

[671] Vgl. FINKELSTEIN/HAMBRICK (1996), S. 126 ff. Ganz in diesem Sinne auch die 'Upper-Echelons'-Forschung. Siehe exemplarisch MURRAY (1989), S. 127, der annimmt, dass die Ähnlichkeit in Alter, Ausbildung und Erfahrung mit einer Übereinstimmung der Wertehaltung von Individuen verbunden ist.

[672] Gestützt werden die negativen Folgen übermäßiger Übereinstimmung nicht zuletzt durch das von JANIS (1972) aufgezeigte Groupthink-Syndrom sowie die von STAW/SANDELANDS/DUTTON (1981) beschriebenen "Threat-Rigidity"-Effekte in extremen Bedrohungssituationen. Siehe zum Groupthink-Syndrom auch sogleich unten, S. 196 ff. Zu den dysfunktionalen Wirkungen übermäßiger kognitiver Kongruenz vgl. ferner BOURGEOIS (1985), S. 571.

sche Performance schlussfolgert der Forscher ein kurvilineares Konsens-Performance-Verhältnis.[673] Die optimale Konsensausprägung liegt demzufolge zwischen den beiden Extrempolen.[674]

2. Bestimmung des optimalen Ausmaßes kognitiver Kongruenz

Situative Faktoren können das Verhältnis zwischen dem Grad kognitiver Kongruenz innerhalb des Top Management Teams und der unternehmerischen Performance beeinflussen.[675] So ist unter Zugrundelegung einer kontingenztheoretischen Betrachtungsweise davon auszugehen, dass umwelt- und organisationsbezogene Faktoren auf das Verhältnis zwischen den beiden Größen einwirken. Nach PRIEM übernimmt hier die *Stabilität der Umwelt* eine zentrale Funktion. In Abhängigkeit vom jeweiligen Umweltzustand lässt sich ein spezifisches Konsensniveau ermitteln, bei dem die unternehmerische Performance ihr Optimum erreicht. Der Grad der Umweltstabilität fungiert mithin als ein Moderator im Konsens-Performance-Verhältnis.[676] In dynamischen Umwelten können sich zu starke Bemühungen um kognitive Übereinstimmung aufgrund des hohen Zeitdrucks im Rahmen der Entscheidungsfindung kontraproduktiv auswirken.[677]

Neben der Stabilität der Umwelt sind jedoch noch weitere Variablen zu nennen, die das Verhältnis zwischen der kognitiven Kongruenz und der unternehmerischen Performance moderieren. Ein entscheidender Faktor stellt die *Komplexität der Umwelt* dar. Diese wird determiniert durch die Anzahl relevanter Umweltfaktoren, die Einfluss auf die Organisation nehmen. Je facettenreicher die Umwelt ist, desto erforderlicher sind nach GUPTA heterogene Top Management Teams, um die umweltbezogene Diversität angemessen beobachten und überwachen zu können.[678] Die dadurch entstehende Perspektivenvielfalt innerhalb des Top Management Teams erschwert jedoch

---

[673] Vgl. hierzu nochmals das von SCHOLL (2004) konstatierte kurvilineare Verhältnis zwischen kognitiver Übereinstimmung und Wissenszuwachs.

[674] Insofern liefert PRIEM einen weiteren Beleg dafür, dass der kurvilineare Zusammenhang der kognitiven Kongruenz auch für ein Top Management Team gilt. Vgl. PRIEM (1990), S. 473 und ferner auch DESS/PRIEM (1995), S. 407.

[675] Vgl. DESS/PRIEM (1995), S. 407.

[676] Vgl. PRIEM (1990), S. 474.

[677] Vgl. DESS/ORIGER (1987), S. 326; DESS/PRIEM (1995), S. 407; FINKELSTEIN/HAMBRICK (1996), S. 134. Zum Zeitdruckproblem in dynamischen Umwelten siehe EISENHARDT (1989b), S. 543 ff.

[678] Vgl. GUPTA (1988), S. 160.

die Konsensbildung in Bezug auf die strategische Ausrichtung des Unternehmens.[679] Infolgedessen wird das Ausmaß an Komplexität ähnlich wie der Grad der Umweltstabilität den Höhepunkt der kurvilinearen Konsens-Performance-Kurve beeinflussen.

Ferner kann die *Unternehmensstrategie* einen erheblichen Einfluss auf das optimale Konsensniveau des Top Management Teams ausüben. In einer umfassenden Studie haben MICHEL/HAMBRICK den Zusammenhang zwischen Merkmalen des Top Management Teams und der strategischen Ausrichtung eines Unternehmens untersucht. Die beiden Forscher gehen davon aus, dass die Diversifikationsart eines Unternehmens organisationale Interdependenzen zwischen den Geschäftseinheiten determiniert, deren Ausprägung die ideale Zusammensetzung des Top Management Teams bestimmt.[680] Während konglomerate Diversifikationen, die außerhalb der eigenen Branche auf vollkommen neue Produkt-/Markt-Kombinationen ausgerichtet sind, mit einer niedrigen organisationalen Interdependenz verbunden sind, bedingen vertikale Integrationen, bei denen innerhalb der eigenen Branche in vor- und nachgelagerte Produktionsstufen diversifiziert wird, eine hohe Interdependenz.[681] Hieraus lässt sich folgern, dass die aus der jeweiligen Diversifikationsart resultierende Interdependenzausprägung den Höhepunkt der kurvilinearen Konsens-Performance-Kurve festlegt. Bei einer hohen organisationalen Interdependenz sollte das Top Management Team demnach möglichst homogen bzw. kognitiv kongruent sein.[682]

Die *Wettbewerbsstrategie* eines Unternehmens kann die Zusammensetzung des Top Management Teams ebenfalls beeinflussen. FINKELSTEIN/HAMBRICK verdeutlichen dies anhand der beiden Strategietypen "Defender" (Kostenkontrolle, Stabilität und Effizienz) und "Prospector" (Wachstum, Innovation und die Suche nach neuen Möglichkeiten) nach MILES/SNOW.[683] Im Fall der Defender-Strategie sollte das Top Management Team tendenziell kleiner und weniger heterogen sein, da es nach MILES/SNOW für die dominante Koalition des Unternehmens wichtiger ist, sich auf die eigenen

---

[679] Vgl. DESS/ORIGER (1987), S. 326.

[680] Vgl. MICHEL/HAMBRICK (1992), S. 9.

[681] Zur begrifflichen Unterscheidung verschiedener Diversifikationsarten siehe auch WELGE/AL-LAHAM (2001), S. 440 f.

[682] Vgl. FINKELSTEIN/HAMBRICK (1996), S. 136.

[683] MILES/SNOW (1978) unterscheiden zwischen insgesamt vier wettbewerbsbezogenen Strategietypen: "Defenders", "Analyzers", "Prospectors", und "Reactors". Die folgende Betrachtung konzentriert sich allerdings nur die Defender- und Prospector-Strategie. Vgl. MILES/SNOW (1978), S. 29.

Stärken und Fähigkeiten zu konzentrieren als externe Veränderungen und Branchentrends zu erkennen.[684] Diese Fokussierung auf die interne Situation des Unternehmens erfordert daher nicht dasselbe Ausmaß an Perspektivenvielfalt und Diversität innerhalb des Top Management Teams wie bei der Prospector-Strategie. Im Prospector-Fall ist es hingegen von hoher Bedeutung, dass das Top Management Team für Wandel und Innovationen offen ist. Dies gelingt eher in einem heterogen zusammengesetzten Team.[685] Die geringere Unsicherheit, die mit einer Defender-Strategie verbunden ist, bedingt ferner ähnliche Denkweisen, ein höheres Ausmaß an Kohäsion und die Entwicklung kongruenter Annahmen innerhalb des Top Management Teams. Auf diese Weise wird eine schnelle Konsensbildung begünstigt.[686]

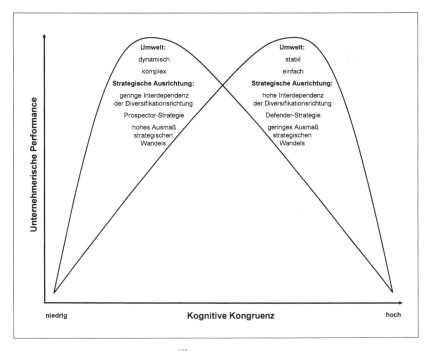

Abb. 25: Konsens-Performance-Kurve[687]

---

[684] Vgl. MILES/SNOW (1978), S. 42.
[685] Vgl. WIERSEMA/BANTEL (1992), S. 114 f.
[686] Vgl. FINKELSTEIN/HAMBRICK (1996), S. 138.
[687] In Anlehnung an PRIEM (1990), S. 474.

Als letztes Merkmal der strategischen Ausrichtung, dass neben der Unternehmens- und Wettbewerbsstrategie auf das Top Management Team Einfluss ausüben kann, ist der strategische Wandel zu nennen. Bei hohem strategischen Wandel ist ein möglichst heterogenes Team an der Spitze des Unternehmens erforderlich, um die Veränderungen angemessen bewältigen zu können. In einer solchen Situation wird es für die Mitglieder des Teams schwieriger sein, einen Konsens herzustellen.688 Daher wird das Niveau kognitiver Kongruenz mit wachsendem Grad strategischen Wandels zwangsläufig abnehmen. Der durch unterschiedliche situative Faktoren moderierte Zusammenhang zwischen kognitiver Kongruenz und unternehmerischer Performance ist in Abbildung 25 zusammengefasst dargestellt.

3. Beeinflussung kognitiver Kongruenz

In einer Studie von KNIGHT ET AL. wird (strategischer) Konsens innerhalb des Top Management Teams als eine abhängige Variable[689] betrachtet, die zum einen – wie oben bereits ausgeführt wurde – durch die Diversität des Top Management Teams und zum anderen durch Gruppenprozesse, die auf die unterschiedlichen mentalen Modelle der Teammitglieder einwirken, beeinflusst werden kann. Zur Klärung des Zusammenhangs zwischen der Diversität des Top Management Teams, Gruppenprozessen und strategischem Konsens schlagen die Autoren drei unterschiedliche Erklärungsmodelle vor (vgl. Abb. 26).[690] Das direkte Erklärungsmodell (Modell 1) unterstellt einen unmittelbaren (negativen) Zusammenhang zwischen der demographischen Heterogenität eines Top Management Teams und strategischem Konsens ohne eine gesonderte Berücksichtigung intervenierender Gruppenprozesse.[691] In der demographischen Diversität – gemessen anhand der Altersstruktur, der unterschiedlichen Funktionen, dem Ausbildungsstand und der Dauer der Betriebszugehörigkeit der Teammitglieder – spiegeln sich die Unterschiede hinsichtlich der individuellen Erfahrungen und Werte wider, die unterschiedliche mentale Modelle der einzelnen Teammitglieder zur Folge haben. Demnach hat beispielsweise ein Marketing-Vorstand ein anderes mentales

---

[688] Vgl. FINKELSTEIN/HAMBRICK (1996), S. 139 f.

[689] An dieser Stelle sei noch einmal daran erinnert, dass das der Arbeit zugrunde liegende Effektivitätsmodell kognitive Kongruenz als unabhängige Variable betrachtet. Siehe hierzu nochmals oben, S. 163 ff.

[690] Vgl. KNIGHT ET AL. (1999), S. 448. Ähnlich auch SMITH ET AL. (1994), S. 412 ff., die allerdings den Zusammenhang zwischen demographischen Variablen, Prozess-Variablen und unternehmerischer Performance untersuchten.

[691] Das direkte Effektivitätsmodell entspricht der klassischen Sichtweise der organisationalen Demographieforschung im Sinne von PFEFFER (1983).

Modell der Unternehmensstrategie als ein Finanzvorstand.[692] Sowohl das partiell mediierende Erklärungsmodell (Modell 2) als auch der vollständig mediierende Ansatz (Modell 3) beruhen dagegen auf der Annahme, dass intervenierende Prozess-Variablen eine wichtige Rolle spielen.[693] Neben ihrem Erklärungsbeitrag liefern Prozess-Variablen ferner Ansatzpunkte zur Beeinflussung der kognitiven Übereinstimmung eines Top Management Teams. So ist zu erwarten, dass sich mit Hilfe der Erkenntnisse über die Effekte von Prozess-Variablen auch mögliche negative Folgen von Diversität auf die Teameffektivität durch geeignete intervenierende Eingriffe in den Gruppenprozess beseitigen lassen.[694]

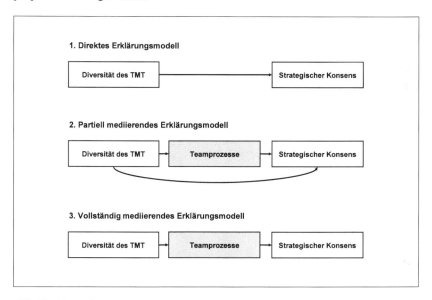

Abb. 26: Alternative Erklärungsmodelle über den Zusammenhang zwischen Diversität, Teamprozessen und strategischem Konsens[695]

Das partiell mediierende Modell beruht auf der Annahme, dass demographische Diversität sowohl direkte als indirekte Auswirkungen auf den Grad strategischen Konsenses hat. Das vollständig mediierende Modell geht hingegen davon aus, dass demo-

---

[692] Vgl. KNIGHT ET AL. (1999), S. 448 f
[693] In diesem Sinne u. a. auch SIMONS/PELLED/SMITH (1999), S. 662. Siehe hierzu nochmals oben, S. 108 ff.
[694] Siehe hierzu noch ausführlich unten, S. 252 ff.
[695] In Anlehnung an KNIGHT ET AL. (1999), S. 449.

graphische Diversität innerhalb des Top Management Teams keinen direkten Einfluss auf die Entstehung strategischen Konsenses ausübt, sondern ausschließlich die intervenierenden Prozess-Variablen direkt beeinflusst und diese wiederum das Konsensniveau bestimmen. Als Prozess-Variablen wählen KNIGHT ET AL. in ihrer Studie zwischenmenschliche Konflikte zwischen den Teammitgliedern und konsenssuchendes Verhalten.[696]

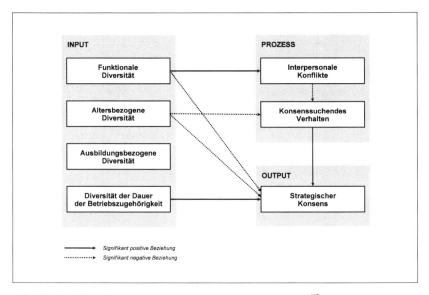

Abb. 27: Partiell mediierendes Erklärungsmodell nach KNIGHT ET AL.[697]

Im Ergebnis konnten die Forscher feststellen, dass sich das partiell mediierende Modell am besten bestätigen ließ. Hiernach hat die demographische Diversität eines Top Management Teams sowohl direkte als auch indirekte Auswirkungen auf das Niveau kognitiver Kongruenz (vgl. Abb. 27). In direktem Verhältnis besteht eine signifikant negative Beziehung zwischen funktionaler und ausbildungsbezogener Diversität und strategischem Konsens. Die Diversität bezogen auf die Dauer der Betriebszugehörigkeit hat allerdings entgegen der Ausgangshypothese einen signifikant positiven Effekt auf die Entstehung strategischen Konsenses. Darüber hinaus hat die funktionale Diver-

---

[696] Vgl. KNIGHT ET AL. (1999), S. 450.
[697] In Anlehnung an KNIGHT ET AL. (1999), S. 456.

sität einen positiven Einfluss auf die Entstehung interpersonaler Konflikte und die altersbezogenen Heterogenität unter den Top Managern negative Auswirkungen auf konsenssuchendes Verhalten.[698] Zwischen interpersonalem Konflikt und konsenssuchendem Verhalten besteht eine signifikant negative Beziehung, wohingegen das Verhältnis zwischen konsenssuchendem Verhalten und strategischem Konsens wie angenommen signifikant positiv ausfällt.

Das partiell mediierende Erklärungsmodell macht deutlich, dass die Steuerung der kognitiven Übereinstimmung nicht nur über die Zusammensetzung des Top Management Teams erfolgen kann, sondern auch durch intervenierende Maßnahmen beeinflusst werden kann. Interventionstechniken können damit einen wesentlichen Beitrag zur Ausformung der mentalen Modelle von Top Managern liefern. Diese Erkenntnis bildet eine wichtige Voraussetzung für die im folgenden Kapitel abzuleitenden Handlungsempfehlungen.

II. Affektive Kongruenz in Top Management Teams

Während zu den kognitiven Merkmalen eines Top Management Teams und ihren Auswirkungen auf verschiedene Ergebnisgrößen mittlerweile eine durchaus beachtliche Zahl empirischer Studien existiert, beschäftigen sich nur wenige Forscher mit emotionalen Eigenschaften von Top Managern. Eine Ausnahme bildet die Studie von BARSADE ET AL. Die Forscher untersuchen die Effekte affektiver Diversität von Top Management Teams auf die Einstellung der einzelnen Teammitglieder, den Gruppenprozess und die unternehmerische Performance. Im Mittelpunkt der Studie steht das affektive Merkmal „positiver Affekt" als Maß der Begeisterung, Energie, mentalen Aufmerksamkeit und Entschlossenheit von Personen.[699]

Aus der Sozialpsychologie ist seit langem bekannt, dass Individuen bewusst oder unbewusst eine Präferenz für Menschen haben, die ihnen ähnlich sind.[700] Mit Blick auf die kognitiven Eigenschaften bedeutet dies, dass Individuen bevorzugt mit solchen

---

[698] Der Zusammenhang zwischen demographischer Diversität und vergleichbaren Prozess-Variablen wurde darüber hinaus bereits in anderen Studien nachgewiesen. So haben SMITH AL. (1994) ein negatives Verhältnis zwischen demographischer Diversität des Top Management Teams und informaler Kommunikation festgestellt. ZENGER/LAWRENCE konnten mit ihrer Untersuchung eine negative Beziehung zwischen der Heterogenität eines Teams und der Häufigkeit von Kommunikation bestätigen. Vgl. ausführlich SMITH ET AL. (1994), S. 412 ff.; ZENGER/LAWRENCE (1989), S. 353 ff.

[699] Vgl. BARSADE ET AL. (2000), S. 813; WATSON/CLARK/TELLEGEN (1988), S. 1063.

[700] Dieses Phänomen gehört mittlerweile zu den robustesten Erkenntnissen der Sozialpsychologie.

Individuen interagieren, die über ähnliche Einstellungen und Werte verfügen. Den Zusammenhang zwischen kognitiver Ähnlichkeit und Attraktion fassen BARSADE ET AL. wie folgt zusammen:

„I *think* the same way you do,
   which I find reinforcing,
   which makes me feel good,
   which then makes me attracted to you,
   which is then reciprocated by you."[701]

Bei emotionaler Übereinstimmung gilt BARSADE ET AL. zufolge analog:

„I *feel* the same way you do (i. e., upbeat and energetic),
   which I find reinforcing,
   which makes me feel good,
   which then makes me attracted to you,
   which is then reciprocated by you."[702]

Affektive Kongruenz äußert sich somit nicht nur in wechselseitiger Sympathie, sondern auch darin, dass Teammitglieder hinsichtlich derselben Einstellungsobjekte gleiche oder ähnliche Gefühle entwickeln.[703] Aus diesem Zusammenhang zwischen affektiver Ähnlichkeit und Attraktion lassen sich nun einige Konsequenzen für die Zusammenarbeit im Team ableiten. So ist zunächst davon auszugehen, dass affektive Übereinstimmung eine höhere Zufriedenheit der Teammitglieder und wechselseitige Sympathie bewirkt. Ferner wird durch emotionale Übereinstimmung eine höhere Bereitschaft zur Offenheit und Beeinflussung durch andere, mehr Kooperation und weniger Konflikte sowie gegenseitiges Vertrauen und Verzicht auf formale Regeln und Kontrollen ermöglicht.[704] BARSADE ET AL. kommen in ihrer Studie zusammengefasst zu folgenden Ergebnissen:

(1) Affektive Ähnlichkeit zwischen den Teammitgliedern führt zu einer höheren individuellen Zufriedenheit bezogen auf die zwischenmenschlichen Beziehungen innerhalb des Top Management Teams.

---

[701] BARSADE ET AL. (2000), S. 805 (Kursivierung im Original).
[702] BARSADE ET AL. (2000), S. 805 [Kursivierung im Original].
[703] Vgl. SCHOLL (2003), S. 11.
[704] Vgl. BARSADE ET AL. (2000), S. 807 ff.

(2) Affektive Ähnlichkeit bedingt ein höheres wahrgenommenes Einflusspotenzial der einzelnen Teammitglieder auf das Team.

(3) Affektive Ähnlichkeit zwischen dem CEO und den restlichen Teammitgliedern veranlasst den Vorsitzenden des Top Management Teams eher zu einem partizipativen Führungsstil als zu einem autokratischen Führungsstil.

(4) Während sich Top Management Teams, die ein hohes Maß an positivem Affekt besitzen (*happy teams*), generell durch eine höhere Kooperationsbereitschaft und weniger Konflikte auszeichnen, sind Top Management Teams, die durch ein niedriges Maß an positivem Affekt gekennzeichnet sind (*unhappy teams*), weniger kooperativ und konfliktanfälliger.

(5) Hohe affektive Kongruenz innerhalb eines Top Management Teams führt zu einer besseren unternehmerischen Performance als eine niedrige affektive Übereinstimmung.[705]

Die Ergebnisse der Studie unterstreichen den Stellenwert affektiver Kongruenz für eine reibungslose Zusammenarbeit in Top Management Teams. Mit Blick auf die Wechselwirkung zwischen kognitiver und affektiver Übereinstimmung zeigt sich hier allerdings auch ein grundlegendes Dilemma. Zur Verbesserung der Teameffektivität ist nämlich – wie im vorherigen Kapitel ausführlich dargelegt wurde – nur ein mittleres Niveau kognitiver Kongruenz erforderlich. Daraus entsteht auf der einen Seite das Problem, dass eine hohe affektive Übereinstimmung im Extremfall zu einer vollständigen Angleichung der kognitiven Unterschiede führen kann. Dies hat zur Folge, dass der teaminterne Wissenspool nicht mehr optimal ausgeschöpft wird. Auf der anderen Seite könnte sich eine niedrige kognitive Übereinstimmung aber auch negativ auf die affektive Kongruenz auswirken und im schlimmsten Fall dazu beitragen, dass das Team vollständig auseinanderbricht. Dieses auf die Interdependenz zwischen Kognition und Affekt zurückzuführende Problem spielt vor allem in der im Folgenden näher zu untersuchenden (Top Management) Team-Konflikt-Forschung[706] eine zentrale Rolle.

---

[705] Vgl. BARSADE ET AL. (2000), S. 818 ff.

[706] Vgl. hierzu nur DE DREU/WEINGART (2003); JEHN (1994); JEHN (1995); JEHN (1997); JEHN/CHATMAN (2000); JEHN/MANNIX (2001); JEHN/NORTHCRAFT/NEALE (1999); PEARSON/ENSLEY/AMASON (2002); PELLED (1996) und PELLED/EISENHARDT/XIN (1999). Speziell für Top Management Teams AMASON (1996); AMASON ET AL. (1995); AMASON/MOONEY (1999); AMASON/SAPIENZA (1997); AMASON/SCHWEIGER (1994); EISENHARDT/

1. Team-Konflikt-Forschung

In ihren Anfängen hat sich die Team-Konflikt-Forschung zunächst nur mit den negativen Folgen von Konflikten beschäftigt. Ein Konflikt wurde demnach als ein Störfaktor der Teamperformance und der Zufriedenheit der Teammitglieder aufgefasst, da er Spannung und Antagonismus erzeuge und die Teammitglieder von der Bewältigung der eigentlichen Aufgabe ablenke.[707]

Einige Autoren haben dieser traditionellen Sichtweise ein Verständnis von Konflikt gegenübergestellt, das neben dysfunktionalen Effekten auch funktionale Wirkungen von Konflikten kennt.[708] Sie argumentieren, dass ein niedriges Konfliktniveau durchaus von Vorteil sein kann, da durch aufkommende Konflikte Kreativität und kritische Reflexion innerhalb des Teams angeregt würden.[709] Ein hohes Konfliktniveau bedinge jedoch eine Zunahme an feindseliger Auseinandersetzung und emotionaler Erregung, so dass flexibles und kreatives Denken eingeschränkt werde und die Teamperformance abnehme. DE DREU/WEINGART bezeichnen diese Sichtweise als *Informationsverarbeitungsperspektive* der Team-Konflikt-Forschung.[710]

Die Informationsverarbeitungsperspektive wird kontrastiert durch die von JEHN vorgenommene klassische Unterteilung in Aufgabenkonflikt (*task conflict*) und Beziehungskonflikt (*relationship conflict*).[711] Während sich ein Beziehungskonflikt durch zwischenmenschliche Inkompatibilitäten zwischen den Gruppenmitgliedern auszeichnet,

---

KAHWAJY/BOURGEOIS (1997a); EISENHARDT/KAHWAJY/BOURGEOIS (1997b); JANSSEN/VAN DE VLIERT/VEENSTRA (1999); SIMONS/PETERSON (2000).

[707] Vgl. DE DREU/WEINGART (2003), S. 741; JEHN (1994), S. 223; JEHN (1995), S. 256; JEHN (1997), S. 530.

[708] Siehe exemplarisch nur BARON (1991), S. 25 f.; SCHWEIGER/SANDBERG/RECHNER (1989), S. 746.

[709] In diesem Sinne auch die hier vertretene These, dass ein mittleres Niveau kognitiver Kongruenz effektivitätsförderlich ist.

[710] Vgl. DE DREU/WEINGART (2003), S. 742.

[711] In früheren Publikationen spricht JEHN (1994) noch vom emotionalen Konflikt. Erst später wählt sie hierfür den Begriff ‚Beziehungskonflikt'. Die Unterscheidung der beiden Konflikttypen geht auf GUETZKOW/GYR zurück, die bereits in den 1950er Jahren auf den Unterschied zwischen substanziellen und affektiven Konflikten hingewiesen haben. Vgl. hierzu GUETZKOW/GYR (1954), S. 380; JEHN (1994), S. 224; JEHN (1995), S. 257 f.; JEHN (1997), S. 531; PEARSON/ENSLEY/AMASON (2002), S. 110 f. AMASON/SCHWEIGER (1994) verwenden im Rahmen von Top Management Teams das Begriffspaar ‚kognitiver' versus ‚affektiver' Konflikt. Siehe hierzu ausführlich unten, S. 184 ff. EISENHARDT/KAHWAJY/BOURGEOIS (1997b) sprechen von substanziellen versus interpersonalen Konflikten. Trotz der unterschiedlichen Bezeichnungen werden die Konstrukte in den verschiedenen Studien jedoch ähnlich definiert. In diesem Sinne auch PELLED/EISENHARDT/XIN (1999), S. 2.

wird unter einem Aufgabenkonflikt eine eher sachbezogene Meinungsverschiedenheit im Hinblick auf die zu bewältigende Aufgabe verstanden. Beziehungskonflikte umfassen affektive Aspekte wie Gefühle von Spannung und Friktion. Sie äußern sich in wechselseitiger Abneigung unter Gruppenmitgliedern und in dem Empfinden von Ärger, Frustration und Irritation.

Aufgabenkonflikte betreffen hingegen Ideenkonflikte in der Gruppe und unterschiedliche Sichtweisen über Inhalte und Eigenheiten der Aufgabe.[712] Sie können nach JEHN für die Bewältigung bestimmter Aufgabentypen von Nutzen sein.[713] So profitieren Teams vor allem bei komplexen, kognitiven Aufgaben von der Synthese heterogener Meinungen und Ideen.[714] Konflikte auf der Beziehungsebene beeinträchtigen hingegen die Zufriedenheit der Teammitglieder sowie die individuelle Leistung und Teamperformance, da die kognitiven Prozesse der Verarbeitung komplexer Informationen gehemmt werden.[715] Top Management Teams, die Aufgabenkonflikten ausgesetzt sind, werden somit tendenziell bessere Entscheidungen treffen, da diese die kognitive Auseinandersetzung mit dem zu lösenden Managementproblem fördern. Im Gegensatz dazu schränken Beziehungskonflikte die Fähigkeiten der Informationsverarbeitung eines Top Management Teams ein, weil die Teammitglieder ihre Zeit und Energie in die Auseinandersetzung mit Personen und nicht in die Lösung des Problems investieren.[716]

Zu ähnlichen Ergebnissen kommen JANSSEN/VAN DE VLIERT/VEENSTRA, die allerdings den Begriff des personenbezogenen Konflikts wählen. Die Autoren nennen sechs Gründe für die negativen Folgen von personenbezogenen Konflikten:

---

[712] Vgl. JEHN (1994), S. 224; JEHN (1995), S. 258; JEHN/CHATMAN (2000), S. 57; JEHN/MANNIX (2001), S. 238.

[713] Auch JEHN geht hier von einem kurvilinearen Verhältnis zwischen Aufgabenkonflikt und Performance aus. Ein moderates Niveau von Aufgabenkonflikten ist ihrer Ansicht nach konstruktiv, da es die Diskussion unterschiedlicher Sichtweisen und Ideen in Gang setzt. Dies bleibt Teams, die keine Aufgabenkonflikte austragen, verwehrt, wohingegen sehr hohe Ausprägungen aufgabenbezogener Konflikte die Aufgabenerfüllung behindern könnten. Vgl. JEHN (1995), S. 261; JEHN (1997), S. 532, 551.

[714] Vgl. BOURGEOIS (1985), S. 564; EISENHARDT/SCHOONHOVEN (1990), S. 524; JEHN (1995), S. 260 f., 275.

[715] Vgl. JEHN (1995), S. 258. Ferner wird nach BARON eine effektive Kommunikation und Kooperation innerhalb der Gruppe durch interpersonale Konflikte beeinträchtigt, die Ärger und Frustration verursachen. Siehe hierzu BARON (1991), S. 30.

[716] Vgl. JEHN (1997), S. 531; SIMONS/PETERSON (2000), S. 102 f.

(1) Personenbezogene Konflikte behindern die kognitive Verarbeitung von Informationen.

(2) Personenbezogene Konflikte verringern die Aufnahmenbereitschaft von Ideen von Teammitgliedern, die als unsympathisch empfunden werden.

(3) Personenbezogene Konflikte verringern generell die Bereitschaft Widerspruch zu dulden.

(4) Personenbezogene Konflikte führen zu feindseligen Attributionen im Hinblick auf die Absichten und Verhaltensweisen des Gegenübers.

(5) Personenbezogene Konflikte beeinträchtigen effektive Kommunikation und Kooperation innerhalb des Teams.

(6) Personenbezogene Konflikte verzehren Zeit und Energie, die zur Bewältigung der eigentlichen Aufgabe des Teams genutzt werden sollte.[717]

Festgehalten werden kann, dass Aufgabenkonflikte bei Nicht-Routineaufgaben effektivitätssteigernd sein können. Sie erhöhen die Tendenz von Teammitgliedern, aufgabenbezogene Sachverhalte kritisch zu hinterfragen und sich um eine tiefgehende und fundierte Verarbeitung der verfügbaren Informationen zu bemühen. Dadurch werden Lernprozesse in Gang gesetzt und die Kreativität und der Innovationsgeist des Teams angeregt.[718] Im Gegensatz dazu erscheinen Aufgabenkonflikte bei Routineaufgaben allerdings eher kontraproduktiv.[719] Viele Teamforscher teilen die Sichtweise von JEHN. Sie gehen davon aus, dass Aufgabenkonflikte (im Gegensatz zu Beziehungskonflikten) positive Auswirkungen auf die Teamperformance ausüben können.[720]

1.1 Affektive versus kognitive Konflikte

Im Kontext von Top Management Teams haben AMASON/SCHWEIGER die Effekte der beiden Konfliktdimensionen eingehend untersucht. Im Anschluss an JEHN vermuten die Forscher ebenfalls sowohl funktionale als auch dysfunktionale Wirkungen von Konflikten. Auf der einen Seite tragen Konflikte in Top Management Teams dazu bei,

---

[717] Vgl. JANSSEN/VAN DE VLIERT/VEENSTRA (1999), S. 120. Ähnlich auch PELLED (1996), S. 625; PELLED/EISENHARDT/XIN (1999), S. 10.

[718] Vgl. DE DREU/WEST (2001), S. 1198; EISENHARDT/KAHWAJY/BOURGEOIS (1997a), S. 43.

[719] Siehe hierzu nur JEHN (1995), S. 275.

[720] Vgl. etwa für Top Management Teams AMASON (1996), S. 127 ff.; AMASON/MOONEY (1999), S. 340 ff.; AMASON/SCHWEIGER (1994), S. 247; SIMONS/PETERSON (2000), S. 102 f. Für andere Teamformen ferner JANSSEN/VAN DE VLIERT/VEENSTRA (1999), S. 117 ff.; JEHN/NORTHCRAFT/ NEALE (1999), S. 741 ff.; PELLED (1996), S. 615 ff.; PELLED/EISENHARDT/XIN (1999), S. 1 ff.

dass die Entscheidungsqualität zunimmt und sich ein fundiertes Verständnis der Entscheidung unter den Teammitgliedern gefördert wird, das sich positiv auf die Umsetzung auswirkt. Auf der anderen Seite können Konflikte die Teameffektivität aber auch insgesamt beeinträchtigen. Sie können beispielsweise die Bildung von Konsens verhindern und auf diese Weise eine erfolgreiche Implementierung getroffener Entscheidungen behindern. Ferner können Konflikte die affektive Kongruenz unter den Teammitgliedern verringern und somit die Kohäsion und zukünftige Entscheidungsprozesse beeinträchtigen.[721]

Den beiden Autoren zufolge wird die unternehmerische Performance im Kern durch drei Faktoren beeinflusst:

(1) Die Qualität strategischer Entscheidungen,

(2) Konsens unter den Mitgliedern des Top Management Teams,

(3) Affektive Akzeptanz zwischen den Mitgliedern des Top Management Teams.

Die drei Einflussfaktoren bezeichnen sie als Nebenprodukte der strategischen Entscheidungsfindung, deren Koexistenz allerdings in Zweifel gezogen werden kann. Die Krux liegt in der paradoxen Wirkung von Konflikten. Als Ausgangsfrage lässt sich daher formulieren: Wie können Top Management Teams von Konflikten profitieren und die Qualität ihrer Entscheidungen verbessern, ohne Konsens und affektive Akzeptanz unter den Mitgliedern einbüßen zu müssen?[722]

Die *Entscheidungsqualität* wird den beiden Forschern zufolge durch zwei antezedierende Größen bestimmt: Das kognitive Potenzial des Top Management Teams und der Interaktionsprozess, durch den eine Teamentscheidung zustande kommt. Beide Variablen sind entscheidend für eine qualitativ hochwertige Entscheidung. Das kognitive Potenzial des Teams wird durch die kognitive Diversität seiner Mitglieder determiniert.[723] Kognitive Diversität trägt aber nur dann zu einer Steigerung der Teameffektivität bei, wenn durch den argumentativen Austausch innerhalb der Gruppe die individuell begrenzten Sichtweisen erweitert werden.[724] Durch die Verknüpfung von kogni-

---

[721] Vgl. AMASON/SCHWEIGER (1994), S. 239.
[722] Vgl. AMASON (1996), S. 123.
[723] Vgl. BANTEL/JACKSON (1989), S. 108 f.; MURRAY (1989), S. 127.
[724] In diesem Sinne auch das der Arbeit zugrunde liegende Teameffektivitätsmodell. Auch hier wird angenommen, dass die unternehmerische Performance durch die Qualität der vom Top Management Team getroffenen Entscheidungen maßgeblich beeinflusst wird.

tiver Diversität und dialektischer Interaktion entstehen Konflikte innerhalb des Teams, die sich positiv auf die Güte der Entscheidungen auswirken.[725]

Qualitativ hochwertige Entscheidungen sind jedoch wertlos, solange sie nicht umgesetzt werden. Hierfür ist eine breite Unterstützung des Top Managements erforderlich. Das setzt nach AMASON/SCHWEIGER *Konsens* unter den Teammitgliedern voraus.[726] Im Anschluss an WOOLDRIDGE/FLOYD definieren die beiden Forscher den Konsensbegriff unter Einbeziehung von zwei Elementen, die für die erfolgreiche Realisierung einer strategischen Entscheidung zentral sind:

- das umfassende Verständnis einer Entscheidung und
- das *Commitment* sämtlicher Teammitglieder.

Das Verständnis der einer Entscheidung zugrunde liegenden rationalen Begründung erleichtert ihre Implementierung, da es die Fähigkeit und die Bereitschaft der Entscheidungsträger zu freiwilligen Handlungen erweitert. Aufgrund ihrer Komplexität und Ambiguität lassen sich strategische Entscheidungen nur selten im Detail erfassen. Daher müssen Manager im Zuge ihrer Umsetzung eine Vielzahl von Handlungen ergreifen, die den Sinn der getroffenen Entscheidungen erfassen. Dies setzt ein fundiertes Verständnis der Entscheidung voraus. Das Commitment der Teammitglieder gegenüber einer Entscheidung ist wichtig, da ihre Implementierung zeitintensiv ist und nicht selten auf internen Widerstand stößt.[727]

Die *affektive Akzeptanz* als letzte der drei Einflussgrößen der unternehmerischen Performance bezieht sich auf die interpersonalen Beziehungen zwischen den Teammitgliedern. Um dauerhaft eine hohe Entscheidungsqualität und Konsens (Verständnis und Commitment) unter den Teammitgliedern sicherzustellen, muss die Funktionsfähigkeit des Teams sichergestellt sein. Hierfür ist ein adäquates Niveau affektiver Ak-

---

[725] Vgl. AMASON/SCHWEIGER (1994), S. 244.

[726] Um begriffliche Missverständnisse zu vermeiden, sei bereits an dieser Stelle betont, dass hier ein anderes Konsensverständnis zugrunde liegt als oben (S. 158 f.). Konsens bezeichnet in diesem Zusammenhang mehr als die bloße kognitive Übereinstimmung zwischen den Teammitgliedern. Er stellt vielmehr eine Ergebnisgröße des strategischen Entscheidungsprozesses dar. Vgl. ausführlich AMASON (1996), S. 125; AMASON/SCHWEIGER (1994), S. 241 f. sowie ferner WOOLDRIDGE/FLOYD (1989), S. 296.

[727] Vgl. AMASON (1996), S. 125. Die beiden Bestandteile von Konsens im Ansatz von AMASON/SCHWEIGER (1994) sind vergleichbar mit der an anderer Stelle erörterten Akzeptanz einer Entscheidung als Outputgröße eines Top Management Teams. Vgl. hierzu oben, S. 106 f.

zeptanz erforderlich, da gegenseitige Abneigung unter den Teammitgliedern die Bereitschaft verringert, am Entscheidungsprozess aktiv teilzunehmen (vgl. Abb. 28).[728]

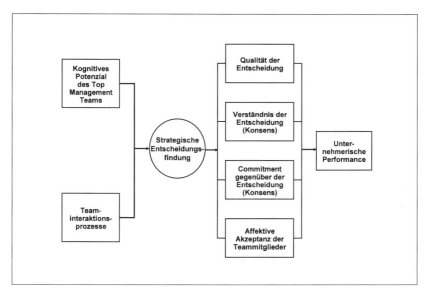

Abb. 28: Strategische Entscheidungsfindung und unternehmerische Performance[729]

Das grundlegende Dilemma besteht AMASON/SCHWEIGER zufolge nun darin, dass die drei Einflussfaktoren einer hohen unternehmerischen Performance (Entscheidungsqualität, Konsens und affektive Akzeptanz) nicht komplementär sind. Die antezedierenden Variablen der Entscheidungsqualität – Diversität und dialektische Interaktion – können Barrieren der Entstehung von Konsens und der Bewahrung von affektiver Kongruenz darstellen. Ebenso kann das Streben nach Konsens und affektiver Akzeptanz die Entscheidungsqualität verringern. Zur Erzielung einer nachhaltig hohen unternehmerischen Performance ist es jedoch erforderlich, dass die genannten drei Bedingungen simultan erfüllt sind.[730] Das Problem besteht mit anderen Worten darin, dass Konflikte auf der einen Seite zwar die Qualität strategischer Entscheidungen verbessern, auf der

---

[728] Vgl. AMASON (1996), S. 125 f.; AMASON/SCHWEIGER (1994), S. 242.
[729] In Anlehnung an AMASON/SCHWEIGER (1994), S. 243.
[730] Vgl. AMASON/SCHWEIGER (1994), S. 242 ff.

anderen Seite jedoch die Fähigkeit der Gruppe zur effektiven Zusammenarbeit verschlechtern.[731]

Zur Lösung des Problems schlagen die beiden Forscher in Anlehnung an JEHN ein zweidimensionales Konfliktverständnis vor. Während die eine Ausprägungsform von Konflikt zu einer Steigerung der Entscheidungsqualität beiträgt, schwächt die andere Konsens und affektive Akzeptanz ab. Ein Konflikt ist nach JEHN funktional, wenn er aufgabenbezogen ist. AMASON/SCHWEIGER bezeichnen eine solche Ausprägung von Konflikt als kognitiven Konflikt.[732] *Kognitive Konflikte* entstehen im Rahmen der strategischen Entscheidungsfindung aufgrund unterschiedlicher Sichtweisen bezogen auf das strategische Umfeld. Durch die Perspektivenvielfalt steigt die Qualität strategischer Entscheidungen. Kognitive Konflikte erhöhen aber auch das Verständnis der Entscheidung unter den Teammitgliedern, da sie Diskussionsprozesse innerhalb des Top Management Teams auslösen, die dazu beitragen, dass jeder einzelne Manager ein fundiertes Wissen über die Entscheidung erlangt.[733] Ferner erhöhen kognitive Konflikte das Commitment gegenüber einer Entscheidung. Über den Diskussionsprozess haben die einzelnen Teammitglieder die Möglichkeit der aktiven Teilnahme am Entscheidungsprozess. Das stärkt nicht nur die Bindung an die gemeinsam getroffene Entscheidung, sondern erhöht letztlich auch die affektive Akzeptanz unter den Teammitgliedern.[734]

Ein Konflikt ist hingegen dysfunktional, wenn er im Sinne von JEHN auf der Beziehungsebene liegt und personenbezogene Inkompatibilitäten beinhaltet. Diese Konfliktform bezeichnen AMASON/SCHWEIGER als affektiven Konflikt. *Affektive Konflikte* treten immer dann auf, wenn sachbezogene Kritik als persönlicher Angriff gedeutet wird.[735] Eine solche Fehlinterpretation kognitiver Uneinigkeit erscheint vor allem in Top Management Teams virulent, da Einfluss und Macht hier häufig asymmetrisch verteilt sind und somit die Anwendung mikropolitischer Praktiken durch einzelne

---

[731] Vgl. SCHWEIGER/SANDBERG/RAGAN (1986), S. 67.
[732] Vgl. AMASON/SCHWEIGER (1994), S. 245.
[733] Vgl. EISENHARDT/KAHWAJY/BOURGEOIS (1997a), S. 43.
[734] Vgl. AMASON (1996), S. 127 f.; AMASON ET AL. (1995), S. 22 ff.
[735] Vgl. EISENHARDT/KAHWAJY/BOURGEOIS (1997b), S. 78.

Teammitglieder generell begünstigt wird. Affektive Konflikte erzeugen Misstrauen, Zynismus, Abwendung und Gegenwehr unter den Teammitgliedern.[736]

Bezogen auf die Einflussgrößen der unternehmerischen Performance gehen die beiden Autoren davon aus, dass sich kognitive Konflikte positiv auf Entscheidungsqualität, Verständnis, Commitment und affektive Akzeptanz auswirken, während affektive Konflikte diese negativ beeinflussen. Affektive Konflikte machen die vorteilhaften Effekte kognitiver Konflikte zunichte und fördern gegenseitige Abneigung zwischen den Teammitgliedern (vgl. Abb. 29).[737]

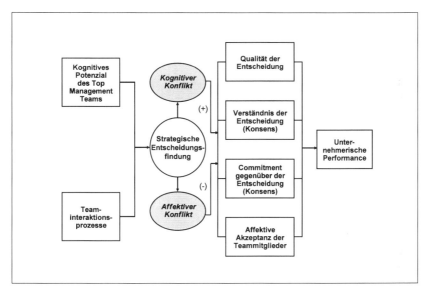

Abb. 29: Wirkungen kognitiver und affektiver Konflikte in Top Management Teams auf Entscheidungsqualität, Commitment, Verständnis und affektive Akzeptanz[738]

AMASON hat die aufgezeigten Zusammenhänge empirisch untersucht und konnte sie zum Teil auch bestätigen. So ließ sich beispielsweise nachweisen, dass sich kognitive Konflikte in Top Management Teams positiv auf die Entscheidungsqualität, das Verständnis einer Entscheidung und die affektive Akzeptanz unter den Teammitgliedern auswirken, während affektive Konflikte die Qualität der getroffenen Entscheidung und

---

[736] Vgl. AMASON (1996), S. 129; AMASON ET AL. (1995), S. 24 ff.
[737] Vgl. AMASON/SCHWEIGER (1994), S. 247.
[738] In Anlehnung an AMASON/SCHWEIGER (1994), S. 248.

die affektive Akzeptanz negativ beeinflussen. Die Ergebnisse der Studie liefern eine Erklärung dafür, dass die anzustrebende Koexistenz zwischen Entscheidungsqualität, Konsens und affektiver Akzeptanz instabil ist. Die Qualität strategischer Entscheidungen steigt in Top Management Teams durch die kognitive Vielfalt seiner Mitglieder. Fehlende kognitive Übereinstimmung birgt allerdings stets die Gefahr in sich, dass Sachkonflikte in affektive Konflikte umschlagen,[739] die die Zusammenarbeit beeinträchtigen und somit die Entscheidungsqualität von Top Management Teams verschlechtern.[740] JANSSEN/VAN DE VLIERT/VEENSTRA betonen, dass insbesondere in Management Teams sachbezogene Kritik leicht als eine mikropolitische Taktik gedeutet wird, die dazu dient, den eigenen Machtstatus auf Kosten der übrigen Teammitglieder auszubauen.[741]

Nach DEVINE trägt ein kognitiver Konflikt prinzipiell dazu bei, dass in der teaminternen Diskussion ungeteilte Informationen genannt werden. Ein kognitiver Konflikt kann aber einen affektiven Konflikt auslösen, der verhindert, dass Gruppen zentrale Informationen der jeweiligen Experten innerhalb des Teams berücksichtigen. Folglich verursacht ein kognitiver Konflikt den unüberbrückbaren Widerspruch, dass er den Austausch ungeteilter Informationen zwar auf der einen Seite fördert, auf der anderen Seite jedoch zugleich Bedingungen schafft, die es häufig unmöglich machen, dass die ausgetauschten Informationen auch tatsächlich in die Entscheidungsfindung einfließen.[742]

---

[739] So könnten beispielsweise die Teammitglieder infolge mangelnder Einigung im Hinblick auf die zu treffende Entscheidung in zunehmendem Maße gegenseitige Abneigung verspüren und den ursprünglich rein sachlichen Konflikt personenbezogenen Differenzen zuschreiben. Vgl. JANSSEN/VAN DE VLIERT/VEENSTRA (1999), S. 120; JEHN (1997), S. 532. Ganz in diesem Sinne auch WATZLAWICK/BEAVIN/JACKSON, die mit ihren viel beachteten Überlegungen zur Theoriebildung über Kommunikation darauf aufmerksam gemacht haben, dass jede Kommunikation einen Beziehungs- und einen Inhaltsaspekt hat. Störungen in der zwischenmenschlichen Kommunikation entstehen unter anderem, wenn Uneinigkeit auf der Inhaltsebene auf die Beziehungsebene übertragen wird. Siehe hierzu ausführlich WATZLAWICK/BEAVIN/JACKSON (2003), S. 53 ff.

[740] Vgl. AMASON (1996), S. 141. Eine Korrelation zwischen affektiven und kognitiven Konflikten ließ sich auch in vielen empirischen Studien feststellen. Vgl. hierzu exemplarisch nur AMASON (1996), S. 136 (r=.38); AMASON/MOONEY (1999), S. 350 (r=.42); DEVINE (1999), S. 622 (r=.50); JANSSEN/VAN DE VLIERT/VEENSTRA (1999), S. 127 (r=.46); JEHN/MANNIX (2001), S. 245 (r=.55); JEHN/NORTHCRAFT/NEALE (1999), S. 753 (r=.55); PELLED/EISENHARDT/XIN (1999), S. 15 (r=.48). Ganz in diesem Sinne auch die bereits oben, S. 161 f. aufgezeigten Zusammenhänge zwischen den Übereinstimmungsvariablen.

[741] Vgl. JANSSEN/VAN DE VLIERT/VEENSTRA (1999), S. 120.

[742] Vgl. DEVINE (1999), S. 613.

Der festgestellte Zusammenhang zwischen den beiden Konfliktdimension (Affekt und Kognition) und der affektiven Akzeptanz unter den Teammitgliedern unterstreicht nicht zuletzt auch die Bedeutung von Offenheit und Fairness des Ablaufs von Entscheidungsprozessen.[743] Affektive Kongruenz stellt somit nicht nur eine zentrale antezedierende Größe integren Argumentierens dar. Sie wird darüber hinaus auch durch ein offenes und faires Diskussionsverhalten innerhalb des Teams positiv verstärkt. Zur zielgerichteten Steuerung kognitiver und affektiver Konflikte in Top Management Teams nennt AMASON fünf Ansatzpunkte, die im folgenden Kapitel aufgegriffen und vertieft werden sollen: (1) Die Gestaltung von Teamnormen, (2) das Verhalten des Vorsitzenden des Teams, (3) die teambasierte Anreizgestaltung, (4) die Zusammensetzung des Teams und (5) Interventionstechniken zur Induzierung kognitiver Konflikte in Teams.[744] Teamnormen können z. B. zur Etablierung eines Teamklimas beitragen, in dem kognitive Konflikte als anstrebenswert betrachtet und nicht als generell zu vermeidende persönliche Kritik missdeutet werden.[745]

1.2 Ergebnisse empirischer Studien

Auch wenn AMASON und SIMONS/PETERSON in ihren Studien positive Auswirkungen von kognitiven Konflikten auf die Qualität von Top Management-Entscheidungen festgestellt haben, deuten die Ergebnisse verschiedener empirischer Untersuchungen zum Zusammenhang zwischen Aufgabenkonflikten und Teamperformance jedoch nicht einheitlich in dieselbe Richtung. Während Konflikte (ungeachtet, ob aufgabenbezogen oder interpersonal) die Zufriedenheit der Teammitglieder stets negativ beeinflussen, ließ sich eine konsistente positive Beziehung zwischen kognitivem Konflikt und Performance empirisch allerdings nicht bestätigen.[746]

DE DREU/WEINGART haben den Zusammenhang zwischen Aufgabenkonflikt und Beziehungskonflikt als unabhängige Variablen und Team-Performance und Zufrie-

---

[743] Vgl. AMASON (1996), S. 142 f.

[744] Vgl. AMASON (1996), S. 144.

[745] In diesem Sinne auch FALK (1982): "One of the necessary conditions for facilitating the emergence of task conflict is an atmosphere in which all group members can freely express their opinions and the existence of differences of opinions among group members." (S. 1124). Vgl. hierzu auch AMASON/SCHWEIGER (1994), S. 249.

[746] Vgl. DE DREU/WEINGART (2003), S. 742. Ein positives Verhältnis zwischen kognitivem Konflikt und Performance konnte etwa JEHN (1994), S. 230 nachweisen. Ein negativer Zusammenhang wurde hingegen von LOVELACE/SHAPIRO/WEINGART (2001), S. 787 festgestellt.

denheit als abhängige Variablen in einer Metaanalyse der Teamkonfliktliteratur[747] untersucht und dabei die beiden konträren Sichtweisen über die Zusammenhänge der genannten Variablen gegenübergestellt. Wie oben bereits erläutert wirken sich Konflikte nach der Informationsverarbeitungsperspektive negativ auf die Teamperformance sowie die Zufriedenheit der Teammitglieder aus. Demgegenüber beruht die auf JEHN zurückgehende und die Managementliteratur inzwischen dominierende Betrachtungsweise der Unterscheidung zwischen zwei Konfliktdimensionen auf der Annahme, dass sich Aufgaben- und Beziehungskonflikt zwar beide negativ auf die Zufriedenheit der Teammitglieder auswirken, jedoch Aufgabenkonflikte eine positive Wirkung auf die Teamperformance haben können (insbesondere bei komplexen und unsicheren Non-Routineaufgaben).[748] Die Ergebnisse der Metaanalyse zeigen, dass sich die nach Konflikttyp differenzierende Sichtweise empirisch nicht bestätigen ließ und bekräftigen stattdessen die traditionelle Informationsverarbeitungsperspektive.[749]

Die Studie macht allerdings auch deutlich, dass die negativen Auswirkungen von Aufgabenkonflikten auf die Teamperformance geringer ausfallen, wenn nur eine schwache Korrelation zwischen Aufgaben- und Beziehungskonflikt vorliegt.[750] SIMONS/PETERSEN haben festgestellt, dass gegenseitiges Vertrauen innerhalb des Teams den positiven Zusammenhang zwischen kognitivem und affektivem Konflikt reduziert. Teammitglieder, die sich wechselseitig vertrauen, neigen eher dazu, geäußerte Meinungsverschiedenheiten wörtlich zu nehmen. Sie missdeuten kognitive Konflikte seltener als persönliche Angriffe.[751] Vertrauen kann also erheblich dazu beitragen, dass kognitive Konflikte weniger schnell in affektive Konflikte umschlagen. Diese Feststellung ist konsistent mit Forschungsergebnissen, die zeigen, dass Teams mit einem hohen Ausmaß an psychologischer Sicherheit[752] und mit Normen der Offenheit[753] besser

---

[747] Die Metaanalyse bezieht sich auf 30 Publikationen aus den Jahren 1994 bis 2001. Vgl. DE DREU/WEINGART (2003), S. 742.

[748] Vgl. DE DREU/WEINGART (2003), S. 742.

[749] Vgl. DE DREU/WEINGART (2003), S. 745. In dieser engen Beziehung zwischen kognitiven und affektiven Konflikten liegt im Übrigen eine weitere Ursache dafür, dass kognitive Konflikte nicht immer zu der gewünschten Verbesserung der Teameffektivität führen müssen. AMASON/SAPIENZA (1997) vergleichen Konflikte in Top Management Teams daher treffend mit der Büchse der Pandora: Einmal geöffnet ist es schwer, ihre negativen Folgen zu revidieren. Siehe hierzu AMASON/SAPIENZA (1997), S. 511.

[750] Vgl. DE DREU/WEINGART (2003), S. 747.

[751] Vgl. SIMONS/PETERSON (2000), S. 104.

[752] Das von EDMONDSON eingeführte Konstrukt der psychologischen Sicherheit innerhalb eines Teams bezeichnet ein Klima wechselseitigen Vertrauens und Respekts, das den Teammitgliedern

in der Lage sind, mit kognitiven Konflikten konstruktiv umzugehen. Dennoch weisen DE DREU/WEINGART darauf hin, dass selbst bei geringer Korrelation zwischen kognitiven und affektiven Konflikten ein aufgabenbezogener Konflikt einen signifikant negativen Einfluss auf die Performance eines Teams ausübt. Das legt den Schluss nahe, dass kognitive Konflikte nur bei relativ hohen Ausprägungen von gegenseitigem Vertrauen, Offenheit und psychologischer Sicherheit einen positiven Effekt auf die Teamperformance ausüben können. Zudem verdeutlicht es die Schwierigkeit, Konflikte in Teams effektivitätsfördernd zu managen.[754] BARON stellt daher fest: "All too often, what starts as a rational exchange of opposing views deteriorates into an emotion-laden interchange–one in which strong negative feelings (e.g., anger) are aroused."[755] Eine zentrale Forschungsfrage lautet somit, wie sich kognitive Konflikte fördern lassen, ohne die Entstehung affektiver Konflikte in Teams in Kauf nehmen zu müssen.[756]

Einige Teamforscher haben sich dieser Frage gewidmet und Bedingungen eines effektiven Konfliktmanagements in Teams identifiziert. Nach ALPER/TJOSVOLD/LAW können sich kognitive Konflikte positiv auf die Performance eines Teams auswirken, wenn sie kooperativ und nicht kompetitiv gelöst werden.[757] AMASON/SAPIENZA haben die Auswirkungen der Größe und Offenheit von Top Management Teams sowie der Kooperationsbereitschaft zwischen den Teammitgliedern auf die Entstehung kognitiver und affektiver Konflikte untersucht. Zur Messung der Offenheit und Kooperationsbereitschaft wurden die Mitglieder von Top Management Teams aufgefordert, zu jeweils vier Aussagen eine zustimmende oder ablehnende Beurteilung abzugeben (vgl. Tab. 4).

Die beiden Forscher haben festgestellt, dass die Teamgröße sowohl kognitive als auch affektive Konflikte positiv beeinflusst, da zunehmende Diversität durch wachsende Anzahl der Teammitglieder – wie bereits an anderer Stelle ausgeführt wurde – konfli-

---

ein Gefühl der Sicherheit vermittelt, offen ihre Meinung äußern zu können, ohne dabei Gefahr zu laufen, sich zu blamieren, zurückgewiesen oder gar bestraft zu werden. Vgl. EDMONDSON (1999), S. 354, 375.

[753] Vgl. JEHN (1997), S. 552; WEST/ANDERSON (1996), S. 684, 690.

[754] Vgl. AMASON/SAPIENZA (1997), S. 498; DE DREU/WEINGART (2003), S. 747.

[755] BARON (1984), S. 272.

[756] Vgl. AMASON/MOONEY (1999), S. 342.

[757] Vgl. ALPER/TJOSVOLD/LAW (2000), S. 636. Siehe ferner auch EISENHARDT/KAHWAJY/ BOURGEOIS (1997b), S. 80.

gierende Effekte hat.[758] Offenheit hat sich in der Untersuchung als ein bedeutsamer Katalysator kognitiver Konflikte erwiesen. So stehen gelebte Normen und Werte, die für offene Diskussionen in Top Management Teams stehen, in einem signifikant positiven Verhältnis zu kognitiven Konflikten, während sie sich (wenn auch nur schwach) negativ auf die Entstehung affektiver Konflikte auswirken. Kooperationsbereitschaft hat einen signifikant abmildernden Effekt auf affektive Konflikte. Bei einer hohen Ausprägung an Kooperationsbereitschaft hat Offenheit in Top Management Teams sogar einen stark negativen Einfluss auf affektive Konflikte. Mit anderen Worten führt ein hohes Niveau an Offenheit in Verbindung mit Kooperationsbereitschaft zu signifikant weniger affektiven Konflikten in Top Management Teams.[759]

Items zur Messung der Offenheit

- „Wir beurteilen verschiedene Entscheidungsalternativen gründlich und ehrlich."
- „Die Qualität der Entscheidung nimmt zu, wenn alle Gruppenmitglieder partizipieren."
- „Abweichende Meinungen sollten gefördert werden."
- „Die Gruppe hat Spaß daran, alternative Vorschläge zu diskutieren."

Items zur Messung der Kooperationsbereitschaft

- „Die Gruppe neigt zur Kooperation zum Wohle des Gesamtunternehmens."
- „Belohnungen werden gleich verteilt, unabhängig davon, wessen Vorschläge angenommen werden."
- „Wenn wir eine Entscheidung treffen, konzentrieren wir uns auf die Erreichung eines gemeinsamen Ziels."
- „Jedes einzelne Gruppenmitglied profitiert in gleicher Weise von einer guten Gruppenentscheidung."

Tab. 4: **Items zur Messung der Offenheit und Kooperationsbereitschaft in Top Management Teams**[760]

---

[758] Siehe hierzu oben, S. 167 f.
[759] Vgl. AMASON/SAPIENZA (1997), S. 511.
[760] Vgl. AMASON/SAPIENZA (1997), S. 505 f.

Bemerkenswerterweise ließ sich in der Studie jedoch kein deutlich negativer Einfluss von Kooperationsbereitschaft auf kognitive Konflikte nachweisen. Der Schlüssel für ein wirkungsvolles Konfliktmanagement liegt nach AMASON/SAPIENZA daher in der Kooperationsbereitschaft der Teammitglieder.[761] Top Management Teams können durch die Ausweitung von Kooperationsbereitschaft affektive Konflikte reduzieren, ohne dabei die unerwünschte Nebenwirkung verringerter kognitiver Konflikte in Kauf nehmen zu müssen.[762] Ein Ansatzpunkt hierfür bildet z. B. die Einrichtung eines teambasierten Belohnungssystems, welches Kooperationsbereitschaft unter den Teammitgliedern fördert. Interessanterweise ist die Kluft zwischen kognitiven und affektiven Konflikten in jenen Top Management Teams am größten, die in der Untersuchung sowohl ein hohes Maß an Kooperationsbereitschaft als auch ein hohes Maß an Offenheit zeigten. Diesen Teams gelang es am besten, sich auf kognitive Konflikte einzulassen, ohne die negativen Folgen ihrer Meinungsverschiedenheiten im Sinne affektiver Konflikte hinnehmen zu müssen. Daher erscheint es sinnvoll, ein Klima der Zusammenarbeit innerhalb des Top Management Teams zu schaffen, das auf der einen Seite eine offene und kritische Diskussion zwischen den Teammitgliedern fördert, auf der anderen Seite das Bewusstsein für die Interdependenz individueller Interessen schärft.[763]

Ganz in diesem Sinne stellen einige Gruppenforscher fest, dass Teams von kognitiven Konflikten profitieren können, sofern es ihnen gelingt, Normen der Offenheit und Toleranz gegenüber abweichenden Einstellungen und Sichtweisen zu etablieren, die verhindern, dass Meinungsverschiedenheiten als persönliche Angriffe missdeutet werden.[764] So weist JEHN beispielsweise auf die hohe Bedeutung der Wertschätzung von Toleranz, freiem Austausch von Informationen, einem hohen Leistungsanspruch und gegenseitiger Unterstützung sowohl für die Performance als auch für die Zufriedenheit der Teammitglieder hin.[765] Allerdings stehen Normen der Offenheit und Toleranz gegenüber Meinungsverschiedenheiten nicht nur in einem positiven Verhältnis zu

---

[761] So stellen AMASON/SAPIENZA (1997) fest: "Thus, if mutuality is established before cognitive conflict is encouraged, cognitive disagreements may be less likely to trigger affective conflict." (S. 512 f.)

[762] Siehe hierzu auch unten, S. 206 ff.

[763] Vgl. AMASON/SAPIENZA (1997), S. 513; EISENHARDT/KAHWAJY/BOURGEOIS (1997b), S. 80.

[764] Siehe hierzu nochmals AMASON (1996), S. 142, ferner DE DREU/WEST (2001), S. 1200; JEHN (1994), S. 232; JEHN (1995), S. 263; LOVELACE/SHAPIRO/WEINGART (2001), S. 781; SIMONS/PETERSON (2000), S. 108 f.

[765] Vgl. JEHN (1994), S. 233 f.; JEHN (1997), S. 533.

kognitiven, sondern auch zu affektiven Konflikten.⁷⁶⁶ Mit Blick auf die Untersuchungsergebnisse von AMASON/SAPIENZA verdeutlicht dies den hohen Stellenwert der Etablierung einer Diskussionskultur, die nicht allein durch Offenheit und Toleranz gekennzeichnet ist, sondern sich darüber hinaus auch durch Kooperationsbereitschaft auszeichnet.⁷⁶⁷ Ferner spiegelt sich hierin die hohe Bedeutung integrer Argumentationen wider, denn integres Argumentieren trägt maßgeblich dazu bei, dass kognitive Konflikte sachlich ausgetragen werden.⁷⁶⁸

2. Groupthink

2.1 Grundlagen

Nicht nur die mangelnde affektive Übereinstimmung sondern auch ein zu hohes Maß an wechselseitiger Sympathie kann zu einer Einschränkung der Teameffektivität führen.⁷⁶⁹ Die Vermeidung offener und aufrichtiger Diskussionen über einen aufgabenbezogenen Konflikt kann das von JANIS vorgestellte Phänomen des Groupthink einleiten, bei dem ein Mangel an kritischer Nachfrage die Fähigkeit der Gruppe zu effektiver und kreativer Problemlösung behindert.⁷⁷⁰ Groupthink bezeichnet einen Denkmodus, den Mitglieder einer Gruppe anwenden, wenn ihr Streben nach Einmütigkeit die Bereitschaft zu einer realistischen Abwägung von Handlungsalternativen außer Kraft setzt.⁷⁷¹ Ein wesentliches Merkmal von Groupthink sieht JANIS in der "concurrence-seeking tendency, that interfered with critical thinking."⁷⁷²

Der zentralen Annahme des Ansatzes zufolge vergessen kleine, kohäsive Entscheidungsgruppen unbewusst ihr Kernanliegen, das in der Lösung von Entscheidungsproblemen besteht, um den Zusammenhalt der Gruppe nicht zu gefährden. Eine solche

---

⁷⁶⁶ Vgl. AMASON/MOONEY (1999), S. 342; JEHN (1995), S. 277.

⁷⁶⁷ Vgl. DE DREU/WEINGART (2003), S. 747.

⁷⁶⁸ Vgl. SIMONS/PETERSON (2000), S. 104, die darauf hinweisen, dass Top Management Teams, die kooperativ und weniger wettbewerbsorientiert miteinander kommunizieren, wenn sie Meinungsverschiedenheiten austragen, weniger negative Konsequenzen von Konflikten davontragen. Siehe hierzu auch LOVELACE/SHAPIRO/WEINGART (2001), S. 789 f.

⁷⁶⁹ Vgl. SCHOLL (2003), S. 11 f.

⁷⁷⁰ Vgl. JEHN/CHATMAN (2000), S. 59.

⁷⁷¹ Vgl. JANIS (1972), S. 9. Das Groupthink-Phänomen zählt zu den am häufigsten zitierten Ansätzen der Sozialwissenschaften. Das Konzept wird in nahezu allen psychologischen Lehrbüchern beschrieben. Siehe hierzu die Untersuchung PAULUS (1998), S. 364. Enttäuschend ist ESSER zufolge demgegenüber die vergleichsweise geringe Anzahl empirischer Studien zur Stützung des Phänomens. Vgl. ESSER (1998), S. 117.

⁷⁷² JANIS (1983), S. 9.

Ablösung der eigentlichen übergeordneten Zwecksetzung führt schließlich dazu, dass die Gruppe nicht mehr in der Lage ist, rationale Entscheidungen zu treffen. Den Ausgangspunkt für die Entstehung von Groupthink bilden antezedierende Bedingungen, welche dazu beitragen können, dass eine Gruppe spezifische Symptome zeigt, die auf die Existenz von Groupthink hindeuten.[773]

2.2 Antezedenz-Bedingungen, Symptome und Konsequenzen

Die primäre Bedingung für die Entstehung von Groupthink ist eine moderat bis hoch kohäsive Gruppenstruktur. JANIS konstatiert, dass je mehr *esprit de corps* sich zwischen den Gruppenmitgliedern entwickelt, desto größer ist die Gefahr, dass unabhängiges kritisches Denken durch Groupthink ersetzt wird.[774] Als primäre Voraussetzung ist Kohäsion zwar eine notwendige, allerdings noch keine hinreichende Bedingung von Groupthink. Sie allein führt noch nicht zu einer unmittelbaren Beeinträchtigung des Entscheidungsprozesses.[775] So setzt JANIS eine Reihe weiterer sekundärer Bedingungen voraus, die erfüllt sein müssen, damit das Phänomen ausgelöst wird.[776] Zu diesen sekundären Bedingungen zählen zum einen strukturelle Defizite der Organisation wie die Isolation der Gruppe, das Fehlen eines unparteiischen Gruppenführers, fehlende Normen im Hinblick auf ein methodisches Vorgehen sowie die Homogenität der Ideologie und des sozialen Hintergrunds der Gruppenmitglieder. Zum anderen beziehen sich die sekundären Bedingungen auf einen provokativen situativen Kontext des Entscheidungsprozesses wie aus externen Bedrohungen resultierender Stress und ein (zumindest temporär) schwach ausgeprägtes Selbstbewusstsein.[777]

Die genannten Antezedenz-Bedingungen begünstigen die Generierung von acht Groupthink-Symptomen. Diese lassen sich zu drei Haupttypen zusammenfassen:

Typ I: Selbstüberschätzung der Gruppe

(1) Illusion der Unverwundbarkeit der Gruppe, die übersteigerten Optimismus und extreme Risikobereitschaft hervorruft.

---

[773] Vgl. MARTIN/BARTSCHER-FINZER (2004), S. 8; MCCAULEY (1998), S. 143; MOHAMED/WIEBE (1996), S. 417; NECK/MANZ (1994), S. 932.
[774] Vgl. JANIS (1983), S. 245.
[775] Vgl. JANIS (1983), S. 176, 245.
[776] Vgl. MOHAMED/WIEBE (1996), S. 418; MULLEN ET AL. (1994), S. 192; NECK/MANZ (1994), S. 932.
[777] Vgl. JANIS (1983), S. 248 ff.; MOHAMED/WIEBE (1996), S. 417 f.; NECK/MANZ (1994), S. 932.

(2) Nicht weiter hinterfragter Glaube an die moralische Überlegenheit der Gruppe, die die Gruppenmitglieder veranlasst, die ethischen Konsequenzen ihrer Entscheidungen zu ignorieren.

Typ II: Voreingenommenheit

(3) Kollektive Bemühungen der Rationalisierung, um Warnungen und andere Informationen abzuwerten, die die Gruppenmitglieder veranlassen könnten, ihre Annahmen neu zu überdenken.

(4) Stereotypisierte Betrachtung der gegnerischen Meinungsführer als schwach, inkompetent und moralisch minderwertig.

Typ III: Druck in Richtung Uniformität

(5) Selbstzensur von Gruppenmitgliedern gegenüber ihren eigenen Gedanken, die vom Gruppenkonsens abweichen.

(6) Geteilte Illusion der Einmütigkeit.

(7) Direkter sozialer Druck, der auf Gruppenmitglieder ausgeübt wird, die gegen die geteilten Überzeugungen argumentieren.

(8) Auftreten selbsternannter „Gedankenwächter" (*mind guards*), die die Gruppe vor negativen Informationen von Außenstehenden abschotten.[778]

Insgesamt wirken die acht Symptome darauf hin, den Zusammenhalt der Gruppe zu erhalten und negative Außeneinflüsse zu bekämpfen. Sobald eine Entscheidungsgruppe einen Großteil der aufgezeigten Symptome aufweist, führen ihre Mitglieder die gemeinsam zu bewältigende (Entscheidungs-)Aufgabe ineffektiv aus. Konkret gesprochen führen die Symptome von Groupthink zu einer fehlerhaften Entscheidungsfindung, die

- eine unvollständige Generierung bzw. Prüfung von Alternativen,
- eine unvollständige Reflexion von Handlungszielen,
- eine Unterschätzung von Risiken,
- eine fehlende Neubewertung früherer Alternativen,
- eine unausgewogene Informationssuche,

---

[778] Vgl. JANIS (1983), S. 174 f. Ferner auch MOHAMED/WIEBE (1996), S. 418; NECK/MOORHEAD (1995), S. 546.

- selektive Verzerrung in der Verarbeitung der verfügbaren Informationen und
- eine fehlende Ausarbeitung von Krisenplänen umfasst.[779]

Abbildung 30 fasst die Zusammenhänge des Phänomens noch einmal zusammen.

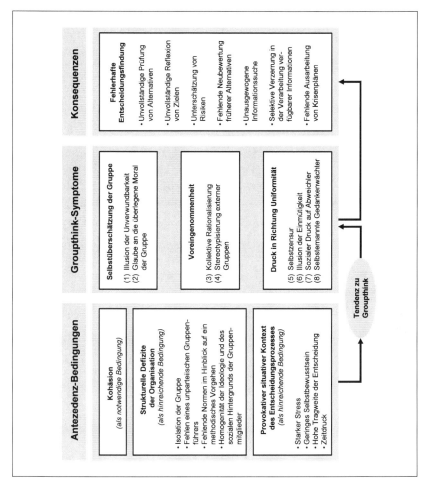

Abb. 30: Das Groupthink-Phänomen[780]

---

[779] Vgl. JANIS (1983), S. 175.

2.3 Kritische Würdigung

Eine zentrale Voraussetzung für die Entstehung von Groupthink liegt nach JANIS in der Existenz von Kohäsion.[781] Unberücksichtigt bleibt dabei die Tatsache, dass Kohäsion neben dysfunktionalen Effekten auch positive Wirkungen entfalten kann.[782] Die einseitge Fokussierung auf ein im Kern multidimensionales Konstrukt[783] lässt sich im Wesentlichen auf ein uneinheitliches Begriffsverständnis in der Literatur zurückführen.[784] FESTINGER versteht unter Kohäsion "the resultant of all forces acting on the members to remain in the group".[785] Der Gruppenzusammenhalt basiert diesem ursprünglichen Begriffsverständnis zufolge auf gegenseitiger Sympathie, Prestige sowie der Relevanz der Gruppe zur Erreichung individueller Ziele.[786] Trotz dieser frühen Hervorhebung der Multidimensionalität des Konstrukts konzentrieren sich die meisten Forscher jedoch ausschließlich auf den Aspekt wechselseitiger Sympathie unter den Gruppenmitgliedern.[787]

Auch JANIS sieht verschiedene Bestimmungsgründe für die Entstehung von Kohäsion. So definiert er den Begriff zunächst allgemein als "high degree to which the members value their membership in the group and want to continue to be affiliated."[788] Die Wertschätzung der Gruppenmitgliedschaft hat dem Autor zufolge zwei unterschiedliche Ursachen. Sie lässt sich zum einen auf die Identifikation mit der Gruppe (sozio-emotionale Kohäsion) und zum anderen auf die Identifikation mit der Aufgabe (aufgabenbezogene Kohäsion) zurückführen. JANIS stellt hierzu fest: "Concurrence seeking tendencies probably are stronger when cohesiveness is based primarily on the rewards of being in a pleasant 'clubby' atmosphere or of gaining prestige from being a member

---

[780] In Anlehnung an JANIS (1989), S. 59.

[781] Vgl. JANIS (1983), S. 176. Kritisch hierzu ESSER (1998), S. 134.

[782] Vgl. hierzu MARTIN/BARTSCHER-FINZER (2004), S. 39, die im Anschluss an die Erkenntnisse aus der Gruppenforschung darauf hinweisen, dass Kohäsion die Kommunikation verbessert, zum Abbau von Spannungen und Ängsten beiträgt und auch motivationssteigernd sein kann.

[783] Vgl. BERNTHAL/INSKO (1993), S. 68.

[784] Vgl. SUMMERS/COFFELT/HORTON (1988), S. 628.

[785] FESTINGER (1950), S. 274.

[786] Vgl. BACK (1951), S. 9; FESTINGER (1950), S. 274; FESTINGER/SCHACHTER/BACK (1950), S. 164 f.

[787] Vgl. MULLEN ET AL. (1994), S. 193. Sie rekurrieren damit auf das Kohäsionsverständnis von LOTT/LOTT (1965), die Kohäsion als "group property which is inferred from the number and strength of mutual positive attitudes among the members of a group" (S. 259) definieren.

[788] Vgl. JANIS (1983), S. 245.

of an elite than when it is based primarily on the opportunity to function competently on work tasks with effective co-workers. In a cohesive policy-making group of the latter type, careful appraisal of policy alternatives is likely to become a group norm to which the members conscientiously adhere; this helps to counteract groupthink."[789]

Dennoch macht JANIS an entscheidenden Stellen seiner Argumentation deutlich, dass er vorrangig jenen Kohäsionstypus vor Augen hat, der durch die wechselseitige Sympathie zwischen den Gruppenmitgliedern und Gruppenstolz bestimmt wird.[790] Die positiven Effekte von (aufgabenbezogener) Kohäsion zur Vermeidung von Groupthink werden in seinem Ansatz nicht weiter untersucht.[791] Diese reduzierte Sichtweise wird von vielen Autoren als zu grob vereinfachend kritisiert.[792]

Der negative Zusammenhang zwischen Kohäsion und Groupthink darf – so die Kritiker des Ansatzes – somit auch nicht als zwingend betrachtet werden.[793] Ganz im Gegenteil kann aufgabenbezogene Kohäsion maßgeblich zu einer sorgfältigeren Suche und Bewertung von Informationen und somit zu einer höheren Entscheidungsqualität der Gruppe beitragen.[794] MULLEN ET AL. liefern hierfür den empirischen Nachweis. In ihrer meta-analytischen Studie kommen sie zu dem Ergebnis, dass Kohäsion die Entscheidungsqualität einer Gruppe nur dann beeinträchtigt, wenn sie als interpersonale Attraktivität operationalisiert wird. Je stärker der Gruppenzusammenhalt hingegen in der Identifikation mit der Aufgabe gründet, desto höher fällt die Entscheidungsqualität der Gruppe aus.[795] Allerdings darf dabei nicht die enge Beziehung zwischen den beiden Kohäsionsformen vergessen werden. Aus einer hohen Identifikation mit der Aufgabe und der damit verbundenen intensiven Zusammenarbeit ergeben sich in aller Regel auch enge soziale Bindungen. Umgekehrt wird sich aufgabenbezogene Kohäsi-

---

[789] JANIS (1983), S. 247.
[790] Vgl. BERNTHAL/INSKO (1993), S. 68; MARTIN/BARTSCHER-FINZER (2004), S. 11; MULLEN ET AL. (1994), S. 193.
[791] Vgl. BERNTHAL/INSKO (1993), S. 67; MULLEN ET AL. (1994), S. 193.
[792] Vgl. nur MUDRACK (1989), S. 44.
[793] Dies hat JANIS im Übrigen auch gar nicht behauptet. Im Gegenteil betont er, dass Kohäsion als primäre Bedingung nur in Kombination mit den sekundären Antezedenz-Bedingungen zur Entfaltung von Groupthink beitragen kann. Siehe hierzu oben, S. 197.
[794] Vgl. BERNTHAL/INSKO (1993), S. 84.
[795] Vgl. MULLEN ET AL. (1994), S. 198.

on mit der Zeit verringern, wenn die Beteiligten im Zuge der Aufgabenbewältigung mit Personen kooperieren müssen, die ihnen unsympathisch sind.[796]

Ein weiterer gewichtiger Kritikpunkt betrifft die Unbestimmtheit des Ansatzes. So bemängeln manche Autoren die Mehrdeutigkeit der verwendeten Konstrukte und zum Teil auch Widersprüche in den hergestellten Zusammenhängen.[797] Die große Anzahl der Variablen und Beziehungen mache eine umfassende empirische Überprüfung des Modells nahezu unmöglich.[798] Dennoch hat eine Reihe von Forschern versucht, den Nachweis für die Existenz des Phänomens in Entscheidungsgruppen zu liefern.[799] Basierend auf den Arbeiten von JANIS haben sich dabei im Kern zwei unterschiedliche Herangehensweisen durchgesetzt: a) Fallanalysen und b) empirische Analysen bezogen auf bestimmte Teilaspekte des Ansatzes. Fallanalysen konzentrieren sich auf grobe (politische und privatwirtschaftliche) Fehlentscheidungen und erklären diese aus einer ex post-Perspektive mit Hilfe des Ansatzes.[800] Kritisiert wird dabei, dass sich die Ergebnisse von Fallanalysen nicht zuletzt aufgrund ihrer mangelnden Repräsentativität als Beweisgrundlage für die Existenz des Phänomens kaum eignen.[801] Empirische Analysen werden zumeist in Form von Laborstudien durchgeführt, die die Zusammenhänge einzelner Komponenten des Modells beleuchten.[802] Die Ergebnisse solcher Laborstudien können den Ansatz allerdings nur partiell bestätigen und sind daher ebenso wenig wie Fallanalysen in der Lage, einen umfassenden Nachweis über die Existenz des Phänomens zu liefern.[803]

---

[796] Vgl. MARTIN/BARTSCHER-FINZER (2004), S. 27.

[797] Vgl. ALDAG/FULLER (1993), S. 538 ff.; TURNER/PRATKANIS (1998a), S. 107 f.

[798] Vgl. MARTIN/BARTSCHER-FINZER (2004), S. 40.

[799] Vgl. ESSER (1998), S. 117; PARK (2000) und im Kontext von Top Management Teams PETERSON ET AL. (1998).

[800] Exemplarisch genannt seien hier nur die Studien von NECK/MOORHEAD (1992), S. 1077 ff. und SMITH (1984), S. 117 ff.

[801] Vgl. NECK/MOORHEAD (1995), S. 544.

[802] Beispiele bilden die Untersuchungen von FLOWERS (1977), S. 888 ff. und LEANA (1985), S. 5 ff.

[803] Vgl. MARTIN/BARTSCHER-FINZER (2004), S. 40; PAULUS (1998), S. 362; TURNER/PRATKANIS (1998b), S. 219. Eine Zusammenfassung der wesentlichen Studien und ihrer Ergebnisse liefern NECK/MOORHEAD (1995), S. 540 ff. und PARK (2000), S. 874.

2.4 Modifizierter Ansatz nach Neck/Moorhead

Die kritische Auseinandersetzung mit dem Ansatz und den empirischen Befunden hat eine Reihe modifizierter bzw. alternativer Modelle hervorgebracht.[804] Den insgesamt nur sehr geringen Fortschritt in der Groupthink-Forschung schreiben NECK/ MOORHEAD dem Umstand zu, dass das ursprüngliche Modell um weitere Faktoren ergänzt werden müsse, um das Zustandekommen einer fehlerhaften Entscheidungsfindung hinreichend erklären zu können. Diese Faktoren sind – ganz im Sinne von JANIS – personenunabhängig und somit nicht etwa von der Zusammensetzung der Gruppe abhängig.[805] Der erweiterte Ansatz von NECK/MOORHEAD soll erklären, warum eine Gruppe in manchen Entscheidungssituationen Gruppendenken unterliegt, in anderen Situationen hingegen nicht. Die beiden Autoren binden die Ergebnisse der Groupthink-Forschung in ihren erweiterten Ansatz ein und liefern eine präzisere Erklärung für Bedingungskonstellationen, die Gruppendenken auslösen bzw. verhindern können.

Der Unterschied zum Ausgangsmodell besteht in der Einbeziehung von zwei zusätzlichen Antezedenz-Bedingungen, in der Spezifizierung des Zusammenhangs zwischen den antezedierenden Bedingungen und den Symptomen von Groupthink und in der Berücksichtigung von zwei Moderator-Variablen (vgl. Abb. 31).

Die antezedierenden Bedingungen vom Typus A (Kohäsion) und B-1 (strukturelle Defizite der Organisation) wurden aus dem Modell von JANIS unverändert übernommen. Zwei sekundäre Bedingungen vom Typ (B-2) (provokativer situativer Kontext des Entscheidungsprozesses) haben NECK/MOORHEAD allerdings in ihrem erweiterten Ansatz ergänzt: Die Tragweite der zu treffenden Entscheidung und Zeitdruck. Die Einführung der Tragweite der Entscheidung begründen die beiden Autoren mit der Tatsache, dass die getroffenen Gruppenentscheidungen in den von JANIS analysierten Fällen stets mit schwerwiegenden Folgen verbunden waren. Die Variable ‚Zeitdruck' wird aus zwei Gründen hinzugefügt. Zum einen deutete JANIS in seinen Fall-Studien bereits darauf hin, dass Zeitdruck die mentalen Prozesse von Entscheidungsträgern beeinflusst und die Kohäsion einer Entscheidungsgruppe erhöht. Zum anderen liefert

---

[804] Siehe hierzu nur ALDAG/FULLER (1993); LONGLEY/PRUITT (1980); MCCAULEY (1989); MOHAMED/WIEBE (1996); NECK/MOORHEAD (1995); NECK/MOORHEAD (1995); T'HART (1991); TURNER/PRATKANIS/PROBASCA (1992); WHYTE (1989).

[805] Vgl. JANIS (1983), S. 158; MOHAMED/WIEBE (1996), S. 419.

die empirische Kleingruppenforschung deutliche Hinweise darauf, dass Zeitdruck die Entscheidungsqualität negativ beeinflusst.[806]

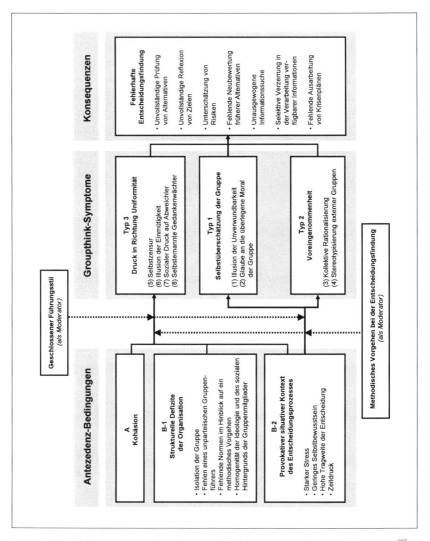

Abb. 31: Modifizierter Bezugsrahmen des Groupthink-Phänomens nach NECK/MOORHEAD[807]

---

[806] Siehe hierzu exemplarisch die Studien von ISENBERG (1981); KARAU/KELLY (1992) und KELLY/MCGRATH (1985).

Im Gegensatz zu JANIS, der den Zusammenhang zwischen den Antezedenz-Bedingungen und den Groupthink-Symptomen nur global betrachtet, stellen NECK/MOORHEAD Verbindungen zwischen den einzelnen Variablengruppen her. So gehen sie auf Basis der bisherigen Forschung zum Groupthink-Phänomen davon aus, dass Kohäsion sowie die antezedierenden Bedingungen vom Typ B-1 (strukturelle Defizite der Organisation) und Typ B-2 (provokativer situativer Kontext des Entscheidungsprozesses) zu Typ 3 der Symptome von Groupthink (Druck in Richtung Uniformität) führt. Die Bedingungen aus dem situativen Kontext des Entscheidungsprozesses lösen Typ 1 (Selbstüberschätzung der Gruppe) und Typ 2 (Voreingenommenheit) der Groupthink-Symptome aus.

Eine zweite zentrale Erweiterung gegenüber dem Ausgangsmodell besteht in dem Moderator ‚methodisches Vorgehen'. Methodisches Vorgehen im Zuge der Beschaffung und Bewertung von Informationen dient als ein Mechanismus, der das Groupthink-Symptom ‚Druck in Richtung Uniformität' über den Einsatz konstruktiver Kritik, fehlende Konformität und Offenheit innerhalb der Entscheidungsgruppe verhindert. Der wichtigste Unterschied zum Ausgangsmodell besteht allerdings in der Berücksichtigung des Moderators ‚Geschlossener Führungsstil'. Dieser allgemein als ineffektiv geltende Führungsstil beschreibt einen Gruppenführer, der

(1) die Gruppenmitglieder nicht zur aktiven Teilnahme am Diskussionsprozess ermuntert,

(2) seinen eigenen Standpunkt bereits zu Beginn einer Gruppensitzung äußert,

(3) Meinungsvielfalt verhindert,

(4) fundierten Entscheidungen keinen hohen Stellenwert einräumt.

Ein solches Führungsverhalten begünstigt eine fehlerhafte Entscheidungsfindung. Zum einen fördert es das in Gruppen ohnehin bereits vorherrschende Streben nach Kongruenz. Zum anderen trägt es zur Etablierung von Gruppennormen bei, die auf konforme Meinungsbildung, Geschlossenheit und die Anpassung individueller Sichtweisen an die Position des Gruppenführers gerichtet sind.

---

[807] In Anlehnung an NECK/MOORHEAD (1995), S. 546.

Anders gewendet lässt sich Groupthink nur durch ein offenes Führungsverhalten verhindern, bei dem der Gruppenführer die freie Äußerung von Einwänden und Zweifeln fördert, sich möglichst unparteiisch verhält und eigene Präferenzen nicht vorschnell in die Gruppendiskussion einbringt.[808]

III. Konative Kongruenz in Top Management Teams

Die Beschäftigung mit dem Phänomen „Kooperation" hat in den Sozialwissenschaften eine lange Tradition. Daher überrascht es kaum, dass ein relativ breites Spektrum an Konzeptionen und Definitionen von Kooperation existiert.[809] Für die folgende Analyse der konativen Kongruenz in Top Management Teams wird auf die prominente Kooperationstheorie von DEUTSCH zurückgegriffen. Nach einer kurzen Einführung in die Theorie wird das Verhältnis von Kooperation und Diskussionsverhalten innerhalb des Teams erörtert. Anschließend wird die herausgehobene Rolle des Vorstandsvorsitzenden näher beleuchtet und der damit verbundene Zusammenhang zwischen Machtausübung und Kooperationsbereitschaft der Teammitglieder geklärt.

1. Theorie der Kooperation nach Deutsch

Bereits in den späten 1940er Jahren hat DEUTSCH den Einfluss von Kooperation und Wettbewerb auf die Effektivität von Kleingruppen erforscht. Ausgangspunkt seiner viel zitierten *Theorie der Kooperation* bilden Interdependenzen zwischen den Mitgliedern eines Teams. Sie erklären die Entstehung von Kooperation und Wettbewerb innerhalb eines Teams. Interdependenzen liegen vor, wenn die Handlungen eines Mitglieds des Teams die Handlungen der anderen Teammitglieder zielrelevant beeinflussen. Mit Blick auf die Zielbeziehungen zwischen den Teammitgliedern sind zwei Ausprägungsformen zu unterscheiden. Kooperation kennzeichnet die Wahrnehmung positiver Interdependenzen zwischen den Teammitgliedern. Im Fall positiver Interdependenz fördert das zielgerichtete Handeln eines Akteurs die Zielerreichung der anderen Akteure. Wettbewerb bezeichnet indes die Wahrnehmung negativer Interdependenzen. Hier beeinträchtigen oder verhindern partikulär zielführende Handlungen eines Akteurs die Zielerreichung der anderen Akteure.[810]

---

[808] Vgl. hierzu auch ausführlich die von JANIS (1983), S. 260 ff. abgeleiteten Handlungsempfehlungen zur Vermeidung von Groupthink sowie unten, S. 266 ff.
[809] Vgl CHEN/CHEN/MEINDL (1998), S. 286 f.
[810] Vgl. DEUTSCH (1949a), S. 131 ff.

Die Wahrnehmung der Zielbeziehungen hat unmittelbare Auswirkungen auf die innerhalb eines Teams ablaufenden sozialen Prozesse. Mitglieder kooperativer Teams versuchen, ihre Teamkollegen zu beeinflussen, um ihre Ziele zu erreichen. Sie sind im Gegenzug offen gegenüber der Einflussnahme durch die anderen. In kooperativen Teams stellt sich daher schnell ein „Wir-Gefühl" zwischen den Akteuren ein.[811] Mitglieder kompetitiver Teams verhalten sich hingegen misstrauisch gegenüber ihren Kollegen. Sie gehen davon aus, dass diese nur ihre eigenen Interessen verfolgen.[812]

Auf Basis dieses Grundschemas hat DEUTSCH untersucht, wodurch sich eine effektive Zusammenarbeit innerhalb eines Teams auszeichnet. Der Autor kommt zu dem Ergebnis, dass kooperative Teams intensiver zusammenarbeiten und ihre gruppeninterne Arbeitsteilung besser koordinieren als kompetitive Teams. Die Ideen des Gegenübers werden gehört und eher akzeptiert. Kommunikationsprobleme zwischen den Mitgliedern treten zudem seltener auf. So ist es in kooperativen Teams für die Mitglieder leichter, den Kollegen die eigenen Sichtweisen und Vorschläge zu vermitteln sowie den Ideen der anderen zu folgen. Kooperative Teams weisen überdies ein höheres Maß an systematischem Vorgehen bei der Lösung von Problemen auf. Ihre Diskussionen laufen insgesamt effizienter ab. Kennzeichnend ist dabei nicht nur eine höhere Anzahl konstruktiver Vorschläge zur Problemlösung, sondern auch eine wesentlich intensivere Problemdurchdringung. Folglich erzielen die Mitglieder kooperativer Teams einen höheren Wissenszuwachs aus Diskussionen als die Mitglieder kompetitiver Teams. Sie verspüren ein höheres Ausmaß an Sicherheit[813], sind hilfsbereiter und haben ein ausgeprägtes Bedürfnis nach gegenseitigem Respekt.[814]

Die Theorie der Kooperation bildete die Grundlage einer Reihe empirischer Folgeuntersuchungen, deren Ergebnisse in die gleiche Richtung deuten.[815] So konnte in verschiedenen Studien festgestellt werden, dass Akteure in einem kooperativen Umfeld eine höhere Akzeptanz und ein besseres Verständnis für die Vorschläge und Argumente des Gegenübers aufbringen. Kooperation fördert in Teams die Suche und das Ange-

---

[811] Vgl. DEUTSCH (1949b), S. 210.
[812] Vgl. TJOSVOLD (1984), S. 745. Siehe ferner auch DEUTSCH (1973), S. 26.
[813] Siehe hierzu auch die Bedeutung so genannter psychologischer Sicherheit nach EDMONDSON (1999), unten, S. 238.
[814] Vgl. DEUTSCH (1949b), S. 212 ff.; DEUTSCH (1968), S. 464 ff.
[815] Einen Überblick über die empirischen Studien liefern TJOSVOLD (1984), S. 746 ff.; JANSSEN/VAN DE VLIERT/VEENSTRA (1999), S. 119.

bot von Informationen zur Lösung von Problemen. Sie trägt ferner zu gegenseitiger Unterstützung und Arbeitsteilung bei und verstärkt die affektive Kongruenz zwischen den Mitgliedern. Im Gegensatz dazu induziert Wettbewerb unter den Mitgliedern eines Teams Frustration, Aggression, Feindseligkeit und gegenseitige Behinderung.[816]

Kooperation erscheint vor allem dann von Vorteil, wenn die zu bewältigende Aufgabe ein hohes Maß an Koordination zwischen den Akteuren erforderlich macht, wohingegen Wettbewerb Kooperation nur bei einfachen Aufgaben mit einem hohen Routinegrad überlegen ist. In diesem Fall entstehen im Team weniger Abstimmungsaufwand und zeitliche Reibungsverluste durch die Klärung von Meinungsverschiedenheiten.[817] Da sich die Aufgaben des Leitungsorgans eines Unternehmens bekanntermaßen durch hohe Komplexität auszeichnen, legen die Befunde der Kooperationsforschung nahe, dass für eine effektive Zusammenarbeit in Top Management Teams Kooperation einer wettbewerbsorientierten Haltung unter den Mitgliedern prinzipiell überlegen ist.

2. Kooperation und Konflikt

MCGRATH/ARROW/BERDAHL beklagen, dass in der Kleingruppenforschung Kooperation und Konflikt häufig als Gegensätze betrachtet werden. Die Tatsache, dass Gruppenmitglieder fast immer unterschiedliche Interessen verfolgen, macht die Erzielung von Kooperation zwar grundsätzlich schwierig, aber auch erforderlich, um eine effektive Problemlösung sicherzustellen.[818] TJOSVOLD verdeutlicht dies anhand einer Studie über die Dynamiken kontrovers geführter Diskussionen. Demzufolge steht es außer Frage, dass Wettbewerb bzw. negative Interdependenzen zwischen den Teammitgliedern Konflikte verursachen. Aber auch bei positiven Interdependenzen kann es zu Konflikten kommen. So haben Akteure, die in einer kooperativen Beziehung zueinander stehen, häufig unterschiedliche Sichtweisen bezogen auf die Maßnahmen, die zur Erreichung der gemeinsamen Ziele ergriffen werden sollten. Ferner besteht die Möglichkeit, dass ein Interessenkonflikt in Bezug auf die Verteilung der Lasten und Errungenschaften kollektiver Bemühungen vorherrscht. Im Rahmen einer kooperativen Konfliktlösung betonen die Teammitglieder jedoch ihre gemeinsame Verantwortung und suchen nach Lösungen, die möglichst allen Beteiligten gerecht werden. In einem

---

[816] Vgl. JANSSEN/VAN DE VLIERT/VEENSTRA (1999), S. 119; TJOSVOLD (1984), S. 746 f.; TJOSVOLD (1988), S. 432.

[817] Vgl. TJOSVOLD (1984), S. 747 ff.

[818] Vgl. MCGRATH/ARROW/BERDAHL (1999), S. 9.

kompetitiven Kontext versuchen die Akteure hingegen eine Lösung herbeizuführen, die ihnen einen größeren Vorteil verschafft als den übrigen Beteiligten.[819]

2.1 Einfluss konativer Kongruenz auf die Entscheidungsqualität

Nach TJOSVOLD bilden offene und kontrovers geführte Diskussionen eine wesentliche Voraussetzung für ein Zustandekommen qualitativ hochwertiger Entscheidungen. Im Fokus seiner Untersuchung stehen die Dynamiken von Meinungsverschiedenheiten, die in unterschiedliche situative Kontexte eingebunden sind. Kontroversen entstehen, wenn die Mitglieder einer Gruppe mit inkompatiblen Informationen, Ideen und Meinungen versuchen, eine Einigung zu erzielen.[820] Sie lösen Unsicherheit unter den Akteuren sowie die Suche nach weiteren Informationen über die Position des anderen aus und fördern die Bereitschaft, die Argumente des Gegenübers zu reflektieren. Infolgedessen regen Kontroversen den Austausch von Informationen und Wissen zwischen den Mitgliedern an und ermöglichen die Einbeziehung unterschiedlicher Lösungsansätze in den Entscheidungsprozess. Die Auswirkungen von Kontroversen auf den Informations- und Wissensaustausch hängen allerdings in erheblichem Maße vom sozialen Kontext der Auseinandersetzung ab.[821]

TJOSVOLD unterscheidet drei Ausprägungsformen: *Produktive Kontroversen* liegen vor, wenn die Diskussionsteilnehmer bereit sind, gegensätzliche Sichtweisen und Argumente aufzudecken und zu verstehen. Nur durch eine fundierte Auseinandersetzung mit den Haltungen und Gründen der anderen Diskussionsteilnehmer sind sie in der Lage, Widersprüche und Unzulänglichkeiten des eigenen Standpunkts zu erkennen und ihre Position zu verändern, um gute und akzeptierte Entscheidungen treffen zu können.[822]

Unproduktive Kontroversen kennzeichnen dagegen Diskussionen, in denen Diskussionsteilnehmer ihre Positionen zwar direkt und unmittelbar äußern, sich jedoch einer offenen Auseinandersetzung verschließen. Sie streben vornehmlich danach, Schwächen in der Argumentation des Gegenübers zu erkennen anstatt Gegenargumente zum Anlass zu nehmen, die eigene Haltung kritisch zu überdenken. Auf diese Weise gelingt es ihnen, die Argumente des Gegenübers abzuwehren, die Positionen der anderen zu

---

[819] Vgl. TJOSVOLD (1984), S. 26; DEUTSCH (1973), S. 22, 351 ff.
[820] Kontroversen basieren im Wesentlichen auf einem kognitiven Konflikt.
[821] Vgl. TJOSVOLD/FIELD (1983), S. 505; VAN BLERKOM/TJOSVOLD (1981), S. 143 f.
[822] Vgl. TJOSVOLD/FIELD (1983), S. 505; TJOSVOLD/FIELD (1986), S. 356.

ignorieren und den eigenen Standpunkt mit aller Macht durchzusetzen. Unproduktive Kontroversen polarisieren und verringern die Qualität der getroffenen Entscheidung, deren Umsetzung am Ende auch nur von den ‚Gewinnern' der Auseinandersetzung getragen wird.[823]

Eine dritte Möglichkeit des Umgangs mit Meinungsverschiedenheiten sieht TJOSVOLD schließlich in der *Vermeidung von Kontroversen*. Einer Offenlegung konträrer Sichtweisen wird dabei generell aus dem Weg gegangen. Konträre Standpunkte werden geglättet, indem sie vorschnell als übereinstimmend bezeichnet werden. Individuen neigen zu der Annahme, dass die anderen Diskussionsteilnehmer ihren Schlussfolgerungen und Argumenten zustimmen können, da die vermeintliche Übereinstimmung der Standpunkte keinen Anlass zum Zweifel oder Hinterfragen der eigenen Auffassung liefert. Das Vermeiden von Kontroversen führt im Ergebnis ebenfalls zu einer geringen Entscheidungsqualität.[824]

Akteure, die offen miteinander diskutieren, verspüren innere kognitive Konflikte. Sie sind verunsichert im Hinblick auf ihre Ausgangsposition und wollen mehr über gegensätzliche Meinungen erfahren.[825] Überdies sind sie motiviert, die Argumentation der anderen Seite nachvollziehen zu können und bitten ihre Diskussionspartner, ihren Standpunkt zu begründen und weitere Argumente gegen die eigene Position zu nennen. Sie haben fundierte Kenntnisse der Argumentation der anderen, beziehen Aspekte der Gegenposition in ihre eigene Position ein und treffen Entscheidungen auf einer sehr breiten Informationsgrundlage. Im Gegensatz dazu verspüren Diskussionsteilnehmer, die ähnliche Meinungen vertreten und sich bemühen, die Wogen zu glätten, Sicherheit in Bezug auf die Richtigkeit ihrer eigenen Überzeugungen. Sie haben infolgedessen auch kein ernsthaftes Interesse, Gegenargumente zu hören und vermeiden es grundsätzlich, sich selbst und andere kritisch zu hinterfragen.[826]

In einem kompetitiven Kontext zeigen Diskussionsteilnehmer den Untersuchungen von TJOSVOLD und Kollegen zufolge auf der einen Seite zwar ein gewisses Interesse für die Positionen des Diskussionspartners. Auf der anderen Seite induzieren Kontroversen unter wettbewerbsorientierten Bedingungen aber auch Unsicherheit und negati-

---

[823] Vgl. TJOSVOLD (1985), S. 24.
[824] Vgl. TJOSVOLD (1985), S. 24 f.
[825] Vgl. TJOSVOLD/DEEMER (1980), S. 590.
[826] Vgl. TJOSVOLD (1985), S. 25 f.

ve Erwartungen unter den Akteuren. So bewiesen die Teilnehmer kompetitiv geführter Diskussionen zwar durchaus Kenntnis der gegnerischen Argumente, lehnten diese jedoch voreingenommen ab und hatten wenig Interesse, mehr über die Gegenposition zu erfahren. Die Legitimität anderer Meinungen wurde geleugnet. Gruppeninterne Beziehungen waren durch Feindseligkeit und wechselseitiges Misstrauen gekennzeichnet. Im Ergebnis waren die Teilnehmer kompetitiver Kontroversen daher unfähig, (gute) Entscheidungen zu treffen.

In einem kooperativen Kontext nehmen Diskussionsteilnehmer die gegensätzlichen Ideen der anderen auf und entwickeln affektive Kongruenz. Kontroversen unter kooperativen Bedingungen induzieren zwar ebenfalls Unsicherheit und Interesse an der Gegenposition. Diese sind im Gegensatz zum kompetitiven Umfeld jedoch gepaart mit der Erwartung gegenseitiger Hilfsbereitschaft und Offenheit in der Diskussion. Die Überzeugung, dass eine positive Zielbeziehung zwischen den Akteuren vorherrscht, trägt maßgeblich dazu bei, dass das Potenzial kontroverser Auseinandersetzungen erkannt und genutzt wird. So wurde im Kontext von Kooperation insgesamt intensiver diskutiert, bevor Entscheidungen gefällt wurden. Die Diskussionsteilnehmer kannten die Gegenargumente zu ihrer Position und strebten nach einer eingehenden argumentativen Auseinandersetzung, die durch gegenseitiges Vertrauen und Wohlwollen gekennzeichnet war. Im Ergebnis wurden Entscheidungen getroffen, in denen die verschiedenen Sichtweisen und Perspektiven einfließen konnten.[827]

Die Vermeidung von Kontroversen löste unter den Diskussionsteilnehmern im Gegensatz zur kompetitiv und kooperativ geführten Auseinandersetzung zwar ein Gefühl der Sicherheit aus,[828] hatte aber ebenfalls negative Auswirkungen auf die Entscheidungsqualität.[829] Eine wesentliche Ursache für die in der Praxis häufig festgestellte Vermeidung kritischer Auseinandersetzungen stellt nach TJOSVOLD der kompetitive Kontext von Diskussionen dar. Dieser führt dazu, dass unternehmerische Entscheidungsträger Diskussionen als ein Instrument begreifen, das allein dazu dient, eigene Interessen und Karriereziele und nicht die übergeordneten Ziele des Unternehmens voranzutreiben. Entscheidungen stellen dieser Sichtweise zufolge vielmehr das Ergebnis einer gewon-

---

[827] Vgl. TJOSVOLD (1985), S. 26; TJOSVOLD (1991), S. 19; TJOSVOLD/DEEMER (1980), S. 591, 593; TJOSVOLD/FIELD (1983), S. 505; TJOSVOLD/FIELD (1986), S. 361.

[828] Vgl. TJOSVOLD/DEEMER (1980), S. 593.

[829] In diesem Sinne bereits die Ausführungen zur Rationalität als Gütekriterium einer Top Management-Entscheidung.

nenen Debatte als eines gemeinschaftlich gelösten Problems dar. In der direkten Konfrontation von Meinungsverschiedenheiten wird daher nicht selten auch ein Zeichen individueller Schwäche und mangelnder Effektivität gesehen. Aus diesem Grund wird Kritik an den eigenen Vorschlägen und Ideen als persönlicher Angriff gewertet und stößt damit grundsätzlich auf Ablehnung. In einem wettbewerbsbezogenen Umfeld neigen Entscheidungsträger zu der Annahme, dass offene Diskussionen eskalieren könnten.

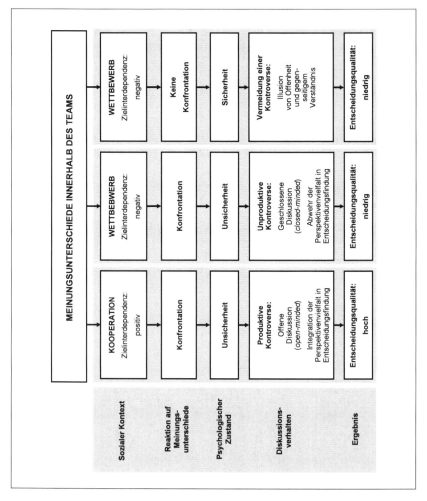

Abb. 32: Einfluss konativer Kongruenz auf das Diskussionsverhalten in Teams

Festzuhalten ist damit Folgendes: Trotz der nahe liegenden Vermutung, dass Wettbewerb unter den Akteuren Konflikte anregt und somit Auseinandersetzungen begünstigt, die zu optimalen Lösungen führen, ist es faktisch jedoch ein kooperatives Umfeld, welches die Bereitschaft innerhalb eines Teams fördert, offen miteinander zu diskutieren und somit zu besseren Ergebnissen führt.[830] Abbildung 32 fasst die aufgezeigten Zusammenhänge noch einmal zusammen.

2.2 Interdependenz-Konflikt-Modell nach Janssen/Van de Vliert/Veenstra

Die Bedeutung von Kooperation in Management Teams mit Blick auf die bereits an anderer Stelle ausführlich beschriebene Unterscheidung zwischen kognitivem und affektivem Konflikt untersuchen JANSSEN/VAN DE VLIERT/VEENSTRA.[831] Sie legen ihrer Studie ein eigenes Teameffektivitätsmodell der Entscheidungsfindung zugrunde, das in Abbildung 33 dargestellt ist.

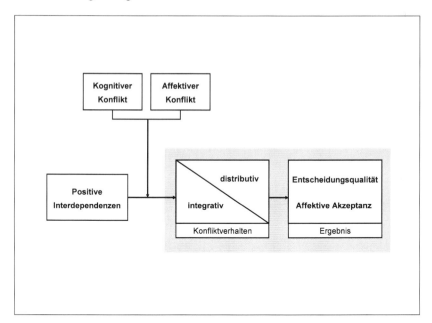

Abb. 33: Interdependenz-Konflikt-Modell[832]

---

[830] Vgl. TJOSVOLD/WEDLEY/FIELD (1986), S. 134; VAN BLERKOM/TJOSVOLD (1981), S. 143 f.
[831] Die Autoren sprechen in ihrer Studie von Aufgaben- bzw. Personenkonflikten.
[832] In Anlehnung an JANSSEN/VAN DE VLIERT/VEENSTRA (1999), S. 123.

Demnach kann die Art und Weise des Umgangs mit Konflikten innerhalb eines Management Teams als ein Indikator für die Effektivität des Entscheidungsprozesses aufgefasst werden. Das Modell konzentriert sich dabei sowohl auf den prozessualen Aspekt von Konfliktverhalten als auch auf das Ergebnis in Form der Qualität der getroffenen Entscheidung und der affektiven Akzeptanz unter den Teammitgliedern.[833]

Der integrative Modus von Konfliktverhalten kennzeichnet Verhaltensweisen, die darauf abzielen, das Gesamtergebnis für alle in einen Konflikt involvierten Parteien zu maximieren. *Integratives Konfliktverhalten* kann den Autoren zufolge sowohl eine hohe als auch eine niedrige Ausprägung annehmen. Als Beispiele für einen niedrigen Grad integrativen Verhaltens nennen sie das generelle Vermeiden von Kontroversen durch Unterdrücken oder Herunterspielen von Meinungsverschiedenheiten sowie dem Ausweichen dialektischer Interaktionen mit Meinungsgegnern. Ein hoher Grad integrativen Verhaltens kennzeichnet dagegen einen intensiven Informationsaustausch und die Berücksichtigung unterschiedlicher Perspektiven, die in einer qualitativ hochwertigen Entscheidung münden. Integratives Konfliktverhalten erscheint effektiv, da es den ernst gemeinten Einbezug verschiedener Ideen ermöglicht, gute Teamentscheidungen sichert und die Qualität der persönlichen Beziehungen zwischen den Teammitgliedern fördert. Es entspricht damit im Wesentlichen der zuvor beschriebenen produktiven Kontroverse im Sinne von TJOSVOLD.[834]

Der distributive Modus von Konfliktverhalten beschreibt Verhaltensweisen, die auf die Maximierung ungleicher Ergebnisse für die betroffenen Konfliktparteien gerichtet ist. *Distributives Konfliktverhalten* gilt als ineffektiv, da es eine ausgewogene Berücksichtigung alternativer Optionen behindert, einige Teammitglieder zwingt, den Forderungen anderer nachzugeben und somit die Entscheidungsqualität beeinträchtigt sowie den guten Arbeitsbeziehungen schadet. Distributives Verhalten entspricht damit im Wesentlichen dem Begriff der unproduktiven Kontroverse.[835]

Konative Kongruenz unter den Teammitgliedern beeinflusst dem Modell von JANSSEN/VAN DE VLIERT/VEENSTRA zufolge die beiden Ergebnisgrößen der Entscheidungsqualität und affektiven Akzeptanz über den prozessualen Aspekt des Konfliktverhaltens. Integratives und distributives Verhalten der Teammitglieder stellen folglich

---

[833] Zum Begriff der affektiven Akzeptanz siehe oben, S. 186.
[834] Siehe hierzu nochmals oben, S. 209.
[835] Vgl. JANSSEN/VAN DE VLIERT/VEENSTRA (1999), S. 122 f.

jene Variablen dar, welche erklären, wie sich Kooperation, kognitive und affektive Konflikte entweder positiv oder negativ auf die Entscheidungsqualität und affektive Akzeptanz auswirken. Im Ergebnis konnten die drei Forscher feststellen, dass das Verhältnis zwischen positiver Interdependenz und der Effektivität des Entscheidungsprozesses durch das Zusammenwirken von kognitivem und affektivem Konflikt geprägt wird. Bei simultaner Existenz affektiver und kognitiver Konflikte, sichert eine stärkere positive Interdependenz integrativere Verhaltensweisen, weniger distributives Verhalten, eine höhere Entscheidungsqualität und eine stärkere affektive Akzeptanz. Allerdings hat Kooperation den Untersuchungsergebnissen zufolge nur eine geringe Bedeutung, wenn zwischen den Teammitgliedern einseitig kognitive oder affektive Konflikte bzw. gar keine Konflikte auftreten.[836]

Das Modell spezifiziert damit, unter welchen Bedingungen Interdependenz die Effektivität von Entscheidungsprozessen in Management Teams verbessert. Die Ergebnisse der Studie verdeutlichen, dass positive Interdependenz immer dann eine effektive Rolle im Rahmen von Teamentscheidungsprozessen spielt, wenn kognitive und affektive Konflikte koexistieren. Sobald ein affektiver Konflikt auf einen kognitiven Konflikt einwirkt, ist die Wahrnehmung positiver Interdependenz unter den Teammitgliedern erforderlich, damit sich effektives Diskussionsverhalten einstellt und verhindert wird, dass sich die negativen Folgen personenbezogener Differenzen verbreiten.[837] Da nach JANSSEN/VAN DE VLIERT/VEENSTRA Konflikte in Management-Teams stets sowohl aufgaben- als auch personenbezogene Elemente beinhalten,[838] liefert positive Interdependenz eine zentrale Antwort auf die von EISENHARDT/ZBARACKI aufgeworfene Frage, wie sich die Vorteile von Konflikten nutzen lassen, ohne die damit verbundenen Nachteile in Kauf nehmen zu müssen.[839]

In die gleiche Richtung deuten die Ergebnisse der bereits an anderer Stelle ausführlich vorgestellten Studie von AMASON/SAPIENZA.[840] Den beiden Autoren zufolge kann Kooperationsbereitschaft unter den Mitgliedern eines Top Management Teams affektive Konflikte abschwächen bzw. in Verbindung mit einer offen gelebten Diskussionskultur sogar verhindern. Überdies wurde festgestellt, dass ein hohes Ausmaß konativer

---

[836] Vgl. JANSSEN/VAN DE VLIERT/VEENSTRA (1999), S. 134 f.
[837] Vgl. JANSSEN/VAN DE VLIERT/VEENSTRA (1999), S. 135.
[838] Vgl. zum Zusammenspiel der beiden Konfliktdimensionen oben, S. 182 ff.
[839] Vgl. EISENHARDT/ZBARACKI (1992), S. 34.
[840] Siehe oben, S. 184 ff.

Kongruenz keinen negativen Einfluss auf kognitive Konflikte hat.[841] Top Management Teams können demzufolge durch die Ausweitung ihrer Kooperationsbereitschaft affektive Konflikte reduzieren, ohne dabei die unerwünschte Nebenwirkung verringerter kognitiver Konflikte in Kauf nehmen zu müssen.

2.3 Heterogenität-Zielkonsens-Modell nach Michie/Dooley/Fryxell

Die Kooperationstheorie nach DEUTSCH legen auch MICHIE/DOOLEY/FRYXELL ihrer Untersuchung der Auswirkungen der Heterogenität eines Top Management Teams auf die Entscheidungsqualität zugrunde. Ihr Ansatz ähnelnd in seinem Aufbau stark dem Interdependenz-Konflikt-Modell von JANSSEN/VAN DE VLIERT/VEENSTRA. Die Autoren gehen davon aus, dass Konsens hinsichtlich der unternehmerischen Ziele als Kontextgröße einen Einfluss auf die Art und Weise ausübt, wie die Mitglieder eines heterogenen Top Management Teams mit der Vielfalt der Meinungen und Sichtweisen umgehen.[842] Es wird angenommen, dass bei Vorliegen unterschiedlicher Standpunkte und Perspektiven Zielkonsens unter den Entscheidungsträgern die Zusammenarbeit innerhalb des Top Management Teams verstärken kann, und Teammitglieder infolge gemeinsamer Intentionen eine höhere Bereitschaft zeigen, Gegenargumente zu hören und offen miteinander zu diskutieren. Die Zusammenarbeit innerhalb des Top Management Teams kennzeichnet das Ausmaß der Bemühungen der einzelnen Teammitglieder, ihre unterschiedlichen Ideen und Perspektiven zu integrieren sowie Informationen im Rahmen der Entscheidungsfindung offen auszutauschen.[843] Im Gegensatz dazu wird angenommen, dass die Mitglieder des Top Management Teams Meinungsunterschiede negativ einschätzen und eine *win-loose*-Situation wahrnehmen, wenn der Konsens in Bezug auf die übergeordneten unternehmerischen Ziele nur schwach ausgeprägt ist. Ein schwacher Zielkonsens führt zu unproduktiven Kontroversen, die durch mikropolitische Taktiken und einem rigiden Informationsaustausch gekennzeichnet sind. Bei geringer intentionaler Übereinstimmung innerhalb des Top Management Teams ist also davon auszugehen, dass sich die Heterogenität des Teams negativ auf die Zusammenarbeit auswirkt. Umgekehrt lässt sich vermuten, dass ein hoher

---

[841] Vgl. AMASON/SAPIENZA (1997), S. 511 ff.

[842] Die Heterogenität des Teams wird in der Studie durch den funktionalen Hintergrund und die Dauer der Betriebszugehörigkeit der Teammitglieder bestimmt.

[843] Die Variable „Zusammenarbeit innerhalb des Top Management Teams" entspricht dem bereits zuvor eingeführten Begriff des integrativen Verhaltens und ist damit auch als ein Synonym für die produktive Kontroverse nach TJOSVOLD zu betrachten.

Zielkonsens einen positiven Zusammenhang zwischen der Heterogenität des Teams und der teaminternen Zusammenarbeit herstellt.[844]

Die Heterogenität des Top Management Teams mag zwar zu einem potenziellen Anstieg der Informationsverarbeitungskapazitäten des Teams führen. Entscheidend ist aber die Nutzung dieses Potenzials durch das tatsächliche Verhalten der Teammitglieder. Infolgedessen wird die Qualität strategischer Entscheidungen maßgeblich durch die Zusammenarbeit innerhalb des Teams (bzw. integrative Verhaltensweisen) bestimmt. Im Ergebnis konnten die Forscher feststellen, dass bei Vorliegen von Konsens im Hinblick auf die unternehmerischen Ziele funktional heterogene Teammitglieder eher zusammenarbeiten und sich die Entscheidungsqualität verbessert. Umgekehrt leidet sowohl die Zusammenarbeit als auch die Entscheidungsqualität, wenn der Zielkonsens schwach ausgeprägt ist.[845] Abbildung 34 fasst die empirisch nachgewiesenen Zusammenhänge noch einmal zusammen.

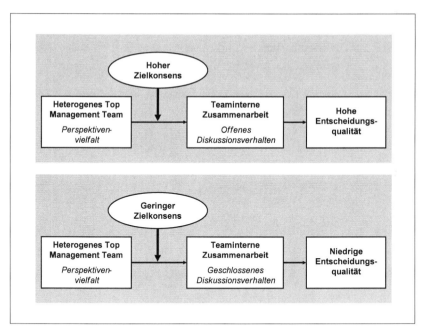

Abb. 34: Heterogenität-Zielkonsens-Modell

---

[844] Vgl. MICHIE/DOOLEY/FRYXELL (2002), S. L2.
[845] Vgl. MICHIE/DOOLEY/FRYXELL (2002), S. L5.

Für die im nächsten Kapitel abzuleitenden Handlungsempfehlungen kann damit festgehalten werden, dass ein offenes Diskussionsverhalten nur unter kooperativen Handlungsbedingungen ermöglicht wird, das zu qualitativ besseren Entscheidungen in Top Management Teams beiträgt. Ein kompetitiver Kontext bzw. eine geringe konative Übereinstimmung zwischen den Teammitgliedern hat hingegen negative Auswirkungen auf den Informationsaustausch und die kognitive Rationalität sowie die Akzeptanz der getroffenen Entscheidungen.

2.4 Kooperation und Diskussionsverhalten im Realkontext

Die Zusammenarbeit innerhalb eines Top Management Teams ist im Realkontext selten durch reine Ausprägungen positiver bzw. negativer Interdependenz gekennzeichnet. So wies bereits DEUTSCH darauf hin, dass Interaktionen im alltäglichen Leben durch das komplexe Zusammenspiel verschiedener Ziele und Subziele geprägt werden.[846] Reale Entscheidungsprozesse in Top Management Teams werden folglich durch gemischte Zielstrukturen beeinflusst, in denen Beziehungen zwischen den individuellen Zielen der Teammitglieder und den Zielen des Teams zum Teil komplementär, zum Teil aber auch konfliktär sind.[847] Gemischte Zielstrukturen führen damit zu Verhaltensweisen im Spannungsfeld zwischen Kooperation und Wettbewerb.

Die bereits an anderer Stelle exemplarisch beschriebene Meinungsverschiedenheit zwischen zwei Vorstandsmitgliedern eines Automobilherstellers, welche Managementmaßnahme zum Wohle des Unternehmens ergriffen werden sollte, stellt eine typische Situation einer gemischten Interessenlage dar. Beide Vorstandsmitglieder verfolgen das aufgabenbezogene Ziel, eine Einigung im Hinblick auf die strittige Frage zu erzielen (*positive Interdependenz*). Sie präferieren allerdings unterschiedliche Handlungsalternativen. Infolgedessen versucht jeder der beiden Vorstände den Kollegen von den Vorzügen der eigenen Präferenz zu überzeugen (*negative Interdependenz*).[848] Wenn Teammitglieder konkurrierende Ziele verfolgen, kommt es neben kooperativen Verhaltensweisen (z. B. Austausch aller verfügbaren Informationen) häufig auch zu kompetitiven Handlungen (z. B. die bewusste Zurückhaltung bestimm-

---

[846] Vgl. DEUTSCH (1949a), S. 132. So auch TJOSVOLD (1984), S. 746, der allerdings betont, dass die meisten Situationen durch eine dominierende Zielinterdependenz geprägt sind.
[847] Vgl. THOMPSON/MANNIX/BAZERMAN (1988), S. 86.
[848] An dieser Stelle sei betont, dass neben aufgabenbezogenen Zielen noch weitere Ziele verfolgt werden, die die Komplexität einer gemischten Zielstruktur sogar noch erhöhen. Dazu zählen etwa individuelle Ziele wie Prestige oder Ausbau von Macht.

ter Informationen).[849] Folglich werden beide Teammitglieder die ihnen vorliegenden Informationen vermutlich bis zu einem gewissen Grad strategisch nutzen, d. h. genau überlegen, ob und wie sie ihren Diskussionspartnern bestimmte Informationen mitteilen.[850] Die damit verbundenen Nachteile hinsichtlich einer möglichst rationalen Entscheidungsfindung sind offenkundig.

Ein Vorteil des beschriebenen Zielmixes ist allerdings darin zu sehen, dass die Mitglieder des Teams gezwungen sind, sich gegenseitig zu beeinflussen, um die Durchsetzung ihrer individuellen Interessen voranzutreiben. Durch eine partiell negative Interdependenz wird damit zumindest die Bereitschaft gesteigert, sich auf einen argumentativen Austausch einzulassen. Läge keine echte Meinungsverschiedenheit vor, würde die Diskussion über die Vor- und Nachteile der Handlungsalternativen vermutlich weniger ausgewogen und fundiert ausfallen. Die Art und Weise, wie dieser Austausch erfolgt, d. h. ob relevante Informationen bewusst zurückgehalten und heruntergespielt werden oder mitunter unintegrer argumentiert wird, hängt zum einen von dem Stellenwert des übergeordneten Teamziels ab, eine im Sinne des Unternehmens möglichst gute Entscheidung zu treffen, und wird zum anderen vom strategischen Kommunikationsverhalten geprägt. So bestimmen vor allem die Normen und Werte der jeweiligen Teamkultur, wie stark die individuellen Bindungen der Gruppenmitglieder an die Standards integren Argumentierens sind.[851]

3. Konative Kongruenz und Hierarchisierung im Top Management Team

Das in § 77 Abs. I AktG verankerte Kollegialprinzip sieht vor, dass die Mitglieder des Vorstands die Aufgabe der Unternehmensleitung gleichberechtigt wahrnehmen.[852] Trotz der gesetzlich vorgeschriebenen egalitären Struktur nimmt der Vorsitzende des Leitungsorgans in der Praxis jedoch häufig eine Dominanzstellung ein, die faktisch zu einer Hierarchisierung innerhalb des Vorstands führt.[853] Bereits die dem Vorsitzenden

---

[849] Vgl. SCHAUENBURG (2004), S. 31.

[850] Vgl. MOJZISCH/SCHULZ-HARDT (2006), S. 313. Zur Bedeutung der Frage, *wie* Informationen in einer Diskussion genannt werden, siehe oben, S. 115 ff.

[851] Siehe hierzu unten, S. 232 ff.

[852] Das Direktorialprinzip, das eine hierarchische Abstufung innerhalb des Top Management Teams vorsieht, ist nach dem deutschen Modell der Corporate Governance im Gegensatz zu Ländern mit einem Board-System wie z. B. USA (CEO) oder England (Managing Director) damit prinzipiell ausgeschlossen. Siehe hierzu nochmals oben, S. 30 f.

[853] Vgl. auch BERNHARDT/WITT (1999), S. 830; ENDRES (1999), S. 450; FRÜHAUF (1998), S. 410; HOFFMANN-BECKING (1998), S. 519; OESTERLE (1999), S. 203 ff.; PELTZER (2003b), S. 234; POTTHOFF (1996), S. 257, 261 f.; WITT (2003a), S. 253. Ein markantes Beispiel für diesen Trend

obliegende Aufgabe der Vorbereitung und Leitung von Vorstandssitzungen wie die Einberufung des Meetings, die Aufstellung der Tagesordnung, die Organisation der Protokollierung etc. verdeutlichen seine herausgehobene Stellung und sein Einwirkungspotenzial auf den teaminternen Diskussionsprozess.[854] Folglich besteht grundsätzlich die Gefahr, dass der Vorsitzende dieses Einwirkungspotenzial (aus)nutzt, um vorrangig eigene Interesse durchzusetzen. Das könnte wiederum eine Abnahme die Kooperationsbereitschaft der übrigen Mitglieder des Top Management Teams zur Folge haben.[855] Auf die Praxisrelevanz eines solchen Risikos macht SEMLER aufmerksam: „Der Vorstandsvorsitzende hat kraft Persönlichkeit und allgemeiner Umstände eine Position, die der eines US-amerikanischen CEO fast entspricht. Wenn er seine Meinung geäußert und zu erkennen gegeben hat, dass er die Diskussion als beendet ansieht, wird in vielen Unternehmen keines der anderen Vorstandsmitglieder anders als der Vorstandsvorsitzende abstimmen. Formal kommt es oft gar nicht zur entscheidenden Abstimmung."[856]

Machtausübung durch den Vorstandsvorsitzenden kann die Effektivität eines Top Management Teams somit maßgeblich beeinflussen[857] und steht – wie sich im Folgenden zeigen wird – in enger Wechselbeziehung mit der konativen Übereinstimmung des Teams. HAMBRICK/D'AVENI sehen in einem dominanten Vorsitzenden sogar eine wesentliche Ursache für ein ineffektives Top Management Team.[858] Im folgenden Abschnitt werden die antezedierenden Bedingungen und Folgen der Machtausübung durch den Vorstandsvorsitzenden näher untersucht. Dabei ist zunächst auf die begriffliche Unterscheidung zwischen Machtausübung und Einflussnahme einzugehen.

---

liefert im Übrigen die organisatorische Annäherung an das angelsächsische CEO-Modell der Deutsche Bank AG im Jahr 2002. Siehe hierzu auch WITT (2003a), S. 253.

[854] Zu diesen und weiteren Aufgaben des Vorstandsvorsitzenden siehe auch WIESNER (1999), S. 242.

[855] An dieser Stelle sei angemerkt, dass der Vorstandsvorsitzende selbstverständlich nicht die einzige Person innerhalb des Top Management Teams ist, die Macht auf andere Teammitglieder ausüben kann. Aufgrund seiner exponierten Stellung ist er hierfür allerdings besonders anfällig. Siehe hierzu FINKELSTEIN/HAMBRICK (1996), S. 128 f., die im Übrigen auch darauf hinweisen, dass sich Top Management Teams vor allem durch das Merkmal ‚Macht' von anderen Gruppen unterscheiden.

[856] SEMLER (2000), S. 728.

[857] In diesem Sinne auch FINKELSTEIN/HAMBRICK (1996), S. 123 f.

[858] Vgl. HAMBRICK/D'AVENI (1992), S. 1450 f., 1462 f.

3.1 Machtausübung versus Einflussnahme

In seiner vergleichenden Studie unterschiedlicher Machtdefinitionen kommt KLOCKE zu dem Schluss, dass in der Literatur häufig ein sehr breites Begriffsverständnis von Macht vorherrscht. Demnach wird Macht als eine Quelle für Einfluss aufgefasst, die einem Akteur die Möglichkeit einräumt, einen anderen Akteur zu einem bestimmten Verhalten zu bewegen.[859] Einfluss stellt in dem Kontext die Realisierung dieses Potenzials unter Anwendung einer bestimmten Handlung dar. Der Autor kritisiert, dass ein derart breit angelegtes Begriffsverständnis wenig hilfreich sei, um Macht- und Einflussprozesse differenziert zu erforschen. Aus diesem Grund haben verschiedene Forscher Klassifikationen von Machtgrundlagen entwickelt und konkrete Verhaltensweisen, mit denen auf Personen eingewirkt wird, in Form unterschiedlicher Einflusstaktiken beschrieben.

Die prominenteste Klassifikation von Machtgrundlagen geht dabei auf FRENCH/RAVEN zurück, die in der ursprünglichen Variante fünf Quellen der Macht unterscheiden. Dazu zählen:

- Macht durch Belohnung (*reward power*)
- Macht durch Bestrafung (*coercive power*)
- Macht durch Legitimation (*legitimate power*)
- Macht durch Identifikation (*referent power*)
- Macht durch Expertentum (*expert power*).

Macht durch Belohnung liegt vor, wenn der Vorgesetzte die Möglichkeit hat, seinen Unterstellten gewisse Vorzüge (Beförderung, Gehaltserhöhung etc.) zu gewähren. Im Fall von Bestrafung als Machtgrundlage kann er gewährte Ressourcen wieder entziehen bzw. die Unterstellten in eine unangenehme Lage versetzen. Macht durch Legitimation ist gegeben, wenn ein Vorgesetzter durch formale (juristische) oder soziale Normen eine Anordnungsbefugnis besitzt, unterstellten Personen bestimmte Pflichten aufzuerlegen. Bei Macht durch Identifikation folgen Unterstellte ihrem Vorgesetzten, weil sie sich mit ihm identifizieren können. Macht durch Expertentum liegt vor, wenn ein Vorgesetzter aufgrund seines Fachwissens und seiner Fähigkeiten auf einem be-

---

[859] In diesem Sinne etwa das klassische Machtverständnis von FRENCH/RAVEN (1959), S. 151 f.

stimmten Gebiet einen Wissensvorsprung besitzt, auf den die Unterstellten angewiesen sind.[860]

Im Gegensatz zu den Machtgrundlagen nehmen Einflusstaktiken keinen Bezug auf die Quellen der Einwirkung, sondern beziehen sich auf konkret beobachtbares Realverhalten in bestimmten Situationen. BUSCHMEIER unterscheidet hier zwischen so genannten harten und weichen Taktiken. Harte Taktiken zeichnen sich durch die Wahrscheinlichkeit aus, mit der die Interessen der Betroffenen verletzt werden. Demnach lassen sich Maßnahmen wie Drohung/Bestrafung, Erteilung von Anweisungen oder das Konfrontieren mit vollendeten Tatsachen als harte Einflusstaktiken bezeichnen, während versteckte Hinweise, dass die gewünschte Handlung auch den Wünschen des Betroffenen entspricht, dem anderen etwas beibringen, Argumente darlegen etc. als weiche Taktiken gelten.[861]

Die in verschiedenen empirischen Studien zu den Machtgrundlagen und Einflusstaktiken zum Ausdruck kommende Bedeutung einer Berücksichtigung der Interessen der Betroffenen legt ein engeres Verständnis des Machtbegriffs nahe. Im Anschluss an KLOCKE kann daher zwischen Machtausübung und Einflussnahme unterschieden werden. Unter *Machtausübung* wird eine soziale Einwirkung gegen die Interessen der Betroffenen verstanden. *Einflussnahme* bezeichnet hingegen soziale Einwirkung im Einklang mit den Interessen der Betroffenen.[862] Vorläufer zu dieser begrifflichen Abgrenzung finden sich bereits bei ETZIONI, der wie folgt differenziert: „Die Anwendung von *Macht* verändert die Situation eines Aktors und/oder seine Konzeption von der Situation – nicht aber seine Präferenzen. Widerstand wird nicht deshalb überwunden, weil derjenige, auf den Macht angewendet wird, seinen ‚Willen' ändert, sondern weil Widerstand teurer und unmöglich gemacht wurde. Die Ausübung von *Einfluß* hingegen hat eine authentische Veränderung der Präferenzen des Aktors zur Folge; in derselben Situation würde er nicht wieder diejenige Handlungsrichtung wählen, die er bevorzugt hatte, bevor auf ihn Einfluß ausgeübt wurde."[863]

---

[860] Vgl. FRENCH/RAVEN (1959), S. 136 ff. Siehe ferner auch BUSCHMEIER (1995), S. 24 ff.; KLOCKE (2004), S. 23 ff.; SCHOLL (2003), S. 20. Mit den unterschiedlichen Machtquellen eines CEO beschäftigen sich DAILY/JOHNSON (1997), S. 99 ff.

[861] Vgl. BUSCHMEIER (1995), S. 45 ff.

[862] Vgl. KLOCKE (2004), S. 30. Ferner auch BUSCHMEIER (1995), S. 11; SCHOLL (2004), S. 127 f. Vorläufer zu dieser begrifflichen Abgrenzung finden sich auch bei ETZIONI (1975), S. 379 und ABELL (1977), S. 5 f.

[863] ETZIONI (1975), S. 379 [Kursivierungen im Original].

Die terminologische Unterscheidung zwischen Machtausübung und Einflussnahme ermöglicht es, Interaktionen zwischen Teammitgliedern genauer zu erfassen und unterschiedliche Wirkungen der Verhaltensweisen bestimmter Personen wie dem Vorstandsvorsitzenden auf die Effektivität des Teams präziser zu bestimmen. Während Macht vorwiegend mit ‚harten' Grundlagen wie Bestrafung oder Legalität ausgeübt wird, erfolgt Einflussnahme überwiegend mit ‚weichen' Grundlagen wie Expertentum, Information und Belohnung.[864] Auch wenn der Vorstandsvorsitzende – wie oben gezeigt wurde – als *primus inter pares* gegenüber den übrigen Mitgliedern des Teams unterschiedliche Potenziale der Einwirkung besitzt, muss er diese nicht zwangsläufig zur Machtausübung einsetzen.[865]

3.2 Folgen der Machtausübung und Einflussnahme durch den Vorsitzenden

Machtausübung durch den Vorstandsvorsitzenden kann dazu führen, dass ein offener Informationsaustausch zwischen den Teammitgliedern verhindert wird. Zum einen kann er dabei selbst selektiv mit der Weitergabe von Informationen umgehen und bestimmte Informationen, die für die übrigen Vorstandsmitglieder von Bedeutung sind, bewusst zurückhalten oder verfälschen. Zum anderen kann er den Austausch von Informationen unter den Teammitgliedern unterbinden.[866] Diese Gefahr wird PELTZER zufolge durch den DCGK sogar noch verstärken. Unter 5.2 Abs. 3 DCGK heißt es: „Der Aufsichtsratsvorsitzende soll mit dem Vorstand, insbesondere mit dem Vorsitzenden bzw. Sprecher des Vorstands, regelmäßig Kontakt halten und mit ihm die Strategie, die Geschäftsentwicklung und das Risikomanagement des Unternehmens beraten." Im Gegensatz zu § 90 Abs. 1 Satz 2 AktG, wonach der Vorstand dem Aufsichtsrat „aus wichtigen Anlässen" zu berichten hat, weist der Kodex diese Aufgabe allein dem Vorsitzenden bzw. Sprecher zu.[867] Somit wird ihm die Möglichkeit eingeräumt, wichtige Informationen zu filtern. Ferner könnte der Vorsitzende aufgrund seiner vorbereitenden und leitenden Funktion in Vorstandssitzungen Diskussionen eigeninteressenorientiert steuern oder auch abbrechen und Druck auf Vorstandskollegen ausüben, die konträre Meinungen äußern.[868] Nach SCHOLL beruht ein solches Verhalten häufig auf einem falschen Rollenverständnis, nach dem Entscheidungen

---

[864] Vgl. BUSCHMEIER (1995), S. 155 ff.; KLOCKE (2004), S. 33; SCHOLL (2004), S. 130.
[865] In diesem Sinne auch KLOCKE (2004), S. 35 zur Frage der Einwirkungspotenziale in egalitären versus hierarchischen Gruppen.
[866] Vgl. KLOCKE (2004), S. 42.
[867] Vgl. PELTZER (2003b), S. 234 f.
[868] Siehe hierzu auch oben die Standards der Argumentationsintegrität, S. 130 ff.

maßgeblich durch den Leiter einer Gruppe getroffen werden sollten. Daher greifen Gruppenleiter häufig zu den Einwirkungspotenzialen, die ihnen ihre Position bietet, anstatt die Rolle eines Moderators wahrzunehmen.[869]

Einen Nachweis für die negativen Konsequenzen von Machtausübung auf das Diskussionsverhalten liefert auch die Studie von FODOR/SMITH. Die beiden Forscher untersuchten den Diskussionsprozess in fiktiven Top Management Teams, in denen jeweils eine Person die Rolle des Vorsitzenden übernahm. Die Vorstandsvorsitzenden der verschiedenen Teams unterschieden sich dadurch, dass sie entweder eine hohe oder eine niedrige Machtmotivation besaßen. In Teams mit einem machtmotivierten Vorsitzenden wurden generell weniger Informationen in die Diskussion eingebracht. Darüber hinaus wurden weniger Handlungsalternativen diskutiert. Die beiden Forscher schlussfolgerten, dass Vorsitzende mit einem starken Machtmotiv auf subtile Weise Compliance der übrigen Teammitglieder belohnen. Das hat zur Folge, dass das Team die Präferenzen des Vorsitzenden übernimmt und es nicht für notwendig erachtet, weitere Alternativen zu prüfen.[870]

Eine solche Tendenz wird im Realkontext insbesondere durch Bestrebungen mancher Vorstandsvorsitzender verstärkt, die Besetzung frei werdender Vorstandsressort zu kontrollieren, indem sie sich ohne die Beteiligung ihrer Vorstandskollegen um den Führungsnachwuchs kümmern. Dadurch stärken sie ihre Dominanzstellung im Vorstand. WITT stellt daher treffend fest: „Wenn persönlich bevorzugte Vorstandsmitglieder berufen und ‚missliebige' Vorstandsmitglieder abberufen werden können, entstehen faktisch Abhängigkeitsverhältnisse, die einer Kollegialität der Unternehmensleitung entgegenstehen."[871] In dieselbe Richtung argumentieren auch FINKELSTEIN/HAMBRICK: Je dominanter der Vorstandsvorsitzende ist, desto größer ist sein Einfluss auf die Auswahl zukünftiger Vorstandskollegen. Dominante Vorsitzende werden in aller Regel Teammitglieder auswählen, die ihnen ähnlich sind. Infolgedessen nimmt mit wachsender Dominanz des Vorsitzenden die kognitive Vielfalt innerhalb des Teams ab. Die damit einhergehende Angleichung der Sichtweisen und Per-

---

[869] Vgl. SCHOLL (2003), S. 21. Ähnlich auch TJOSVOLD (1985), S. 27, der in einem solchen Rollenverständnis eine Ursache für die Entstehung unproduktiver Kontroversen sieht. Zum Begriff der unproduktiven Kontroverse siehe oben, S. 209.

[870] Vgl. FODOR/SMITH (1982), S. 183 f.

[871] WITT (2003a), S. 253.

spektiven unter den Teammitgliedern (kognitive Kongruenz) verhilft dem Vorsitzenden wiederum, seinen Machtstatus an der Spitze des Unternehmens zu festigen.[872]

Nach SCHOLL stellt Machtausübung eine Barriere für den Wissenszuwachs in einem Team dar, während Einflussnahme ihn fördert. Bei Machtausübung werden die übrigen Teammitglieder im Gegensatz zur Einflussnahme nicht als gleichwertige Diskussionspartner betrachtet, die bemüht sind, ein Problem durch offenen Informationsaustausch gemeinsam zu lösen. Machtausübung beinhaltet nach SCHOLL, „dass Personen mit abweichender Meinung von der Diskussion ausgeschlossen bzw. gar nicht erst zugelassen werden, dass bestimmte Meinungen diffamiert werden, dass Konformitätsdruck jegliche Kritik unterdrückt, dass Informationen zurückgehalten oder verzerrt weitergegeben werden, um etwas Bestimmtes durchzusetzen, und dass umgekehrt die weniger Mächtigen sich nicht trauen, ihre Meinung zu sagen, weil sie mit Nachteilen rechnen müssen."[873] Die Ausübung von Macht führt demnach zu einer mangelnden Ausschöpfung des Wissenspools des Teams, da offenes Diskussionsverhalten innerhalb des Teams verhindert wird.[874] Dies konnte SCHOLL auch empirisch nachweisen. So korrelierte Machtausübung in seiner Studie über teaminterne Zusammenarbeit in Innovationsprozessen negativ mit Wissenszuwachs und positiv mit Informationspathologien (als inverses Maß für Wissenszuwachs), während Einflussnahme mit Wissenszuwachs positiv korrelierte.[875]

Die Ergebnisse einer Untersuchung von EISENHARDT/BOURGEOIS bestätigen diesen Zusammenhang für Top Management Teams. Ihrer Studie zufolge zeichnet sich ein autokratischer CEO durch mikropolitische Verhaltensweisen aus.[876] Mikropolitisches Verhalten umfasst (oftmals verborgene) Handlungen, die dazu dienen, die individuelle Machtstellung auszubauen, um Entscheidungen zu beeinflussen. So ist diese häufig gekennzeichnet durch Koalitionsbildungen hinter den Kulissen, die bewusste Zurück-

---

[872] Vgl. FINKELSTEIN/HAMBRICK (1996), S. 144.

[873] SCHOLL (2004), S. 128.

[874] In diesem Sinne auch TJOSVOLD (1985), S. 32.

[875] Vgl. SCHOLL (2004), S. 128 ff. An dieser Stelle sei auch noch einmal daran erinnert, dass die Untersuchungen von JANIS (1972) zum Groupthink-Phänomen in dieselbe Richtung deuten. Vgl. oben, S. 196 ff.

[876] In der Studie wurde z. B. ein CEO, der über einen besonders hohen Machtstatus verfügte, von den Mitgliedern des Top Management Teams wie folgt charakterisiert: "When Geoff makes a decision, it's like God."; "Geoff is a decision maker. He runs the whole show."; "Most decisions around here are made at the top."; "This is not a democracy." [EISENHARDT/BOURGEOIS (1988), S. 743 f.]

haltung von Informationen und die Kontrolle der Agenden. Den Gegensatz zu politischen Verhaltensweisen bildet eine aufrichtige Einflussnahme auf Basis offener Diskussionen, die einen vollständigen Austausch von Informationen beinhaltet, welche allen beteiligten Entscheidungsträgern zugänglich sind. Mikropolitisches Verhalten im Sinne von EISENHARDT/BOURGEOIS entspricht damit weitgehend dem oben dargelegten Verständnis von Machtausübung. Autokratische CEOs verhalten sich aber nicht nur politisch, sondern sie verursachen durch ihr Verhalten überdies auch politisches Handeln unter den übrigen Teammitgliedern. Mikropolitisches Verhalten auf der obersten Managementebene hat in dynamischen Umwelten nachweislich jedoch negative Auswirkungen auf die unternehmerische Performance, da es zum einen sehr viel Zeit in Anspruch nimmt und zum anderen den freien Informationsaustausch verhindert.[877]

HALEBLIAN/FINKELSTEIN kommen in ihrer Studie ebenfalls zu dem Schluss, dass ein dominanter CEO die unternehmerische Performance negativ beeinflusst. Im Anschluss an EISENHARDT/BOURGEOIS argumentieren sie, dass ein dominanter CEO dazu neigt, den Informationsfluss innerhalb des Top Management Teams zu begrenzen. So könnte er etwa Teammitglieder davon abhalten, Informationen zu nennen bzw. Vorschläge zu unterbreiten, die seinen Präferenzen widersprechen. Solche Informationsrestriktionen können die unternehmerische Performance stark beeinträchtigen, da vor allem in dynamischen Umwelten eine intensive Informationsverarbeitung erforderlich ist. Sofern die Einwirkungspotenziale innerhalb des Top Management Teams jedoch ausgewogen verteilt sind, kommt es vermutlich zu mehr Partizipation und einem intensiveren Informationsaustausch, so dass am Ende bessere Entscheidungen getroffen werden.[878]

Darüber hinaus sind psychische Folgen der Machtausübung denkbar. Die mit der Ausübung von Macht verbundene Verletzung der Interessen des Betroffenen führt zu einer Einschränkung des Freiheitsspielraums (Verringerung der Handlungs- und Ergebniskontrolle) durch den Einwirkenden. Eine Begrenzung der Handlungskontrolle durch den Vorstandsvorsitzenden liegt etwa vor, wenn er in einer Vorstandssitzung Kollegen das Wort abschneidet und sie in ihrer Redefreiheit beschränkt. Eine Verringerung der Ergebniskontrolle kennzeichnet z. B. Situationen, in der Entscheidungen durch die machtausübende Person allein getroffen werden, so dass das Team die Konsequenzen

---

[877] Vgl. EISENHARDT/BOURGEOIS (1988), S. 738, 743, 760 ff., 765 f.
[878] Vgl. HALEBLIAN/FINKELSTEIN (1993), S. 848, 857 ff. Siehe ferner auch die Laborstudie von CRUZ/HENNINGSEN/SMITH (1999), die den Nachweis liefert, dass direktive Teamführer Gruppendiskussionen und deren Ergebnis negativ beeinflussen. Dies gilt vor allem bei verdeckten Profilen. Siehe hierzu nochmals oben, S. 140 ff.

der Entscheidung nur noch passiv hinnehmen kann. Auf die Einschränkung der Kontrolle eigener Handlungen und Ergebnisse reagieren die Betroffenen entweder mit Reaktanz oder Hilflosigkeit.[879] Reaktanz ist zunächst die Antwort auf eine als unfair empfundene Ergebniskontrolle, sofern die machtbetroffene Person noch Kontrolle über die Situation erwartet. Hilflosigkeit stellt sich schließlich ein, wenn vom Betroffenen keine Erfolg versprechenden Gegenmaßnahmen mehr gesehen werden. Reaktanz kennzeichnet eine motivationale Erregung, die zu Handlungen veranlasst, welche auf eine Aufhebung der Freiheitsbeschränkung gerichtet sind. Sie wird in der Regel durch Ärger begleitet und führt zu einer Aufwertung der nicht mehr vorhandenen Handlungsalternative bei simultaner Abwertung der noch existierenden Alternative. Informationen des Gegenübers werden aufgrund der emotionalen Erregung entweder ignoriert oder falsch interpretiert, wohingegen eigene Ideen wiederholt in die Diskussion eingebracht werden. Transaktives Wissen leidet unter der Abwertung der Informationen des Machtausübenden. Im Fall der erlernten Hilflosigkeit nimmt die betroffene Person real existierende Handlungsalternativen gar nicht mehr wahr, da ihr die Kontrolle über die Ergebnisse ihrer Handlungen bereits genommen wurde. Hilflosigkeit führt zu reduzierter Kontrollüberzeugung und auf affektiver Ebene zu Resignation. In Diskussionen bedingt sie geistige Blockaden und führt aus Furcht vor einer Abwertung der eigenen Beiträge zu einem generellen Rückzug aus Diskussionen. Transaktives Wissen wird verzerrt, da das Wissen des machtausübenden Vorsitzenden oder anderer Diskussionspartner überbewertet wird, während das eigene Wissen generell abgewertet wird. Infolgedessen ist mit einer relativ kritiklosen Übernahme der Vorschläge des Einwirkenden zu rechnen. Das Verzerrungsproblem im Hinblick auf den Informationsaustausch wird dadurch folglich noch verstärkt.[880] Insgesamt kann daher die These, dass ein machtausübender im Gegensatz zu einem einflussnehmenden Vorstandsvorsitzenden das Diskussionsverhalten und dessen Ergebnis einer möglichst rationalen und akzeptierten Top Management-Entscheidung negativ beeinflusst, auf der Basis der bisherigen empirischen Erkenntnisse als relativ gut bestätigt gelten.

3.3 Machtausübung und Kooperationsbereitschaft

Gestützt wird die These dysfunktionaler Wirkungen von Machtausübung darüber hinaus durch die empirisch belegten Effekte von Machtausübung und Einflussnahme auf die affektive Übereinstimmung. So konnte BUSCHMEIER mit ihrer Untersuchung

---

[879] Vgl. WORTMAN/BREHM (1975), S. 282 ff.

[880] Vgl. KLOCKE (2004), S. 44 ff. Zum Problem des verzerrten Informationsaustausches in Gruppen siehe auch oben, S. 136 ff.

empirisch den Nachweis liefern, dass Machtausübung im Gegensatz zu Einflussnahme zu negativen Gefühlen und Antipathie bei den Betroffenen führt.[881] Die damit verbundene Verringerung der affektiven Übereinstimmung hat wiederum zur Folge, dass die Beteiligten weniger Bereitschaft zur Kooperation zeigen. Überdies hat SCHOLL festgestellt, dass eine niedrige bzw. hohe konative Kongruenz auch den Einwirkungsmodus (Machtausübung oder Einflussnahme) stark beeinflusst. Der Ausprägungsgrad der Kooperationsbereitschaft bestimmt demnach, ob die Einwirkungsversuche im Einklang mit den Interessen oder gegen die Interessen der übrigen Teammitglieder erfolgen. Eine hohe Kooperationsbereitschaft wird in diesem Sinne vorrangig durch Einflussnahme begleitet, während eine geringe Intention zur Kooperation eher mit Machtausübung einhergeht. Die hohen Korrelationen in der Studie von SCHOLL deuten darauf hin, dass eine ausgeprägte konative Übereinstimmung mit der Ausübung von Macht nicht vereinbar ist, sondern ganz im Gegenteil Einflussnahme erforderlich macht.[882]

Die aufgezeigten Zusammenhänge zwischen Machtausübung, den sich daraus ergebenden negativen Gefühlsreaktionen und den negativen Folgen für Kooperationsbereitschaft auf der einen Seite sowie die Auswirkungen einer geringen konativen Übereinstimmung auf das Bestreben, die Interessen des Gegenübers zu verletzen und Macht auszuüben auf der anderen Seite, können in praxi einen Teufelskreis auslösen, der die Effektivität eines Top Management Teams stark beeinträchtigt: Machtausübung führt zu negativen Gefühlsreaktionen und verursacht damit eine mangelnde Kooperationsbereitschaft. Ein Mangel an Kooperationsbereitschaft verstärkt wiederum die Tendenz zur Ausübung von Macht (vgl. Abb. 35).[883]

---

[881] Vgl. BUSCHMEIER (1995), S. 187 ff.
[882] Vgl. SCHOLL (1996), S. 143 sowie ferner auch SCHOLL (2003), S. 23; SCHOLL (2004), S. 132.
[883] In diesem Sinne auch SCHOLL (2004), S. 132 f.

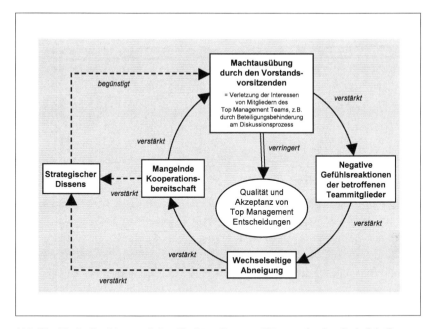

Abb. 35: Wechselbeziehung zwischen Machtausübung und Kooperationsbereitschaft in Top Management Teams

3.4 Machtausübung und Handlungsfähigkeit

Trotz der aufgezeigten dysfunktionalen Effekte von Machtausübung auf die Effektivität eines Teams wird in der einschlägigen Managementliteratur nicht selten konstatiert, dass in manchen (Krisen-)Situationen die Ausübung von Macht an der Spitze der organisationalen Hierarchie durchaus auch positive Wirkungen entfalten könne und bisweilen sogar notwendig sei. Dahinter steht die Befürchtung endloser Diskussionen, die zu keinem fruchtbaren Ergebnis führen.[884] Kurz gesprochen wird angenommen, dass Machtausübung die Handlungsfähigkeit[885] eines Teams sichern kann. Handlungsfähigkeit bezeichnet die Fähigkeit, komplette Handlungszyklen aus Entscheidungen

---

[884] Vgl. EISENHARDT/KAHWAJY/BOURGEOIS (1997b), S. 44. SCHOLL (2003) fasst diese Auffassung der Fürsprecher hierarchischer Machtkonzentration und -ausübung auf prägnante Weise zusammen: „(D)as ständige Gequatsche muss irgendwann beendet werden, es muss dafür gesorgt werden, dass eine klare Linie beibehalten wird." (S. 24). Ähnlich überzeichnend auch STUMPF (1992), der argumentiert, dass durch Machtausübung verhindert werden kann, „daß nur endlos geredet wird und nie ein Beschluß gefaßt wird". (S. 53)

[885] Der Begriff der Handlungsfähigkeit wurde bereits zuvor eingeführt. Siehe hierzu oben, S. 157.

und deren Umsetzung durchzuführen. Dabei lassen sich zwei Teilprozesse unterscheiden:

(1) Die *Entscheidungsfähigkeit* als Fähigkeit, Probleme zu erkennen, zu analysieren und klare Entscheidungen zu ihrer Lösung zu treffen.

(2) Die *Implementierungsfähigkeit* als Fähigkeit, genügend Einsatz und Akzeptanz sicherzustellen, um getroffene Entscheidungen angemessen umzusetzen.[886]

Auch in der Debatte über die Vor- und Nachteile der direktorialen (versus kollegialen) Unternehmensführung als Organisationsalternativen des Top Managements wird ein wesentlicher Vorzug der direktorialen Lösung oftmals darin gesehen, dass beim Direktorialprinzip langwierige und ergebnislose Diskussionen an der Spitze eines Unternehmens vermieden werden und somit unerwünschte zeitliche Reibungsverluste der gemeinsamen Entscheidungsfindung reduziert werden können.[887] Top Management-Entscheidungen sind häufig unter hohem Zeitdruck zu treffen.[888] Folglich unterliegt die Ausdehnung teaminterner Diskussionsprozesse in Abhängigkeit von der Dynamik des situativen Kontextes mehr oder weniger wettbewerbsbedingten Restriktionen.[889] So wurde bereits an anderer Stelle festgestellt, dass in Top Management Teams nicht das Rationalitätsmaximum einer Entscheidung als Zielgröße anzustreben ist.[890] Um die Entscheidungsfähigkeit zu beschleunigen, sollte daher laut OESTERLE die Positionsmacht des Vorgesetzten mit Hilfe des Direktorialprinzips erweitert werden.[891]

Reaktanz und interpersonale Spannungen als Folgen der Machtausübung[892] können allerdings nicht dadurch überwunden werden, dass der Person an der Spitze des Unternehmens mehr Handlungsspielräume eröffnet werden. Aktiver (oder auch passiver) Widerstand lässt sich auch auf diese Weise nicht vermeiden. Daher ist es SCHOLL

---

[886] Vgl. KLOCKE (2004), S. 21; SCHOLL (2003), S. 6 f. Zur Bedeutung der Implementierungsfähigkeit siehe ferner auch AMASON/SCHWEIGER (1994), S. 241 f.

[887] Vgl. EISENHARDT (1989b), S. 558 f.; FRESE (2005), S. 556. Zu den alternativen Organisationslösungen des Top Managements siehe oben, S. 26 ff.

[888] Vgl. BOURGEOIS/EISENHARDT (1988), S. 828 f.; D'AVENI (1994), S. 2; DUTTON/ASHFORD (1993), S. 397; GLADSTEIN/REILLY (1985), S. 613 f.; SCHWEIGER/SANDBERG/RECHNER (1989); S. 746; VOLBERDA (1996), S. 360 f.

[889] Vgl. EISENHARDT (1989b), S. 545.

[890] Angesprochen wird hiermit die in der Praxis häufig betonte Gefahr der „Paralyse durch Analyse". Siehe hierzu ausführlich oben, S. 98 ff.

[891] Vgl. OESTERLE (2003), S. 206 f.

[892] Vgl. EISENHARDT/KAHWAJY/BOURGEOIS (1997a), S. 82.

zufolge äußerst fragwürdig, Handlungsfähigkeit zu verordnen.[893] Es ist zwar unbestritten, dass ein Top Management Team in kritischen Situationen Geschlossenheit zeigen sollte. Zielführendes Handeln setzt aber voraus, dass Entscheidungen getroffen werden, die alle Beteiligen mittragen können, da die Umsetzung von Top Management-Entscheidungen – wie an anderer Stelle bereits dargelegt wurde – für die unternehmerische Performance ebenso bedeutsam ist wie die fundierte Vorbereitung von Entscheidungen. Top Management-Entscheidungen zeichnen sich im Allgemeinen durch ein hohes Abstraktionsniveau aus und können somit eine Vielzahl von Detailaspekten und Problemen nicht erfassen, die im Rahmen ihrer Realisierung (z. B. innerhalb der Ressorts unter Leitung einzelner Vorstandsmitglieder[894]) auftauchen (können). Dies erfordert ein Mitdenken und eine breite Akzeptanz unter den Mitgliedern des Top Managements und nicht bloß Compliance, die eher über Einflussnahme als durch ein „Machtwort" zu erreichen ist.[895] Folglich wird durch Machtausübung nicht nur der Diskussionsprozess und damit das Ergebnis einer möglichst kognitiv rationalen Entscheidung beeinträchtigt, sondern auch die Umsetzung von Maßnahmen gefährdet sein. Ganz in diesem Sinne ließ sich auch empirisch nachweisen, dass Machtausübung nur zu einem mittleren Niveau an Handlungsfähigkeit führt. Daher wird die Ausübung von Macht auch nur bei a priori sehr geringer Handlungsfähigkeit einen positiven Effekt haben und diese geringfügig verbessern. Bei mittlerer oder hoher Handlungsfähigkeit als Ausgangslage wird sie diese jedoch in jedem Fall verschlechtern.[896] Ein Laborexperiment von KLOCKE hat diesen Zusammenhang weiter bestätigt. Der Autor kommt zu folgendem Ergebnis: „Ist die Handlungsfähigkeit gefährdet, z. B. weil man sich unter Zeitdruck auch nach längerer Diskussion nicht einigen kann, so wirkt sich Machtausübung durch einen Experten oder aufgrund seiner Position Befugten tendenziell positiv aus. Vermutlich wird sie in diesem Fall eher akzeptiert, als wenn Macht ohne Not zur Durchsetzung eigener Positionen ausgeübt wird. Ist die Fähigkeit einer Gruppe, Entscheidungen zu fällen und auch umzusetzen, bereits hinreichend ausgeprägt, kann sie nur durch Einfluss weiter gesteigert werden."[897]

---

[893] Vgl. SCHOLL (2003), S. 24.
[894] So z. B. bei einer Organisation des Top Managements nach dem Ressort-Modell. Siehe hierzu oben, S. 27.
[895] Vgl. BUSCHMEIER (1995), S. 84 ff.; KLOCKE (2004), S. 53.
[896] Vgl. SCHOLL (1996), S. 143 f.
[897] KLOCKE (2004), S. 172.

Davon unberührt konnte EISENHARDT das Zeitargument für die zunehmende Machtzentralisation im Top Management Team im Übrigen auch widerlegen. Die Konzentration von Macht an der Spitze eines Unternehmens bedeutet ihrer Studie zufolge nicht automatisch eine Beschleunigung der Entscheidungsprozesse. Entscheidungsträger verzögern Entscheidungsprozesse aufgrund verschiedener Entscheidungsbarrieren. Dazu zählen Furcht vor Übernahme von Verantwortung, unzureichender Informationsstand und Zeitmangel. Dabei macht es prinzipiell keinen Unterschied, ob es sich um einzelne (autokratische) Entscheidungsträger oder kollegiale Entscheidungsgremien handelt. Im Fall des autokratischen Entscheiders könnten sich die genannten Barrieren allerdings durch die Isolierung des Betroffenen und durch die mit der Machtzentralisation einhergehende Etablierung einer informationsrestriktiven Diskussionskultur sogar noch verschlimmern.[898]

Für ein Top Management Team kann daher mit einiger Gewissheit abschließend festgestellt werden: Solange das Spitzenteam einigermaßen entscheidungsfähig ist, wird die Ausübung von Macht die Teameffektivität nur verschlechtern, während wechselseitige Einflussnahme gepaart mit der dazugehörigen Kooperationsbereitschaft sowohl die Qualität als auch die Akzeptanz getroffener Entscheidungen steigern wird.

IV. Normative Kongruenz in Top Management Teams

Normative Kongruenz in einem Team bezeichnet die Ähnlichkeit von arbeitsbezogenen Normen und Werten der Teammitglieder. Für eine hohe Teameffektivität ist normative Übereinstimmung unter den Mitgliedern von zentraler Bedeutung, da sie sowohl einen direkten als auch indirekten Einfluss (vermittelt über die kognitive, affektive und konative Übereinstimmung) auf das Diskussionsverhalten ausübt. Soziale Normen stellen geordnete Verhaltensmuster dar, die relativ stabil sind und von den Mitgliedern einer Gruppe akzeptiert und erwartet werden.[899] Nach FELDMAN dienen soziale Normen u. a. der Vereinfachung von Interaktionen.[900] Sie prägen die Kultur bzw. das Klima eines Teams.[901] Die Übereinstimmung von Normen und Werten hin-

---

[898] Vgl. EISENHARDT (1989b), S. 558 ff. Siehe ferner auch EISENHARDT/BOURGEOIS (1988), S. 738.

[899] Vgl. BETTENHAUSEN/MURNIGHAN (1985), S. 350; BETTENHAUSEN/MURNIGHAN (1991), S. 21. Siehe hierzu ferner auch die klassische Unterscheidung zwischen normativem und informativem sozialen Einfluss nach DEUTSCH/GERAD (1955), S. 629 (Erläuterung in Fn. 577).

[900] Vgl. FELDMAN (1984), S. 48.

[901] Vgl. BLICKLE (1994), S. 217 ff. Die Begriffe ‚Teamkultur' und ‚Teamklima' werden im Folgenden synonym gebraucht.

sichtlich der Art der teaminternen Zusammenarbeit bezeichnet JEHN auch als *group value consensus*.[902] Übereinstimmende Arbeitsnormen wirken sich positiv auf die teaminterne Zusammenarbeit aus, da sie Harmonie erzeugen und interpersonale Spannungen abbauen. Auf diese Weise trägt normative Kongruenz zur Entstehung wechselseitiger Sympathie und Zuneigung unter den Teammitgliedern bei.[903]

1. Indirekter Einfluss auf das Diskussionsverhalten

AMAZON/SAPIENZA haben untersucht, wie das Ausmaß an Konflikten in Top Management Teams im Rahmen der strategischen Entscheidungsfindung durch vorherrschende Normen beeinflusst wird. Normen prägen die Interaktionsbeziehungen zwischen den Teammitgliedern. Die beiden Forscher sind zu dem Ergebnis gekommen, dass die Diskussionsnorm ‚Offenheit' in Top Management Teams wesentlich dazu beiträgt, dass kognitive Konflikte zum Wohle des Unternehmens ausgetragen werden. Sie übernimmt hier gewissermaßen eine Katalysatorfunktion.[904] Mit Blick auf die beiden Effektivitätskriterien der Qualität und Akzeptanz von Top Management-Entscheidungen stellen AMASON ET AL. fest: "Effektive teams have more open communication than less effektive teams. Effektive teams enjoy a culture that allows their members to speak freely and challenge the premises of other members' viewpoints, without the threat of anger, resentment or retribution. Open communications are central to getting sincere involvement from team members, which enhance decision quality and reinforces teeam consensus and acceptance."[905] FAULK sieht in einem Teamklima, das allen Mitgliedern die Möglichkeit eröffnet, ihre Meinungen frei und offen zu äußern, sogar eine notwendige Voraussetzung für die Entstehung kognitiver Konflikte.[906] Auch JANIS hebt vor dem Hintergrund seiner Erkenntnisse über die Entstehung von Groupthink die Bedeutung von Teamnormen hervor, die eine Offenlegung grundlegender Einwände und Zweifel beinhalten.[907]

---

[902] Vgl. JEHN (1994), S. 224.
[903] Vgl. JEHN/MANNIX (2001), S. 241. In diesem Sinne auch SCHOLL (2003), S. 17 f.
[904] Vgl. AMASON/SAPIENZA (1997), S. 500, 512. In diesem Sinne auch AMASON ET AL., die in offener Diskussion und kognitivem Konflikt zwei Seiten derselben Medaille sehen. Vgl. AMASON ET AL. (1995), S. 28.
[905] AMASON ET AL. (1995), S. 28.
[906] Vgl. FALK (1982), S. 1124.
[907] Vgl. JANIS (1983), S. 262 f.

Trotz der aufgezeigten positiven Effekte offener Diskussionen auf kognitive Konflikte könnte Offenheit überdies aber auch affektive Konflikte verschärfen. In Teams, die eine offene Diskussionskultur pflegen, besteht prinzipiell ein höheres Risiko, dass sachlich gemeinte und geäußerte Kritik als persönlicher Angriff gedeutet wird, als in Teams, die Meinungsverschiedenheiten grundsätzlich vermeiden bzw. unterdrücken. AMASON/SAPIENZA nehmen jedoch an, dass Teams, die eine offene Teamkultur etabliert haben, einen besseren zwischenmenschlichen Umgang pflegen, da sie sich gegenseitig besser verstehen und die Gefühle des Gegenübers nachempfinden und daher eher akzeptieren können. Sie schätzen den offenen Austausch von Informationen und sind positiv gegenüber Teamkollegen eingestellt, die sich aktiv am Informationsaustausch beteiligen. Dadurch verringert sich das Risiko der Entstehung affektiver Konflikte.[908]

In ihrer Studie konnten die Autoren nachweisen, dass Normen der Kooperation die Entstehung affektiver Konflikte negativ beeinflussen. Kooperative Normen beinhalten eine kollektive Orientierung bezogen auf die Entscheidungsfindung. In Anlehnung an die Kooperationstheorie von DEUTSCH umfassen sie Verhaltensweisen, die dem Wohle des Gesamtunternehmens dienen, die Ausrichtung der Entscheidungsfindung auf ein gemeinsames übergeordnetes Ziel sowie die gleichberechtigte Verteilung von Belohnungen unter den Teammitgliedern, unabhängig davon, wessen Ideen und Vorschläge am Ende umgesetzt werden. Kooperationsnormen induzieren ein höheres Zusammengehörigkeitsgefühl und starkes gegenseitiges Vertrauen.[909] Bemerkenswerterweise konnten AMASON/SAPIENZA darüber hinaus feststellen, dass bei Vorliegen von Normen der Kooperation auch Offenheit einen signifikant negativen Einfluss auf affektive Konflikte ausüben. Das Ausmaß an Kooperationsbereitschaft beeinflusst mit anderen Worten die Art und Weise, wie die Mitglieder des Top Management Teams den offenen Austausch von Ideen deuten. Teammitglieder, die gemeinsam Verantwortung tragen und Belohnungen untereinander gleichberechtigt verteilen, räumen der Bereitschaft zu einem offenen Austausch von Informationen einen wesentlich höheren Stellenwert ein, als Mitglieder von Teams, in denen kooperative Normen keine Rolle

---

[908] Vgl. AMASON/SAPIENZA (1997), S. 502, 510. Zu ähnlichen Ergebnissen kommt auch JEHN. Sie stellt fest, dass Normen, die offene Diskussionen fördern, nicht generell von Vorteil sind. Konfliktnormen, die für Offenheit und Akzeptanz von Meinungsverschiedenheiten stehen, erhöhen ihren Untersuchungsergebnissen zufolge nicht nur (positive) Aufgabenkonflikte, sondern auch (negative) Beziehungskonflikte. Vgl. JEHN (1995), S. 277; JEHN (1997), S. 533, 545.

[909] Vgl. AMASON/SAPIENZA (1997), S. 502, 505 f.; TJOSVOLD/DEEMER (1980), S. 594. Zur Theorie der Kooperation nach DEUTSCH siehe oben, S. 206 ff.

spielen.⁹¹⁰ Da Kooperationsnormen keinen negativen Einfluss auf kognitive Konflikte ausüben, affektive Konflikte jedoch beeinträchtigen, liegt hierin den beiden Autoren zufolge der Schlüssel zu einem effektiven Konfliktmanagement.⁹¹¹ Die Übereinstimmung von Normen der Offenheit und Kooperation stellt daher ein wesentliches Fundament für das optimale Verhältnis zwischen kognitiver und affektiver Kongruenz in Top Management Teams dar. Sie erlaubt die offene und effektivitätsfördernde Austragung kognitiver Konflikte ohne das Risiko in Kauf nehmen zu müssen, dass aufgabenbezogene Meinungsverschiedenheiten in personenbezogene, affektive Konflikte münden.⁹¹²

In ähnliche Richtung deuten auch die Untersuchungsergebnisse von JEHN/MANNIX. Wie oben bereits festgestellt reduziert der *group value consensus* (GVC) hinsichtlich der Arbeitsnormen zwischenmenschliche Konflikte innerhalb des Teams.⁹¹³ Ferner trägt normative Kongruenz maßgeblich dazu bei, dass so genannte Prozesskonflikte verringert werden. Prozesskonflikte kennzeichnen Meinungsverschiedenheiten hinsichtlich der Art und Weise, wie Aufgaben innerhalb des Teams bewältigt werden sollten. Sie betreffen Fragen der Verteilung von Pflichten und Ressourcen, d. h. wer was zu tun hat und wie viel Verantwortung den einzelnen Personen dabei übertragen wird.⁹¹⁴ Kognitive Konflikte setzen jedoch Wertediversität bzw. einen niedrigen GVC voraus.⁹¹⁵ Eine hohe normative Kongruenz könnte daher Groupthink auslösen. Teammitglieder, deren Arbeitsnormen übereinstimmen, neigen möglicherweise dazu, die daraus entstehende Harmonie und gegenseitige Zuneigung zu bewahren und nehmen infolgedessen mehr kognitive Gemeinsamkeiten wahr als tatsächlich existieren.⁹¹⁶

JEHN/MANNIX argumentieren jedoch, dass ein hoher GVC nicht zwangsläufig bedeuten muss, dass innerhalb eines Teams homogene aufgabenbezogene Sichtweisen vor-

---

[910] Vgl. AMASON/SAPIENZA (1997), S. 503.
[911] Vgl. AMASON/SAPIENZA (1997), S. 512.
[912] Vgl. AMASON/SAPIENZA (1997), S. 513.
[913] Vgl. JEHN (1994), S. 225, 230; JEHN/MANNIX (2001), S. 241.
[914] In einer umfassenden qualitativen Studie identifizierte JEHN den Prozesskonflikt (*process conflict*) als dritten Konflikttypus neben den beiden bereits bekannten Formen des Aufgabenkonflikts (*task conflict*) und des Beziehungskonflikts (*relationship conflict*). Vgl. Jehn (1997), S. 540; JEHN/NORTHCRAFT/NEALE (1999), S. 742.
[915] Vgl. JEHN (1994), S. 225.
[916] Vgl. JEHN (1994), S. 234; JEHN/MANNIX (2001), S. 248. Zum Groupthink-Phänomen siehe ausführlich oben, S. 196 ff.

herrschen. Stattdessen besteht die Möglichkeit, dass durch normative Kongruenz ein Teamklima geschaffen wird, welches die offene und freie Artikulation kognitiver Konflikte ermöglicht.[917] Ein effektivitätsförderliches Klima wird bestimmt durch gegenseitiges Vertrauen und Respekt, offene Konfliktnormen, Kohäsion und Sympathie sowie durch geringen Wettbewerb unter den Teammitgliedern. Alle genannten Faktoren wurden in der Studie durch GVC signifikant positiv beeinflusst.[918] Als Ergebnis kann mithin festgehalten werden, dass der Spagat zwischen kognitiven und affektiven Konflikten bei normativer Kongruenz optimalerweise durch die Etablierung eines offenen Diskussionsklimas gelingt. Dieses kann erheblich dazu beitragen, dass Teammitglieder in Gang gesetzte kognitive Auseinandersetzungen nicht persönlich nehmen und sich in affektive Konflikte verstricken.[919]

2. Direkter Einfluss auf das Diskussionsverhalten

Neben den indirekten Wirkungen normativer Kongruenz auf die Teameffektivität zeigt sich auch ein direkter Einfluss auf das Diskussionsverhalten eines Top Management Teams. Im Anschluss an BLICKLE hängt die faktische Bindung an das Wertkonzept der Argumentationsintegrität vorrangig von der Argumentationskultur eines Teams ab. BLICKLE stellt fest, dass Argumentationen im Management für alle beteiligten Akteure grundsätzlich risikobehaftet sind, da sie Interaktionen vom Typ des Gefangenen-Dilemmas darstellen. So könnte sich ein Diskussionspartner kooperativ verhalten, während sein Gegenüber offen oder verdeckt unkooperativ agiert, indem er z. B. wichtige Informationen zurückhält, die den anderen dazu verleiten, gegen seine eigenen Interessen zu handeln.[920] Zur Reduktion eines solchen ‚Ausplünderungsrisikos' erscheint die Etablierung einer offenen Diskussionskultur von zentraler Bedeutung, da zwischen Teamkultur und normativer Verpflichtung zu fairem Diskussionsverhalten eine enge Wechselbeziehung besteht.[921]

---

[917] Vgl. JEHN/MANNIX (2001), S. 241. Ähnlich auch AMASON/SAPIENZA (1997), S. 513.
[918] Vgl. JEHN/MANNIX (2001), S. 246.
[919] Vgl. JEHN/MANNIX (2001), S. 248. Siehe ferner auch BRETT (1991), S. 300 und TJOSVOLD (1991), S. 20, 22, die ebenfalls die hohe Bedeutung offener und fairer Diskussionsnormen zur Etablierung einer offenen Streitkultur unterstreichen.
[920] Vgl. BLICKLE (1994), S. 111 f.
[921] Ganz in diesem Sine CHEN/CHEN/MEINDL (1998), S. 291, die betonen, dass kulturelle Werte einen direkten Einfluss auf die Kooperationsbereitschaft ausüben können.

Für den effektiven Verlauf von Argumentationen spielt Vertrauen eine entscheidende Rolle.[922] Nach ZAND lässt sich Vertrauen definieren als Verhaltensweisen, die die eigene Verwundbarkeit gegenüber anderen erhöhen, deren Verhalten nicht unter der eigenen Kontrolle steht. Dies betrifft Situationen, bei denen der Schaden, den jemand erleidet, wenn der andere die Verwundbarkeit missbraucht, größer ist als der Vorteil, den die Person hat, wenn der andere die Verwundbarkeit nicht missbraucht. Vertrauen steigert die Bereitschaft zum offenen Informationsaustausch, wohingegen gegenseitiges Misstrauen zu einer Zurückhaltung von Informationen verleitet. Vertrauen erhöht ferner die Bereitschaft, sich durch den Diskussionspartner beeinflussen zu lassen und die Ideen und Vorschläge des Gegenübers aufzunehmen. Misstrauen führt dagegen zu Verschlossenheit. Ferner wirkt sich Vertrauen positiv auf die Bereitschaft aus, interdependente Beziehungen mit anderen einzugehen, während bei einem misstrauensgeprägten Klima Interdependenzen generell vermieden werden. Die drei durch Vertrauen bzw. Misstrauen beeinflussten Teilaspekte eines vertrauensbestimmten Teamklimas (offener Informationsaustausch, Aufgeschlossenheit gegenüber der Einflussnahme durch Dritte und die Bereitschaft, Interdependenzen einzugehen) erhöhen ihrerseits wiederum das Ausgangsniveau an Vertrauen bzw. Misstrauen.[923] Auf diese Weise entsteht ein zirkulärer Zusammenhang zwischen Vertrauen/Misstrauen auf der einen Seite und den drei genannten Teilaspekte des Teamklimas auf der anderen Seite in Form eines Engels- bzw. Teufelskreises.[924] Vertrauen bleibt dabei allerdings nicht auf das bilaterale Verhältnis zwischen zwei Personen innerhalb einer organisatorischen Einheit beschränkt. Es lässt sich vielmehr als ein kollektives Phänomen begreifen, das sich aber nicht wie das (unpersönliche) Systemvertrauen im Sinne von LUHMANN auf Institutionen, sondern sehr wohl auf konkrete Personen bezieht.[925]

In seiner Laborstudie untersuchte ZAND, wie in Teams diskutiert wird, in denen ein vertrauens- bzw. misstrauensbestimmtes Klima herrscht. Das jeweilige Teamklima wurde dabei instruktional anhand folgender Dimensionen induziert: (1) Respekt versus Missachtung bezogen auf die wechselseitige Fachkompetenz, (2) positive versus negative Normen der Informations- und Ideenweitergabe, (3) positive versus negative Normen der Einflussnahme, (4) Wahrscheinlichkeit, mit der die anderen Teammitglie-

---

[922] Vgl. BLICKLE (1994), S. 217 ff.
[923] Vgl. ZAND (1972), S. 230 f. Siehe ferner auch TJOSVOLD/DEEMER (1980), S. 594.
[924] Vgl. BLICKLE (1994), S. 228.
[925] Vgl. LUHMANN (2000), S. 59 ff.

der ein auf Vertrauen beruhendes Verhalten missbrauchen, (5) kooperative versus kompetitive Verhaltenserwartungen der anderen Teammitglieder.[926] Die Diskussionsergebnisse ergaben Folgendes: Ein vertrauensbestimmtes Teamklima führt zu offener Artikulation von Gefühlszuständen, zur besseren Klärung der Kernprobleme und -ziele der Gruppe, zur intensiveren Suche nach Handlungsalternativen, zu einer höheren wechselseitigen Einflussnahme, zu höherer Motivation, getroffene Entscheidungen auch umzusetzen, und zu einem stärken Teamzusammenhalt.[927]

Ähnliche Befunde liefert die bereits mehrfach zitierte Studie von EDMONDSON zum Konstrukt der psychologischen Sicherheit. Unter psychologischer Sicherheit eines Teams versteht der Forscher die geteilte Überzeugung, dass das Team vor interpersonalen Risiken sicher ist. Es beschreibt ein Klima wechselseitigen Respekts und Vertrauens.[928] Psychologische Sicherheit hat der Untersuchung von EDMONDSON zufolge positive Auswirkungen auf das Lernverhalten eines Teams (Informationssuche und gegenseitiger Austausch von Feedback). Das verbessert wiederum die Teamperformance.[929]

Basierend auf den Befunden von ZAND lassen sich BLICKLE zufolge die argumentationsförderlichen Merkmale des Teamklimas[930] wie folgt zusammenfassen:

- Vertrauen im Gegensatz zu Misstrauen,
- Offenheit im Gegensatz zu Zurückhaltung,
- Kooperation im Gegensatz zu Konkurrenz.[931]

---

[926] Vgl. ZAND (1972), S. 234. In der Gruppe, in der nach dem Willen des Forschers ein hohes Ausmaß an gegenseitigem Vertrauen vorherrschen sollte, lautete die entsprechende Instruktion beispielsweise: "You have learned from your experience during the past two years that you can trust the other members of top management. You and the other top managers openly express your differences and your feelings of encouragement or of disappointment. You and the others share all relevant information and freely explore ideas and feelings that may be in or out of your defined responsibility. The result has been a high level of give and take and mutual confidence in each other's support and ability."

[927] Vgl. ZAND (1972), S. 235 ff.

[928] Vgl. EDMONDSON (1999), S. 354.

[929] Vgl. EDMONDSON (1999), S. 376.

[930] Der Genauigkeit halber sei an dieser Stelle angemerkt, dass BLICKLE (1994) in seiner Untersuchung das Betriebsklima eines Unternehmens betrachtet. An anderer Stelle wurde jedoch bereits festgestellt, dass sich nicht nur auf Unternehmensebene, sondern auch auf der untergeordneten organisatorische Ebene eines Teams eine eigene (Organisations-/Team-)Kultur bzw. ein eigenes (Betriebs-/Team-)Klima entwickeln kann. Daher erscheint eine sinngemäße Übetragung der Forschungsergebnisse prinzipiell möglich.

Der Autor liegt damit ganz auf der Linie der oben genannten Forschungsergebnisse zur normativen Kongruenz in Top Management Teams. Allerdings warnt BLICKLE davor, dass eine solche Betrachtung, die ausschließlich auf die vom Individuum ausgehende Beeinflussung des Teamklimas abstellt, kollektive Beeinträchtigungen eines auf Vertrauen basierenden Klimas wie etwa Groupthink unberücksichtigt lässt. Ergänzend fügt er daher folgende argumentationsbeeinträchtigenden Merkmale eines kollektiven Teamklimas hinzu:

- Blinder Glaube (Illusion der Unverwundbarkeit und Einmütigkeit) im Gegensatz zu bewusstem Vertrauen,

- Abkapselung (kollektive Rationalisierung und Stereotypisierung externer Gruppen) im Gegensatz zu Offenheit für konfligierende Informationen sowie

- Zwang (Glaube an die überlegene Moral der Gruppe und Selbstzensur) im Gegensatz zu Kooperation.[932]

Festgehalten werden kann somit, dass das Teamklima das wahrgenommene Risiko einer Diskussion sowohl verringern als auch erhöhen kann. Es gelingt ihm jedoch nicht, dies vollständig zu neutralisieren. Allerdings liefert ein kooperatives Teamklima jenen Teammitgliedern einen optimalen Anreiz zu kooperativem Diskussionsverhalten, die über eine hohe Kooperationsbereitschaft verfügen, aber zugleich Unsicherheit verspüren. BLICKLE betont jedoch, dass mit einem kooperativen Klima nur eine notwendige, aber noch keine hinreichende Bedingung für argumentative Auseinandersetzungen im Management gegeben ist. Ein kooperatives Teamklima verringert zwar das perzipierte Ausplünderungsrisiko und fördert damit kooperative Verhaltensweisen, garantiert aber nicht automatisch eine Rationalitätssteigerung.[933]

Vor diesem Hintergrund lässt sich abschließend festhalten: Das Diskussionsverhalten bzw. die Effektivität eines Top Management Teams wird verbessert, wenn ein Teamklima wechselseitigen Respekts und Vertrauens vorherrscht, eine normative Übereinstimmung im Hinblick auf die Wertorientierungen der Offenheit und Kooperation besteht, und rationales Entscheiden eine hohe Wertschätzung genießt.

---

[931] Vgl. BLICKLE (1994), S. 229.
[932] Vgl. BLICKLE (1994), S. 229 f.
[933] Vgl. BLICKLE (1994), S. 230.

E. Maßnahmen zur Förderung offener Diskussionen

Basierend auf dem in Kapitel C. entwickelten Effektivitätsmodell eines Top Management Teams und den Handlungsbedingungen offener Diskussionen in Kapitel D. werden im Folgenden Maßnahmen zur Etablierung und Gestaltung einer offenen Diskussionskultur im Leitungsorgan einer Aktiengesellschaft erörtert. Hierbei wird unterschieden zwischen personenbezogenen Maßnahmen, die sich auf die Input-Faktoren bzw. Handlungsbedingungen des Modells richten, und prozessintervenierenden Maßnahmen, die den Diskussionsprozess bzw. das Diskussionsverhalten der Teammitglieder beeinflussen sollen. Zu den personenbezogenen (Human Resource-) Maßnahmen zählen die personelle Besetzung des Vorstands und die Anreizgestaltung innerhalb des Teams.

I. Personenbezogene Maßnahmen

1. Personelle Besetzung

Die personelle Besetzung des Vorstands zählt nach Ansicht vieler Autoren zu den zentralen (Human Resource-)Maßnahmen zur Beeinflussung des Unternehmenserfolgs.[934] Mit der personellen Besetzung lassen sich die Größe und Diversität eines Top Management Teams variieren. Aus diesem Grund bildet sie einen entscheidenden Ansatzpunkt zur Beeinflussung des kognitiven Potenzials des Spitzenteams. Wie zuvor bereits festgestellt wurde, nimmt das kognitive Potenzial des Top Management Teams zwar mit wachsender Gruppengröße und steigendem Diversitätsgrad zu. Diese Steigerung verläuft allerdings nicht linear. Unter Einbeziehung von Prozessverlusten im Rahmen der Potenzialausschöpfung liegt das Optimum mithin weder bei zu kleinen bzw. homogenen noch bei zu großen bzw. heterogenen Teams.[935] Trotz fehlender empirischer Untersuchungen zur kontextabhängigen optimalen Größe des Vorstands sieht es WITT als erwiesen an, dass die Effizienz des Top Managements ab einer Größe von etwa zehn Teammitgliedern unabhängig von situativen Einflussfaktoren wie Unternehmensgröße und -komplexität[936] abnimmt.[937]

---

[934] Vgl. nur GERUM (2007), S. 138; SCHÄFER (2001), S. 1. Siehe ferner BERLINER INITIATIVKREIS GCCG (2001), Tz. II.1.1., der die personelle Besetzung des Vorstands als einen Kernprozess der Corporate Governance auffasst. Vgl. auch oben, S. 69 ff.

[935] Vgl. hierzu oben, S. 167 ff.

[936] GERUM weist darauf hin, dass die optimale Größe des Vorstands aus organisationstheoretischer Sicht von der Unternehmenskomplexität abhängt, die vor allem durch den Grad der regionalen

Die optimale Größe der Organe beschäftigt im Übrigen auch die aktuell geführte Diskussion über die Effizienz der Corporate Governance in Deutschland.[938] So empfiehlt der BERLINER INITIATIVKREIS GCCG für den Vorstand im Normalfall eine Größe von mindestens drei und höchstens neun Mitgliedern.[939] Abgesehen vom aktienrechtlichen Ausnahmefall des einköpfigen Vorstands beträgt die gesetzliche Untergrenze gemäß § 76 Abs. 2 AktG zwei Personen. In einem zweiköpfigen Vorstand kann es jedoch schnell zu Pattsituationen kommen, so dass die vom German Code of Corporate Governance (GCCG) geforderte Mindestbesetzung von drei Personen PELTZER zufolge angemessen erscheint.[940]

Nach einer Untersuchung der Top Executive Search Beratung SPENCER STUART im Jahr 2004, an der 51 deutsche Aktiengesellschaften[941] teilgenommen haben, setzen sich deutsche Vorstände aus zwei bis zwölf Mitgliedern zusammen. Die Durchschnittsgröße liegt bei rund fünf Vorstandsmitgliedern. Bei einem Drittel der Unternehmen besteht der Vorstand aus sechs bis sieben Personen, bei ca. einem weiteren Drittel aus vier bis fünf Mitgliedern. Vorstände mit acht und mehr Mitgliedern wurden fast ausschließlich in Unternehmen ermittelt, die im DAX-30 notiert waren.[942] GERUM kommt in seiner empirischen Untersuchung von rund 390 deutschen Aktiengesellschaften zu ähnlichen Ergebnissen. Demnach reicht die Größe deutscher Vorstände von einem bis zu 24 Vorstandsmitgliedern. In fast 50% der Gesellschaften besteht der Vorstand aus drei bis vier Mitgliedern. Bei einem weiteren Viertel schwankt sich die Größe zwischen fünf und sechs Mitgliedern. Beeinflusst wird die Größe des Leitungsorgans vor allem von der Unternehmensgröße. Bemerkenswerterweise legt die Satzung oder Geschäftsordnung des Vorstands in 92% der Fälle eine Mindestzahl fest. Sie

---

und produktbezogenen Diversifikation sowie durch die technologische Vielfalt und Entwicklungsdynamik bestimmt wird. Vgl. GERUM (2007), S. 117.

[937] Vgl. WITT (2003a), S. 251.

[938] Beispielsweise wird seit geraumer Zeit vornehmlich von juristischen Vertretern insbesondere die Verkleinerung von Aufsichtsräten gefordert, um deren Arbeitsfähigkeit sicherzustellen. Vgl. hierzu etwa LUTTER (1994), S. 176 f.; OETKER (2003), S. 266 ff.; PELTZER (2001), S. 48; POTTHOFF/TRESCHER/THEISEN (2003), Rn. 2037 ff.

[939] Vgl. BERLINER INITIATIVKREIS GCCG (2001), Tz. III.3.1. Siehe hierzu auch BERNHARDT/V. WERDER (2000), S. 1273.

[940] Vgl. PELTZER (2001), S. 48.

[941] Davon 29 der DAX-30-Unternehmen.

[942] Vgl. SPENCER STUART (2004), S. 36. Zu den Spitzenreitern mit 12 Mitgliedern zählten die DAIMLERCHRYSLER AG und die SIEMENS AG. Ein zweiköpfiger Vorstand wurde in zwei Fällen ermittelt. Zu ähnlichen empirischen Befunden kommt auch WAGNER (1994), S. 102 f.

regelt allerdings in nur 2% der Gesellschaften eine Höchstzahl für die Besetzung des Vorstands.[943]

Neben der Größe ist die Diversität von zentraler Bedeutung. Der Aufbau heterogener Teams kann einen wesentlichen Beitrag zur Entstehung kognitiver Konflikte in Top Management Teams liefern. EISENHARDT/KAHWAJY/BOURGEOIS empfehlen daher bei der Zusammensetzung der Teams auf einen demographischen Mix im Hinblick auf Merkmale wie Geschlecht, funktionalem Hintergrund und Alter zu achten.[944] Weitere bedeutende demographische Merkmale der Teammitglieder, die die kognitive Qualität der getroffenen Entscheidungen beeinflussen können, sind die Ausbildung und die Dauer der Betriebszugehörigkeit.[945] An dieser Stelle sei jedoch noch einmal daran erinnert, dass Diversität an sich noch keine effektivitätssteigernden Wirkungen sicherstellt, sondern durchaus auch dysfunktionale Folgen haben kann.[946] Folglich kann die Diversität eines Top Management Teams allenfalls ein Ansatzpunkt zur Steigerung der Effektivität sein, aber noch nicht als eine hinreichende Bedingung für die hohe Effektivität eines Top Management Teams betrachtet werden. Entscheidend ist insbesondere der ergänzende Einfluss prozessintervenierender Maßnahmen, auf die im folgenden Abschnitt ausführlich einzugehen sein wird.[947]

Auch zur Diversität von Vorständen liegen Untersuchungsergebnisse von SPENCER STUART und GERUM vor. So waren mit Blick auf das Merkmal ‚Internationalität' im Jahr 2004 die Vorstände deutscher Gesellschaften laut SPENCER STUART nur zu 12% mit ausländischen Mitgliedern (vorwiegend aus USA, Kanada und Österreich) besetzt. 55% haben keine ausländischen Vorstandsmitglieder. Bei den DAX-30-Unternehmen reduzierte sich diese Zahl allerdings auf 38%.[948] Verschwindend gering fiel mit nur

---

[943] Vgl. GERUM (2007), S. 121 f.

[944] Vgl. EISENHARDT/KAHWAJY/BOURGEOIS (1997a), S. 84; EISENHARDT/KAHWAJY/BOURGEOIS (1997b), S. 46.

[945] Vgl. KNIGHT ET AL. (1999), S. 452.

[946] So wurde bereits im vorherigen Kapitel ausführlich auf die enge Wechselbeziehung zwischen kognitiven und affektiven Konflikten eingegangen.

[947] Vgl. hierzu auch KNIGHT ET AL. (1999), S. 459.

[948] Vgl. SPENCER STUART (2004), S. 36. Ähnlich auch die empirischen Befunde von GERUM (2007), S. 139 f. VOIGT/WAGNER (2007) sprechen in dem Zusammenhang treffend von einer „Diversity-Wüste" (S. 6).

1% der Anteil weiblicher Vorstandsmitglieder aus.[949] Im Hinblick auf die Altersstruktur deutscher Vorstände zeigte sich ebenfalls ein dominantes Muster. Rund ein Viertel der Vorstandsmitglieder waren zwischen 56 und 60 Jahren, ein weiteres Fünftel der Mitglieder war zwischen 51 und 55 Jahre alt. Allerdings lag der Anteil über 60-Jähriger bei nur 13%, da rund 70% der befragten Unternehmen ein Höchstalter für Vorstände (in den meisten Gesellschaften 65 Jahre) festgelegt hatte.[950] In nur rund 3% der befragten Gesellschaften waren Vorstandsmitglieder jünger als 41 Jahre alt.[951] Nach EISENHARDT/KAHWAJY/BOURGEOIS treten effektivitätssteigernde Konflikte insbesondere in Top Management Teams mit heterogener Altersstruktur auf. Von Vorteil erwiesen sich hier teaminterne Altersspannen von mehr als 20 Jahren.[952] In den von SPENCER STUART untersuchten deutschen Gesellschaften zeigten sich Altersspannen ab 20 Jahren allerdings in nur knapp 30% der Unternehmen. Die personelle Besetzung von Vorstandspositionen erfolgte überwiegend intern: Mehr als zwei Drittel der Vorstandsmitglieder wurden aus der eigenen Gesellschaft berufen. Bei 78% der untersuchten Unternehmen blickten die Hälfte und mehr Vorstände auf eine Karriere im eigenen Haus zurück. 30% dieser Unternehmen hatten sogar ein vollständig intern besetztes Vorstandsgremium.[953]

Die Diversitätsgrößen ‚Ausbildung' und ‚funktionaler Hintergrund' wurden von GERUM näher untersucht. Demnach haben mehr als 90% der Vorstandsmitglieder ein Hochschulstudium absolviert. Bei der fachlichen Ausrichtung dominieren mit 47% die Wirtschaftswissenschaften. 38% der Vorstandsmitglieder haben einen technisch-naturwissenschaftlichen, 12% einen juristischen und nur 3% einen geisteswissen-

---

[949] Vgl. SPENCER STUART (2004), S. 37 sowie GERUM (2007), S. 139, der in seiner Studie einen weiblichen Anteil von 2% ermittelt hat. Zu weiteren empirischen Befunden und Erklärungsansätzen siehe auch SCHÄFER (2001), S. 170 ff.

[950] Vgl. SPENCER STUART (2004), S. 38. Siehe zur Festsetzung einer Altersgrenze gemäß Tz. 5.1.2 Abs. 2 Satz 3 DCGK auch V. WERDER/TALAULICAR (2007), S. 871.

[951] Vgl. SPENCER STUART (2004), S. 74 f.

[952] Vgl. EISENHARDT/KAHWAJY/BOURGEOIS (1997b), S. 46. Relativiert wird diese Empfehlung allerdings durch die Befunde der bereits ausführlich dargestellten Studie von KNIGHT ET AL. (1999), nach der sich Altersdiversität im Top Management Team negativ auf ein Streben nach Konsens auswirkt. Siehe hierzu oben, S. 176 ff.

[953] Vgl. SPENCER STUART (2004), S. 37, 74 f.

schaftlichen Hintergrund. Der Gruppe der technisch-naturwissenschaftlich ausgerichteten Vorstandsmitglieder gehören vor allem Ingenieure an.[954]

Um einer kognitiven Angleichung innerhalb des Teams im Laufe der Zeit entgegenzuwirken, sollte gelegentlich auch über eine Neubesetzung einzelner Vorstandspositionen nachgedacht werden.[955] Durch neue Vorstandsmitglieder werden eingefahrene Gruppenstrukturen und -prozesse aufgebrochen und innovative Sichtweisen und Perspektiven in die Problemlösung eingebracht.[956] Zu häufige Personalwechsel können allerdings auch dysfunktional wirken, da sie die Entstehung wechselseitigen Vertrauens als zentrale Voraussetzung für die Etablierung einer offenen Diskussionskultur stark beeinträchtigen kann. Davon abgesehen werden allzu häufige personelle Wechsel auch durch einschlägige aktienrechtliche Bestimmungen verhindert. Nach § 84 Abs. 3 S. 1 AktG ist ein Widerruf der Bestellung zum Mitglied des Vorstands nur bei Vorliegen eines wichtigen Grundes möglich.[957] Als eine Maßnahme zur bedarfsgerechten Anpassung kognitiver Diversität des Teams eignet sich die Abberufung einzelner Vorstandsmitglieder daher nicht.

Veränderungen in der personellen Zusammensetzung des Top Mangement Teams werden aber auch dadurch erschwert, dass die Bestellungszeiträume in Deutschland anders als in den USA relativ lang sind. Während die Mitglieder des Boards in den USA in aller Regel nur für die relativ kurze Dauer von ein bis zwei Jahren berufen werden, wird in Deutschland die gesetzliche Höchstdauer von fünf Jahren in aller Regel ausgeschöpft.[958] Ein Unterschreiten der Grenze von einem Jahr wird im Allgemeinen sogar als unzulässig betrachtet.[959] Vor diesem Hintergrund erscheint die Anregung des Deutschen Corporate Governance Kodex (DCGK) sinnvoll, wonach bei

---

[954] Vgl. GERUM (2007), S. 143. In die gleiche Richtung deuten die Befunde von WAGNER, der 237 Arbeitsdirektoren nach ihrem Studienabschluss befragt hat. Demnach haben Personalvorstände mit 45% überwiegend ein wirtschaftswissenschaftliches Studium absolviert. 20% der befragten Arbeitsdirektoren haben einen technisch-naturwissenschaftlichen (vor allem ingenieurwissenschaftlichen) Hintergrund. 31% verfügen über einen juristischen und nur knapp 5% über einen sozial- bzw. geisteswissenschaftlichen Studienabschluss. Vgl. WAGNER (1994), S. 140.

[955] Vgl. HAMBRICK (1995), S. 123.

[956] Vgl. OESTERLE (1999), S. 181 ff.

[957] Vgl. GRUMANN/GILLMANN (2003), S. 770 f.

[958] Vgl. RINGLEB ET AL. (2008), Rn. 935; WITT (2003a), S. 250 f. Der SPENCER STUART-Studie aus dem Jahr 2004 zufolge wurden in Deutschland 56% der Vorstandsverträge mit einer Laufzeit von fünf Jahren abgeschlossen. In 27% der Fälle betrug die vertragliche Bestelldauer drei Jahre. Vgl. SPENCER STUART (2004), S. 37.

[959] Vgl. PELTZER (2001), S. 40.

Erstbestellungen die maximal mögliche Bestelldauer von fünf Jahren nicht die Regel sein sollte.[960] Der German Code of Corporate Governance (GCCG) geht hier sogar noch einen Schritt weiter, indem er bei neuen Vorstandsmitgliedern eine vertragliche Befristung von drei Jahren vorschlägt.[961] Überdies wird in Tz. 5.1.2 Abs. 2 Satz 3 DCGK die Empfehlung ausgesprochen, eine Altersgrenze für Vorstandsmitglieder festzulegen. Hieran orientiert sich auch die überwiegende Mehrheit der Unternehmen.[962] Mit seinen Empfehlungen bzw. Anregungen zur Bestelldauer und Altersgrenze von Vorstandsmitgliedern sowie zur zurückhaltenden Handhabung von vorzeitigen Wiederbestellungen greift der Kodex verstärkt in die personelle Besetzung des Vorstands ein, indem er sie einer strengeren und häufigeren Prüfung unterzieht als in der Praxis vielfach üblich ist.[963]

Die restriktiven Voraussetzungen zur Abberufung von Vorstandsmitgliedern machen deutlich, dass einer sorgfältig durchgeführten Personalauswahl ein hoher Stellenwert beizumessen ist. Diese verantwortungsvolle Aufgabe obliegt dem Aufsichtsrat, der in der Aktiengesellschaft die uneingeschränkte Personalkompetenz besitzt. Mit der Auswahl, Bestellung, Ernennung, Wiederwahl und Abberufung von Vorstandsmitgliedern trifft er die zentralen Entscheidungen zur personellen Ausgestaltung des Top Managements.[964] Dennoch hat der amtierende Vorstand in praxi nicht selten einen erheblichen Einfluss auf die Auswahl zukünftiger Kollegen.[965] Das Spektrum der Mitwirkung bei der Vorstandsbestellung reicht von der quasi autonomen Entscheidung durch den Vorstand (im Extremfall der autonomen Auswahl durch den Vorstandsvorsitzenden allein), bei der der Aufsichtsratsbeschluss über die personelle Besetzung des Vorstands nur noch reine Formsache ist, bis zur Berufung externer Kandidaten durch den Aufsichtsrat ohne jede Einbeziehung des Vorstands. Nach PELTZER liegt das optimale Verfahren in der Mitte dieser beiden Etreme.[966] Ohne die Mitwirkung des Vorstands könnten auf der einen Seite Kandidaten ausgewählt werden, die aufgrund personenbe-

---

[960] Vgl. hierzu Tz. 5.1.2. Abs. 2 Satz 1 DCGK.
[961] Vgl. hierzu Tz. II.1.10. GCCG.
[962] Die Kodexempfehlung zur Festlegung einer Altersgrenze wird von fast 70% aller börsennotierten Gesellschaften umgesetzt. In der Gruppe der DAX-Gesellschaften sind es sogar mehr als 90%. Vgl. V. WERDER/TALAULICAR (2007), S. 871.
[963] Vgl. BAUMS (2001), RZ. 40.
[964] Vgl. OECHSLER (2003), S. 309; PELTZER (2001), S. 39 f.; THEISEN (2003), S. 286 f.
[965] Vgl. LUTTER/KRIEGER (2002), Rn. 336.
[966] Vgl. PELTZER (2001), S. 41.

zogener Merkmale nicht in das Team passen. Dadurch könnte die affektive und konative Übereinstimmung beeinträchtigt und eine möglichst reibungslose Zusammenarbeit gefährdet werden. Eine vollständige Übertragung der Verantwortung für die Personalauswahl auf den Vorstand könnte auf der anderen Seite jedoch zu einer zunehmend homogenen Zusammensetzung des Teams führen. In homogenen Teams treten effektivitätssteigernde kognitive Konflikte seltener auf, wodurch die Entstehung von Groupthink begünstigt wird.

Vor diesem Hintergrund erscheint auch die Empfehlung des Deutschen Corporate Governance Kodex plausibel, dass der Aufsichtsrat gemeinsam mit dem Vorstand für eine langfristige Nachfolgeplanung sorgen soll.[967] Da in deutschen Unternehmen Vorstandspositionen überwiegend aus den eigenen Reihen des Führungsnachwuchses besetzt werden, ist die interne Rekrutierung von Vorstandsmitgliedern häufig auch das Ergebnis einer geplanten und systematischen Nachwuchsentwicklung. Der damit regelmäßig einhergehende Informationsvorsprung des Vorstands gegenüber dem Aufsichtrats in Bezug auf die jeweiligen Potenziale und Fähigkeiten der Kandidaten darf allerdings nicht dazu führen, dass der Aufsichtsrat seine Personalverantwortung faktisch vollständig auf den Vorstand überträgt. Aufgrund seiner größeren Distanz kann (und muss) der Aufsichtsrat die in Frage kommenden Kandidaten dem German Code of Corporate Governance (GCCG) zufolge objektiver beurteilen und sollte daher auch dem Grundsatz nach „Herr des Besetzungsverfahrens" bleiben.[968] Somit obliegt letztlich dem Aufsichtsrat die verantwortungsvolle und schwierige Aufgabe, eine kognitive Konvergenz in der Teamzusammensetzung zu verhindern, ohne dabei die affektive und konative Kongruenz zwischen den Teammitgliedern zu gefährden.

Die geforderte Neutralität des Aufsichtsrats im Zusammenhang mit der personellen Besetzung des Vorstands wird in Deutschland neben der erwähnten Dominanz des Vorstands bzw. Vorstandsvorsitzenden in den Besetzungsverfahren ferner durch die gängige (und häufig kritisierte) Praxis geschwächt, dass viele Vorstandsvorsitzende nach ihrem Ausscheiden aus dem Vorstand automatisch in den Aufsichtsrat wechseln und dort die Position des Aufsichtsratsvorsitzenden übernehmen.[969] Darüber hinaus lässt sich vermuten, dass die meisten Aufsichtsräte über kein systematisches Personal-

---

[967] Vgl. Tz. 5.1.2 Satz 2 DCGK und hierzu RINGLEB ET AL. (2008), Rn. 940.
[968] Vgl. BERLINER INITIATIVKREIS GCCG (2001), Tz. II.1.5. und II.1.7.
[969] Vgl. GERUM (2007), S. 229 f.; SEMLER (1999), S. 252.

auswahlverfahren verfügen.[970] Nach SPENCER STUART liegt in nur sehr wenigen Unternehmen ein Anforderungsprofil für Vorstandsmitglieder vor. Nur ein Viertel der untersuchten Unternehmen besitzt einen objektiven Anforderungskatalog für die Auswahl und Bestellung des Vorstands, während 50% auf die Festlegung eines Anforderungskatalogs für Vorstände generell verzichtet.[971] Die von OECHSLER konstatierte Schwierigkeit der Erstellung eines Profils für Vorstände, die ihre Ursache darin haben soll, dass nicht von den Anforderungen der Stelle, sondern von den zukünftigen strategischen Herausforderungen auszugehen sei, liefert hierfür allerdings noch keine überzeugende Begründung.[972]

2. Teambasierte Vergütung

Ein weiteres zentrales Instrument zur Steigerung der Effektivität des Top Management Teams stellt das Anreiz- und Belohnungssystem für Top Manager dar. Dabei geht es um die Ausgestaltung eines Systems, das ein offenes Diskussionsverhalten zwischen den Teammitgliedern fördert. Dieser Aspekt wurde in der einschlägigen Literatur und aktuellen Corporate Governance Diskussion bislang allerdings kaum berücksichtigt. Bemerkenswert ist, dass sich diese vor allem auf die individuelle Vergütung von Vorstandsmitgliedern und die Bestimmung geeigneter Maßgrößen für die zu belohnende Leistung konzentriert. So regelt der DCGK beispielsweise, dass die Vergütung von Vorstandsmitgliedern in angemessener Höhe auf der Grundlage einer Leistungsbeurteilung festgelegt werden sollte. Die Angemessenheit der Vergütung richtet sich nach den Aufgaben des jeweiligen Vorstandsmitglieds, nach seiner persönlichen Leistung und der Leistung des Vorstands sowie nach der wirtschaftliche Lage, dem Erfolg und

---

[970] Vor diesem Hintergrund erscheint auch die Kritik von GERUM/SCHÄFER berechtigt, dass sich die aktuelle Corporate Governance-Debatte in Deutschland zu stark auf organisationsstrukturelle Aspekte konzentriert und sich zu wenig mit der personellen Fragen wie die Optimierung von Auswahlmechanismen für Top Manager beschäftigt. Vgl. GERUM/SCHÄFER (2000), S. 1 f.

[971] Rund ein Viertel der befragten Gesellschaften machte hierzu allerdings keine Angaben.Vgl. SPENCER STUART (2004), S. 37.

[972] Vgl. OECHSLER (2003), S. 310. Bemerkenswerterweise bleibt selbst OECHSLERs Beschreibung der Auswahlkriterien und Qualifikationsanforderungen von Vorständen recht oberflächlich und lückenhaft. So nennt der Autor in seinem Beitrag als generelle Fähigkeiten, die der Strategiegenerierung und -implementierung dienen sollen, lediglich das innovativ vernetzte Denken sowie die Integrationsfähigkeit. Zentrale tätigkeitsspezifische Anforderungen, die den Austausch strategischer Informationen und die reibungslose Zusammenarbeit im Team betreffen, bleiben dabei gänzlich unberücksichtigt. OECHSLERs pauschaler Verweis auf die spezifischen strategischen Herausforderungen erscheint daher auch wenig hilfreich. Kritisierbar ist ein solches Vorgehen schon allein deshalb, weil es voraussetzt, dass der Aufsichtsrat die zukünftigen strategischen Herausforderungen der Gesellschaft kennen bzw. erkennen muss. Diese Aufgabe obliegt aber originär nicht dem Aufsichtsrat, sondern dem Vorstand.

den Zukunftsaussichten des Unternehmens unter Berücksichtigung seines Vergleichsumfelds.[973] Neben den Aufgaben und Leistungen jedes einzelnen Vorstandsmitglieds berücksichtigt der Kodex damit explizit auch die Leistung des Teams als Bemessungsgrundlage für die Vergütung.[974] Teambasierte Vergütungsstrukturen auf der obersten Managementebene sind in der Managementforschung bislang noch kaum untersucht worden.[975] Nach SIEGEL/HAMBRICK können sich Vergütungsunterschiede innerhalb des Vorstands als Folge einer (zu starken) Fokussierung auf die individuellen Aufgaben und Leistungen jedoch negativ auf die Kooperation und den offenen Austausch von Informationen zwischen den Teammitgliedern auswirken.[976] In die gleiche Richtung argumentieren AMASON/SCHWEIGER. Teambasierte Belohnungssysteme unterstützen den beiden Autoren zufolge die funktionale Wirkung von Konflikten, während ein auf Wettbewerb zwischen den „Bereichsfürsten" ausgerichtetes Vergütungssystem die Ausweitung kognitiver Konflikte verhindert und stattdessen affektive Konflikte verstärkt.[977]

SIEGEL/HAMBRICK empfehlen daher vor allem in dynamischen und technologieintensiven Branchen ein Belohnungssystem zu etablieren, das eine gleiche Verteilung der Bezüge zwischen den Mitgliedern des Top Management Teams vorsieht.[978] Sie gehen davon aus, dass in einer dynamischen und technologieintensiven Umwelt mehr Aufgabeninterdependenzen innerhalb des Top Management Teams vorliegen als in einem stabilen Umfeld. Aufgabeninterdependenzen machen ein hohes Maß an Abstimmungsaktivitäten zwischen den organisatorischen Einheiten eines Unternehmens erforderlich. Bei einem starken Grad an Aufgabeninterdependenzen steigt mithin die Notwendigkeit häufiger Interaktionen, reibungsloser Zusammenarbeit und Kooperation zwischen den Teammitgliedern sowie des wechselseitigen Austauschs relevanter Informationen. Bei einem schwachen Grad an Aufgabeninterdependenzen können sich

---

[973] Vgl. Tz. 4.2.2 Abs. 2 DCGK.

[974] Vgl. PELTZER (2005), Rn. 223.

[975] Vgl. FINKELSTEIN/HAMBRICK (1996), S. 294. Die im Folgenden vorgestellte Untersuchung von SIEGEL/HAMBRICK (2005) hat daher auch noch explorativen Charakter. Vgl. SIEGEL/HAMBRICK (2005), S. 259.

[976] So auch FREY, der die Zusammenarbeit im Team als gefährdet ansieht, wenn jedes Mitglied nur gemäß seiner eigenen Leistung, nicht aber gemäß der Teamleistung als Ganzes, bezahlt wird. Vgl. Frey (2000), S. 71.

[977] Vgl. AMASON/SCHWEIGER (1994), S. 249. Siehe ferner auch AMASON/SAPIENZA (1997), S. 512.

[978] Vgl. SIEGEL/HAMBRICK (2005), S. 259. In diesem Sinne auch FINKELSTEIN/HAMBRICK (1996), S. 297 f.; TJOSVOLD (1985), S. 32.

die einzelnen Mitglieder des Top Management Teams stärker auf die Aufgabenerfüllung ihres jeweiligen Bereichs konzentrieren. Die teaminterne Koordination mit den Kollegen spielt hier folglich nur eine untergeordnete Rolle.[979]

Ganz in diesem Sinne wird in der Gruppenforschung immer wieder betont, dass Vergütungsunterschiede innerhalb einer Gruppe insbesondere dann von Nachteil sind, wenn ein hohes Maß an konativer Übereinstimmung erforderlich ist.[980] SIEGEL/HAMBRICK unterscheiden zwischen vertikalen und horizontalen Vergütungsdisparitäten in Top Management Teams. Vertikale Vergütungsdisparitäten liegen vor, wenn der Vorsitzende des Teams (wesentlich) mehr als die übrigen Teammitglieder verdient. Vertikale Unterschiede können zu einer Verschlechterung der teaminternen Zusammenarbeit beitragen, da sie zum einen kompetitive Verhaltensweisen unter den Teammitgliedern im „Nachfolge-Wettstreit" um die lukrative Position des Vorsitzenden fördern.[981] Zum anderen sind sie häufig Ausdruck einer ungleichen Machtverteilung innerhalb des Teams.[982] Insbesondere autokratische Vorsitzende könnten die affektive Übereinstimmung innerhalb des Teams beeinträchtigen und die Kooperationsbereitschaft vermindern.[983]

Horizontale Vergütungsdisparitäten liegen vor, wenn große Unterschiede in der Entlohnung zwischen den Mitgliedern des Top Management Teams auf derselben hierarchischen Stufe vorherrschen.[984] Auch hier könnten Teammitglieder, die weniger als ihre Kollegen verdienen, auf die wahrgenommene Diskrepanz mit Missgunst und Neid

---

[979] Vgl. SIEGEL/HAMBRICK (2005), S. 259 ff.

[980] Vgl. hierzu nur exemplarisch WAGEMAN (1995), S. 173. Nach TJOSVOLD wird Kooperation über wahrgenommene Interdependenzen gefördert. Eine der wirkungsvollsten Methoden zur Strukturierung von Interdependenzen sieht er demnach in der Etablierung eines teambasierten Belohnungs- und Beurteilungssystems. Vgl. TJOSVOLD (1985), S. 757.

[981] Das so genannte „Wettstreit-Modell" (*tournament model*) dient als ein Erklärungsansatz für vertikale Vergütungsunterschiede in Top Management Teams. Eine grundlegende Annahme dieses Ansatzes besteht darin, dass Top Manager motiviert sind, hart zu arbeiten und Bestleistungen zu erbringen, da sie den Wettstreit um die Nachfolge auf der nächsthöheren Hierarchiestufe gewinnen wollen. Die Siegesprämie ist die höhere Entlohnung. Da der Wettkampf um die Position des CEO gewissermaßen das Endspiel darstellt, an dem ein Top Manager teilnehmen kann, ist der Einkommensunterschied zwischen dem CEO und den Managern auf der zweiten Hierarchieebene besonders hoch. Vgl. hierzu FINKELSTEIN/HAMBRICK (1996), S. 290 f.

[982] Vgl. FINKELSTEIN/HAMBRICK (1996), S. 292.

[983] Vgl. SIEGEL/HAMBRICK (2005), S. 262.

[984] Streng genommen existiert auch zwischen dem Vorstandsvorsitzenden und den übrigen Mitgliedern des Vorstands keine hierarchische Abstufung, da in Deutschland anders als in den USA das Direktorialprinzip nicht zulässig ist.

reagieren. Im Gegensatz dazu könnten Teammitglieder, die über eine höhere Vergütung verfügen, ihren weniger verdienenden Kollegen mit sozialer Distanz und Herablassung begegnen, da sie dem Unternehmen aus ihrer Sicht einen ökonomisch geringeren Nutzen stiften. In beiden Fällen wird sich jedoch die Kooperationsbereitschaft reduzieren.[985] Weitere mögliche negative Folgen von Vergütungsunterschieden sind politische Machtkämpfe, affektive Konflikte, Misstrauen und ein zurückhaltender Austausch von Informationen.[986] Ferner könnten Belohnungssysteme, die auf individuelle Leistungen ausgerichtet sind, dazu führen, dass die einzelnen Teammitglieder ihre Aufmerksamkeit und ihren vollen Einsatz nur auf jene Teilaspekte ihrer Aufgaben richten, bei denen sie über ein Maximum an Kontrolle verfügen und für die sie entsprechend hoch belohnt werden. Dies sind in aller Regel Aufgaben mit geringer Interdependenz, so dass gemeinschaftliche Bemühungen um die Lösung von Problemen dadurch zwangsläufig reduziert werden.[987]

Zusammengefasst lässt sich feststellen, dass sowohl vertikale als auch horizontale Vergütungsdisparitäten innerhalb des Top Management Teams negative Auswirkungen auf die unternehmerische Performance haben. Dies gilt den Untersuchungen von SIEGEL/HAMBRICK zufolge insbesondere in technologieintensiven Branchen, da hier mehr Aufgabeninterdependenzen vorliegen als in technologieschwachen Industriezweigen.[988]

---

[985] Vgl. SIEGEL/HAMBRICK (2005), S. 263.
[986] Vgl. FINKELSTEIN/HAMBRICK (1996), S. 295.
[987] Vgl. SIEGEL/HAMBRICK (2005), S. 263.
[988] Vgl. SIEGEL/HAMBRICK (2005), S. 270 f.

II. Prozessbezogene Maßnahmen

1. Arbeitstechniken

Diskussionsteilnehmer sehen den primären Zweck einer Gruppendiskussion oftmals darin, ihre eigene Meinung zu verteidigen, und nicht im Austausch von Informationen mit anderen Teammitgliedern, um eine möglichst breite Wissensgrundlage für die gemeinsame Entscheidungsfindung zu erlangen.[989] Wichtige Informationen, über die nur einzelne Teammitglieder verfügen, werden häufig nicht in die Diskussion eingebracht, wenn diese nicht die eigenen Entscheidungspräferenzen stützen.[990] Um das zu verhindern, hat die strategische Entscheidungsforschung so genannte dialektische Techniken hervorgebracht, bei denen Teammitglieder aufgefordert werden, auch für jene Entscheidungsalternativen zu argumentieren, die nicht den eigenen Präferenzen entsprechen. Diese leiten einen strukturierten Diskussionsprozess ein und führen im Kern zu einer künstlichen Erzeugung kognitiver Konflikte.[991] Zu den bekanntesten dialektischen Entscheidungstechniken zählen die Devil's Advocacy (DA)-Methode[992] und die Dialectical Inquiry (DI)-Methode[993], die im Folgenden vorgestellt werden.[994]

1.1 Dialektische Entscheidungstechniken

Die Grundidee der DA-Methode besteht darin, dass ein Teil der Gruppe zunächst eine Strategie, einen Plan bzw. Lösungsvorschlag zu einem komplexen Managementproblem erarbeitet. Dieser Vorschlag soll mit allen zugrunde liegenden Prämissen und Informationen dargestellt und gestützt werden. Die zweite Teilgruppe (wahlweise auch nur eine einzelne Person) übernimmt sodann die Rolle des Advocatus Diaboli. Ihre Aufgabe ist es, die Annahmen und Empfehlungen der ersten Teilgruppe kritisch zu hinterfragen und grundlegende Schwächen und Widersprüche in den Annahmen auf-

---

[989] Vgl. INNAMI (1994), S. 412 ff.
[990] Vgl. KERSCHREITER ET AL. (2003), S. 102.
[991] Vgl. SCHWEIGER/SANDBERG (1989), S. 31; TURNER/PRATKANIS (1997), S. 64 ff.
[992] Vgl. COSIER (1981), S. 647; JANIS (1972), S. 215.
[993] Vgl. MASON/MITROFF (1981), S. 129 ff.
[994] Vgl. KERSCHREITER ET AL. (2003), S. 102. Einen umfassenden Überblick über die verschiedenen Formen dialektischer Techniken liefern SCHWENK (1984a), S. 154 ff. und KATZENSTEIN (1996), S. 316 ff.

zudecken. Alternative Handlungsempfehlungen zur Lösung des betrachteten Problems werden von der Advokatengruppe allerdings nicht erarbeitet.[995]

Bei der DI-Methode entwickelt die zweite Teilgruppe plausible Gegen-Annahmen. Diese bilden den Ausgangspunkt für die Entwicklung alternativer Handlungsmöglichkeiten der zweiten Teilgruppe (These versus Antithese). Anschließend diskutieren beide Teilgruppen ihre konträren Prämissen und Empfehlungen und einigen sich auf einen gemeinsamen Annahmenpool, auf deren Grundlage neue Handlungsempfehlungen entstehen (Synthese).[996]

Während die DI-Methode somit auf Handlungsempfehlungen beider Teilgruppen beruht, macht die DA-Methode nur von den Empfehlungen der ersten Teilgruppe und der daran anknüpfenden Kritik der zweiten Teilgruppe Gebrauch.[997] MASON/MITROFF kritisieren, dass sich die Gruppenmitglieder bei der DA-Methode zu stark auf einzelne Handlungsmöglichkeit und deren Schwächen konzentrieren und somit Alternativvorschläge kaum in Erwägung gezogen werden.[998] Auf diese Weise werden bei der DA-Methode nur dann innovative Lösungsansätze entwickelt, wenn der ursprüngliche Vorschlag der Kritik nicht standhält. Das könnte eine destruktive Grundhaltung im Top Management Team hervorrufen, die sich negativ auf die affektive Kongruenz auswirkt. Am DI-Ansatz wird hingegen kritisiert, dass er mit einer grundlegenden Kritik beginnt und somit im Grunde ein einfaches Element des DA-Ansatzes übernimmt. Sofern diese Phase der DI-Methode bereits zu Verbesserungen der strategischen Entscheidungsfindung beiträgt, erscheint die zusätzliche Erwägung von Gegenannahmen und Gegenstrategien COSIER zufolge unnötig oder sogar schädlich. Ferner bemängelt der Autor, dass für einen möglichst effektiven Einsatz der DI-Methode ein umfassendes Training der Manager erforderlich sei. Problematisch sei schließlich auch, dass Manager bei Anwendung der Methode häufig zu schwachen Kompromisslösungen neigen.[999]

---

[995] Vgl. SCHWEIGER/SANDBERG/RECHNER (1989), S. 747; SCHWENK (1989b), S. 25.

[996] Vgl. MASON/MITROFF (1981), S. 52 f. sowie auch PRIEM/HARRISON/MUIR (1995), S. 692; SCHWEIGER/SANDBERG/RECHNER (1989), S. 747; SCHWENK (1984a), S. 156; SCHWENK (1989b), S. 26.

[997] Vgl. SCHWEIGER/SANDBERG/RAGAN (1986), S. 53; SCHWENK (1984a), S. 157.

[998] Vgl. MASON/MITROFF (1981), S. 129 sowie auch MASON (1969), S. B-407 f.

[999] Vgl. COSIER (1981), S. 646 f.

In verschiedenen Feldstudien und Laborexperimenten zur Wirksamkeit der beiden Methoden ließ sich nachweisen, dass die Anwendung beider Methoden die Qualität von Gruppenentscheidungen signifikant verbessert.[1000] Die empirischen Untersuchungen konzentrieren sich dabei zumeist auf den Vergleich der Effektivität zwischen den beiden dialektischen Methoden oder auf einem Vergleich der dialektischen Methoden mit einer konsensbasierten Interventionstechnik.[1001] Trotz der vielfach angenommenen Überlegenheit des DI-Ansatzes, ließ sich nur ein geringfügiger Effektivitätsunterschied zwischen den beiden Methoden feststellen.[1002] Das 'Hidden Profile'-Problem wurde in diesen überwiegend älteren Studien jedoch noch nicht berücksichtigt.[1003] In einer aktuelleren Untersuchung gehen GREITEMEYER ET AL. daher der Frage nach, welchen Einfluss eine dialektische Entscheidungshilfetechnik auf den Austausch von Informationen und die Lösung eines verdeckten Profils hat. Die Ergebnisse ihrer Studie machen deutlich, dass der Einsatz einer dialektischen Technik zu einer klaren Verbesserung des Informationsaustausches führt: Die Anzahl der ausgetauschten Informationen war in Gruppen, die von einem strukturierten Advokatensystem Gebrauch machten, höher als in Gruppen, die frei miteinander diskutierten. Auch im Hinblick auf die Qualität des Informationsaustausches ließen sich mit der dialektischen Technik Verbesserungen erzielen. Nur in den Gruppen mit Advokatensystem ließ sich im Informationsaustausch ein Anstieg in der Rate der ungeteilten Informationen feststellen, während die Rate der geteilten Informationen relativ konstant blieb.[1004] Damit liefert der Einsatz einer dialektischen Technik grundsätzlich eine bessere Voraussetzung für die Identifizierung der „richtigen" Entscheidung als eine unstrukturierte Diskussion und ist als Instrument zur Steigerung der Teameffektivität durchaus ratsam. Allerdings haben die Forscher auch herausgefunden, dass Gruppen mit Advokatensystem verdeckte Profile nicht häufiger lösen als Gruppen mit freier Diskussion. Als Ursache für das Festhalten an den falschen Ausgangspräferenzen wird die präferenzkonsistente

---

[1000] Vgl. SCHWENK (1984a), S. 158 ff. und ferner auch SCHWEIGER/SANDBERG (1989), S. 40; SCHWEIGER/SANDBERG/RAGAN (1986), S. 66; SCHWENK (1989b), S. 26.

[1001] Zu den konsensbasierten Interventionstechniken siehe sogleich im folgenden Abschnitt.

[1002] Vgl. SCHWEIGER/SANDBERG (1989), S. 41; SCHWEIGER/SANDBERG/RAGAN (1986), S. 66; SCHWEIGER/SANDBERG/RECHNER (1989), S. 766; SCHWENK (1989a), S. 305; SCHWENK (1989b), S. 26.

[1003] Vgl. KERSCHREITER ET AL. (2003), S. 102.

[1004] Vgl. GREITEMEYER ET AL. (2006), S. 38 ff.

Informationsverarbeitung gesehen.[1005] Das deutet darauf hin, dass neben dem Einsatz dialektischer Methoden weitere Maßnahmen ergriffen werden sollten.[1006]

1.2 Konsensbasierte Interventionstechnik

Weniger eindeutig als der eher bedeutungslos geringe Effektivitätsunterschied zwischen der DA- und der DI-Methode fallen jedoch die vergleichenden empirischen Befunde der dialektischen Methoden mit der konsensbasierten Interventionstechnik[1007] aus. Der konsensbasierte Ansatz soll eine wissensbasierte Diskussion und eine konsensbezogene Lösung von Konflikten, die im Rahmen der Diskussion auftreten, verstärken. Den Untersuchungen von INNAMI zufolge wird durch die Anwendung der konsensbasierten Interventionstechnik die Qualität von Gruppenentscheidungen verbessert, da diese dazu führt, dass Gruppenmitglieder mehr Tatsachen und Argumente austauschen (*reasoning orientation*) anstatt starr an ihrer Ausgangsposition festzuhalten und in eine reine Verteidigungsargumentation im Sinne einer "I win – you loose"-Haltung zu verfallen (*positional orientation*).[1008]

Der konsensbasierte Ansatz beruht auf den von HALL/WATSON entwickelten Diskussionsrichtlinien, die eine Gruppe zu intensivem, kontroversem Diskutieren auffordern und abkürzende Entscheidungsverfahren, wie z. B. Mehrheitsabstimmungen, untersagen. Diese Richtlinien lassen sich wie folgt zusammenfassen:

(1) Trage deinen Standpunkt so klar und fundiert begründet wie möglich vor.

(2) Vermeide "win-loose"-Äußerungen. Löse dich von der Vorstellung, dass in einer Diskussion stets der eine gewinnen und der andere verlieren muss.

(3) Vermeide es, deine Meinung anzupassen, nur um Konflikten aus dem Weg zu gehen und Einigung und Harmonie zu erzielen. Halte dem Druck stand, nachzugeben, sofern die Argumentation des Gegenübers nicht überzeugend ist.

[1005] Bei der präferenzkonsistenten Informationsverarbeitung werden Informationen, die gegen die Ausgangspräferenzen sprechen, von den Gruppenmitgliedern als weniger glaubwürdig eingestuft. Siehe hierzu nochmals oben, S. 146 ff.

[1006] So auch KERSCHREITER ET AL. (2003), S. 103.

[1007] INNAMI bezeichnet diese als "Consensual Conflict Resolution (CCR) intervention". Vgl. INNAMI (1994), S. 409.

[1008] Vgl. INNAMI (1994), S. 425 f. Siehe in diesem Zusammenhang zum Problem der Machtausübung in Diskussionen nochmals oben, S. 221 ff.

(4) Vermeide Techniken der Konfliktreduzierung wie Entscheiden nach dem Mehrheitsprinzip, Mittelwertbildungen, Feilschen, Münzwurf etc. Sorge für einen Austausch weiterer Informationen.

(5) Betrachte Meinungsunterschiede als natürlich und nützlich und nicht als eine Barriere der Entscheidungsfindung. Generell gilt: Je mehr Ideen entwickelt werden, desto größer ist die Wahrscheinlichkeit, dass Konflikte entstehen, aber desto größer ist auch das Ausmaß an Ressourcen, die zur Problemlösung genutzt werden können.

(6) Begegne anfänglicher Übereinstimmung generell skeptisch. Ergründe die Ursachen für eine angenommene Einigung. Wenn Gruppenmitglieder zu ähnlichen Handlungsempfehlungen tendieren, stelle sicher, dass diese auf ähnlichen Argumenten beruhen, bevor es zu einer abschließenden Entscheidung kommt.[1009]

Die normative Intervention nach HALL/WATSON zeichnet sich durch drei Hauptmerkmale aus. Erstens ermutigt sie zu einer Offenlegung von Meinungsverschiedenheiten, indem sie die Gruppenmitglieder auffordert, zusätzliche Informationen und Argumente der Diskussionspartner einzufordern. Auf diese Weise wird eine vorzeitige Beendigung der Diskussion bzw. eine vorschnelle Einigung vermieden und kognitive Nicht-Übereinstimmung gefördert. Zweitens verhindert sie, dass die Gruppe von einfachen Mehrheitsabstimmungen und „Kuhhandel" Gebrauch macht. Stattdessen verlangt sie eine auf Konsens beruhende Lösung von Konflikten. Anders als die oben dargelegten strukturierten Interventionstechniken verlangt sie drittens kein strukturiertes Vorgehen.[1010] Nach STUMPF zählt die von HALL entwickelte Intervention zu den wenigen Arbeitstechniken, bei der sich tatsächlich Effektivitätssteigerungen empirisch nachwiesen ließen.[1011]

1.3 Kritische Würdigung

SCHWEIGER/SANDBERG/RAGAN haben die dialektischen Methoden mit der konsensbasierten Interventionstechnik verglichen und sind zu dem Ergebnis gekommen, dass die dialektischen Methoden zwar effektiver sind als die konsensbasierte Interventions-

---

[1009] Vgl. HALL/WATSON (1970), S. 304. Siehe hierzu ferner auch NEMIROFF/KING (1975), S. 7 f.; NEMIROFF/PASMORE/FORD (1976), S. 844 f.

[1010] Vgl. INNAMI (1994), 414 f.

[1011] Vgl. STUMPF (1992), S. 67. In seiner eigenen Untersuchung konnte der Autor allerdings keinen signifikanten Nachweis über den Zusammenhang liefern. Als Lösungsansatz schlägt er daher eine modifizierte Version der Diskussionsrichtlinien vor, die insbesondere bei komplexen Problemen anzuwenden sei. Siehe hierzu ausführlich STUMPF (1992), S. 158 ff., 186 ff.

maßnahme. Allerdings führen diese den Befunden ihrer Studie zufolge zu einer geringeren Zufriedenheit der Gruppenmitglieder und einer geringeren Akzeptanz der getroffenen Entscheidung.[1012] Im Gegensatz dazu haben PRIEM/HARRISON/MUIR in einem vergleichenden Laborexperiment zwischen der DI-Methode und der konsensbasierten Interventionstechnik herausgefunden, dass die strukturierte Intervention in Form der DI-Methode, die vorrangig dazu dient, kognitive Konflikte in der Diskussion zu erzeugen, (auch) den Gruppenkonsens und die Akzeptanz der am Ende getroffenen Entscheidung verstärkt sowie die Zufriedenheit der einzelnen Mitglieder mit der Gruppe erhöht. Die Autoren nennen hierfür folgende Gründe. Kognitive Konflikte, die mit Hilfe der DI-Technik stärker als bei der konsensbasierten Interventionstechnik gefördert werden und während des Entscheidungsprozesses auftreten und gelöst werden, erzeugen ein hohes Ausmaß an Übereinstimmung bezogen auf das Ergebnis bzw. die Gruppenentscheidung. Bei einem noch „unreifen" oder vorschnellen Konsens infolge eines nach Kongruenz strebenden Verhaltens der Gruppenmitglieder werden Meinungsverschiedenheiten häufig geglättet. Die Akzeptanz der getroffenen Entscheidung fällt bei der strukturierten Intervention höher aus, weil die konsensbasierte Technik mit einer höheren Wahrscheinlichkeit zu meinungskonformem Verhalten führt und Gruppenmitglieder infolgedessen die fehlende (innere) Übereinstimmung mit der getroffenen Entscheidung nach Außen hin nicht erkennen lassen. Neben der Akzeptanz fällt bei der strukturierten DI-Methode auch die Zufriedenheit höher aus, da strukturierte Techniken eher mit prozeduraler Gerechtigkeit verbunden werden als unstrukturierte Verfahren.[1013]

Auf der Grundlage der bisherigen Untersuchungen erscheint ein abschließendes Urteil darüber, welche Methode im Vergleich besser abschneidet, nicht möglich.[1014] Dessen ungeachtet erscheint eine Verknüpfung beider Ansätze sinnvoll. Interventionen, die eine normative Kongruenz bezogen auf eine offene Diskussionskultur fördern sollen, lassen sich problemlos mit strukturierten Maßnahmen verbinden, die darauf abzielen, kognitive Konflikte im Rahmen der Diskussion zu erzeugen.

[1012] Vgl. SCHWEIGER/SANDBERG/RAGAN (1986), S. 67. Zum Vergleich zwischen der DI-Methode und der konsensbasierten Interventionstechnik siehe ferner auch SCHWEIGER/SANDBERG (1989), S. 31 ff.; SCHWEIGER/SANDBERG/RECHNER (1989), S. 745 ff.

[1013] Vgl. PRIEM/HARRISON/MUIR (1995), S. 694 ff.

[1014] In diesem Sinne auch INNAMI (1994), S. 427.

1.4 'Multiple-Lens'-Methode

EISENHARDT/KAHWAJY/BOURGEOIS haben eine umfassende Entscheidungshilfetechnik für Top Management Teams entwickelt, die als eine weitere Variante der dialektischen Techniken bezeichnet werden kann. Die so genannte 'Multiple-Lens'-(ML)-Methode zielt darauf ab, das Diskussionsverhalten über kognitive Nicht-Überstimmung zu optimieren. Die Autoren nennen insgesamt vier Ansatzpunkte der ML-Methode, die sicherstellen sollen, dass ein komplexes Managementproblem aus ganz unterschiedlichen Blickwinkeln betrachtet wird:

(1) Generierung mehrerer Alternativen,

(2) Entwicklung mehrerer Szenarien,

(3) Einsatz wettbewerberbezogener Rollenspiele,

(4) Etablierung von sich überschneidenden Teilgruppen.

Zunächst wird von den Autoren empfohlen, stets mehrere (mindestens drei, in der Regel vier oder fünf) Handlungsmöglichkeiten zur Lösung eines komplexen Managementproblems in Erwägung zu ziehen. Der Zwang, verschiedene Alternativen zu generieren, soll sicherstellen, dass die Mitglieder eines Top Management Teams über naheliegende Problemlösungen hinausgehen und sich nicht vorschnell auf einen Lösungsansatz festlegen. Auf diese Weise soll ein kreativer Gedankenprozess in Gang gesetzt werden, bei dem das Ausgangsproblem unter Umständen sogar völlig neu definiert wird.

Ferner sollen strategische Entscheidungen im Lichte verschiedener möglicher Zukunftszustände (Szenarien) systematisch entwickelt und beurteilt werden. Während die erste Empfehlung, stets mehrere Handlungsalternativen zu entwickeln, immer auf der Grundlage eines einzelnen Szenarios erfolgt, beschreiben mehrere Szenarien eine möglichst große Bandbreite an Rahmenbedingungen (z. B. Nachfrage- und Wettbewerberverhalten), die sich unter realistischen Annahmen in Zukunft verändern könnten. Überdies sprechen sich die Autoren für den Einsatz von Rollenspielen aus, bei denen einige Mitglieder des Teams die Rolle der wichtigsten Wettbewerber oder anderer relevanter Bezugsgruppen wie Lieferanten und Kunden übernehmen und so die Perspektive des zu lösenden Managementproblems erweitern.[1015]

[1015] Vgl. EISENHARDT/KAHWAJY/BOURGEOIS (1997b), S. 56 ff.

Eine weitere Spielart dieser Technik besteht in der Etablierung eines Rollenkonzepts, das aus fünf vorgegebenen Normrollen besteht. Die Rolle der "Ms. Action" kennzeichnet den Tatmenschen des Teams, der echtzeitorientiert agiert und seine Teamkollegen zu reaktionsschnellem Handeln ermutigt. "Mr. Steady" bildet den Kontrapunkt zu "Ms. Action". Er spricht sich innerhalb des Teams für Vorsicht und den Erhalt des Status-quo aus und plädiert in der Regel für ein strukturiertes Vorgehen. Die Rolle des "Futuristen" beschreibt den Visionär innerhalb des Teams. Er richtet sein Augenmerk auf die langfristige Entwicklung des Marktes und handelt nach strategischen Denkmustern. Der Futurist zeigt wenig Interesse am Alltagsgeschäft. Denken in kurzfristigen Dimensionen ist ihm fremd. Der "Counselor" fungiert als verständiger Diskussionspartner (*sounding board*) und persönlicher Berater. Diese Rolle übernehmen zumeist die älteren und erfahreneren Mitglieder des Top Management Teams. Der "Devil's Advocate" beschreibt schließlich die Rolle des Herausforderers bzw. Andersdenkenden, der die Erfolgsaussichten der vorgestellten Vorhaben und deren Begründungen kritisch hinterfragt. Diese Rolle wird in aller Regel den jüngeren Mitgliedern des Teams zugewiesen.[1016]

Als letzten Ansatzpunkt der ML-Methode nennen EISENHARDT/KAHWAJY/BOURGEOIS die Einrichtung sich überschneidender Teilgruppen. Im Gegensatz zu den bisherigen dialektischen Ansätzen sollen kognitive Konflikte hier nicht für eine spezifische Situation erzeugt werden, sondern fortwährend andauern. Dabei wird eine Aufteilung des Top Management Teams in kleinere Gruppen vorgenommen, die sich in aller Regel auf bestimmte Teilaufgaben des Top Managements fokussieren. Diese Teilgruppen werden bewusst aus nur wenigen (in der Regel zwischen drei und fünf) Mitgliedern zusammengesetzt, um die affektive Kongruenz zu stärken.[1017]

1.5 Resümee

Im Ergebnis kann festgehalten werden, dass sowohl die verschiedenen dialektischen Techniken als auch die normative Intervention kognitive Nicht-Übereinstimmung erzeugen sollen. Mit beiden Ansätzen soll verhindert werden, dass sich die Teammitglieder zu schnell auf vermeintlich naheliegende Problemlösungen versteifen.[1018] Während die dialektischen Methoden strukturiert und konfliktorientiert ablaufen, setzt die normative Intervention nach HALL/WATSON auf ein unstrukturiertes Vorgehen und

---

[1016] Vgl. EISENHARDT/KAHWAJY/BOURGEOIS (1997b), S. 52 ff.
[1017] Vgl. EISENHARDT/KAHWAJY/BOURGEOIS (1997b), S. 58. Ähnlich auch TJOSVOLD (1985), S. 31.
[1018] So auch EISENHARDT/KAHWAJY/BOURGEOIS (1997b), S. 58.

eine konsensbezogene Lösung von Konflikten. Bei beiden Ansätzen besteht jedoch trotz ihrer positiven Wirkungen auf den Informationsaustausch die Gefahr präferenzkonsistenter Informationsverarbeitung. Aus diesem Grund erscheint der Einsatz weiterer Maßnahmen erforderlich. Kritisch anzumerken ist darüber hinaus, dass die Wirksamkeit realer Meinungsunterschiede auf die Entscheidungsqualität nachweislich deutlich höher ausfällt als die künstliche Simulation kognitiver Vielfalt mit Hilfe der genannten Techniken.[1019] Dies liegt zum einen daran, dass Argumente überzeugender vorgebracht werden, wenn der Sprecher auch tatsächlich von ihnen überzeugt ist. Nach KERSCHREITER ET AL. lässt sich dies zum anderen aber auch damit erklären, dass „eine Person stärker verunsichert ist, wenn sie feststellt, dass die anderen Gruppenmitglieder wirklich anderer Meinung sind als sie selbst, als wenn sie weiß, dass die anderen Personen in der Gruppe aufgrund ihrer Rolle für andere Standpunkte argumentieren."[1020] Dieser Nachteil der Entscheidungshilfetechniken unterstreicht abschließend noch einmal den Stellenwert der personellen Besetzung des Teams, da sich nur über eine möglichst heterogene Zusammensetzung eine authentische Meinungsvielfalt innerhalb des Teams erzielen lässt.

2. Moderationstechniken

Ein weiteres Instrument zur Optimierung des Diskussionsverhaltens innerhalb des Top Management Teams stellt die Moderationstechnik dar. Sie lässt sich anhand von drei Kernaspekten umschreiben. Eine professionelle Moderation zeichnet sich erstens durch ein klar strukturiertes Vorgehen aus. Zur Sicherstellung eines möglichst fundierten Austausches von Informationen sollte für jede Alternative eine Mindestdiskussionszeit eingeplant werden und sämtliche Teammitglieder aktiv aufgefordert werden, weitere Vorschlägen und Informationen in die Diskussion einzubringen.[1021] Zweitens sollten wichtige Informationen und Beiträge visualisiert werden und Zwischen- und Endergebnisse für alle Beteiligten festgehalten werden. Hierfür stehen verschiedene Werkzeuge und Methoden zur Verfügung.[1022] Die Visualisierung erfüllt vor allem den Zweck, das Gedächtnis der Teammitglieder durch einen externen Speicher zu entlasten und die Diskussion auf wesentliche Punkte zu konzentrieren. Schließlich ist für eine

---

[1019] Vgl. NEMETH (1986), S. 30; SCHULZ-HARDT/JOCHIMS/FREY (2002), S. 579.
[1020] KERSCHREITER ET AL. (2003), S. 105.
[1021] Vgl. KERSCHREITER ET AL. (2003), S. 112.
[1022] Einen guten Überblick über Techniken des Visualisierens liefern z. B. KLEBERT/SCHRADER/STRAUB (2006), S. 92 ff.

Moderation eine Person zu benennen, welche die Funktion des neutralen Prozessverantwortlichen übernimmt. Nach SCHOLL hat diese Person vor allem darauf zu achten, dass die Teammitglieder zum einen intensiv, kritisch und freundlich miteinander diskutieren und zum anderen Einfluss anstelle von Macht ausüben.[1023]

Die Rolle des Moderators wird in einem Top Management Team üblicherweise dem Vorstandsvorsitzenden zugeschrieben.[1024] An anderer Stelle wurden die dysfunktionalen Wirkungen der im Realkontext häufig vorzufindenden Dominanz des Vorstandsvorsitzenden im Leitungsorgan bereits ausführlich behandelt. Die Übertragung der Moderationsaufgabe auf den Vorsitzenden könnte insofern von Vorteil sein, als damit der Tendenz seiner Vormachtstellung entgegengewirkt werden kann. Dies setzt allerdings voraus, dass der Vorsitzende die ihm obliegende Moderationsaufgabe nicht zur Durchsetzung eigener Interessen missbraucht. Aus diesem Grund ist es ratsam, sämtliche Teammitglieder zu befähigen, die Moderatorenrolle zu übernehmen, und die Aufgabe innerhalb des Gremiums zeitweise rotieren zu lassen. Dabei sollte idealerweise in Abhängigkeit von der zu treffenden Entscheidung jenes Teammitglied ausgewählt werden, dessen eigene Interessen von der Entscheidung am wenigsten betroffen sind.

Die wesentlichen Aspekte der Moderationstechnik kommen im Übrigen auch in den Empfehlungen des BERLINER INITIATIVKREISES GCCG zum Ausdruck. So spricht sich dieser für ein systematisches Vorgehen im Rahmen von Vorstandssitzungen unter Mitwirkung sämtlicher Vorstandsmitglieder aus. Ferner plädiert er für die Durchführung einer ergebnisoffen geführten Diskussion.[1025]

[1023] Vgl. SCHOLL (2005), S. 61 und zu den dysfunktionalen Wirkungen von Machtausübung im Top Management Team auch oben, S. 223 ff. SCHIMANSKY konnte in einem Feldexperiment nachweisen, dass der Einsatz der genannten Elemente einer Moderation einer freien Diskussion überlegen ist. Vgl. SCHIMANSKY (2006), S. 204 f.

[1024] Zu weiteren prozessbezogenen Aufgaben und Pflichten des Vorstandsvorsitzenden siehe auch sogleich unten, S. 266 ff.

[1025] Als Governancestandards für den Vorstand regelt der German Code of Corporate Governance (GCCG) konkret u. a. Folgendes: „Der Vorsitzende oder Sprecher des Vorstands legt die Tagesordnung der Vorstandssitzungen fest. Jedes Vorstandsmitglied kann über den Vorsitzenden bzw. Sprecher Besprechungs- und Entscheidungspunkte auf die Tagesordnung setzen. In eiligen Fällen können insbesondere der Vorsitzende oder Sprecher des Vorstands, aber auch alle anderen Vorstandsmitglieder die Agenda der Vorstandssitzungen ad hoc erweitern. Reicht die Zeit nicht zur Behandlung aller Tagesordnungspunkte aus, wird umgehend eine weitere Sitzung des Vorstands anberaumt." [BERLINER INITIATIVKREIS GCCG, Tz. III.4.1]. „Der Vorstand trifft Entscheidungen auf der Grundlage einer systematischen Vorbereitung. Vorstandsentscheidungen werden vor ihrer Verabschiedung im Vorstand diskutiert. Die Diskussion ist ergebnisoffen zu

3. Interaktionsbedingungen

3.1 Interaktionsintensität

Der Einsatz und Erfolg der aufgezeigten Interventions- und Moderationstechniken hängt nicht unwesentlich auch davon ab, wie viel Zeit die Mitglieder des Top Management direkt ("face-to-face") miteinander kommunizieren. Zu klären ist daher zunächst einmal, wie häufig ein Vorstand tagen sollte. Nach der empirischen Untersuchung von SPENCER STUART reicht die Bandbreite von 4 bis zu 60 Meetings pro Jahr. Der Durchschnitt beträgt 24 Sitzungen. Rund ein Fünftel der erhobenen Gesellschaften (ca. 10 Unternehmen) beruft wöchentlich und öfter Sitzungen ein. Ein Zusammenhang mit der Größe des Vorstands konnte nicht festgestellt werden.[1026] Unbeantwortet bleibt damit allerdings die Frage nach der durchschnittlichen Dauer der Sitzungen, da nur diese in Verbindung mit der Tagesordnung ein Urteil darüber erlaubt, ob in den Meetings ausreichend Zeit für ausgewogene Diskussionen eingeplant wird oder Entscheidungen lediglich „abgenickt" werden.[1027]

Regelmäßig und häufig stattfindende Meetings des Gesamtvorstands erscheinen vor allem aus drei Gründen wichtig. Erstens bilden häufige Interaktionen zwischen den Vorstandsmitgliedern eine zentrale Voraussetzung für die Bildung einer eigenen Meinung und für die Entwicklung eines umfassenden Verständnisses der Positionen der Teamkollegen. Präferenzen für bestimmte Handlungsalternativen und deren argumentative Stützung entwickeln sich oftmals erst im Rahmen von Diskussionen. Die Mitglieder des Teams werden durch den Diskussionsprozess gezwungen, Argumente ihrer eigenen Position zu schärfen und klar und deutlich zu artikulieren, um die übrigen Teammitglieder von ihrer Haltung zu überzeugen. Auf diese Weise erfahren und formen sie nicht nur eigene Sichtweisen hinsichtlich eines komplexen Managementproblems, sondern erlangen überdies umfassende Kenntnis konträrer Meinungen. EISEN-

---

führen und darf namentlich nicht durch Vorfestlegungen gegenüber Dritten faktisch schon präjudiziert sein." [BERLINER INITIATIVKREIS GCCG, Tz III.4.2.].

[1026] SPENCER STUART (2004), S. 38. Ein ähnliches Bild liefert die Studie von BLEICHER/PAUL. Ihre Untersuchung ergab, dass in 52% der befragten Gesellschaften der Vorstand ein- bis zweimal im Monat und in 41% der Unternehmen sogar wöchentlich tagt. Vgl. BLEICHER/PAUL (1986), S. 274. Nach GERUM wird in 43% der von ihm untersuchten Unternehmensstatuten eine Sitzungsfrequenz von ein- bis zweimal monatlich festgelegt. Eine wöchentliche Sitzung wird seiner Studie zufolge allerdings in nur 21% der Gesellschaften explizit geregelt. Vgl. GERUM (2007), S. 180.

[1027] Älteren Untersuchungen von BLEICHER/PAUL aus dem Jahr 1986 zufolge dauern Vorstandssitzungen im Durchschnitt zwischen vier und fünf Stunden. Vgl. BLEICHER/PAUL (1986), S. 274.

HARDT/KAHWAJY/BOURGEOIS bezeichnen diesen Prozess als "social discovery".[1028] Mangelnde Interaktion führt den Autoren zufolge hingegen zu Apathie und Passivität.[1029]

Zweitens verstärken häufige Interaktionen die affektive Kongruenz und das wechselseitige Vertrauen zwischen den Teammitgliedern. Dieses bildet eine wesentliche Voraussetzung für die Etablierung einer offenen Diskussionskultur.[1030] Die größere Vertrautheit im Umgang miteinander führt dazu, dass sich die Mitglieder weniger durch Höflichkeitszwänge eingeengt fühlen. Folglich sind sie eher bereit, konträre Ansichten frei und ohne Hemmungen zu äußern. Als „Quasi-Fremde" unterdrücken sie nicht selten die offene Artikulation mangelnder Übereinstimmung aus Furcht, den Gegenüber zu verärgern oder zu beleidigen.[1031]

Drittens wird durch häufige Interaktionen der Aufbau eines transaktiven Wissenssystems gefördert.[1032] Der Wissensvorsprung des Teams gegenüber dem einzelnen Teammitglied bei kognitiv heterogener Zusammensetzung bleibt ungenutzt, solange die Teammitglieder nicht wissen, wer innerhalb des Teams über welche Expertise verfügt. Kognitive Arbeitsteilung innerhalb eines Teams macht aber nur dann Sinn, wenn seine Mitglieder lernen, in welchen Domänen das Spezialwissen der Teamkollegen liegt. Teams, in denen die Mitglieder darüber informiert sind, wer über welches Wissen verfügt, tauschen nachweislich mehr ungeteilte Informationen aus und lösen ein verdecktes Profil häufiger als Teams, denen ein solches Metawissen fehlt. Als Ursachen für den verbesserten Informationsaustausch und die höhere Entscheidungsqualität wird zum einen die soziale Validierung ungeteilter Informationen durch Zuschreibung des Expertenstatus genannt. Als korrekt und glaubwürdig eingestufte Informationen werden von den Teammitgliedern verstärkt aufgenommen und akzeptiert. Zum anderen liefert die gezielte Nachfrage nach entscheidungsrelevanten Informationen aus einem bestimmten Wissensbereich bei den ausgemachten Experten eine Erklärung für die bessere Lösung verdeckter Profile. Dadurch wird verhindert, dass unge-

---

[1028] Vgl. EISENHARDT/KAHWAJY/BOURGEOIS (1997b), S. 52.

[1029] Vgl. EISENHARDT/KAHWAJY/BOURGEOIS (1997b), S. 49.

[1030] Vgl. hierzu BLICKLE (1994), S. 233 f. An dieser Stelle sei aber auch wiederholt an die Risiken einer zu hohen affektiven Kongruenz hingewiesen, die schnell in Groupthink niederschlagen kann.

[1031] Vgl. EISENHARDT/KAHWAJY/BOURGEOIS (1997b), S. 52.

[1032] Zu den Wesensmerkmalen und Funktionsmechanismen eines transaktiven Wissenssystems siehe wiederholt oben, S. 154 ff.

teilte Informationen im Rahmen der Diskussion unerwähnt bleiben.[1033] Eine zentrale Voraussetzung für die Entstehung eines qualitativ hochwertigen transaktiven Wissenssystems bildet der Faktor Zeit.[1034] Je häufiger die Teammitglieder interagieren, desto besser gelingen letztlich Aufbau und Nutzung eines transaktiven Wissenssystems.

Insgesamt kann festgehalten werden, dass die Häufigkeit von Interaktionen eine zentrale Stellschraube zur Steigerung der Effektivität eines Top Management Teams darstellt. (Mindest-)Anzahl und Dauer von Sitzungen ließen sich z. B. in der Geschäftsordnung festlegen.[1035] Allerdings können auf Basis der bisherigen empirischen Befunde noch keine Empfehlungen über die optimale Dauer und deren situative Einflussgrößen abgegeben werden.

3.2 Interaktionsmodus

Vorstandsmitglieder leiden gewöhnlich unter extrem hoher Arbeitsbelastung und werden darüber hinaus zeitlich oftmals durch zahlreiche Dienstreisen beansprucht. Vorstandssitzungen unter Beteiligung sämtlicher Teammitglieder stellen insofern ein nicht zu unterschätzendes organisatorisches Problem dar. Fraglich ist in dem Zusammenhang, ob die Kommunikation und Interaktion zwischen den Mitgliedern tatsächlich immer face-to-face erfolgen muss oder ob nicht auch Alternativen zu den herkömmlichen Vorstandssitzungen erwogen werden können.

Zur Beantwortung dieser Frage lohnt ein Blick auf die Forschung über die Wirkungen computervermittelter Kommunikation in Kleingruppen. Den Anlass für diese Untersuchungen liefert die Ausgangsfrage, ob computerbasierte Kommunikation bei kognitiver Nicht-Übereinstimmung in einer Gruppe eher als eine face-to-face Diskussion dazu beitragen kann, dass abweichende Meinungen, die aufgrund von Kommunikationsbarrieren und Groupthink in einer herkömmlichen Sitzung gar nicht erst geäußert werden, verstärkt in die Diskussion einfließen. Die Befunde dieser Forschung machen deutlich, dass bei Einsatz von Entscheidungsunterstützungssystemen, bei der der Informationsaustausch zwischen den Gruppenmitgliedern über ein Computersystem erfolgt, Mindermeinungen in Diskussionen nicht nur häufiger, sondern auch mit mehr

---

[1033] Vgl. KERSCHREITER ET AL. (2003), S. 108 f.

[1034] Vgl. BRAUNER (2003), S. 67, 78. In diesem Kontext sei auch erwähnt, dass die teaminterne Fluktuation für den Aufbau eines effektiven transaktiven Wissenssystems schädlich ist.

[1035] Zur Geschäftsordnung siehe oben, S. 34 ff. Laut GERUM haben bislang nur 56% der Gesellschaften in ihren Unternehmensstatuten eine Regelung über die Sitzungshäufigkeit getroffen. Vgl. GERUM (2007), S. 180.

Nachdruck geäußert werden. Zu bedenken ist dabei jedoch, dass die einzelnen Gruppenmitglieder bei diesen Laborstudien anonym blieben und daher keinem oder nur geringem Konformitätsdruck ausgesetzt waren. Bemerkenswerterweise hatten die Meinungen von Minderheiten einen höheren Einfluss auf die Meinungsbildung der übrigen Gruppenmitglieder und damit auf die getroffene Gruppenentscheidung, wenn die Gruppe face-to-face kommunizierte. Dies veranlasst KERSCHREITER ET AL. zu der vorsichtigen Schlussfolgerung, dass virtuelle Kommunikation zwar einen positiven Einfluss auf den Informationsaustausch ausübt, jedoch den Einfluss auf die Entscheidungsqualität zugleich verringert.[1036] Folglich stellt computervermittelte Kommunikation keine brauchbare Alternative zur face-to-face Interaktion in Top Management Teams dar.

4. Sensibilisierungstrainings

Eine weitere prozessbezogene Maßnahme zur Verbesserung der Teameffektivität besteht in gezielten Trainings. Für den Umgang mit unintegrem Argumentieren haben GROEBEN/CHRISTMANN/MISCHO etwa ein umfassendes Trainingskonzept entwickelt, das zum einen verschiedene Formen argumentativer Unintegrität und deren Indikatoren sowie sprachliche Manifestationen im Rahmen einer Diskussionen vermitteln soll.[1037] Zum anderen sollen aber auch verschiedene (integre) Reaktionsmöglichkeiten auf eine Verletzung der Standards integren Argumentierens trainiert werden. Mit dem Training wird das Ziel angestrebt, das Diskussionsverhalten innerhalb eines Teams zu verbessern und „das Bewusstsein dafür zu schärfen, dass sich Rationalität und Kooperativität beim Argumentieren auf lange Sicht unter sowohl wert- als auch zweckrationaler Perspektive eher bezahlt machen, als kurzfristige Erfolge zu Lasten eines vernünftigen und kooperativen Austauschs."[1038]

Ein weiterer Ansatzpunkt zur Optimierung des Diskussionsverhaltens liegt in einem Training, das auf den grundlegenden Unterschied und die Wechselbeziehung zwischen Inhalts- und Beziehungsaspekt in der Kommunikation aufmerksam macht.[1039] Jede Kommunikation enthält neben einer reinen Sachinformation (Inhaltsaspekt) eine Botschaft, wie der Sender seine Nachricht aufgefasst haben will, und wie er seine Bezie-

---

[1036] Vgl. KERSCHREITER ET AL. (2003), S. 107.
[1037] Siehe hierzu ausführlich GROEBEN/CHRISTMANN/MISCHO (1996).
[1038] GROEBEN/CHRISTMANN/MISCHO (1996), S. 4.
[1039] Vgl. WATZLAWICK/BEAVIN/JACKSON (2003), S. 53 ff.

hung zum Empfänger sieht (Beziehungsaspekt). Mit Hilfe eines Kommunikationstrainings wird damit die Wahrnehmung des Unterschieds zwischen kognitiven und affektiven Konflikten in der Diskussion geschärft.[1040] Solche Trainings sind in der Managementpraxis mittlerweile zwar weit verbreitet. Es lässt sich allerdings vermuten, dass diese überwiegend auf den mittleren und unteren Managementebenen und weniger häufig auf der Ebene des Spitzenmanagements eingesetzt werden.

Ein dritter Ansatzpunkt besteht in der Sensibilisierung für die 'Hidden-Profile'-Problematik. Maßnahmen, die den Blick der Teammitglieder für das Übergewicht geteilter Informationen in Gruppendiskussion und deren Einfluss auf die Teamentscheidung schärfen, sollten nach KERSCHREITER ET AL. allerdings nicht nur über reine Wissensvermittlung erfolgen, da Wissen allein noch nicht zu Verhaltensänderungen führe. Teammitglieder sollten neben der Wissensvermittlung über die Risiken eines verzerrten Informationsaustausches auch praktische Übungen zu verdeckten Profilen durchführen. Solche 'Hidden Profile'-Übungen wurden von den Autoren entwickelt und ließen sich optimalerweise in ein Trainingsprogramm für Top Management Teams integrieren.[1041]

Alle drei vorgestellten Sensibilisierungsmaßnahmen sollten idealer Weise im Rahmen einer (Top Management) Teamentwicklungstrainings erfolgen. Der Vorteil besteht darin, dass sie ein offenes Diskussionsverhalten und den Umgang mit Diskussionsbarrieren und Konflikten an Übungsfällen und realen Managementproblemen trainieren. Ein positiver Nebeneffekt einer solchen Teamentwicklungsmaßnahme liegt aber nicht zuletzt auch in der Etablierung von Normen der Zusammenarbeit. So tragen Teamentwicklungstrainings auch zur Entstehung normativer Kongruenz im Hinblick auf eine offene Diskussionskultur unter den Teammitgliedern bei.[1042]

5. Einwirkungsmöglichkeiten des Vorstandsvorsitzenden

Eine zentrale Rolle zur Sicherstellung offener Diskussionen spielt der Vorstandsvorsitzende.[1043] In seiner Funktion als Teamleiter hat er eine besondere Verantwortung, kognitive und affektive Konflikte, die in den Vorstandssitzungen zwischen den

---

[1040] Vgl. PELLED (1996), S. 627.
[1041] Vgl. KERSCHREITER ET AL. (2003), S. 111.
[1042] Vgl. SCHOLL (2005), S. 61. Siehe ferner auch STUMPF/THOMAS (2003), S. XII ff.
[1043] Vgl. BERLINER INITIATIVKREIS GCCG (2001), Tz. II.4.2.

Teammitgliedern auftreten, effektiv zu managen.[1044] Aus diesem Grund haben AMASON ET AL. einige Strategien und Verhaltensempfehlungen für den Vorsitzenden eines Top Management Teams entwickelt, die den Aufbau einer offenen Diskussionskultur unterstützen sollen. Diese Empfehlungen beziehen sich auf die Phasen der Vorbereitung, Durchführung und Nachbereitung der Sitzung.[1045]

Neben der bereits erwähnten Moderatorenrolle obliegt dem Vorstandsvorsitzenden in aller Regel auch die Aufgabe der Vorbereitung von Vorstandssitzungen.[1046] Er legt zunächst die Tagesordnung des Meetings fest.[1047] Die Tagesordnung soll die Zielsetzung und den Schwerpunkt eines Meetings bestimmen, einen strukturierten Ablauf sicherstellen und ausreichend Zeit für die Diskussionen zu den einzelnen Besprechungs- und Entscheidungspunkten einplanen.[1048] Überdies dient die Agenda auch als ein Instrument, mit dem das Risiko des Auftretens von affektiven Konflikten reduziert werden kann. So kann der Vorsitzende dafür sorgen, dass weniger kontroverse Diskussionsthemen zu Beginn der Sitzung behandelt werden. Wenn ein Meeting mit strittigen Themen beginnt, von denen die Mitglieder persönlich stark betroffen sind, kann aus anfänglichen kognitiven Konflikten sehr schnell affektive Nicht-Übereinstimmung entstehen, die den weiteren Verlauf der Diskussion stark beeinträchtigt. Umgekehrt könnten weniger kritische Entscheidungen, die am Anfang der Sitzung erfolgreich getroffen werden, den Teamgeist derart beflügeln, dass strittigere Entscheidungen weniger emotional zu einem späteren Zeitpunkt getroffen werden können.[1049]

Entscheidend ist darüber hinaus, dass die Tagesordnung und alle entscheidungsrelevanten Informationen zu den einzelnen Besprechungspunkten rechtzeitig vor der Sitzung an die Vorstandsmitglieder verteilt werden. Die Teammitglieder haben dadurch zum einem die Möglichkeit, zu der geplanten Agenda Stellung zu nehmen und gegebenenfalls einzelne Tagesordnungspunkte zu modifizieren oder zu ergänzen.[1050] Durch

---

[1044] Vgl. MILLER/BURKE/GLICK (1998), S. 53.
[1045] Vgl. AMASON ET AL. (1995), S. 29.
[1046] Vgl. BLEICHER/LEBERL/PAUL (1989), S. 104 f.
[1047] Vgl. GERUM (2007), S. 180.
[1048] Vgl. BERLINER INITIATIVKREIS GCCG (2001), Tz. III. 4.1.; PELLED (1996), S. 627.
[1049] Vgl. AMASON ET AL. (1995), S. 30.
[1050] In diesem Sinne auch BERLINER INITIATIVKREIS GCCG (2001), Tz. III. 4.1. und III.4.4. Damit wird im Übrigen auch ein zentrales Problem entschärft, das mit Festlegung der Tagesordnung durch den Vorsitzenden verbunden ist. Der Vorsitzende könnte durch *agenda setting* versuchen, den Entscheidungsprozess im Vorstand zu beeinflussen, indem er bestimmte Tagesordnungs-

die Erläuterung und Begründung einzelner Besprechungs- und Entscheidungspunkte, z. B. durch das Vorstandsmitglied, das eine bestimmte Entscheidung initiieren will, können sich die Teammitglieder zum anderen angemessen auf die Sitzung vorbereiten. Sie können sich im Vorfeld eine fundierte Meinung bilden und weitere Informationen zu dem betreffenden Sachverhalt sammeln, um mit hinreichendem Hintergrundwissen an dem Meeting teilnehmen zu können.[1051] Das spart Zeit und verbessert die Qualität der Diskussionen. Mangelnde Transparenz und Überraschungsvorschläge in der Sitzung sind hingegen wenig hilfreich, um eine vertrauensvolle Arbeitsatmosphäre zu schaffen.[1052] Dennoch wird in Geschäftsordnungen des Vorstands erstaunlicherweise nur selten die Zusendung von Sitzungsunterlagen mit der Tagesordnung explizit gefordert.[1053]

Ein weiterer Aspekt, der zur Förderung einer offenen Diskussionskultur beitragen kann, liegt in der Schaffung eines angemessenen Arbeitsumfelds. Die Sitzordnung des Meetings lässt sich im Vorfeld so arrangieren, dass absehbare Koalitionsbildungen innerhalb des Teams während der Sitzung nach Möglichkeit vermieden werden. Ferner kann letztlich sogar die Form des Verhandlungstisches dazu beitragen, die Risiken affektiver Konflikte zu verringern. Runde Tische neutralisieren nach AMASON ET AL. Status- und Machtunterschiede, während rechteckige Tische diese hervorheben.[1054]

Außerdem sollte der Vorsitzende eine Diskussion über die Bedeutung kognitiver Konflikte und die Risiken affektiver Konflikte anstoßen. Die Teammitglieder sollten unter Einsatz von Metakommunikation aber nicht nur ihr Bewusstsein für beide Konfliktformen schärfen, sondern im Zuge dessen auch gemeinsam konkrete Handlungsweisen und Reaktionsmöglichkeiten entwickeln, die der Vorsitzende beim Auftreten affekti-

---

punkte an das Ende der Sitzung legt, die aus Zeitknappheit nicht mehr ausreichend beraten werden können. Die Gefahr der Machtausübung besteht vor allem dann, wenn die Geschäftsordnung dem Vorstandsvorsitzenden die Befugnis einräumt, abweichend von der Tagesordnung die Reihenfolge der Beratung festzulegen. Empirischen Befunden zufolge machen immerhin ca. 20% der Gesellschaften von einer solchen Regelung Gebrauch. Vgl. GERUM (2007), S. 182 f.

[1051] Siehe hierzu auch PELLED (1996), S. 627.
[1052] Vgl. AMASON ET AL. (1995), S. 30.
[1053] Vgl. GERUM (2007), S. 180.
[1054] Vgl. AMASON ET AL. (1995), S. 31.

ver Konflikte und der Verletzung der Standards einer integren Argumentation anwenden kann und sollte, um ein offenes Diskussionsklima zu bewahren.[1055]

Als generelle Verhaltensempfehlung sollte der Vorsitzende AMASON ET AL. zufolge darauf achten, dass sich ein Teamklima der Offenheit und Kooperation entfaltet.[1056] Problematisch erscheint dies allerdings, wenn er sich zu stark auf den durch die Agenda vorgegebenen Ablauf der Sitzung konzentriert. Daher raten die Forscher, dass der Vorsitzende die Leitung der Sitzung zeitweise einem anderen Mitglied des Teams überträgt.[1057] Auf diese Weise kann er den Diskussionsprozess besser beobachten, verbale und non-verbale Botschaften wahrnehmen, in problematischen Situationen intervenieren, kritische Fragen stellen, die Akzeptanz einzelner Vorschläge überprüfen und einzelne Teammitglieder gelegentlich ermuntern, die Rolle des Advocatus Diaboli zu übernehmen. Um der schwierigen Aufgabe gerecht zu werden, eine Balance zwischen der Förderung einer offenen und freien Diskussion auf der einen Seite und der Kontrolle affektiver Konflikte auf der anderen Seite herzustellen, ist ein besonderes Gespür für gruppendynamische Prozesse erforderlich. Bei dem Versuch, einen affektiven Konflikt zu unterdrücken, läuft der Teamleiter nicht selten Gefahr, dass sein Verhalten von den übrigen Teammitgliedern als manipulativer Eingriff in eine vermeintlich sachlich geführte Auseinandersetzung missdeutet wird.[1058]

In der Nachbereitung von Vorstandssitzungen sollte der Vorsitzende noch einmal das individuelle Gespräch mit allen Beteiligten suchen, um möglicherweise aufgetretene Diskussionsbarrieren und sonstige Störfaktoren, die ein offenes Diskussionsverhalten behindert haben könnten, zu ermitteln und ein Feedback über sein eigenes Verhalten als Sitzungsleiter zu erhalten. Damit wird eine wichtige Voraussetzung für die kontinuierliche Verbesserung der Diskussionskultur des Teams geschaffen.[1059]

[1055] Ganz in diesem Sinne regelt der German Code of Corporate Governance (GCCG), dass der Vorstand jährlich die Effizienz der vorstandsinternen Diskussionsprozesse erörtert und Ansatzpunkte zu einer kontinuierlichen Optimierung bespricht. Vgl. BERLINER INITIATIVKREIS GCCG (2001), Tz. II.4.5.

[1056] Ähnlich auch PELLED (1996), S. 627; TJOSVOLD (1985), S. 31. Kooperative Strukturen und ein offenes Klima stellen eine wichtige Voraussetzung für die Förderung von Partizipation dar. Vgl. hierzu WAGNER (2004), Sp. 1120.

[1057] So wurde oben bereits empfohlen, die Moderatorenrolle innerhalb des Teams von Sitzung zu Sitzung rotieren zu lassen.

[1058] Vgl. AMASON ET AL. (1995), S. 31 f.

[1059] Siehe auch AMASON ET AL. (1995), S. 33.

6. Einwirkungsmöglichkeiten des Aufsichtsrats

Nicht nur der Vorstandsvorsitzende, sondern auch der Aufsichtsratsvorsitzende kann einen effektivitätssteigernden Einfluss auf die Diskussionskultur im Vorstand ausüben. Dies hat bereits der BERLINER INITIATIVKREIS GCCG erkannt und spricht daher in seinem Kodex folgende Empfehlung aus: „Der Aufsichtsratsvorsitzende fördert die Offenheit der Diskussion sowohl im Vorstand als auch im Aufsichtsrat. Er macht sich ein Bild von der Diskussionskultur im Vorstand."[1060] Ferner plädiert der Berliner Kodex für die Einrichtung eines Aufsichtsratsausschusses für Corporate Governance, dessen Aufgabe unter anderem darin bestehen soll, die Effizienz vorstandsinterner Diskussionsprozesse zu beurteilen und Ansätze zu ihrer Optimierung aufzuzeigen.[1061]

Die beiden hiermit angesprochenen Funktionen korrespondieren mit den beiden Kernaufgaben des Aufsichtsrats, den Vorstand zu überwachen und zu beraten.[1062] Im Zuge seiner Überwachungsfunktion soll der Aufsichtsrat bzw. der zuständige Aufsichtsratsausschuss für Corporate Governance mithin auch das Diskussionsverhalten im Vorstand evaluieren. Sobald der Aufsichtsrat die vorstandsinterne Diskussion zum Gegenstand der Überwachung macht, wird der Druck auf die Mitglieder und insbesondere den Vorsitzenden des Vorstands erhöht, für einen möglichst fundierten Informationsaustausch innerhalb des Vorstands zu sorgen. Fraglich ist, welche konkreten Maßnahmen der Aufsichtsrat zur Evaluierung der Diskussionsprozesse im Vorstand ergreifen kann. Dabei ist zunächst einmal an eine Teilnahme des Aufsichtsratsvorsitzenden an den Vorstandssitzungen sowie das Führen von Einzelgesprächen mit Mitgliedern des Vorstands über die Lage der teaminternen Diskussionskultur zu denken. Ferner sollte der Aufsichtsratsvorsitzende oder die zuständige Person des betreffenden Ausschusses regelmäßig anhand der Tagesordnungen prüfen, ob Meetings angemessen vorbereitet wurden.[1063] Im Zuge dessen hat er auch darauf zu achten, dass alle Mitglieder des Vorstands die Möglichkeit hatten, an der Gestaltung der Agenda mitzuwirken, und zwecks individueller Vorbereitung der Sitzung mit hinreichenden Informationen zu den einzelnen Besprechungs- und Entscheidungspunkten versorgt wurden.

[1060] BERLINER INITIATIVKREIS GCCG (2001), Tz. II.4.3.

[1061] Vgl. hierzu BERLINER INITIATIVKREIS GCCG (2001), Tz. II.4.5.

[1062] Vgl. Tz. 5.1.1 DCGK. Die personelle Besetzung des Vorstands als dritte zentrale Aufgabe des Aufsichtsrats (Tz. 5.1.2 DCGK) wurde bereits oben ausführlich erörtert.

[1063] Für die regelmäßige Übermittlung der Tagesordnung von Vorstandssitzungen an den Aufsichtsratsvorsitzenden sprechen sich auch SEIBT/WILDE aus. Vgl. SEIBT/WILDE (2003), S. 392.

Strittig ist, ob der Aufsichtsrat auch Einsicht in die Sitzungsprotokolle verlangen kann. SEIBT/WILDE argumentieren, dass es auf der einen Seite zwar keine Privatsphäre des Vorstands gegenüber dem Aufsichtsrat gäbe. Auf der anderen Seite habe der Vorstand aber das Recht und die Pflicht zur autonomen Leitung der Gesellschaft. Ein solches Recht umfasse auch die Möglichkeit einer freien Diskussion, in deren Verlauf die Mitglieder ihre Meinung ändern können, ohne befürchten zu müssen, dass der Aufsichtsrat dadurch die Ernsthaftigkeit der abschließend getroffenen Entscheidung in Frage stellen könne. Daraus schließen die Autoren, dass eine Durchsicht der Sitzungsprotokolle durch den Aufsichtsrat nur in begründeten Einzelfällen gestattet sei, um den notwendigen Ausgleich zwischen der Überwachungspflicht des Aufsichtsrats und der autonomen Leitung des Unternehmens durch den Vorstand herzustellen.[1064]

Mit Blick auf die Beratungsfunktion des Aufsichtsrats wurde bereits an anderer Stelle auf dessen Rolle als *sounding board* hingewiesen.[1065] Als verständiger Diskussionspartner sollte der Aufsichtsrat demnach bei wichtigen unternehmerischen Entscheidungen die Ideen und Vorschläge des Vorstands eingehend prüfen, kritisch hinterfragen und ggf. eigene Vorschläge in die organinterne Diskussion einbringen.[1066] Diese Funktion des Aufsichtsrats lässt sich nicht zuletzt aus dem Deutschen Corporate Governance Kodex ableiten, der in Tz. 3.2 regelt, dass der Vorstand die strategische Ausrichtung des Unternehmens mit dem Vorstand abstimmt und mit ihm regelmäßig die Strategieumsetzung erörtert.[1067] Auf diese Weise kann der Aufsichtsrat zum einen eine ausgewogene Diskussion über wichtige Entscheidungen im Vorstand anstoßen und diese zum anderen mit einer vorstandsexternen Sichtweise, neuen Argumenten und möglicherweise ungeteilten Informationen bereichern. In der Praxis wird diese Aufgabe der Aufsichtsratsvorsitzende übernehmen, in dem er entweder an Sitzungen des Vorstands teilnimmt oder sich mit dem Vorstandsvorsitzenden vor und nach den Meetings austauscht.

[1064] Vgl. SEIBT/WILDE (2003), S. 392 f. m. w. N.
[1065] Siehe hierzu oben, S. 10 sowie auch BERNHARDT/V. WERDER (2000), S. 1274; BLEICHER (1988), S. 935.
[1066] Vgl. BLEICHER (2006), S. 472 f.
[1067] Vgl. Tz. 3.2 DCGK und hierzu RINGLEB ET AL. (2008), Rn. 360 ff.

F. Zusammenfassung und Ausblick

Top Management-Entscheidungen haben einen erheblichen Einfluss auf die Performance eines Unternehmens. Aus diesem Grund ist die Art und Weise, wie auf der obersten Managementebene Entscheidungen getroffen werden, sowohl aus theoretischer als auch aus praktischer Sicht von hoher Bedeutung. Die vorliegende Arbeit hat sich zum Ziel gesetzt, vor dem Hintergrund der aktuellen Corporate Governance-Debatte die Frage zu klären, wodurch sich die Effektivität eines Vorstands einer Aktiengesellschaft auszeichnet. Für eine Beurteilung der Führungseffizienz des obersten Leitungsgremiums wurde auf die im angelsächsischen Raum weit verbreitete Top Management Team-Forschung rekurriert, da es sich beim Vorstand einer Aktiengesellschaft nicht zuletzt aufgrund des gesetzlich verankerten Kollegialprinzips im Idealfall um ein Top Management *Team* handelt bzw. handeln sollte.

Das hergeleitete Top Management Team-Effektivitätsmodell setzt sich aus Input-, Prozess- und Outputvariablen zusammen. Das übergeordnete Ziel der Unternehmensleitung besteht darin, die unternehmerische Performance zu steigern. Als unmittelbare Ergebnisgröße des Modells eignet sich die Performance eines Unternehmens allerdings nicht, da diese nicht allein von den Entscheidungen des Top Managements, sondern auch von anderen Faktoren (insbesondere aus der unternehmerischen Umwelt) beeinflusst wird. Daher wurde im vorliegenden Effektivitätsmodell die Top Management-Entscheidung als Outputgröße gewählt, dessen Güte von zwei Kriterien bestimmt wird: die Qualität und die Akzeptanz der getroffenen Entscheidung. Die Qualität einer Entscheidung lässt sich anhand ihres Rationalgehalts bestimmen. Rationale Entscheidungen zeichnen sich durch eine umfassende Wissensgrundlage aus. Die kognitive Rationalität einer Entscheidung lässt sich mit anderen Worten anhand der Intensität der zuvor durchgeführten Informationsgewinnungs- und –verarbeitungsprozesse bestimmen. Bei individuellen Entscheidungsträgern sind informationelle Tätigkeiten vorwiegend mentale Prozesse, die sich nicht unmittelbar beobachten lassen. Bei Teamentscheidungen spielt neben individuellen kognitiven Prozessen aber auch die (beobachtbare) soziale Kognition, d. h. der Austausch von Informationen über Kommunikation und Interaktion zwischen den Teammitgliedern, eine entscheidende Rolle. Die Akzeptanz einer Entscheidung als zweites Gütekriterium stellt eine notwendige Voraussetzung für ihre erfolgreiche Umsetzung dar.

Beide Gütekriterien (Qualität und Akzeptanz einer Entscheidung) werden durch den Entscheidungs- bzw. Diskussionsprozess innerhalb des Teams beeinflusst. Als zentrale

Prozess-Variable des Modells fungiert daher das Diskussionsverhalten der Teammitglieder. Damit rückt der teaminterne Austausch von Argumenten und Informationen in den Mittelpunkt der Betrachtung. Während die Akzeptanz einer Entscheidung insbesondere von der prozeduralen Fairness des Diskussionsprozesses bestimmt wird, hängt die Qualität einer Entscheidung vor allem davon ab, wie gut es dem Team gelingt, den vorhandenen Wissenspool auszuschöpfen. Prozedurale Fairness wurde mit Hilfe des Wertkonzepts der Argumentationsintegrität beschrieben. Mit dem Konstrukt werden allgemeine Kriterien entwickelt, die eine Bewertung von (Sprech-)Handlungen in Argumentationen ermöglichen. Diese Kriterien dienen insbesondere der Beurteilung von Argumentationsbeiträgen, die aus einer ethischen Perspektive als unfair einzustufen sind. Die Ausschöpfung des Wissenspools des Teams erfolgt über den möglichst unverzerrten Austausch aller verfügbaren problemrelevanten Informationen. Im Realkontext gelingt dies jedoch häufig nicht. Die Kleingruppenforschung, die sich mit diesem Phänomen seit langem intensiv beschäftigt, liefert hierfür verschiedene Erklärungsansätze, die in das Effektivitätsmodell einbezogen wurden.

Als Input-Variablen, die eine möglichst faire und fundierte Diskussion sicherstellen sollen, wurden basierend auf der Teameffektivitätsforschung vier generelle sich wechselseitig beeinflussende Handlungsbedingungen ermittelt. Die kognitive Kongruenz bezeichnet das Maß für die inhaltliche Ähnlichkeit oder Unterschiedlichkeit der Kognitionen der Mitglieder eines Teams. Sie betrifft in Top Management Teams das Ausmaß strategischen Konsenses, der als Deckungsgrad individueller mentaler Modelle in Bezug auf die zu verfolgende Strategie verstanden wird. Auf die Ausschöpfung des Wissenspools hat der jeweilige Grad strategischen Konsenses unterschiedliche Auswirkungen. Zum einen wird eine Diskussion erleichtert, wenn die Mitglieder des Top Mangement Teams gleiche Ansichten und Meinungen vertreten. Auf der anderen Seite steigt die kognitive Rationalität der Teamentscheidung in aller Regel erst durch eine kontrovers geführte Diskussion. Das optimale Konsensniveau liegt damit zwischen den beiden Extrempolen unüberbrückbarer Meinungsverschiedenheiten (Dissens) und vollständiger Übereinstimmung (Konsens) im Hinblick auf das zu lösende Managementproblem. Es unterliegt situativen Einflüssen und lässt sich über die Größe und Zusammensetzung des Top Management Teams variieren.

Die affektive Kongruenz kennzeichnet wechselseitige Sympathie zwischen den Teammitgliedern. Für die Teamarbeit spielt affektive Übereinstimmung eine wichtige Rolle, da sie die Zusammenarbeit fördert und den Diskussionsprozess erleichtert. Sympathie trägt zu Offenheit und Vertrauen bei und ist damit eine wichtige Voraussetzung für einen fairen Diskussionsprozess. Mangelnde affektive Kongruenz führt in Top Management Teams zur Entstehung von dysfunktionalen Konflikten, die sich empirischen Studien zufolge negativ auf die Ausschöpfung des Wissenspools auswirken. Ein zu hohes Maß affektiver Kongruenz kann allerdings das bekannte Phänomen des Groupthink einleiten, das eine kritische argumentative Auseinandersetzung innerhalb der Gruppe hemmt.

Konative Kongruenz beschreibt das Ausmaß der Bereitschaft zur Kooperation. Diese ermöglicht eine bessere Ausschöpfung des vorhandenen Wissens als kompetitive Handlungsbedingungen, da sie einen intensiveren, offeneren und weniger verzerrten Informationsaustausch zwischen den Teammitgliedern ermöglicht und dysfunktionale Wirkungen von Konflikten reduziert. Beeinträchtigt wird die Kooperationsbereitschaft in Top Management Teams allerdings durch die in der Praxis zunehmend zu beobachtende Tendenz einer vom Kollegialprinzip abweichenden Hierarchisierung innerhalb des Leitungsorgans. So wirkt sich Machtausübung durch den Vorsitzenden des Teams nachweislich negativ auf die Teameffektivität aus.

Normative Kongruenz beschreibt das Ausmaß der Übereinstimmung von Normen, die für die Teammitglieder bindend sind. Normen prägen das Team- bzw. Diskusisionsklima. Sie können einerseits einen direkten Einfluss auf das Diskussionsverhalten eines Top Management Teams ausüben. So wird das Diskussionsverhalten verbessert, wenn ein Teamklima wechselseitigen Respekts und Vertrauens und eine Wertschätzung für Offenheit, Kooperation und rationales Entscheiden vorherrscht. Andererseits erfolgt der normative Einfluss aber auch indirekt über die anderen Übereinstimmungsvariablen. So wirken sich offene Diskussionsnormen positiv auf die Wertschätzung kognitiver Heterogenität, die Kooperationsbereitschaft und die wechselseitige Sympathie der Teammitglieder aus. Sie können verhindern, dass kognitive Konflikte in affektive Konflikte umschlagen.

Neben der Entwicklung eines Erklärungsansatzes für die Effektivität eines Top Management Teams bestand eine zweite wesentliche Zielsetzung der Arbeit in der Ableitung von Handlungsempfehlungen zur Verbesserung der Führungseffizienz einer Aktiengesellschaft. Als effektivitätssteigernde Maßnahmen des Vorstands wurden zum einen personenbezogene Maßnahmen identifiziert, die eine Variation der Handlungsbedingungen ermöglichen. Dazu zählen die personelle Besetzung des Vorstands und die Anreizgestaltung. Zum anderen wurden prozessbezogene Maßnahmen aufgezeigt, die eine Ausschöpfung des Wissenspools und die Sicherstellung fairen Diskussionsverhaltens der Teammitglieder mit Hilfe verschiedener Interventionstechniken bewirken sollen. Eine besondere Funktion hinsichtlich einer zielgerechten Steuerung des Diskussionsverhaltens obliegt dem Vorsitzenden des Teams und dem Aufsichtsrat.

Das hier entwickelte Effektivitätsmodell beruht auf theoretischen und empirischen Erkenntnissen aus der 'Upper-Echelons'-Forschung und der allgemeinen sozialpsychologischen Kleingruppenforschung. Eine empirische Fundierung für das Leitungsorgan einer Aktiengesellschaft steht somit noch aus. Der mittlerweile beachtlichen Anzahl empirischer Studien über Top Management Teams in den USA, auf die in der vorliegenden Arbeit zurückgegriffen wurde, steht in Deutschland eine insgesamt noch sehr unbefriedigende empirische Befundlage gegenüber. Durch die Corporate Governance-Bewegung gewinnt die Beschäftigung mit verhaltensbezogenen Aspekten des Top Managements jedoch auch in der deutschen Managementforschung zunehmend an Bedeutung. Problematisch erscheint dabei allerdings der Zugang zu den erforderlichen Daten. So werden vermutlich nur wenige Vorstände Forschern Einblick in ihre Entscheidungsprozesse gewähren wollen. Die Lüftung dieser *black box* betrifft allerdings nicht allein die deutsche Managementforschung. Sie stellt auch die 'Upper-Echelons'-Forschung in den USA vor neue Herausforderungen. Dazu zählen die noch wenig erforschten Fragen der Kooperation und Machtausübung in Top Management Teams sowie die Wirkungsweisen teambasierter Entlohnungssysteme für Top Manager.

Literaturverzeichnis

ABELL, P. (1977): The Many Faces of Power and Liberty: Revealed Preference, Autonomy, and Teleological Explanations. In: Sociology, 11. Jg., S. 3-24.

ABRAHAMSON, E./HAMBRICK, D. C. (1997): Attentional Homogeneity in Industries: The Effect of Discretion. In: Journal of Organizational Behavior, 18. Jg., S. 513-532.

ADAMS, M. (2002): Aktienoptionspläne und Vorstandsvergütungen. In: Zeitschrift für Wirtschaftsrecht, 23. Jg., S. 1325-1344.

AGOR, W. H. (1989): Intuitives Management. Die richtige Entscheidung zur richtigen Zeit durch integrierten Einsatz der Fähigkeiten des linken und rechten Hirns. Berlin.

ALBACH, H. (2001): Shareholder Value und Unternehmenswert - Theoretische Anmerkungen zu einem aktuellen Thema. In: Zeitschrift für Betriebswirtschaft, 71. Jg., S. 643-674.

ALDAG, R. J./FULLER, S. R. (1993): Beyond Fiasco: A Reappraisal of the Groupthink Phenomenon and a New Model of Group Decision Processes. In: Psychological Bulletin, 113. Jg., S. 533-552.

ALDERFER, C. P. (1987): An Intergroup Perspective on Group Dynamics. In: J. W. Lorsch (Hrsg.): Handbook of Organizational Behavior. Englewood Cliffs, NJ, S. 190-222.

ALDRICH, H. E. (1979): Organizations and Environments. Englewood Cliffs, NJ.

ALDRICH, H. E./MCKELVEY, B./ULRICH, D. (1984): Design Strategy from the Population Perspective. In: Journal of Management, 10. Jg., S. 67-86.

ALPER, S./TJOSVOLD, D./LAW, K. S. (2000): Conflict Management, Efficiacy, and Performance in Organizational Teams. In: Personnel Psychology, 53. Jg., S. 625-642.

AMASON, A. C. (1996): Distinguishing the Effects of Functional and Dysfunctional Conflict on Strategic Decision Making: Resolving a Paradox for Top Management Teams. In: Academy of Management Journal, 39. Jg., S. 123-148.

AMASON, A. C./MOONEY, A. C. (1999): The Effects of Past Performance on Top Management Team Conflict in Strategic Decision Making. In: The International Journal of Conflict Management, 10. Jg., S. 340-359.

AMASON, A. C./SAPIENZA, H. J. (1997): The Effects of Top Management Team Size and Interaction Norms on Cognitive and Affective Conflict. In: Journal of Management, 23. Jg., S. 495-516.

AMASON, A. C./SCHWEIGER, D. M. (1994): Resolving the Paradox of Conflict, Strategic Decision Making and Organizational Performance. In: International Journal of Conflict Management, 5. Jg., S. 239-253.

AMASON, A. C./THOMPSON, K. R./HOCHWARTER, W. A./HARRISON, A. W. (1995): Conflict: An Important Dimension in Successful Management Teams. In: Organizational Dynamics, 23. Jg., S. 20-35.

AMERICAN LAW INSTITUTE (1994): Principles of Corporate Governance. Volume 1, Parts I-VI, §§ 1.01-6.02, St. Paul, MI.

ANAND, V./MANZ, C. C./GLICK, W. H. (1998): An Organizational Memory Approach to Information Management. In: Academy of Management Review, 23. Jg., S. 796-809.

ANCONA, D. G. (1990): Top Management Teams: Preparing for the Revolution In: J. S. Carroll (Hrsg.): Applied Social Psychology and Organizational Settings. Hillsdale, NJ, S. 99-128.

ANDREWS, K. R. (1971): The Concept of Corporate Strategy. Homewood, Ill.

ANDREWS, K. R. (1987): The Concept of Corporate Strategy. 3. Aufl., Homewood, Ill.

ARGYRIS, C. (1985): Strategy, Change and Defensive Routines. Boston, MA.

ARROW, K. J. (1963): Social Choice and Individual Values. New York.

ASTLEY, W. G./VAN DE VEN, A. H. (1983): Central Perspectives and Debates in Organizational Theory. In: Administrative Science Quarterly, 28. Jg., S. 245-273.

BACK, K. W. (1951): Influence through Social Communication. In: The Journal of Abnormal and Social Psychology, 46. Jg., S. 9-23.

BANTEL, K. A. (1994): Strategic Planning Openness: The Role of Top Team Demography. In: Group & Organization Management, 19. Jg., S. 406-424.

BANTEL, K. A./JACKSON, S. E. (1989): Top Management and Innovations in Banking: Does the Composition of the Top Team Make a Difference? In: Strategic Management Journal, 10. Jg., Special Issue, S. 107-124.

BARKEMA, H. G./SHVYRKOV, O. (2007): Does Top Management Team Diversity Promote or Hamper Foreign Expansion? In: Strategic Management Journal, 28. Jg., S. 663-680.

BARNARD, C. I. (1938): The Functions of the Executive. Cambridge, MA.

BARNES, J. H. (1984): Cognitive Biases and Their Impact on Strategic Planning. In: Strategic Management Journal, 5. Jg., S. 129-137.

BARON, R. A. (1984): Reducing Organizational Conflict: An Incompatible Response Approach. In: Journal of Applied Psychology, 69. Jg., S. 272-279.

BARON, R. A. (1991): Positive Effects of Conflict: A Cognitive Perspective. In: Employee Responsibilities and Rights Journal, 4. Jg., S. 25-36.

BARON, R. M./KENNY, D. A. (1986): The Moderator-Mediator Variable Distinction in Social Psychological Research: Conceptual, Strategic, and Statistical Considerations. In: Journal of Personality and Social Psychology, 51. Jg., S. 1173-1182.

BARRICK, M. R./BRADLEY, B. H./KRISTOF-BROWN, A. L./COLBERT, A. E. (2007): The Moderating Role of Top Management Team Interdependence: Implications for

Real Teams and Working Groups. In: Academy of Management Journal, 50. Jg., S. 544-557.

BARSADE, S. G. (2002): The Ripple Effect: Emotional Contagion and Its Influence on Group Behavior. In: Administrative Science Quarterly, 47. Jg., S. 644-675.

BARSADE, S. G./WARD, A. J./TURNER, J. D. F./SONNENFELD, J. A. (2000): To Your Heart's Content: A Model of Affective Diversity in Top Management Teams. In: Administrative Science Quarterly, 45. Jg., S. 802-836.

BAUM, J. (1996): Organizational Ecology. In: S. R. Clegg/C. Hardy/W. R. Nord (Hrsg.): Handbook of Organization Studies. London, S. 77-114.

BAUMS, T. (2001): Bericht der Regierungskommission Corporate Governance. Unternehmensführung - Unternehmenskontrolle - Modernisierung des Aktienrechts. Köln.

BEA, F. X./HAAS, J. (2005): Strategisches Management. 4. Aufl., Stuttgart.

BECHTLER, T. W. (1986): Management und Intuition. In: T. W. Bechtler (Hrsg.): Management und Intuition. Zürich, S. 19-37.

BECKER, A. (2004): Evolutionstheoretischer Ansatz. In: G. Schreyögg/A. v. Werder (Hrsg.): Handwörterbuch Unternehmensführung und Organisation. 4. Aufl., Stuttgart, Sp. 256-266.

BECKER, A./DUSCHEK, S./BRAUNER, E. (2002): Going Beyond the Resources Given: A Structurationist View on Knowledge and Strategic Management. Paper Presented at the 3rd European Conference on Organizational Knowledge, Learning and Capabilities OKLC, Athens.

BERLE, A. A./MEANS, G. (1932): The Modern Corporation and Private Property. New York.

BERLINER INITIATIVKREIS GCCG (2000): German Code of Corporate Governance (GCCG). In: Der Betrieb, 53. Jg., S. 1573-1581.

BERNHARDT W./V. WERDER, A. (2000): Der German Code of Corporate Governance (GCCG): Konzeption und Kernaussagen. In: Zeitschrift für Betriebswirtschaft, 70. Jg., S. 1269-1279.

BERNHARDT, W. (1999): Stock Options for or against Shareholder Value? - New Compensation Plans for Top Management and the Interests of the Shareholders. In: Corporate Governance - An International Review, 7. Jg., S. 123-135.

BERNHARDT, W./WITT, P. (1999): Unternehmensleitung im Spannungsfeld zwischen Ressortverteilung und Gesamtverantwortung. In: Zeitschrift für Betriebswirtschaft, 69. Jg., S. 825-845.

BERNTHAL, P./INSKO, C. (1993): Cohesiveness without Groupthink: The Interactive Effects of Social and Task Cohesion. In: Group & Organization Management, 18. Jg., S. 66-87.

BETTENHAUSEN, K. L./MURNIGHAN, J. K. (1985): The Emergence of Norms in Competitive Decision-making Groups. In: Administrative Science Quarterly, 30. Jg., S. 350-372.

BETTENHAUSEN, K. L./MURNIGHAN, J. K. (1991): The Development of an Intragroup Norm and the Effects of Interersonal and Structural Challenges. In: Administrative Science Quarterly, 36. Jg., S. 20-35.

BEZZENBERGER, T. (1996): Der Vorstandsvorsitzende der Aktiengesellschaft. In: Zeitschrift für Unternehmens- und Gesellschaftsrecht, 25. Jg., S. 661-673.

BIES, R. J./SHAIPIRO, D. L. (1988): Voice and Justification: Their Influence on Procedural Fairness Judgements. In: Academy of Management Journal, 31. Jg., S. 676-685.

BIGLEY, G. A./WIERSEMA, M. F. (2002): New CEOs and Corporate Strategic Refocusing: How Experience as Heir Apparent Influences the Use of Power. In: Administrative Science Quarterly, 47. Jg., S. 707-727.

BLATTBERG, R. C./HOCH, S. J. (1990): Database Models and Managerial Intuition: 50% Model + 50% Manager. In: Management Science, 36. Jg., S. 887-899.

BLAU, P. M. (1970): A Formal Theory of Differentiation in Organizations. In: American Sociological Review, 35. Jg., S. 201-218.

BLEICHER, K. (1988): Geschäftsführung und Aufsicht im internationalen Vergleich – Einsichten und Empfehlungen. In: Schmalenbachs Zeitschrift für betriebswirtschaftliche Forschung, 40. Jg., S. 930-941.

BLEICHER, K. (1991): Organisation: Strategien - Strukturen - Kulturen. 2. Aufl., Wiesbaden.

BLEICHER, K. (2006): Träger strategischer Unternehmensführung. In: D. Hahn/B. Taylor (Hrsg.): Strategische Unternehmungsplanung - strategische Unternehmungsführung: Stand und Entwicklungstendenzen. 9. Aufl., Berlin, S. 467-495.

BLEICHER, K./PAUL, H. (1986): Das amerikanische Board-Modell im Vergleich zur deutschen Vorstands-/Aufsichtsratsverfassung – Stand und Entwicklungstendenzen. In: Die Betriebswirtschaft, 46. Jg., S. 263-288.

BLEICHER, K./WAGNER, D. (1993): Unternehmungsverfassung und Spitzenverfassung. In: J. Hauschildt/O. Grün (Hrsg.): Ergebnisse empirischer betriebswirtschaftlicher Forschung: Zu einer Realtheorie der Unternehmung. Festschrift für Eberhard Witte. Stuttgart, S. 1-24.

BLICKLE, G. (1994): Kommunikationsethik im Management: Argumentationsintegrität als personal- und organisationspsychologisches Leitkonzept. Stuttgart.

BOBBITT, H. R. JR./FORD, J. D. (1980): Decision-Maker Choice as a Determinant of Organizational Structure. In: Academy of Management Review, 5. Jg., S. 13-23.

BÖCKLI, P. (2003): Konvergenz: Annäherung des monistischen und des dualistischen Führungs- und Aufsichtssystems. In: P. Hommelhoff/K. J. Hopt/A. v. Werder (Hrsg.): Handbuch Corporate Governance: Leitung und Überwachung börsennotierter Unternehmen in der Rechts- und Wirtschaftspraxis. Köln - Stuttgart, S. 201-222.

BOEKER, W. (1997a): Executive Migration and Strategic Change: The Effect of Top Manager Movement on Product Market Entry. In: Administrative Science Quarterly, 42. Jg., S. 231-236.

BOEKER, W. (1997b): Strategic Change: The Influence of Managerial Characteristics and Organizational Growth. In: Academy of Management Journal, 40. Jg., S. 152-170.

BONABEAU, E. (2003): Don't Trust Your Gut. In: Harvard Business Review, 81. Jg., Heft 4, S. 116-123.

BOURGEOIS, L. J. (1980): Performance and Consensus. In: Strategic Management Journal, 1. Jg., S. 227-248.

BOURGEOIS, L. J. (1984): Strategic Management and Determinism. In: Academy of Management Review, 9. Jg., S. 586-596.

BOURGEOIS, L. J. (1985): Strategic Goals, Perceived Uncertainty, and Economic Performance in Volatile Environments. In: Academy of Management Journal, 28. Jg., S. 548-573.

BOURGEOIS, L. J./EISENHARDT, K. M. (1988): Strategic Decision Processes in High Velocity Environments: Four Cases in the Microcomputer Industry. In: Management Science, 34. Jg., S. 816-835.

BRANDON, D. P./HOLLINGSHEAD, A. (2004): Transactive Memory Systems in Organizations: Matching Tasks, Expertise, and People. In: Organization Science, 15. Jg., S. 633-644.

BRAUNER, E. (2002): Transactive Knowledge Systems in Groups and Organizations. Habilitationsschrift. Humboldt-Universität zu Berlin.

BRAUNER, E. (2003): Informationsverarbeitung in Gruppen: Transaktive Wissenssysteme. In: S. Stumpf /A. Thomas (Hrsg.): Teamarbeit und Teamentwicklung. Göttingen, S. 57-83.

BRAUNER, E./SCHOLL, W. (2000): Editorial: The Information Processing Approach as a Perspective for Groups Research. In: Group Processes & Intergroup Relations, 3. Jg., S. 115-122.

BRETT, J. M. (1991): Negotiating Group Decisions. In: Negotiation Journal, 7. Jg., S. 291-310.

BROCKNER, J. (1992): The Escalation of Commitment to a Failing Course of Action: Towards Theoretical Progress. In: Academy of Management Review, 17. Jg., S. 39-61.

BROCKNER, J. (2002): Making Sense of Procedural Fairness: How High Procedural Fairness Can Reduce or Heighten the Influence of Outcome Favorability. In: Academy of Management Review, 27. Jg., S. 58-76.

BRODBECK, F. C./KERSCHREITER, R./MOJZISCH, A./FREY, D./SCHULZ-HARDT, S. (2002): The Dissemination of Critical, Unshared Information in Decision-making Groups: The Effects of Prediscussion Dissent. In: European Journal of Social Psychology, 32. Jg., S. 35-56.

BRODBECK, F. C./KERSCHREITER, R./MOJZISCH, A./SCHULZ-HARDT, S. (2007): Group Decision Making under Conditions of Distributed Knowledge: The Informational Asymmetries Model. In: Academy of Management Review, 32. Jg., S. 459-479.

BRÖMMELMEYER, C. (2005): Neue Regeln für die Binnenhaftung des Vorstands - Ein Beitrag zur Konkretisierung der Business Judgment Rule. In: Wertpapier-Mitteilungen, 59. Jg., S. 2065-2112.

BURKE, L. A./MILLER, M. K. (1999): Taking the Mystery out of Intuitive Decision Making. In: Academy of Management Executive, 13. Jg., Heft 4, S. 91-99.

BUSCHMEIER, U. (1995): Macht und Einfluss in Organisationen. Göttingen.

CANNELLA, A. A. JR./MONROE, M. J. (1997): Contrasting Perspectives on Strategic Leaders: Toward a More Realistic View of Top Managers. In: Journal of Management, 23. Jg., S. 213-237.

CAPPON, D. (1994): Intuition and Management. Westport, CT.

CARPENTER, M. A./FREDRICKSON, J. W. (2001): Top Management Teams, Global Strategic Posture, and the Moderating Role of Uncertainty. In: Academy of Management Journal, 44. Jg., S. 533-545.

CARPENTER, M. A./GELETKANYCZ, M. A./SANDERS, W. G. (2004): Upper Echelons Research Revisted: Antecedents, Elements, and Consequences of Top Management Team Composition. In: Journal of Management, 30. Jg., S. 749-778.

CARPENTER, M. A./SANDERS, W. G. (2002): Top Management Team Compensation: The Missing Link between CEO Pay and Firm Performance? In: Strategic Management Journal, 23. Jg., S. 367-375.

CARPENTER, M. A. (2002): The Implications of Strategy and Social Context for the Relationship between Top Management Team Heterogeneity and Firm Performance. In: Strategic Management Journal, 23. Jg., S. 275-284.

CHEN, C. C./CHEN, X.-P./MEINDL, J. R. (1998): How Can Cooperation Be Fostered? The Cultural Effects of Individualism-Collectivism. In: Academy of Management Review, 23. Jg., S. 285-304.

CHEN, C. C./MEINDL, J. R. (1991): The Construction of Leadership Images in the Popular Press: The Case of Donald Burr and People Express. In: Administrative Science Quarterly, 36. Jg., S. 521-551.

CHILD, J. (1972): Organizational Structure, Environment, and Performance: The Role of Strategic Choice. In: Sociology, 6. Jg., S. 1-22.

CHILD, J. (1997): Strategic Choice in the Analysis of Action, Structure, Organizations and Environment: Retrospect and Prospect. In: Organization Studies, 18. Jg., S. 43-76.

CHO, T. S./HAMBRICK, D. C. (2006): Attention as the Mediator between Top Management Team Characteristics and Strategic Change: The Case of Airline Deregulation. In: Organization Science, 17. Jg., S. 453-469.

COHEN, S. G./BAILEY, D. E. (1997): What Makes Teams Work: Group Effectiveness Research from the Shop Floor to the Executive Suite. In: Journal of Management, 23. Jg., S. 239-290.

CONGER, J. A./KOTTER, J. P. (1987): General Managers. In: J. W. Lorsch (Hrsg.): Handbook of Organizational Behavior. Englewood Cliffs, NJ, S. 392-403.

COSIER, R. A. (1981): Dialectical Inquiry in Strategic Planning: A Case of Premature Acceptance? In: Academy of Management Review, 6. Jg., S. 643-648.

CROSSAN, M. M./LANE, H. W./WHITE, R. E. (1999): An Organizational Learning Framework: From Intuition to Institution. In: Academy of Management Review, 24. Jg., S. 522-537.

CRUZ, M. G./BOSTER, F. J./RODRIGUEZ, J. I. (1997): The Impact of Group Size and Proportion of Shared Information on the Exchange and Integration of Information in Groups. In: Communication Research, 24. Jg., S. 291-313.

CRUZ, M. G./HENNINGSEN, D. D./SMITH, B. A. (1999): The Impact of Directive Leadership on Group Information Sampling, Decisions, and Perceptions of the Leader. In: Communication Research, 26. Jg., S. 349-369.

CYERT, R. M./MARCH, J. G. (1963): A Behavioral Theory of the Firm. Englewood Cliffs, NJ.

DAELLENBACH, U. S./MCCARTHY, A. M./SCHOENECKER, T. S. (1999): Commitment to Innovation: The Impact of Top Management Team Characteristics. In: R & D Management, 29. Jg., S. 199-208.

DAFT, R. L. (2003): Management. 6. Aufl., Mason, OH.

DAILY, C. M./JOHNSON, J. L. (1997): Sources of CEO Power and Firm Financial Performance: A Longitudinal Assessment. In: Journal of Management, 23. Jg., S. 97-117.

DANE, E./PRATT, M. G. (2007): Exploring Intuition and Its Role in Managerial Decision Making. In: Academy of Management Review, 32. Jg., S. 33-54.

D'AVENI, R. A. (1994): Hypercompetition. Managing the Dynamics of Strategic Maneuvering. New York.

DAVIS, J. H./SCHOORMAN, F. D./DONALDSON, L. (1997): Toward a Stewardship Theory of Management. In: Academy of Management Review, 22. Jg., S. 20-47.

DE DREU, C. K. W./WEINGART, L. R. (2003): Task versus Relationship Conflict, Team Performance, and Team Member Satisfaction: A Meta-Analysis. In: Journal of Applied Psychology, 88. Jg., S. 741-749.

DE DREU, C. K. W./WEST, M. A. (2001): Minority Dissent and Team Innovation: The Importance of Participation in Decision Making. In: Journal of Applied Psychology, 86. Jg., S. 1191-1201.

DEAN, J. W. JR./SHARFMAN, M. P. (1993): Procedural Rationality in the Strategic Decision Making Process. In: Journal of Mangement Studies, 30. Jg., S. 587-610.

DEAN, J. W. JR./SHARFMAN, M. P. (1996): Does Decision Process Matter? A Study of Strategic Decision-making Effectiveness. In: Academy of Management Journal, 39. Jg., S. 368-396.

DENNIS, A. R. (1996): Information Exchange and Use in Small Group Decision Making. In: Small Group Research, 27. Jg., S. 532-550.

DESS, G. G. (1987): Consensus on Strategy Formulation and Organizational Performance: Competitors in a Fragmented Industry. In: Strategic Management Journal, 8. Jg, S. 259-277.

DESS, G. G./ORIGER, N. K. (1987): Enivironment, Structure, and Consensus in Strategy Formulation: A Conceptual Integration. In: Academy of Management Review, 12. Jg., S. 313-330.

DESS, G. G./PRIEM, R. L. (1995): Consensus-Performance Research: Theoretical and Empirical Extensions. In: Journal of Management Studies, 32. Jg., S. 401-417.

DEUTSCH, M. (1949a): A Theory of Cooperation and Competition. In: Human Relations, 2. Jg., S. 129-152.

DEUTSCH, M. (1949b): An Experimental Study of the Effects of Cooperation and Competition upon Group Process. In: Human Relations, 2. Jg., S. 199-232.

DEUTSCH, M. (1968): The Effects of Cooperation and Competition upon Group Processes. In: D. Cartwright/A. Zander (Hrsg.): Group Dynamics. Research and Theory. 3. Aufl., London, S. 461-482.

DEUTSCH, M. (1973): The Resolution of Conflict: Constructive and Destructive Processes. New Haven, CT.

DEUTSCH, M./GERAD, H. B. (1955): A Study of Normative and Informational Social Influences upon Individual Judgement. In: The Journal of Abnormal and Social Psychology, 51. Jg., S. 629-636.

DEUTSCHER BUNDESTAG (2005): Drucksache 15/5092 vom 14.03.2005: Gesetzentwurf der Bundesregierung. Entwurf eines Gesetzes zur Unternehmensintegrität und Modernisierung des Anfechtungsrechts (UMAG).

DEVINE, D. J. (1999): Effects of Cognitive Ability, Task Knowledge, Information Sharing, and Conflict on Group Decision-making Effectiveness. In: Small Group Research, 30. Jg., S. 608-634.

DIMAGGIO, P. J./POWELL, W. W. (1991a): Introduction. In: W. W. Powell/P. J. DiMaggio (Hrsg.): The New Institutionalism in Organizational Analysis. Chicago, S. 1-38.

DIMAGGIO, P. J./POWELL, W. W. (1991b): The Iron Cage Revisted: Institutional Isomorphism and Collective Rationality in Organizational Fields. In: W. W. Powell/P. J. DiMaggio (Hrsg.): The New Institutionalism in Organizational Analysis. Chicago, S. 63-82.

DITTO, P. H./SCEPANSKY, J. A./MUNRO, G. D./APANOVITCH, A. M./LOCKHART, L. K. (1998): Motivated Sensitivity to Preference-Inconsistent Information. In: Journal of Personality and Social Psychology, 75. Jg., S. 53-69.

DONALDSON, G./LORSCH, J. W. (1983): Decision Making at the Top. New York.

DONALDSON, L./DAVIS, J. H. (1991): Stewardship Theory or Agency Theory: CEO Governance and Shareholder Returns. In: Australian Journal of Management, 16. Jg., S. 49-64.

DONALDSON, T./PRESTON, L. E. (1995): The Stakeholder Theory of the Corporation: Concepts, Evidence, and Implications. In: Academy of Management Review, 20. Jg., S. 65-91.

DUTTON, J. E./ASHFORD, S. J. (1993): Selling Issues to Top Management. In: Academy of Management Review, 18. Jg., S. 397-428.

DYCK, J. (1980): Argumentation in der Schule: ein Streifzug. In: J. Dyck et. al. (Hrsg.): Rhetorik - ein Internationales Jahrbuch. Bd. 1, Stuttgart, S. 135-152.

EBERS, M./GOTSCH, W. (2006): Institutionenökonomische Theorien der Organisation. In: A. Kieser/M. Ebers (Hrsg.): Organisationstheorien. 6. Aufl., Stuttgart, S. 247-308.

EDMONDSON, A. (1999): Psychological Safety and Learning Behavior in Work Teams. In: Administrative Science Quarterly, 44. Jg., S. 350-383.

EDWARDS, K./SMITH, E. E. (1996): A Disconfirmation Bias in the Evaluation of Arguments. In: Journal of Personality and Social Psychology, 71. Jg., S. 5-24.

EISENHARDT, K. M. (1989): Agency Theory: An Assessment and Review. In: Academy of Management Review, 14. Jg., S. 57-74.

EISENHARDT, K. M. (1989b): Making fast Decisions in High-Velocity Environments. In: Academy of Management Journal, 32. Jg., S. 543-576.

EISENHARDT, K. M. (1999): Strategy as Strategic Decision Making. In: Sloan Management Review, 40. Jg., Heft 3, S. 65-72.

EISENHARDT, K. M./BOURGEOIS, L. J. III (1988): Politics of Strategic Decision Making in High-Velocity Environments: Toward a Midrange Theory. In: Academy of Management Journal, 31. Jg., S. 737-770.

EISENHARDT, K. M./KAHWAJY, J. L./BOURGEOIS, L. J. III (1997a): Conflict and Strategic Choice: How Top Management Teams Disagree. In: California Management Review, 39. Jg., Heft 2, S. 42-62.

EISENHARDT, K. M./KAHWAJY, J. L./BOURGEOIS, L. J. III (1997b): The Absence of Conflict is Not Harmony, It's Apathy: How Management Teams Can Have a Good Fight. In: Harvard Business Review, 75. Jg., Heft 4, S. 77-85.

EISENHARDT, K. M./SCHOONHOVEN, C. B. (1990): Organizational Growth: Linking Founding Team, Strategy, Environment, and Growth among U.S. Semiconductor Ventures, 1978-1988. In: Administrative Science Quarterly, 35. Jg., S. 504-529.

EISENHARDT, K. M./ZBARACKI, M. J. (1992): Strategic Decision Making. In: Strategic Management Journal, 13. Jg., S. 17-37.

ELBANNA, S./CHILD, J. (2007): Influences on Strategic Decision Effectiveness: Development and Test of an Integrative Model. In: Strategic Mangement Journal, 28. Jg., S. 431-453.

ENDRES, M. (1999): Organisation der Unternehmensleitung aus Sicht der Praxis. In: Zeitschrift für das gesamte Handelsrecht und Wirtschaftsrecht, 163. Jg., S. 441-460.

ESSER, J. K. (1998): Alive and Well after 25 Years. A Review of Groupthink Research. In: Organizational Behavior and Human Decision Processes, 73. Jg., S. 116-141.

ETZIONI, A. (1975): Die aktive Gesellschaft. Opladen.

FALK, G. (1982): An Empirical Study Measuring Conflict in Problem-Solving Groups Which Are Assigned Different Decision Rules. In: Human Relations, 35. Jg., S. 1123-1138.

FAMA, E. F. (1980): Agency Problems and the Theory of the Firm. In: Journal of Political Economy, 88. Jg., S. 288-307.

FELDMAN, D. C. (1984): The Development and Enforcement of Group Norms. In: Academy of Management Review, 9. Jg., S. 47-53.

FELDMAN, M. S./MARCH, J. G. (1981): Information in Organizations as Signal and Symbol. In: Administrative Science Quarterly, 26. Jg., S. 171-186.

FESTINGER, L. (1950): Informal Social Communication. In: Psychological Review, 57. Jg., S. 271-282.

FESTINGER, L. (1957): A Theory of Cognitive Dissonance. Evanston, Ill.

FESTINGER, L./SCHACHTER, S./BACK, K. (1950): Social Pressure in Informal Groups: A Study of Human Factors in Housing. New York.

FINKELSTEIN, S./BOYD, B. K. (1998): How Much Does the CEO Matter? The Role of Managerial Discretion in the Setting of CEO Compensation. In: Academy of Management Journal, 41. Jg., S. 179-199.

FINKELSTEIN, S./HAMBRICK, D. C. (1990): Top-Management-Team Tenure and Organizational Outcomes: The Moderating Role of Managerial Discretion. In: Administrative Science Quarterly, 35. Jg., S. 484-503.

FINKELSTEIN, S./HAMBRICK, D. C. (1996): Strategic Leadership: Top Executives and Their Effects on Organizations. Minneapolis/St. Paul u. a.

FISHBEIN, M./AJZEN, I. (1975): Belief, Attitude, Intention, and Behavior: An Introduction to Theory and Research. Reading, MA.

FLEISCHER, H. (2003): Shareholder vs. Stakeholder: Aktien- und übernahmerechtliche Fragen. In: P. Hommelhoff/K. J. Hopt/A. v. Werder (Hrsg.): Handbuch Corporate Governance: Leitung und Überwachung börsennotierter Unternehmen in der Rechts- und Wirtschaftspraxis. Köln - Stuttgart, S. 129-155.

FLEISCHER, H. (2004): Die "Business Judgment Rule": Vom Richterrecht zur Kodifizierung. In: Zeitschrift für Wirtschaftsrecht, 25. Jg., S. 685-692.

FLOOD, P. C./FONG, C.-M./SMITH, K. G./O'REGAN, P./MOORE, S./MORLEY, M. (1997): Top Management Teams and Pioneering: A Resource-Based View. In: The International Journal of Human Resource Management, 8. Jg., S. 291-306.

FLOOD, P. C./HANNAN, E./SMITH, K. G./TURNER, T./WEST, M. A./DAWSON, J. (2000): Chief Executive Leadership Style, Consensus Decision Making, and Top Management Team Effectiveness. In: European Journal of Work and Organizational Psychology, 9. Jg., S. 401-420.

FLOWERS, M. (1977): A Laboratory Test of Some of the Implications of Janis's Groupthink Hypothesis. In: Journal of Personality and Social Psychology, 35. Jg., S. 888-896.

FLOYD, S. W./WOOLDRIDGE, B. (1992): Managing Strategic Consensus: The Foundation of Effective Implementation. In: Academy of Management Executive, 6. Jg., Heft 4, S. 27-39.

FODOR, E. M./SMITH, T. (1982): The Power Motive as an Influence on Group Decision Making. In: Journal of Personality and Social Psychology, 42. Jg., S. 178-185.

FONK, H.-J. (2004): Personalentscheidungen des Aufsichtsrats. In: J. Semler/K. v. Schenck (Hrsg.): Arbeitshandbuch für Aufsichtsratsmitglieder. 2. Aufl., München.

FREDRICKSON, J. W. (1984): The Comprehensiveness of Strategic Decision Processes: Extension, Observations, Future Directions. In: Academy of Management Journal, 27. Jg., S. 445-466.

FREDRICKSON, J. W./IAQUINTO, A. L. (1989): Inertia and Creeping Rationality in Strategic Decision Processes. In: Academy of Management Journal, 32. Jg., S. 516-542.

FREDRICKSON, J. W./MITCHELL, T. R. (1984): Strategic Decision Processes: Comprehensiveness and Performance in an Industry with an Unstable Enivironment. In: Academy of Management Journal, 27. Jg., S. 399-423.

FREEMAN, R. E./REED, D. L. (1983): Stockholders and Stakeholders: A New Perspective on Corporate Governance. In: California Management Review, 25. Jg., Heft 3, S. 88-106.

FREEMAN, R. E./WICKS, A. C./PARMAR, B. (2004): Stakeholder Theory and "The Corporate Objective Revisted". In: Organization Science, 15. Jg., S. 364-369.

FRENCH, J. R. P. JR./RAVEN, B. H. (1959): The Bases of Social Power. In: D. Cartwright (Hrsg.): Studies in Social Power. Ann Arbor, MI, S. 150-167.

FRESE, E. (2005): Grundlagen der Organisation: Konzept - Prinzipien - Strukturen. 9. Aufl., Wiesbaden.

FREY, B. S. (2000): Leistung durch Leistungslohn? Grenzen marktlicher Anreizsysteme für das Managerverhalten. In: Zeitschrift für betriebswirtschaftliche Forschung, Sonderheft 44, S. 67-95.

FREY, B. S./OSTERLOH, M. (1997): Sanktionen oder Seelenmassage? Motivationale Grundlagen der Unternehmensführung. In: Die Betriebswirtschaft, 57. Jg., S. 307-321.

FREY, D./BENNING, E. (1997): Dissonanz. In: D. Frey/S. Greif (Hrsg.): Sozialpsychologie. Ein Handbuch in Schlüsselbegriffen. 4. Aufl., Weinheim, S. 2147-2153.

FRÜHAUF, M. (1998): Geschäftsleitung in der Unternehmenspraxis. In: Zeitschrift für Unternehmens- und Gesellschaftsrecht, 27. Jg., S. 407-418.

GEBERT, D./VON ROSENSTIEL, L. (2002): Organisationspsychologie. 5. Aufl., Stuttgart.

GEMÜNDEN, H. G./HÖGL, M. (2005): Teamarbeit in innovativen Projekten: Eine kritische Bestandsaufnahme der empirischen Forschung. In: M. Högl/H. G. Gemünden (Hrsg.): Management von Teams. 3. Aufl., Wiesbaden, S. 1-31.

GERUM, E. (2007): Das deutsche Corporate Governance-System. Eine empirische Untersuchung. Stuttgart.

GHOSHAL, S./MORAN, P. (1996): Bad for Practice: A Critique of Transaction Cost Theory. In: Academy of Management Review, 21. Jg., S. 13-47.

GHOSHAL, S./MORAN, P. (2005): Bad Management Theories Are Destroying Good Management Practices. In: Academy of Management Learning & Education, 4. Jg., S. 75-91.

GIGONE, D./HASTIE, R. (1993): The Common Knowledge Effect: Information Sharing and Group Judgement. In: Journal of Personality and Social Psychology, 65. Jg., S. 959-974.

GIGONE, D./HASTIE, R. (1996): The Impact of Information on Group Judgement: A Model and Computer Simulation. In: E. Witte/J. H. Davis (Hrsg.): Understanding Group Behavior. Mahawah, NJ, S. 221-251.

GIGONE, D./HASTIE, R. (1997): The Impact of Information on Small Group Choice. In: Journal of Personality and Social Psychology, 72. Jg., S. 132-140.

GLADSTEIN, D. L. (1984): Groups in Context: A Model of Task Group Effectiveness. In: Administrative Science Quarterly, 29. Jg., S. 499-517.

GLADSTEIN, D. L./REILLY, N. P. (1985): Group Decision Making under Threat: The Tycoon Game. In: Academy of Management Journal, 28. Jg., S. 613-627.

GLICK, W. H./MILLER, C. C./HUBER, G. P. (1993): The Impact of Upper-Echelon Diversity on Organizational Performance. In: G. Huber/W. Glick (Hrsg.): Organizational Change and Redesign: Ideas and Insights for Improving Performance. New York, S. 176-213.

GOLL, I./RASHEED, A. A. (1997): Rational Decision-making and Firm Performance: The Moderating Role of Environment. In: Strategic Management Journal, 18. Jg., S. 583-591.

GOLL, I./RASHEED, A. A. (2005): The Relationships between Top Management Demographic Characteristics, Rational Decision Making, Environmental Munificence, and Firm Performance. In: Organization Studies, 26. Jg., S. 999-1023.

GREITEMEYER, T./SCHULZ-HARDT, S. (2003): Preference-Consistent Evaluation of Information in the Hidden Profile Paradigm: Beyond Group-Level Explanations for Dominance of Shared Information in Group Decisions. In: Journal of Personality and Social Psychology, 84. Jg., S. 322-339.

GREITEMEYER, T./SCHULZ-HARDT, S./BRODBECK, F. C./FREY, D. (2006): Information Sampling and Group Decision Making: The Effects of an Advocacy Decision Procedure and Task Experience. In: Journal of Experimental Psychology, 12. Jg., S. 31-42.

GREITEMEYER, T./SCHULZ-HARDT, S./FREY, D. (2003): Präferenzkonsistenz und Geteiltheit von Informationen als Einflussfaktoren auf Informationsbewertung und intendiertes Diskussionsverhalten bei Gruppenentscheidungen. In: Zeitschrift für Sozialpsychologie, 34. Jg., S. 9-23.

GRIMM, C. M./SMITH, K. G. (1991): Management and Organizational Change: A Note on the Railroad Industry. In: Strategic Management Journal, 12. Jg., S. 557-562.

GROEBEN, N./CHRISTMANN, U./MISCHO, C. (1996): Argumentationsintegrität (XXII): Die Entwicklung eines Trainings zum Umgang mit unintegrem Argumentieren. Arbeiten aus dem Sonderforschungsbereich 245 ‚Sprechen und Sprachverstehen im sozialen Kontext'. Bericht Nr. 105. Heidelberg - Mannheim.

GROEBEN, N./SCHREIER, M./CHRISTMANN, U. (1990): Argumentationsintegrität (I): Herleitung, Explikation und Binnenstrukturierung des Konstrukts. Arbeiten aus dem Sonderforschungsbereich 245 ‚Sprechen und Sprachverstehen im sozialen Kontext'. Bericht Nr. 28. Heidelberg - Mannheim.

GROEBEN, N./SCHREIER, M./CHRISTMANN, U. (1993): Fairneß beim Argumentieren: Argumentationsintegrität als Wertkonzept einer Ethik der Kommunikation. In: Linguistische Berichte, Heft 157, S. 355-382.

GRUENFELD, D. H./MANNIX, E. A./WILLIAMS, K. Y./NEALE, M. A. (1996): Group Composition and Decision Making: How Member Familiarity and Information Distribution Affect Process and Performance. In: Organizational Behavior and Human Decision Processes, 67. Jg., S. 1-15.

GRUMANN, M.-O./GILLMANN, M. (2003): Abberufung und Kündigung von Vorstandsmitgliedern einer Aktiengesellschaft. In: Der Betrieb, 56. Jg., S. 770-775.

GUETZKOW, H./GYR, J. (1954): An Analysis of Conflict in Decision-making Groups. In: Human Relations, 7. Jg., 367-381.

GUPTA, A. (1988): Contingency Perspectives on Strategic Leadership: Current Knowledge and Future Research Directions. In: D. C. Hambrick (Hrsg.): The Executive Effect: Concepts and Methods for Studying Top Managers. Greenwich, CT, S. 141-178.

GUPTA, A. K./GOVINDARAJAN, V. (1984): Business Unit Strategy, Managerial Characteristics, and Business Unit Effectiveness at Strategy Implementation. In: Academy of Management Journal, 27. Jg., S. 25-41.

GUTH, W. D./MACMILLAN, I. C. (1986): Strategy Implementations versus Middle Management Self-Interest. In: Strategic Management Journal, 7. Jg., S. 313-327.

GUZZO, R. A./DICKSON, M. W. (1996): Teams in Organizations: Recent Research on Performance and Effectiveness. In: Annual Review of Psychology, 47. Jg., 307-338.

GUZZO, R. A./SHEA, G. P. (1992): Group Performance and Intergroup Relations in Organizations. In: L. Hough/M. D. Dunnette (Hrsg.): Handbook of Industrial and Organizational Psychology. Palo Alto, CA, S. 269-313.

HABERMAS, J. (1981): Theorie des kommunikativen Handelns. Bd. 1. Handlungsrationalität und gesellschaftliche Rationalisierung. Frankfurt am Main.

HABERMAS, J. (1989): Wahrheitstheorien (1972). In: J. Habermas: Vorstudien und Ergänzungen zur Theorie des kommunikativen Handelns. 3. Aufl., Frankfurt am Main, S. 353-440.

HACKMAN, J. R. (1987): The Design of Work Teams. In: J. W. Lorsch (Hrsg.): Handbook of Organizational Behavior. Englewood Cliffs, NJ, S. 315-342.

HALEBLIAN, J./FINKELSTEIN, S. (1993): Top Management Team Size, CEO Dominance, and Firm Performance: The Moderating Roles of Environmental Turbulence and Discretion. In: Academy of Management Journal, 36. Jg., S. 844-863.

HALES, C. P. (1986): What Do Managers Do? A Critical Review of the Evidence. In: Journal of Management Studies, 23. Jg., S. 88-115.

HALL, J./WATSON, W. H. (1970): The Effects of a Normative Intervention on Group Decision Making Performance. In: Human Relations, 23. Jg., S. 299-317.

HAMBRICK, D. C. (1981): Environment, Strategy, and Power within Top Management Teams. In: Administrative Science Quarterly, 26. Jg., S. 253-276.

HAMBRICK, D. C. (1987): The Top Management Team: Key to Strategic Success. In: California Management Review, 30. Jg., Heft 1, S. 88-108.

HAMBRICK, D. C. (1989): Guest Editor's Introduction: Putting Top Managers back in the Strategy Picture. In: Strategic Management Journal, 10. Jg., Special Issue, S. 5-15.

HAMBRICK, D. C. (1994): Top Management Groups: A Conceptual Integration and Reconsideration of the "Team" Label. In: Research in Organizational Behavior, 16. Jg., S. 171-213.

HAMBRICK, D. C. (1995): Fragmentation and the Other Problems CEOs Have with Their Top Management Teams. In: California Management Review, 37. Jg., Heft 3, S. 110-127.

HAMBRICK, D. C. (2007): Upper Echelons Theory: An Update. In: Academy of Management Review, 32. Jg., S. 334-343.

HAMBRICK, D. C./ABRAHAMSON, E. (1995): Assessing the Amount of Managerial Discretion in Different Industries: A Multimethod Approach. In: Academy of Management Journal, 38. Jg., S. 1427-1441.

HAMBRICK, D. C./CHO, S. T./CHEN, M.-J. (1996): The Influence of Top Management Team Heterogeneity on Firms' Competitive Moves. In: Administrative Science Quarterly, 41. Jg., S. 659-684.

HAMBRICK, D. C./D'AVENI, R. A. (1992): Top Team Deterioration as Part of the Downward Spiral of Large Corporate Bankruptcies. In: Management Science, 38. Jg., S. 1445-1466.

HAMBRICK, D. C./FINKELSTEIN, S. (1987): Managerial Discretion: A Bridge between Polar Views on Organiziations. In: L. L. Cummings/B. M. Staw (Hrsg.): Research in Organizational Behavior. 9. Jg., Greenwich, CT, S. 369-406.

HAMBRICK, D. C./FINKELSTEIN, S./MOONEY, A. C. (2005): Executive Job Demands: New Insights for Explaining Strategic Decisions and Leader Behaviors. In: Academy of Management Review, 30. Jg., S. 472-491.

HAMBRICK, D. C./MASON, P. A. (1984): Upper Echelons: The Organization as a Reflection of Its Top Managers. In: Academy of Management Review, 9. Jg., S. 193-206.

HAMBRICK, D. C./PETTIGREW, A. (2001): Upper Echelons: Donald Hambrick on Executives and Strategy. In: Academy of Management Executive, 15. Jg., Heft 3, S. 36-44.

HANNAN, M. T./FREEMAN, J. (1977): The Population Ecology of Organizations. In: American Journal of Sociology, 82. Jg., S. 929-964.

HANNAN, M. T./FREEMAN, J. (1984): Structural Inertia and Organizational Change. In: American Sociological Review, 49. Jg., S. 149-164.

HANNAN, M. T./FREEMAN, J. (1989): Organizational Ecology. Cambridge, MA.

HART, S. L. (1991): Intentionality and Autonomy in Strategy-Making Process: Modes, Archetypes, and Firm Performance. In: Advances in Strategic Management, 7. Jg., S. 97-127.

HART, S./BANBURY, C. (1994): How Strategy-Making Processes Can Make a Difference. In: Strategic Management Journal, 15. Jg., S. 251-269.

HATCH, M. J. (1997): Organization Theory. Modern Symbolic and Postmodern Perspectives. Oxford - New York.

HAYASHI, A. M. (2001): When to Trust Your Gut. In: Harvard Business Review, 79. Jg., Heft 2, S. 59-65.

HAYWARD, M. L. A./RINDOVA, V. P./POLLOCK, T. G. (2004): Believing One's Own Press: The Causes and Consequences of CEO Celebrity. In: Strategic Management Journal, 25. Jg., S. 637-653.

HEFERMEHL, W./SEMLER, J. (2004): Kommentierungen. In: B. Kropff/J. Semler (Hrsg.): Münchener Kommentar zum Aktiengesetz. München.

HEFERMEHL, W./SPINDLER, G. (2004): Kommentierungen. In: B. Kropff/J. Semler (Hrsg.): Münchener Kommentar zum Aktiengesetz. München.

HEIDER, F. (1958): The Psychology of Interpersonal Relations. New York.

HENDERSON, A. D./FREDRICKSON, J. W. (2001): Top Management Team Coordination Needs and the CEO Pay: A Competitive Test of Economic and Behavioral Views. In: Academy of Management Journal, 44. Jg., S. 96-117.

HENN, G. (1998): Handbuch des Aktienrechts. 6. Aufl., Heidelberg.

HERZBERG, F. (1966): Work and the Nature of Man. Cleveland, OH.

HICKSON, D. J./PUGH, D. S./PHEYSEY, D. (1969): Operations Technology and Organization Structure: An Empirical Reappraisal. In: Administrative Science Quarterly, 14. Jg., S. 378-397.

HILL, G. W. (1982): Group versus Individual Performance: Are N + 1 Heads Better than One? In: Psychological Bulletin, 91. Jg., S. 517-539.

HILLER, N. J./HAMBRICK, D. C. (2005): Conceptualizing Executive Hubris: The Role of (Hyper-)Core Self-Evaluations in Strategic Decision-making. In: Strategic Management Journal, 26. Jg., S. 297-319.

HINSZ, V. B. (1990): Cognitive and Consensus Processes in Group Recognition Memory Performance. In: Journal of Personality and Social Psychology, 59. Jg., S. 705-718.

HINSZ, V. B./TINDALE, R. S./VOLLRATH, D. A. (1997): The Emerging Conceptualization of Groups as Information Processors. In: Psychological Bulletin, 121. Jg., S. 43-64.

HIROKAWA, R. Y. (1990): The Role of Communication in Group Decision-making Efficacy: A Task Contingency Perspective. In: Small Group Behavior, 21. Jg., S. 190-204.

HIROKAWA, R. Y./ERBERT, L./HURST, A. (1996): Communication and Group Decision-making Effectiveness. In: R. Y. Hirokawa/M. S. Pool (Hrsg.): Communication and Group Decision Making. 2. Aufl., Thousand Oaks, CA, S. 269-300.

HITT, M. A./TYLER, B. B. (1991): Strategic Decision Models: Integrating Different Perspectives. In: Strategic Management Journal, 12. Jg., S. 327-351.

HOEGL, M./GEMUENDEN, H. G. (2001): Teamwork Quality and the Success of Innovative Projects: A Theoretical Concept and Empirical Evidence. In: Organization Science, 12. Jg., S. 435-449.

HOFFMAN, R. L./MAIER, N. R. F. (1961): Quality and Acceptance of Problem Solutions by Members of Homogeneous and Heterogeneous Groups. In: The Journal of Abnormal and Social Psychology, 62. Jg., S. 401-407.

HOFFMANN-BECKING, M. (1998): Zur rechtlichen Organisation der Zusammenarbeit im Vorstand der AG. In: Zeitschrift für Unternehmens- und Gesellschaftsrecht, 27. Jg., S. 497-519.

HÖGL, M. (2004): Teamorganisation. In: G. Schreyögg/A. v. Werder (Hrsg.): Handwörterbuch Unternehmensführung und Organisation. 4. Aufl., Stuttgart, Sp. 1401-1408.

HOLLINGSHEAD, A. B. (1996a): Information Suppressing and Status Persistence in Group Decision Making. In: Human Communication Research, 23. Jg., S. 193-219.

HOLLINGSHEAD, A. B. (1996b): The Rank-Order Effect in Group Decision Making. In: Organizational Behavior and Human Decision Processes, 68. Jg., S. 181-193.

HOLLINGSHEAD, A. B. (1998): Communication, Learning, and Retrieval in Transactive Memory Systems. In: Journal of Experimental Social Psychology, 34. Jg., S. 423-442.

HOLLINGSHEAD, A. B. (2000): Perceptions of Expertise and Transactive Memory in Work Relationships. In: Group Processes & Intergroup Relations, 3. Jg., S. 257-267.

HOMMELHOFF, P./SCHWAB, M. (2003): Regelungsquellen und Regelungsebenen der Corporate Governance: Gesetz, Satzung, Codizes, unternehmensinterne Grundsätze. In: P. Hommelhoff/K. J. Hopt/A. v. Werder (Hrsg.): Handbuch Corporate Governance: Leitung und Überwachung börsennotierter Unternehmen in der Rechts- und Wirtschaftspraxis. Köln - Stuttgart, S. 51-86.

HOPT, K. J. (2003): Die rechtlichen Rahmenbedingungen der Corporate Governance. In: P. Hommelhoff/K. J. Hopt/A. v. Werder (Hrsg.): Handbuch Corporate Governance: Leitung und Überwachung börsennotierter Unternehmen in der Rechts- und Wirtschaftspraxis. Köln - Stuttgart, S. 29-50.

HÖRMANN, H. (1976): Meinen und Verstehen. Frankfurt am Main.

HREBINIAK, L. G./JOYCE, W. F. (1985): Organizational Adaptation: Strategic Choice and Environmental Determinism. In: Administrative Science Quarterly, 30. Jg., S. 336-349.

HREBINIAK, L. G./SNOW, C. C. (1982): Top Management Agreement and Organizational Performance. In: Human Relations, 35. Jg., S. 1139-1158.

HUFF, A. S. (1990): Mapping Strategic Thought. Chichester.

HÜFFER, U. (2004): Aktiengesetz. 6. Aufl., München.

IHRIG, H.-C. (2004): Reformbedarf beim Haftungstatbestand des § 93 AktG. In: Wertpapier-Mitteilungen, 58. Jg., S. 2098-2107.

INNAMI, I. (1994): The Quality of Group Decisions, Group Verbal Behavior, and Intervention. In: Organizational Behavior and Human Decision Processes, 60. Jg., S. 409-430.

IRELAND, R. D./HITT, M. A./BETTIS, R. A./DEPORRAS, D. A. (1987): Strategy Formulation Processes: Differences in Perceptions of Strength and Weaknesses Indicators and Environmental Uncertainty by Management Level. In: Strategic Management Journal, 8. Jg., S. 469-485.

ISENBERG, D. J. (1981): Some Effects of Time-Pressure on Vertical Structure and Decision-making Accuracy in Small Groups. In: Organizational Behavior and Human Performance, 27. Jg., S. 119-134.

JACKSON, S. E. (1992): Consequences of Group Composition for the Interpersonal Dynamics of Strategic Issue Processing. In: Advances in Strategic Management, 8. Jg., S. 345-382.

JACKSON, S. E./MAY, K. E./WHITNEY, K. (1995): Understanding the Dynamics of Diversity in Decision-making Teams. In: R. A. Guzzo/E. Sales (Hrsg.): Team Effectiveness and Decision Making in Organizations. San Francisco, CA, S. 204-261.

JANIS, I. L. (1972): Victims of Groupthink. Boston, MA.

JANIS, I. L. (1983): Groupthink: Psychological Studies of Policy Decisions and Fiascoes. 2. Aufl., Boston, MA.

JANIS, I. L. (1989): Crucial Decisions. New York.

JANSSEN, O./VAN DE VLIERT, E./VEENSTRA, C. (1999): How Task and Person Conflict Shape the Role of Positive Interdependence in Management Teams. In: Journal of Management, 25. Jg., S. 117-142.

JEHN, K. A. (1994): Enhancing Effectiveness: An Investigation of Advantages and Disadvantages of Value-Based Intragroup Conflict. In: The International Journal of Conflict Management, 5. Jg., S. 223-228.

JEHN, K. A. (1995): A Multimethod Examination of the Benefit and Detriments of Intragroup Conflict. In: Administrative Science Quarterly, 40. Jg., S. 256-282.

JEHN, K. A. (1997): A Qualitative Analysis of Conflict Types and Dimensions in Organizational Groups. In: Administrative Science Quarterly, 42. Jg., S. 530-557.

JEHN, K. A./CHATMAN, J. A. (2000): The Influence of Proportional and Perceptual Conflict Composition on Team Performance. In: The International Journal of Conflict Management, 11. Jg., S. 56-73.

JEHN, K. A./MANNIX, E. A. (2001): The Dynamic Nature of Conflict: A Longitudinal Study of Intragroup Conflict and Group Performance. In: Academy of Management Journal, 44. Jg., S. 238-251.

JEHN, K. A./NORTHCRAFT, G. B./NEALE, M. A. (1999): Why Differences Make a Difference: A Field Study of Diversity, Conflict, and Performance in Workgroups. In: Administrative Science Quarterly, 44. Jg., S. 741-763.

JENSEN, M. C. (1983): Organization Theory and Methodology. In: The Accounting Review, 56. Jg., S. 319-339.

JENSEN, M. C. (1988): The Takeover Controversy: Analysis and Evidence. In: J. C. Coffee/L. Lowenstein/S. Rose-Ackermann (Hrsg.): Knights, Raiders & Targets. New York, S. 314-354.

JENSEN, M. C./MECKLING, W. H. (1976): Theory of the Firm: Managerial Behavior, Agency Costs and Ownership Structure. In: Journal of Financial Economics, 3. Jg., S. 305-360.

JOHNSON, J. L./DAILY, C. M./ELLSTRAND, A. E. (1996): Board of Directors: A Review and Research Agenda. In: Journal of Management, 22. Jg., S. 409-438.

KANT, I. (1983): Gesammelte Werke in zwölf Bänden. Bd. 5, Frankfurt am Main.

KARAU, S. J./KELLY, J. R. (1992): The Effects of Time Scarcity and Time Abundance on Group Performance Quality and Interaction Process. In: Journal of Experimental Social Psychology, 28. Jg., S. 542-571.

KARAU, S. J./WILLIAMS, K. D. (1993): Social Loafing: A Meta-Analytic Review and Theoretical Integration. In: Journal of Personality and Social Psychology, 65. Jg., S. 681-706.

KAST, F. E./ROSENZWEIG, J. E. (1979): Organization and Management. 3. Aufl., New York u. a.

KATZENBACH, J. R. (1997): The Myth of the Top Management Team. In: Harvard Business Review, 75. Jg., Heft 6, S. 82-91.

KATZENSTEIN, G. (1996): The Debate on Structured Debate: Toward a Unified Theory. In: Organizational Behavior and Human Decision Processes, 66. Jg., S. 316-332.

KAUFFELD, S. (2001): Teamdiagnose. Göttingen.

KECK, S. L. (1997): Top Management Team Structure: Differential Effects by Environmental Context. In: Organization Science, 8. Jg., S. 143-156.

KELLY, J. R./MCGRATH, J. E. (1985): Effects of Time Limits and Task Types on Task Performance and Interaction of Four-Person Groups. In: Journal of Personality and Social Psychology, 49. Jg., S. 395-407.

KERR, N. L./TINDALE, R. S. (2004): Group Performance and Decision Making. In: Annual Review of Psychology, 55. Jg., S. 623-655.

KERSCHREITER, R./MOJZISCH, A./SCHULZ-HARDT, S./BRODBECK, F. C./FREY, D. (2003): Informationsaustausch bei Entscheidungsprozessen in Gruppen: Theorie, Empirie und Implikationen für die Praxis. In: S. Stumpf/A. Thomas (Hrsg.): Teamarbeit und Teamentwicklung. Göttingen, S. 85-118.

KETS DE VRIES, M. F. R./MILLER, D. (1984): Neurotic Style and Organizational Pathology. In: Strategic Management Journal, 5. Jg., S. 35-55.

KIESER, A. (2006): Der Situative Ansatz. In: A. Kieser/M. Ebers (Hrsg.): Organisationstheorien. 6. Aufl., Stuttgart, S. 215-245.

KIESER, A./WOYWODE, M. (2006): Evolutionstheoretische Ansätze. In: A. Kieser/M. Ebers (Hrsg.): Organisationstheorien. 6. Aufl., Stuttgart, S. 309-352.

KIESLER, S./SPROULL, L. (1982): Managerial Response to Changing Environments: Perspectives on Problem Sensing from Social Cognition. In: Administrative Science Quarterly, 27. Jg., S. 548-570.

KILDUFF, M./ANGELMAR, R./MEHRA, A. (2000): Top Management-Team Diversity and Firm Performance: Examining the Role of Cognitions. In: Organization Science, 11. Jg., S. 21-34.

KIM, W. C./MAUBORGNE, R. A. (1993): Procedural Justice, Attitudes, and Subsidiary Top Management Compliance with Multinationals' Corporate Strategic Decisions. In: Academy of Management Journal, 36. Jg., S. 502-526.

KINDLER, P. (1998): Unternehmerisches Ermessen und Pflichtbindung - Voraussetzungen und Geltendmachung der Vorstandshaftung in der Aktiengesellschaft. In: Zeitschrift für das gesamte Handels- und Wirtschaftsrecht, 162. Jg., S. 101-119.

KIRCHGÄSSNER, G. (2000): Homo oeconomicus. 2. Aufl., Tübingen.

KLEBERT, K./SCHRADER, E./STRAUB, W. (2006): Moderations-Methode: Das Standardwerk. 6. Aufl., Hamburg.

KLEIN, G. (2003): Intuition at Work: Why Developing Your Gut Instincts Will Make You Better at What You Do. New York.

KLEIN, W. (1980): Argumentation und Argument. In: Zeitschrift für Literaturwissenschaft und Linguistik, 10. Jg., Heft 38/39, S. 9-57.

KLEINDIEK, D. (2003): Konzernstrukturen und Corporate Governance: Leitung und Überwachung im dezentral organisierten Unternehmensverbund. In: P. Hommelhoff/K. J. Hopt/A. v. Werder (Hrsg.): Handbuch Corporate Governance: Leitung und Überwachung börsennotierter Unternehmen in der Rechts- und Wirtschaftspraxis. Köln - Stuttgart, S. 571-603.

KLIMOSKI, R./MOHAMMED, S. (1994): Team Mental Model: Construct or Metaphor. In: Journal of Management, 20. Jg., S. 403-437.

KLOCKE, U. (2004): Folgen von Machtausübung und Einflussnahme für Wissenszuwachs und Effektivität in Kleingruppen. Dissertation an der Humboldt-Universität zu Berlin.

KNIGHT, D./PEARCE, C. L./SMITH, K. G./OLIAN, J. D./SIMS, H. P./SMITH, K. A./FLOOD, P. (1999): Top Management Team Diversity, Group Process, and Strategic Consensus. In: Strategic Management Journal, 20. Jg., S. 445-465.

KOCK, M./DINKEL, R. (2004): Die zivilrechtliche Haftung von Vorständen für unternehmerische Entscheidungen. In: Neue Zeitschrift für Gesellschaftsrecht, 7. Jg., S. 441-448.

KOONTZ, H./WEIHRICH, H. (1988): Management. 9. Aufl., New York.

KOPPERSCHMIDT, J. (1980): Argumentation. Sprache und Vernunft II. Stuttgart.

KOPPERSCHMIDT, J. (1989): Methodik der Argumentationsanalyse. Stuttgart.

KORSGAARD, M. A./SCHWEIGER, D. M./SAPIENZA, H. J. (1995): Building Commitment, Attachment, and Trust in Strategic Decision-making Teams: The Role of Procedural Justice. In: Academy of Management Journal, 38. Jg., S. 60-84.

KOTTER, J. P. (1982): The General Managers. New York.

KOTTER, J. P. (1999): What Effective General Managers Really Do. In: Harvard Business Review, 77. Jg., Heft 2, S. 145-159.

KRASSER, N. (1995): Kritisch-rationales Management: Gestaltungserfordernisse fehlerarmer Entscheidungsprozesse. Wiesbaden.

KREIKEBAUM, H. (1997): Strategische Unternehmensplanung. 6. Aufl., Stuttgart.

LAM, S. S. K./SCHAUBROECK, J. (2000): Improving Group Decisions by Better Pooling Information: A Comparative Advantage of Group Decision Support Systems. In: Journal of Applied Psychology, 85. Jg., S. 565-573.

LANGFIELD-SMITH, K. (1992): Exploring the Need for a Shared Cognitive Map. In: Journal of Management Studies, 29. Jg., S. 349-368.

LANGLEY, A. (1995): Between "Paralysis by Analysis" and "Extinction by Instinct". In: Sloan Management Review, 36. Jg., Heft 3, S. 63-76.

LARSON, J. R. (1997): Modeling the Entry of Shared and Unshared Information into Group Discussion: A Review and BASIC Language Computer Program. In: Small Group Research, 28. Jg., S. 454-479.

LARSON, J. R./CHRISTENSEN, C. (1993): Groups as Problem-Solving Units: Toward a New Meaning of Social Cognition. In: British Journal of Social Psychology, 32. Jg., S. 5-30.

LARSON, J. R./CHRISTENSEN, C./ABBOTT, A. S./FRANZ, T. M. (1998): Diagnosing Groups: The Pooling Management, and Impact of Shared and Unshared Case Information in Team-Based Medical Decision Making. In: Journal of Personality and Social Psychology, 75. Jg., S. 93-108.

LARSON, J. R./FOSTER-FISHMAN, P. G./FRANZ, T. M. (1998): Leadership Style and the Discussion of Shared and Unshared Information in Decision-making Groups. In: Personality and Social Psychology Bulletin, 24. Jg., S. 482-495.

LARSON, J. R./FOSTER-FISHMAN, P. G./KEYS, C. B. (1994): Discussion of Shared and Unshared Information in Decision-making Groups. In: Journal of Personality and Social Psychology, 67. Jg., S. 446-461.

LARSON, J. R./SARGIS, E. G./ELSTEIN, A. S./SCHWARTZ, A. (2002): Holding Shared versus Unshared Information: Its Impact on Perceived Member Influence in Decision-making Groups. In: Basic and Applied Social Psychology, 24. Jg., S. 145-155.

LAVERY, T. A./FRANZ, T. M./WINQUIST, J. R./LARSON, J. R. JR. (1999): The Role of Information Exchange in Predicting Group Accuracy on Multiple Judgement Task. In: Basic and Applied Social Psychology, 21. Jg., S. 281-289.

LAWRENCE, B. S. (1997): The Black Box of Organizational Demography. In: Organization Science, 8. Jg., S. 1-22.

LAWRENCE, P./LORSCH, J. (1967): Organization and Environment. Boston, MA.

LEANA, C. R. (1985): A Partial Test of Janis' Groupthink Model: Effects of Group Cohesiveness and Leader Behavior on Defective Decision Making. In: Journal of Management, 11. Jg., S. 5-17.

LEARNED, E. P./CHRISTENSEN, C. R./ANDREWS, K. R. (1961): Problems of General Management-Business Policy. Homewood, Ill.

LENK, T./TEICHMANN, V. (1999): Arrows Unmöglichkeitstheorem. In: Das Wirtschaftsstudium, 28. Jg., S. 866-870.

LEONARD, D./SENSIPER, S. (1998): The Role of Tacit Knowledge in Group Innovation. In: California Management Review, 40. Jg., Heft 3, S. 112-132.

LEVINE, J. M./MORELAND, R. L. (1990): Progress in Small Group Research. In: Annual Review of Psychology, 41. Jg., S. 585-634.

LEVINTHAL, D. A./MARCH, J. G. (1993): The Myopia of Learning. In: Strategic Management Journal, 14. Jg., S. 95-112.

LEWIN, A. Y./STEPHENS, C. U. (1994): CEO Attitudes as Determinants of Organization Design: An Integrated Model. In: Organization Studies, 15. Jg., S. 183-212.

LIEBEL, H. J./OECHSLER, W. A. (1994): Handbuch Human Resource Management. Wiesbaden.

LIND, E. A./TYLER, T. R. (1988): The Social Psychology of Procedural Justice. New York.

LINDBLOM, C. E. (1965): The Intelligence of Demogracy. New York - London.

LINDBLOM, C. E. (1969): The Science of "Muddling through". In: H. I. Ansoff (Hrsg.): Business Strategy. Harmondsworth, S. 41-60.

LORSCH, J. W. (1996): German Corporate Governance and Management: An American's Perspective. In: Zeitschrift für betriebswirtschaftliche Forschung, Sonderheft 36, S. 199-225.

LOTT, A. J./LOTT, B. E. (1965): Group Cohesiveness as Interpersonal Attraction. In: Psychological Bulletin, 64. Jg., S. 259-309.

LOVELACE, K./SHAPIRO, D. L./WEINGART, L. R. (2001): Maximizing Cross-Functional New Product Teams' Innovativeness and Constraint Adherence: A Conflict Communications Perspective. In: Academy of Management Journal, 44. Jg., S. 779-793.

LUBATKIN, M./SIMSEK, Z./LING, Y./VEIGA, J. F. (2006): Ambidexterity and Performance on Small- to Medium-Sized Firms: The Pivotal Role of TMT Behavioral Integration. In: Journal of Management, 32. Jg., S. 646-672.

LUDWIG, B. (1997): Computerunterstützung der Argumentation in Gruppen. Wiesbaden.

LUHMANN, N. (2000): Vertrauen: Ein Mechanismus der Reduktion sozialer Komplexität. 4. Aufl., Stuttgart.

LUTTER, M. (1994): Der Aufsichtsrat: Konstruktionsfehler, Inkompetenz seiner Mitglieder oder normales Risiko. In: Die Aktiengesellschaft, 39. Jg., S. 176-177.

LUTTER, M. (2001): Der Aufsichtsrat: Kontrolleur oder Mit-Unternehmer? In: D. Sadowski (Hrsg.): Entrepreneurial Spirit. Festschrift für Horst Albach zum 70. Geburtstag. Wiesbaden, S. 225-235.

LUTTER, M./KRIEGER, G. (2002): Rechte und Pflichten des Aufsichtsrats. 4. Aufl., Köln.

MAAS, U./WUNDERLICH, D. (1972): Pragmatik und sprachliches Handeln. 2. Aufl., Frankfurt am Main.

MACHARZINA, K. (2003): Unternehmensführung. Das internationale Managementwissen. 4. Aufl., Wiesbaden.

MANNE, H. G. (1965): Mergers and the Market for Corporate Control. In: Journal of Political Economy, 73. Jg., S. 110-120.

MARCH, J. G. (1990a): Eine Chronik der Überlegungen über Entscheidungsprozesse. In: J. G. March (Hrsg.): Entscheidung und Organisation. Wiesbaden, S. 1-23.

MARCH, J. G. (1990b): Beschränkte Rationalität, Ungewißheit und die Technik der Auswahl. In: J. G. March (Hrsg.): Entscheidung und Organisation. Wiesbaden, S. 297-328.

MARCH, J. G. (1991): Exploration and Exploitation in Organizational Learning. In: Organization Science, 2. Jg., S. 71-87.

MARCH, J. G./SIMON, H. A. (1958): Organizations. New York - London.

MARTIN, A./BARTSCHER-FINZER, S. (2004): Zusammenhänge und Mechanismen. Das Groupthink-Phänomen neu betrachtet. Schriften aus dem Institut für Mittelstandsforschung der Universität Lüneburg, Heft 28, Lüneburg.

MASON, R. O. (1969): A Dialectical Approach to Strategic Planning. In: Management Science, 15. Jg., S. B-403-B-414.

MASON, R. O./MITROFF, I. I. (1981): Challenging Strategic Planning Assumptions: Theory Cases, and Techniques. New York u. a.

MAYER, C. (1998): Financial Systems and Corporate Governance: A Review of the International Evidence. In: Journal of Institutional and Theoretical Economics, 154. Jg., S. 144-165.

MCCALL, M. W./KAPLAN, R. E. (1990): Whatever It Takes: The Realities of Managerial Decision Making. 2. Aufl., Englewood Cliffs, NJ.

MCCAULEY, C. (1998): Group Dynamics in Janis's Theory of Groupthink: Backward and forward. In: Organizational Behavior and Human Decision Processes, 73. Jg., S. 142-162.

MCGRATH, J. E. (1984): Groups: Interaction and Performance. Englewood Cliffs, NJ.

MCGRATH, J. E./ARROW, H./BERDAHL, J. L. (1999): Cooperation and Conflict as Manifestations of Coordination in Small Groups. In: Polish Psychological Bulletin, 30. Jg., S. 1-14.

MCKELVEY, B./ALDRICH, H. (1983): Populations, Natural Selection, and Applied Organizational Science. In: Administrative Science Quarterly, 28. Jg., S. 101-128.

MEINDL, J. R./EHRLICH, S. B./DUKERICH, J. M. (1985): The Romance of Leadership. In: Administrative Science Quarterly, 30. Jg., S. 78-102.

MENNECKE, B. E. (1997): Using Group Support Systems to Discover Hidden Profiles: An Examination of the Influence of Group Size and Meeting Structures on Information Sharing and Decision Quality. In: International Journal of Human Computer Studies, 47. Jg., S. 387-405.

MERTENS, H.-J. (1996): Kommentierungen. In: W. Zöllner (Hrsg.): Kölner Kommentar zum Aktiengesetz. Bd. 2. 2. Aufl., Köln.

MEYER ZU SELHAUSEN, H. (1989): Inkrementale Planung. In: N. Szyperski (Hrsg.): Handwörterbuch der Planung. Stuttgart, Sp. 746-753.

MEYER, J. W./ROWAN, B. (1991): Institutionalized Organizations: Formal Structure as Myth and Ceremony. In: W. W. Powell/P. J. DiMaggio (Hrsg.): The New Institutionalism in Organizational Analysis. Chicago, S. 41-62.

MEYER, J. W./SCOTT, W. R. (1992): Preface to the Updated Edition. In: J. W. Meyer/W. R. Scott (Hrsg.): Organizational Environments: Ritual and Rationality. 2. Aufl., Newbury Park, CA, S. 1-6.

MEZIAS, S. J./GLYNN, M. A. (1993): The Three Faces of Corporate Renewal: Institution, Revolution, and Evolution. In: Strategic Management Journal, 14. Jg., S. 77-101.

MICHEL, J. G./HAMBRICK, D. C. (1992): Diversification Posture and Top Management Team Characteristics. In: Academy of Management Journal, 35. Jg., S. 9-37.

MICHIE, S. G./DOOLEY, R. S./FRYXELL, G. E. (2002): Top Management Team Heterogeneity, Consensus, and Collaboration: A Moderated Mediation Model of Decision Quality. In: Academy of Management Proceedings, S. L1 –L6.

MILBERG, S./CLARK, M. S. (1988): Moods and Compliance. In: British Journal of Social Psychology, 27. Jg., S. 79-90.

MILES, R. E./SNOW, C. C. (1978): Organizational Strategy, Structure, and Process. New York.

MILLER, C. C./BURKE, L. M./GLICK, W. H. (1998): Cognitive Diversity among Upper-Echelons Executives: Implications for Strategic Decision Processes. In: Strategic Management Journal, 19. Jg., S. 39-58.

MILLER, C. C./CARDINAL, L. B. (1994): Strategic Planning and Firm Performance: A Synthesis of More than Two Decades of Research. In: Academy of Management Journal, 37. Jg., S. 1649-1665.

MILLER, C. C./IRELAND, R. D. (2005): Intuition in Strategic Decision Making: Friend or Foe in the Fast-Paced 21st Century? In: Academy of Management Executive, 19. Jg., Heft 1, S. 19-30.

MINTZBERG, H. (1973): The Nature of Managerial Work. New York.

MINTZBERG, H. (1989): Mintzberg on Management. New York.

MINTZBERG, H. (1990): The Decision School: Reconsidering the Basic Promises of Strategic Management. In: Strategic Management Journal, 11. Jg., S. 171-195.

MINTZBERG, H. (1994): The Rise and Fall of Strategic Planning. New York.

MINTZBERG, H. (1998a): Five Ps for Strategy. In: H. Mintzberg/J. B. Quinn/S. Goshal (Hrsg.): The Strategy Process. Harlow, S. 13-21.

MINTZBERG, H. (1998b): The Manager's Job. In: H. Mintzberg/J. B. Quinn/S. Goshal (Hrsg.): The Strategy Process. Harlow, S. 23-41.

MINTZBERG, H./RAISINGHANI, D./THEORET, A. (1976): The Structure of "Unstructured" Decision Processes. In: Administrative Science Quarterly, 21. Jg., S. 246-275.

MINTZBERG, H./WATERS, J. A. (1982): Tracking Strategy in an Entrepreneurial Firm. In: Academy of Management Journal, 25. Jg., S. 465-499.

MOHAMED, A. A./WIEBE, F. A. (1996): Toward a Process Theory of Groupthink. In: Small Group Research, 27. Jg., S. 416-430.

MOJZISCH, A./SCHULZ-HARDT, S. (2006): Information Sampling in Group Decision Making: Sampling Biases and Their Consequences. In: K. Fiedler/P. Juslin (Hrsg.): Information Sampling and Adaptive Cognition. Cambridge, S. 299-325.

MORAN, P./GHOSHAL, S. (1996): Theories of Economic Organization: The Case for Realism and Balance. In: Academy of Management Review, 21. Jg., S. 58-72.

MORELAND, R. L. (1999): Transactive Memory: Learning Who Knows What in Work Groups and Organizations. In: L. L. Thompson/J. M. Levine/D. M. Messick (Hrsg.): Sharing Knowledge in Organizations. Hillsdale, NJ, S. 3-31.

MORELAND, R. L./ARGOTE, L./KRISHNAN, R. (1996): Socially Shared Cognition at Work. Transactive Memory and Group Performance. In: J. L. Nye/A. M. Brower (Hrsg.): What's Social about Social Cognition? Research on Socially Shared Cognition in Small Groups. Thousand Oaks, CA, S. 57-84.

MUDRACK, P. E. (1989): Defining Group Cohesiveness: A Legacy of Confusion. In: Small Group Behavior, 20. Jg., S. 37-49.

MULLEN, B./ANTHONY, T./SALAS, E./DRISKELL, J. E. (1993): Group Cohesiveness and Quality of Decision Making: An Integration of Tests of the Groupthink Hypothesis. In: Small Group Research, 25. Jg., S. 189-204.

MURRAY, A. I. (1989): Top Management Group Heterogeneity and Firm Performance. In: Strategic Management Journal, 10. Jg., Special Issue, S. 125-141.

NAUMANN, S. E./BENNETT, N. (2000): A Case for Procedural Justice Climate: Development and Test of a Multilevel Model. In: Academy of Management Journal, 43. Jg., S. 881-889.

NECK, C. P./MANZ, C. C. (1994): From Groupthink to Teamthink: Toward the Creation of Constructive Thought Patterns in Self-Managing Work Teams. In: Human Relations, 47. Jg., S. 929-952.

NECK, C. P./MOORHEAD, G. (1992): Jury Deliberations in the Trial of U.S. v. John DeLorean: A Case Analysis of Groupthink Avoidance and an Enhanced Framework. In: Human Relations, 45. Jg., S. 1077-1091.

NECK, C. P./MOORHEAD, G. (1995): Groupthink Remodeled: The Importance of Leadership, Time Pressure, and Methodical Decision-making Procedures. In: Human Relations, 48. Jg., S. 537-557.

NEMETH, C. J. (1986): Differential Contributions to Majority and Minority Influence.

NEMIROFF, P. M./KING, D. C. (1975): Group Decision-making Performance as Influence by Consensus and Self-Orientation. In: Human Relations, 28. Jg., S. 1-21.

NEMIROFF, P. M./PASMORE, W. A./FORD, D. L. (1976): The Effects of Two Normative Structural Interventions on Established and Ad Hoc Groups: Implications for Improving Decision-making Effectiveness. In: Decision Sciences, 7. Jg., S. 841-855.

NEUBÜRGER, H.-J. (2003): Die deutsche Mitbestimmung aus Sicht eines international operierenden Unternehmens. In: P. Hommelhoff/K. J. Hopt/A. v. Werder (Hrsg.): Handbuch Corporate Governance: Leitung und Überwachung börsennotierter Unternehmen in der Rechts- und Wirtschaftspraxis. Köln - Stuttgart, S. 177-197.

NORBURN, D./BIRLEY, S. (1988): The Top Management Team and Corporate Performance. In: Strategic Management Journal, 9. Jg., S. 225-237.

O'SULLIVAN, M. (2000): The Innovative Enterprise and Corporate Governance. In: Cambridge Journal of Economics, 24. Jg., S. 393-416.

OECHSLER, W. A. (2003): Qualifikation und personelle Besetzung des Vorstands und Aufsichtsrats. In: P. Hommelhoff/K. J. Hopt/A. v. Werder (Hrsg.): Handbuch Corporate Governance: Leitung und Überwachung börsennotierter Unternehmen in der Rechts- und Wirtschaftspraxis. Köln - Stuttgart, S. 305-321.

OESTERLE, M.-J. (1999): Führungswechsel im Top-Management: Grundlagen - Wirkungen - Gestaltungsoptionen. Wiesbaden.

OESTERLE, M.-J. (2003): Entscheidungsfindung im Vorstand großer deutscher Aktiengesellschaften. In: Zeitschrift Führung + Organisation, 72. Jg., S. 199-208.

OETKER, H. (2003): Aufsichtsrat/Board: Aufgaben, Besetzung, Organisation, Entscheidungsfindung und Willensbildung - Rechtlicher Rahmen. In: P. Hommelhoff/K. J. Hopt/A. v. Werder (Hrsg.): Handbuch Corporate Governance: Leitung und Überwachung börsennotierter Unternehmen in der Rechts- und Wirtschaftspraxis. Köln - Stuttgart, S. 261-284.

OLTMANNS, M. (2001): Geschäftsleiterermessen und unternehmerisches Ermessen: Die Business Judgment Rule im deutschen und amerikanischen Recht. Frankfurt am Main u. a.

O'REILLY III, C. A./SNYDER, R. C./BOOTHE, J. N. (1995): Effects of Executive Team Demography on Organizational Change. In: G. Huber/W. Glick (Hrsg.): Organizational Change and Redesign: Ideas and Insights for Improving Performance. New York, S. 147-175.

O'REILLY, C. (1983): The Use of Information in Organizational Decision Making: A Model and Some Propositions. In: B. M. Staw/L. L. Cummings (Hrsg.): Research in Organizational Behavior, 5. Jg., Greenwich, CT, S. 103-139.

OSGOOD, C. E./TANNENBAUM, P. H. (1955): The Principle of Congruity in the Prediction of Attitude Change. In: Psychological Review, 62. Jg., S. 42-55.

OVIATT, B. M. (1988): Agency and Transaction Cost Perspective on the Manager-Shareholder Relationship: Incentives for Congruent Interests. In: Academy of Management Review, 13. Jg., S. 214-225.

PAPADAKIS, V. M./BARWISE, P. (2002): How Much Do CEOs and Top Managers Matter in Strategic Decision-making? In: British Journal of Management, 13. Jg., S. 83-95.

PARIKH, J. (1994): Intuition: The New Frontier in Management. Oxford.

PARK, W. (2000): A Comprehensive Empirical Investigation of the Relationships among Variables of the Groupthink Model. In: Journal of Organizational Behavior, 21. Jg., S. 873-887.

PAULUS, P. B. (1998): Developing Consensus about Groupthink after All These Years. In: Organizational Behavior and Human Decision Process, 73. Jg., S. 362-374.

PAVITT, C. (2003): Colloquy: Do Interacting Groups Perform Better than Aggregates of Individuals? Why We Have to Be Reductionists about Group Memory. In: Human Communication Research, 29. Jg., S. 592-600.

PEARCE, J. A. II (1995): A Structural Analysis of Dominant Coalitions in Small Banks. In: Journal of Management, 21. Jg., S. 1075-1095.

PEARSON, A. W./ENSLEY, M. D./AMASON, A. C. (2002): An Assessment and Refinement of Jehn's Intragroup Conflict Scale. In: The International Journal of Conflict Management, 13. Jg., S. 110-126.

PELLED, L. H. (1996): Demographic Diversity, Conflict, and Work Group Outcomes: An Intervening Process Theory. In: Organization Science, 7. Jg., S. 615-631.

PELLED, L. H./EISENHARDT, K. M./XIN, K. R. (1999): Exploring the Blackbox: An Analysis of Work Group Diversity, Conflict, and Performance. In: Administrative Science Quarterly, 44. Jg., S. 1-28.

PELTZER, M. (2001): Inwieweit geht der German Code of Corporate Governance über den Gesetzestext hinaus? In: A. v. Werder (Hrsg.): German Code of Corporate Governance (GCCG). Konzeption, Inhalt und Anwendung von Standards der Unternehmensführung. 2. Aufl., Stuttgart, S. 35-62.

PELTZER, M. (2003a): Erweiterte Verantwortung des Aufsichtsrates nach dem Deutschen Corporate Governance Kodex. In: A. v. Werder/H. Wiedmann (Hrsg.): Internationalisierung der Rechnungslegung und Corporate Governance. Festschrift für Professor Dr. Klaus Pohle. Stuttgart, S. 375-390.

PELTZER, M. (2003b): Vorstand/Board: Aufgaben, Organisation, Entscheidungsfindung und Willensbildung - Rechtlicher Rahmen. In: P. Hommelhoff/K. J. Hopt/A. v. Werder (Hrsg.): Handbuch Corporate Governance: Leitung und Überwachung börsennotierter Unternehmen in der Rechts- und Wirtschaftspraxis. Köln - Stuttgart, S. 223-244.

PELTZER, M. (2005): Die Bestellung und Anstellung von Vorstandsmitgliedern. In: J. Semler/M. Peltzer (Hrsg.): Arbeitshandbuch für Vorstandsmitglieder. München, S. 105-183.

PERELMAN, C. (1979): Logik und Argumentation. Königstein/Taunus.

PETERSON, R. S./OWENS, P. D./TETLOCK, P. E./FAN, E. T./MARTORANA, P. (1998): Group Dynamics in Top Management Teams: Groupthink, Vigilance, and Alternative Models of Organizational Failure and Success. In: Organizational Behavior and Human Decision Processes, 73. Jg., S. 272-305.

PETERSON, R. S./SMITH, D. B./MARTORANA, P. V./OWENS, P. D. (2003): The Impact of Chief Executive Officer Personality on Top Management Team Dynamics: On Mechanism by Which Leadership Affects Organizational Performance. In: Journal of Applied Psychology, 88. Jg., S. 795-808.

PETTIGREW, A. M. (1992): On Studying Managerial Elites. In: Strategic Management Journal, 13. Jg., S. 163-182.

PFEFFER, J. (1981): Management as Symbolic Action: The Creation and Maintenance of Organizational Paradigms. In: L. L. Cummings/B. M. Staw (Hrsg.): Research in Organizational Behavior. 3. Jg., Greenwich, CT, S. 1-52.

PFEFFER, J. (1983): Organizational Demography. In: L. L. Cummings/B. M. Staw (Hrsg.): Research in Organizational Behavior. 5. Jg., Greenwich, CT, S. 299-357.

PFEFFER, J./SALANCIK, G. R. (1978): The External Control of Organizations. New York.

PFITZER, N./OSER, P./ORTH, C. (2005): Deutscher Corporate Governance Kodex. Ein Handbuch für Entscheidungsträger. 2. Aufl., Stuttgart.

PITCHER, P./SMITH, A. D. (2001): Top Management Team Heterogeneity: Personality, Power, and Proxies. In: Organization Science, 12. Jg., S. 1-18.

PORTER, M. E. (1980): Competitive Strategy. Techniques for Analyzing Industries and Competitors. New York - London.

PORTER, M. E. (1997): Wettbewerbsstrategie. Methode zur Analyse von Branchen und Konkurrenten. 9. Aufl., Frankfurt am Main.

POSTMES, T./SPEARS, R./CIHANGIR, S. (2001): Quality of Decision Making and Group Norms. In: Journal of Personality and Social Psychology, 80. Jg., S. 918-930.

POTTHOFF, E. (1996): Board-System versus duales System der Unternehmensverwaltung - Vor- und Nachteile. In: Betriebswirtschaftliche Forschung und Praxis, 48. Jg., S. 253-268.

POTTHOFF, E./TRESCHER, K./THEISEN, M. R. (2003): Das Aufsichtsratsmitglied. Ein Handbuch der Aufgaben, Rechte und Pflichten. 6. Aufl., Stuttgart.

PRIEM, R. L. (1990): Top Management Team Group Factors, Consensus, and Firm Performance. In: Strategic Management Journal, 11. Jg., S. 469-478.

PRIEM, R. L. (1994): Executive Judgement, Organizational Congruence, and Firm Performance. In: Organization Science, 5. Jg., S. 421-437.

PRIEM, R. L./HARRISON, D. A./MUIR, N. K. (1995): Structured Conflict and Consensus Outcomes in Group Decision Making. In: Journal of Management, 21. Jg., S. 691-710.

PRIEM, R. L./LYON, D. W./DESS, G. G. (1999): Inherent Limitations of Demographic Proxies in Top Management Team Heterogeneity Research. In: Journal of Management, 25. Jg., S. 935-953.

PRIEM, R. L./RASHEED, A. M. A./KOTULIC, A. G. (1995): Rationality in Strategic Decision Processes, Environmental Dynamism and Firm Performance. In: Journal of Management, 21. Jg., S. 913-929.

PROPP, K. M. (1997): Information Utilization in Small Group Decision Making: A Study of the Evaluative Interaction Model. In: Small Group Research, 28. Jg., S. 424-453.

RAJAGOPALAN, N./RASHEED, A. M. A./DATTA, D. K. (1993): Strategic Decision Processes: Critical Review and Future Directions. In: Journal of Management, 19. Jg., S. 349-384.

RAPPAPORT, A. (1999): Shareholder Value: Wertsteigerung als Maßstab für die Unternehmensführung. 2. Aufl., Stuttgart.

REBER, G. (1992): Führungstheorien. In: E. Gaugler/W. Weber (Hrsg.): Handwörterbuch des Personalwesens. 2. Aufl., Stuttgart, Sp. 981-996.

RESCHER, N. (1993): Rationalität. Eine philosophische Untersuchung über das Wesen und die Begründung der Vernunft. Würzburg.

RINGLEB, H.-M./KREMER, T./LUTTER, M./V. WERDER, A. (2008): Kommentar zum Deutschen Corporate Governance Kodex. Kodex-Kommentar. 3. Aufl., München.

ROE, M. J. (2000): Political Preconditions to Separating Ownership from Corporate Control. In: Stanford Law Review, 53. Jg., S. 539-606.

ROMANELLI, E. J./TUSHMAN, M. (1986): Inertia, Environments and Strategic Choice: A Quasi-Experimental Design for Comparative-Longitudinal Research. In: Management Science, 32. Jg., S. 608-621.

ROSENBERG, M. J. (1956): Cognitive Structure and Attitudinal Affect. In: Journal of Abnormal and Social Psychology, 53. Jg., S. 367-372.

ROSENBERG, M. J. (1960a): A Structural Theory of Attitude Dynamics. In: Public Opinion Quarterly, 24. Jg., S. 319-340.

ROSENBERG, M. J. (1960b): An Analysis of Affective-Cognitive Consistency. In: M. J. Rosenberg/C. I. Hovland/W. J. McGuire/R. P. Abelson/J. W. Brehm (Hrsg.): Attitude Organization and Change. New Haven, CT, S. 15-56.

ROSS, J./STAW, B. M. (1993): Organizational Escalation and Exit: Lessons from the Shoreham Nuclear Power Plant. In: Academy of Management Journal, 36. Jg., S. 701-732.

ROSS, S. A. (1973): The Economic Theory of Agency: The Principal's Problem. In: American Economic Review, Papers and Proceedings, 63. Jg., Heft 2, S. 134-139.

ROTH, G. H./WÖRLE, U. (2004): Die Unabhängigkeit des Aufsichtsrats - Recht und Wirklichkeit. In: Zeitschrift für Unternehmens- und Gesellschaftsrecht, 33. Jg., S. 563-630.

ROTTER, J. B. (1966): Generalized Expectancies for Internal versus External Control of Reinforcement. In: Psychological Monographs: General and Applied, 80. Jg., Heft 1, S. 1-28.

ROULEAU, L./SÉGUIN, F. (1995): Strategy and Organizational Theories: Common Forms of Discourse. In: Journal of Management Studies, 32. Jg., S. 101-117.

ROWAN, R. (1986): The Intuitive Manager. Boston, MA.

SACKMANN, S. A. (2004): Kognitiver Ansatz. In: G. Schreyögg/A. v. Werder (Hrsg.): Handwörterbuch Unternehmensführung und Organisation. 4. Aufl., Stuttgart, Sp. 587-596.

SALANCIK, G. R./PFEFFER, J. (1977): Constraints on Administrator Discretion: The Limited Influence of Mayors on City Budgets. In: Urban Affairs Quarterly, 12. Jg., S. 475-498.

SANDERS, W. G./CARPENTER, M. A. (1998): Internationalization and Firm Governance: The Roles of CEO Compensation, Top Team Composition, and Board Structure. In: Academy of Management Journal, 41. Jg., S. 158-178.

SCHÄFER, I. (2001): Rekrutierung von Topmanagern. Ökonomische Erklärung und konzeptionelle Integration der Entscheidungsmechanismen und -kriterien. Wiesbaden.

SCHAUENBURG, B. (2004): Motivierter Informationsaustausch in Gruppen: Der Einfluss individueller Ziele und Gruppenziele. Dissertation an der Georg-August-Universität Göttingen.

SCHERER, A. G. (1997): Argumentationsrationalität und das Management unstrukturierter Probleme. In: Journal für Betriebswirtschaft, 47. Jg., Heft 5/6, S. 266-281.

SCHIMANSKY, A. (2006): Die Moderationsmethode als Strukturierungsansatz effektiver Gruppenarbeit. Lengerich.

SCHITTEKATTE, M./VAN HIEL, A. (1996): Effects of Partially Shared Information and Awareness of Unshared Information on Information Sampling. In: Small Group Research, 27. Jg., S. 431-449.

SCHMIDT, K. (1997): Gesellschaftsrecht. 3. Aufl., Köln u. a.

SCHMIDT, R. H./MAßMANN, J. (1999): Drei Mißverständnisse zum Thema "Shareholder Value". In: B. N. Kumar/M. Osterloh/G. Schreyögg (Hrsg.): Unternehmensethik und die Transformation des Wettbewerbs. Shareholder-Value - Globalisierung - Hyperwettbewerb. Festschrift für Horst Steinmann zum 65. Geburtstag. Stuttgart, S. 125-157.

SCHMIDT, R. H./WEIß, M. (2003): Shareholder vs. Stakeholder: Ökonomische Fragestellungen. In: P. Hommelhoff/K. J. Hopt/A. v. Werder (Hrsg.): Handbuch Corporate Governance: Leitung und Überwachung börsennotierter Unternehmen in der Rechts- und Wirtschaftspraxis. Köln - Stuttgart, S. 107-127.

SCHOLL, W. (1996): Effective Teamwork - a Theoretical Model and a Test in the Field. In: E. E. Witte/J. H. Davis (Hrsg.): Understanding Group Behavior: Small Group Processes and Interpersonal Relations. Mahwah, NJ, S. 127-146.

SCHOLL, W. (2003): Modelle effektiver Teamarbeit - eine Synthese. In: S. Stumpf/A. Thomas (Hrsg.): Teamarbeit und Teamentwicklung. Göttingen, S. 3-34.

SCHOLL, W. (2004): Innovation und Information: Wie in Unternehmen neues Wissen produziert wird. Göttingen u. a.

SCHOLL, W. (2005): Grundprobleme der Teamarbeit und ihre Bewältigung. Ein Kausalmodell. In: M. Högl/H. G. Gemünden (Hrsg.): Management von Teams. Theoretische Konzepte und empirische Befunde. 3. Aufl., Wiesbaden, S. 33-66.

SCHRADER, S. (1995): Spitzenführungskräfte, Unternehmensstrategie und Unternehmenserfolg. Tübingen.

SCHREIER, M./GROEBEN, N. (1990): Argumentationintegrität III: Rhetorische Strategien und Integritätsstandards. Arbeiten aus dem Sonderforschungsbereich 245 'Sprechen und Sprachverstehen im sozialen Kontext'. Bericht Nr. 30. Heidelberg - Mannheim.

SCHREIER, M./GROEBEN, N. (1996): Ethical Guidelines for the Conduct in Argumentative Discussion: An Exploratory Study. In: Human Relations, 49. Jg., S. 123-132.

SCHREIER, M./GROEBEN, N. (1997): Das Erkennen sprachlicher Täuschung. Über Absichtlichkeitsindikatoren beim unintegren Argumentieren. Münster.

SCHREYÖGG, G. (1999): Organisation. Grundlagen moderner Organisationsgestaltung. 3. Aufl., Wiesbaden.

SCHULZ-HARDT, S. (2002): Entscheidungsprozesse in Gruppen: Warum der Wissensvorteil von Gruppen oft ungenutzt bleibt und die Meinungsvielfalt diese Nutzung fördern kann. In: E. H. Witte (Hrsg.): Sozialpsychologie wirtschaftlicher Prozesse. Lengerich, S. 226-255.

SCHULZ-HARDT, S./JOCHIMS, M./FREY, D. (2002): Productive Conflict in Group Decision Making: Genuine and Contrived Dissent as Strategies to Counteract Biased Information Seeking. In: Organizational Behavior and Human Decision Processes, 88. Jg., S. 563-586.

SCHWEIGER, D. M./SANDBERG, W. R. (1989): The Utilization of Individual Capabilities in Group Approaches to Strategic Decision-making. In: Strategic Management Journal, 10. Jg., S. 31-44.

SCHWEIGER, D. M./SANDBERG, W. R./RAGAN, J. W. (1986): Group Approaches for Improving Strategic Decision Making: A Comparative Analysis of Dialectical Inquiry, Devil's Advocacy, and Consensus. In: Academy of Management Journal, 29. Jg., S. 51-71.

SCHWEIGER, D. M./SANDBERG, W. R./RECHNER, P. L. (1989): Experiential Effects of Dialectical Inquiry, Devil's Advocacy, and Consensus Approaches to Strategic Decision Making. In: Academy of Management Journal, 32. Jg., S. 745-772.

SCHWENK, C. R. (1984a): Devil's Advocacy in Managerial Decision-making. In: Journal of Management Studies, 21. Jg., S. 153-168.

SCHWENK, C. R. (1984b): Cognitive Simplification Processes in Strategic Decisionmaking. In: Strategic Management Journal, 5. Jg., S. 111-128.

SCHWENK, C. R. (1989a): A Meta-Analysis on the Comparative Effectiveness of Devil's Advocacy and Dialectical Inquiry. In: Strategic Management Journal, 10. Jg., S. 303-306.

SCHWENK, C. R. (1989b): Devil's Advocacy and the Board: A Modest Proposal. In: Business Horizons, Juli-August, S. 22-27.

SCOTT, W. R./MEYER, J. W. (1987): The Adolescene of Institutional Theory. In: Administrative Science Quarterly, 32. Jg., S. 493-511.

SCOTT, W. R./MEYER, J. W. (1994): Developments in Institutional Theory. In: W. R. Scott/J. W. Meyer (Hrsg.): Institutional Environments and Organizations: Structural Complexity and Individualism. Thousands Oak, CA, S. 1-8.

SEIBT, C. H./WILDE, C. (2003): Informationsfluss zwischen Vorstand und Aufsichtsrat bzw. innerhalb des Boards. In: P. Hommelhoff/K. J. Hopt/A. v. Werder (Hrsg.): Handbuch Corporate Governance: Leitung und Überwachung börsennotierter Unternehmen in der Rechts- und Wirtschaftspraxis. Köln - Stuttgart, S. 377-403.

SEMLER, J. (1996): Leitung und Überwachung der Aktiengesellschaft. Die Leitungsaufgaben des Vorstands und die Überwachungsaufgaben des Aufsichtsrats. 2. Aufl., Köln u. a.

SEMLER, J. (2000): Rechtsvorgaben und Realität der Organzusammenarbeit in der Aktiengesellschaft. In: U. H. Schneider/P. Hommelhoff/K. Schmidt (Hrsg.): Deutsches und europäisches Konzern- und Kapitalmarktrecht. Festschrift für Marcus Lutter zum 70. Geburtstag. Köln, S. 721-734.

SEMLER, J. (1999): Die Arbeit des Aufsichtsratsvorsitzenden. In: J. Semler (Hrsg.): Arbeitshandbuch für Aufsichtsratsmitglieder. München, S. 247-286.

SEMLER, J. (2004a): Die Rechte und Pflichten des Vorstands einer Holdinggesellschaft im Lichte der Corporate Governance-Diskussion. In: Zeitschrift für Unternehmens- und Gesellschaftsrecht, 33. Jg., S. 631-668.

SEMLER, J. (2004b): Kommentierungen. In: B. Kropff/J. Semler (Hrsg.): Münchener Kommentar zum Aktiengesetz. München.

SEMLER, J./SPINDLER, G. (2004): Kommentierungen. In: B. Kropff/J. Semler (Hrsg.): Münchener Kommentar zum Aktiengesetz. München.

SIEGEL, P. A./HAMBRICK, D. C. (2005): Pay Disparities within Top Management Groups: Evidence of Harmful Effects on Performance of High-Technology Firms. In: Organization Science, 16. Jg., S. 259-274.

SIMON, H. A. (1957): Models of Man. New York.

SIMON, H. A. (1987a): Making Management Decisions: The Role of Intuition and Emotion. In: Academy of Management Executive, 1. Jg., Heft 1, S. 57-64.

SIMON, H. A. (1987b): Bounded Rationality. In: J. Eatwell/M. Milgate/P. Newman (Hrsg.): The New Palgrave. A Dictionary of Economics. Bd. 1, London u. a., S. 266-267.

SIMON, H. A. (1993): Homo rationalis. Die Vernunft im menschlichen Leben. Frankfurt am Main - New York.

SIMON, H. A. (1997): Administrative Behavior: A Study of Decision-making Processes in Administrative Organizations. 4. Aufl., New York u. a.

SIMONS, T. L./PETERSON, R. S. (2000): Task Conflict and Relationship Conflict in Top Management Teams: The Pivotal Role of Intragroup Trust. In: Journal of Applied Psychology, 85. Jg., S. 102-111.

SIMONS, T./PELLED, L. H./SMITH, K. A. (1999): Making Use of Difference: Diversity, Debate, and Decision Comprehensiveness in Top Management Teams. In: Academy of Management Journal, 42. Jg., S. 662-673.

SIMSEK, Z./VEIGA, J. F./LUBATKIN, M. H./DINO, R. N. (2005): Modeling the Multilevel Determinants of Top Management Team Behavioral Integration. In: Academy of Management Journal, 48. Jg., S. 69-84.

SINGH, J. V./LUMSDEN, C. J. (1990): Theory and Research in Organizational Ecology. In: Annual Review of Sociology, 16. Jg., S. 161-195.

SMITH, K. A./PETERSEN, R. P./JOHNSON, D. W./JOHNSON, R. T. (1986): The Effects of Controversy and Concurrence Seeking on Effective Decision Making. In: Journal of Social Psychology, 126. Jg., S. 237-248.

SMITH, K. G./SMITH, K. A./OLIAN, J. D./SIMS, H. P. JR./O'BANNON, D. P./SCULLY, J. A. (1994): Top Management Team Demography and Process: The Role of Social Integration and Communication. In: Administrative Science Quarterly, 39. Jg., S. 412-438.

SMITH, S. (1984): Groupthink and the Hostage Rescue Mission. In: British Journal of Political Science, 15. Jg., S. 117-123.

SPECKBACHER, G. (2004): Shareholder- und Stakeholder-Ansatz. In: G. Schreyögg/A. v. Werder (Hrsg.): Handwörterbuch Unternehmensführung und Organisation. 4. Aufl., Stuttgart, Sp.1319-1326.

SPENCER STUART (2004): Der Spencer Stuart Board Index. Deutschland 2004. Frankfurt am Main.

STAHLBERG, D./FREY, D. (1997): Konsistenztheorien. In: D. Frey/S. Greif (Hrsg.): Sozialpsychologie. Ein Handbuch in Schlüsselbegriffen. 4. Aufl., Weinheim, S. 214-221.

STASSER, G. (1988): Computer Simulation as a Research Tool: The DISCUSS Model of Group Decision Making. In: Journal of Experimental Social Psychology, 24. Jg., S. 393-422.

STASSER, G. (1992): Pooling of Unshared Information during Group Discussion. In: S. Worchel/W. Wood/J. Simpson (Hrsg.): Group Process and Productivity. Newbury Park, CA, S. 48-57.

STASSER, G. (1999): The Uncertain Role of Unshared Information in Collective Choice. In: L. L. Thompson/J. M. Levine/D. M. Messick (Hrsg.): Shared Cognition in Organizations: The Management of Knowledge. Mahwah, NJ, S. 49-69.

STASSER, G./STEWART, D. (1992): Discovery of Hidden Profiles by Decision-making Groups: Solving a Problem versus Making a Judgement. In: Journal of Personality and Social Psychology, 63. Jg., S.426-434.

STASSER, G./STEWART, D. D./WITTENBAUM, G. M. (1995): Expert Roles and Information Exchange during Discussion: The Importance of Knowing Who Knows What. In: Journal of Experimental Social Psychology, 31. Jg., S. 244-265.

STASSER, G./TAYLOR, L. A./HANNA, C. (1989): Information Sampling in Structured and Unstructured Discussions of Three- and Six-Person Groups. In: Journal of Personality and Social Psychology, 57. Jg., S. 67-78.

STASSER, G./TITUS, W. (1985): Pooling of Unshared Information in Group Decision Making: Biased Information Sampling during Discussion. In: Journal of Personality and Social Psychology, 48. Jg., S. 1467-1478.

STASSER, G./TITUS, W. (1987): Effects of Information Load and Percentage of Shared Information on the Dissemination of Unshared Information during Group Discussion. In: Journal of Personality and Social Psychology, 53. Jg., S. 81-93.

STASSER, G./VAUGHAN, S. I./ STEWART, D. D. (2000): Pooling Unshared Information: The Benefits of Knowing how Access to Information Is Distributed among Group Members. In: Organizational Behavior and Human Decision Processes, 83. Jg., S. 102-116.

STAW, B. M. (1981): The Escalation of Commitment to a Course of Action. In: Academy of Management Review, 6. Jg., S. 577-587.

STAW, B. M./SANDELANDS, L. E./DUTTON, J. E. (1981): Threat-Rigidity Effects in Organizational Behavior: A Multilevel Analysis. In: Administrative Science Quarterly, 26. Jg., S. 501-524.

STEINER, I. D. (1972): Group Process and Productivity. New York.

STEINMANN, H./SCHREYÖGG, G. (2000): Management: Grundlagen der Unternehmensführung. 5. Aufl., Wiesbaden.

STEWART, D. D./STASSER, G. (1998): The Sampling of Critical, Unshared Information in Decision-making Groups: The Role of an Informed Minority. In: European Journal of Social Psychology, 28. Jg., S. 95-113.

STOCK, R. (2004): Drivers of Team Performance: What Do We Know and What Have We still to Learn? In: Schmalenbach Business Review, 56. Jg., S. 274-306.

STUBBART, C. I. (1989): Managerial Cognition: A Missing Link in Strategic Management Research. In: Journal of Management Studies, 26. Jg., S. 325-347.

STUMPF, S. (1992): Diskussionsprozeß und Gruppeneffektivität beim Lösen komplexer ökonomischer Probleme. Heidelberg.

STUMPF, S./THOMAS, A. (2003): Einleitung. In: S. Stumpf/A. Thomas (Hrsg.): Teamarbeit und Teamentwicklung. Göttingen, S. IX-XXXV.

SUMMERS, I./COFFELT, T./HORTON, R. (1988): Work Group Cohesion. In: Psychological Reports, 63. Jg., S. 627-636.

SVENSON, O. (1992): Differentiation and Consolidation Theory of Human Decision Making: A Frame of Reference for the Study of Pre- and Post-Decision Processes. In: Acta Psychologica, 80. Jg., S. 143-168.

TALAULICAR, T. (2002): Der Deutsche Corporate Governance Kodex: Zwecksetzungen und Wirkungsprognosen. Diskussionpapier 2002/8, Wirtschaftswissenschaftliche Dokumentation der Technischen Universität Berlin.

TANNENBAUM, S. I./BEARD, R. L./SALAS, E. (1992): Team Building and Its Influence on Team Effectiveness: An Examination of Conceptual and Empirical Developments. In: K. Kelley (Hrsg.): Issues, Theory and Research in Industrial/Organizational Psychology. Amsterdam, S. 117-153.

THEISEN, M. R. (2002): Grundsätze einer ordnungsgemäßen Information des Aufsichtsrats. 3. Aufl., Stuttgart.

THEISEN, M. R. (2003): Aufsichtsrat/Board: Aufgaben, Besetzung, Organisation, Entscheidungsfindung und Willensbildung - Betriebswirtschaftliche Ausfüllung. In: P. Hommelhoff/K. J. Hopt/A. v. Werder (Hrsg.): Handbuch Corporate Governance: Leitung und Überwachung börsennotierter Unternehmen in der Rechts- und Wirtschaftspraxis. Köln - Stuttgart, S. 285-304.

THIBAUT, J. W./WALKER, L. (1975): Procedural Justice: A Psychological Analysis. Hillsdale, NJ.

THOMAS, A. B. (1988): Does Leadership Make a Difference to Organizational Performance? In: Administrative Science Quarterly, 33. Jg., S. 388-400.

THOMAS, J. B./CLARK, S. M./GIOIA, D. A. (1993): Strategic Sensemaking and Organizational Performance: Linkages among Scanning, Interpretation, Action and Outcomes. In: Academy of Management Journal, 36. Jg., S. 239-270.

THOMPSON, L. L./MANNIX, E. A./BAZERMAN, M. H. (1988): Group Negotiation: Effects of Decision Rule, Agenda, and Aspiration. In: Journal of Personality and Social Psychology, 54. Jg., S. 86-95.

TJOSVOLD, D. (1984): Effects of Crisis Orientation on Managers' Approach to Controversy in Decision-making. In: Academy of Management Journal, 27. Jg., S. 130-138.

TJOSVOLD, D. (1985): Implications of Controversy Research for Management. In: Journal of Management, 11. Jg., S. 21-37.

TJOSVOLD, D. (1988): Cooperative and Competitive Dynamics within and between Organizational Units. In: Human Relations, 41. Jg., S. 425-437.

TJOSVOLD, D. (1991): Rights and Responsibilities of Dissent: Cooperative Conflict. In: Employee Responsibilities and Rights Journal, 4. Jg., S. 13-23.

TJOSVOLD, D./DEEMER, D. K. (1980): Effects of Controversy within a Cooperative or Competitive Context on Organizational Decision Making. In: Journal of Applied Psychology, 65. Jg., S. 590-595.

TJOSVOLD, D./FIELD, R. H. G. (1983): Effects of Social Context on Consensus and Majority Vote Decision Making. In: Academy of Management Journal, 26. Jg., S. 500-506.

TJOSVOLD, D./FIELD, R. H. G. (1986): Effect of Concurrence, Controversy and Consensus on Group Decision Making. In: The Journal of Social Psychology, 125. Jg., S. 355-363.

TJOSVOLD, D./WEDLEY, W. C./FIELD, R. H. G. (1986): Constructive Controversy, the Vroom-Yetton Model, and Managerial Decision-making. In: Journal of Occupational Behaviour, 7. Jg., S. 125-138.

TOULMIN, S. E./RIEKE, R./JANIK, A. (1979): An Introduction to Reasoning. New York.

TOULMIN, S. E. (1975): Der Gebrauch von Argumenten. Kronberg/Taunus.

TURNER, M. E./PRATKANIS, A. R. (1997): Mitigating Groupthink by Stimulating Constructive Conflict. In: C. K. W. De Dreu/E. Van de Vliert (Hrsg.): Using Conflict in Organizations. London - Thousand Oaks - New Delhi, S. 53-71.

TURNER, M. E./PRATKANIS, A. R. (1998a): Twenty-Five Years of Groupthink Theory and Research: Lessons from the Evaluation of a Theory. In: Organizational Behavior and Human Decision Processes, 73. Jg., S. 105-115.

TURNER, M. E./PRATKANIS, A. R. (1998b): A Social Identity Maintenance Model of Groupthink. In: Organizational Behavior and Human Decision Processes, 73. Jg., S. 210-235.

TURNER, M. E./PRATKANIS, A. R./PROBASCA, P./LEVE, C. (1992): Threat, Cohesion, and Group Effectiveness: Testing a Social Identity Maintenance Perspective on Groupthink. In: Journal of Personality and Social Psychology, 63. Jg., S. 781-796.

TYLER, T. R./BLADER, S. L. (2000): Cooperation in Groups: Procedural Justice, Social Identity, and Behavioral Engagement. Philadelphia, PA.

TYLER, T. R./LIND, E. A. (1992): A Relational Model of Authority in Groups. In: Advances in Experimental Social Psychology, 25. Jg., S. 115-191.

VALCÁRCEL, S. (2004): Rationalität. In: G. Schreyögg/A. v. Werder (Hrsg.): Handwörterbuch Unternehmensführung und Organisation. 4. Aufl., Stuttgart, Sp. 1236-1244.

VAN BLERKOM, M./TJOSVOLD, D. (1981): Effects of Social Context and Other Competence on Engaging in Controversy. In: The Journal of Psychology, 107. Jg., S. 141-145.

VAN SWOL, L. M./SAVADORI, L./SNIEZEK, J. A. (2003): Factors that May Affect the Difficulty of Uncovering Hidden Profiles. Group Processes & Intergroup Relations, 6. Jg., S. 285-304.

VERA, D./CROSSAN, M. (2004): Strategic Leadership and Organizational Learning. In: Academy of Management Review, 29. Jg., S. 222-240.

VOIGT, B.-F./WAGNER, D. (2007): Diversity-Management als Leitbild von Personalpolitik. In: D. Wagner/B.-F. Voigt (Hrsg.): Diversity-Management als Leitbild von Personalpolitik. Wiesbaden, S. 1-15.

VOLBERDA, H. W. (1996): Toward the Flexible Form: How to Remain Vital in Hypercompetitive Environments. In: Organization Science, 7. Jg., S. 359-374.

VÖLZING, P.-L. (1979): Begründen, Erklären, Argumentieren - Modelle und Materialien zu einer Theorie der Metakommunikation. Heidelberg.

VROOM, V. H./YETTON, P. W. (1973): Leadership and Decision-making. Pittsburgh, PA.

WAGEMAN, R. (1995): Interdependence and Group Effectiveness. In: Administrative Science Quarterly, 40. Jg., S. 145-180.

WAGNER, D. (1994): Personalfunktion in der Unternehmensleitung. Grundlagen - empirische Analysen - Perspektiven. Wiesbaden.

WAGNER, D. (2003): Professionelles Personalmanagement. In: D. Wagner/K.-F. Ackermann (Hrsg.): Wettbewerbsorientiertes Personalmanagement: Steuerung und Entwicklung von Kompetenzen und Fähigkeiten. 2. Aufl., Potsdam, S. 5-42.

WAGNER, D. (2004): Partizipation. In: G. Schreyögg/A. v. Werder (Hrsg.): Handwörterbuch Unternehmensführung und Organisation. 4. Aufl., Stuttgart, Sp. 1115-1123.

WAGNER, D. (2005): Teammanagement. In: T. Kollmann (Hrsg.): Gabler Kompakt-Lexikon Unternehmensgründung. Wiesbaden, S. 385-386.

WAGNER, D./DEBO, S./BÜLTEL, N. (2005): Individuelle und organisationale Kompetenzen: Schritte zu einem integrierten Modell. In: Individuelle und organisationale Kompetenzen im Rahmen des strategischen Managements. QUEM-report, Heft 94. Berlin, S. 50-148.

WAGNER, W. G./PFEFFER, J./O'REILLY, C. A. III (1984): Organizational Demography and Turnover in Top-Management Groups. In: Administrative Science Quarterly, 29. Jg., S. 74-92.

WALGENBACH, P. (1994): Mittleres Management. Aufgaben – Funktionen. Wiesbaden.

WALGENBACH, P. (2006): Neoinstitutionalistische Ansätze in der Organisationstheorie. In: A. Kieser/M. Ebers (Hrsg.): Organisationstheorien. 6. Aufl., Stuttgart, S. 353-401.

WALSH, J. P. (1988): Top Manager Turnover Following Mergers and Acquisitions. In: Strategic Management Journal, 9. Jg., S. 173-183.

WALSH, J. P. (1989): Doing a Deal: Merger and Acquisition Negotiations and Their Impact upon Target Company Top Management Turnover. In: Strategic Management Journal, 10. Jg., S. 307-322.

WALSH, J. P. (1995): Managerial and Organizational Cognition: Notes from a Trip down Memory Lane. In: Organization Science, 6. Jg., S. 280-321.

WALSH, J. P./SEWARD, J. K. (1990): On the Efficiency of Internal and External Corporate Control Mechanisms. In: Academy of Management Review, 15. Jg., S. 421-458.

WATERMAN, B. (1986): Geleitwort. In: T. W. Bechtler (Hrsg.): Management und Intuition. Zürich, S. 9-12.

WATSON, D./CLARK, L. A./TELLEGEN, A. (1988): Development and Validation of Brief Measures of Positive and Negative Affect. The PANAS scales. In: Journal of Personality and Social Psychology, 54. Jg., S. 1063-1070.

WATZLAWICK, P./BEAVIN, J. H./JACKSON, D. D. (2003): Menschliche Kommunikation: Formen, Störungen, Paradoxien. 10. Aufl., Bern.

WEBER, M. (1984): Soziologische Grundbegriffe. 6. Aufl., Tübingen.

WEGNER, D. M. (1987): Transactive Memory: A Contemporary Analysis of the Group Mind. In: B. Mullen/G. R. Goethals (Hrsg.): Theories of Group Behavior. New York u. a., S. 185-208.

WEGNER, D. M./GIULIANO, T./HERTEL, P. T. (1985): Cognitive Interdependence in Close Relationships. In: W. Ickes (Hrsg.): Compatible and Incompatible Relationships. New York, S. 253-276.

WEGNER. D. M. (1995): A Computer Network Model of Human Transactive Memory. In: Social Cognition, 13. Jg., S. 319-339.

WEICK, K. E. (2001): Drop Your Tools. In: T. M. Bardmann/T. Groth (Hrsg.): Zirkuläre Positionen 3. Organisation, Management und Beratung. Wiesbaden, S. 123-138.

WELGE, M. K./AL-LAHAM, A. (2001): Strategisches Management. Grundlagen - Prozess - Implementierung. 3. Aufl., Wiesbaden.

V. WERDER, A. (1987): Organisation der Unternehmungsleitung und Haftung des Top Managements. In: Der Betrieb, 40. Jg., S. 2265-2273.

V. WERDER, A. (1994): Unternehmungsführung und Argumentationsrationalität. Stuttgart.

V. WERDER, A. (1998): Zur Begründung organisatorischer Gestaltungen. In: H. Glaser/E. F. Schröder/A. v. Werder (Hrsg.): Organisation im Wandel der Märkte. Erich Frese zum 60. Geburtstag. Wiesbaden, S. 479-509.

V. WERDER, A./BÜLTEL, S./GRUNDEI, J./TALAULICAR, T. (2001): Management Intentionality in Long Lived Companies: A Longitudinal Study of Siemens and AEG. Paper Presented at the Academy of Management Conference, Washington, DC

V. WERDER, A./TALAULICAR, T. (2007): Kodex Report 2007 - Die Akzeptanz der Empfehlungen und Anregungen des Deutschen Corporate Governance Kodex. In: Der Betrieb, 60. Jg., S. 869-875.

WERTHER, W. B. (1988): Productivity through People: The Decision-making Process. In: Management Decision, 26. Jg., Heft 5, S. 37-41.

WEST, C. T./SCHWENK, C. R. (1996): Top Management Team Strategic Consensus, Demographic Homogeneity and Firm Performance: A Report of Resounding Nonfindings. In: Strategic Management Journal, 17. Jg., S. 571-576.

WEST, M. A./ANDERSON, N. R. (1996): Innovation in Top Management Teams. In: Journal of Applied Psychology, 81. Jg., S. 680-693.

WHITTINGTON, R. (1988): Environmental Structure and Theories of Strategic Choice. In: Journal of Management Studies, 25. Jg., S. 521-536.

WHYTE, G. (1989): Groupthink Reconsidered. In: Academy of Management Review, 14. Jg., S. 40-56.

WIERSEMA, M. F./BANTEL, K. A. (1992): Top Management Team Demography and Corporate Strategic Change. In: Academy of Management Journal, 35. Jg., S. 91-121.

WIESNER, G. (1999): Vorstand als Leitungsorgan der Gesellschaft. In: M. Hoffmann-Becking (Hrsg.): Münchener Handbuch des Gesellschaftsrechts. Bd. 4. 2. Aufl., München, S. 159-169.

WILLIAMSON, O. E. (1975): Markets and Hierarchies. New York.

WINQUIST, J. R./LARSON, J. R. (1998): Information Pooling: When It Impacts Group Decision Making. In: Journal of Personality and Social Psychology, 74. Jg., S. 371-377.

WINTER, M./HARBARTH, S. (2003): Corporate Governance und Unternehmensübernahmen: Anforderungen an das Verhalten von Vorstand und Aufsichtsrat des Bieters und der Zielgesellschaft. In: P. Hommelhoff/K. J. Hopt/A. v. Werder (Hrsg.): Handbuch Corporate Governance: Leitung und Überwachung börsennotierter Unternehmen in der Rechts- und Wirtschaftspraxis. Köln - Stuttgart, S. 475-512.

WINTER, S. (2003): Management- und Aufsichtsratsvergütung unter besonderer Berücksichtigung von Stock Options - Lösung eines Problems oder zu lösendes Problem? In: P. Hommelhoff/K. J. Hopt/A. v. Werder (Hrsg.): Handbuch Corporate Governance: Leitung und Überwachung börsennotierter Unternehmen in der Rechts- und Wirtschaftspraxis. Köln - Stuttgart, S. 335-358.

WITT, P. (2003a): Vorstand/Board: Aufgaben, Organisation, Entscheidungsfindung und Willensbildung - Betriebswirtschaftliche Ausfüllung. In: P. Hommelhoff/K. J. Hopt/A. v. Werder (Hrsg.): Handbuch Corporate Governance: Leitung und Überwachung börsennotierter Unternehmen in der Rechts- und Wirtschaftspraxis. Köln - Stuttgart, S. 245-260.

WITT, P. (2003b): Corporate Governance-Systeme im Wettbewerb. Wiesbaden.

WITTENBAUM, G. A./HOLLINGSHEAD, A. B./PAULUS, P. B./HIROKAWA, R. Y./ANCONA, D. G./PETERSON, R. S./JEHN, K. A./YOON, K. (2004): The Functional Perspective as a Lens for Understanding Groups. In: Small Group Research, 35. Jg., S. 17-43.

WITTENBAUM, G. M. (1998): Information Sampling in Decision Making Groups: The Impact of Members' Task-Relevant Status. In: Small Group Research, 29. Jg., S. 57-84.

WITTENBAUM, G. M. (2000): The Bias toward Discussing Shared Information: Why Are High-Status Group Members Immune? In: Communication Research, 27. Jg., S. 379-400.

WITTENBAUM, G. M./HOLLINGSHEAD, A. B./BOTERO, I. C. (2004): From Cooperative to Motivated Information Sharing in Groups: Moving Beyond the Hidden Profile Paradigm. In: Communication Monographs, 71. Jg., S. 286-310.

WITTENBAUM, G. M./HUBBEL, A. P./ZUCKERMAN, C. (1999): Mutual Enhancement: Toward an Understanding of Collective Preference for Shared Information. In: Journal of Personality and Social Psychology, 77. Jg., S. 967-978.

WITTENBAUM, G. M./STASSER, G. (1996): Management of Information in Small Groups. In: J. L. Nye/A. M. Brower (Hrsg.): What's Social about Social Cognition? Research on Socially Shared Cognition in Small Groups. Thousand Oaks, CA, S. 3-28.

WOOLDRIDGE, B./FLOYD, S. W. (1989): Strategic Process Effects on Consensus. In: Strategic Management Journal, 10. Jg., S. 295-302.

WORTMAN, C. B./BREHM, J. W. (1975): Responses to Uncontrollable Outcomes: An Integration of Reactance Theory and the Learned Helplessness Model. In: Advances in Experimental Social Psychology, 8. Jg., S. 277-336.

WURST, K. (2001): Zusammenarbeit in innovativen Multi-Team-Projekten. Wiesbaden.

WYMEERSCH, E. (2003): Corporate Governance Regeln in ausgewählten Rechtssystemen. In: P. Hommelhoff/K. J. Hopt/A. v. Werder (Hrsg.): Handbuch Corporate Governance: Leitung und Überwachung börsennotierter Unternehmen in der Rechts- und Wirtschaftspraxis. Köln - Stuttgart, S. 87-104.

ZAJAC, E. J./WESTPHAL, J. D. (1995): Accounting for the Explanation of CEO Compensation: Substance and Symbolism. In: Administrative Science Quarterly, 40. Jg., S. 283-308.

ZAND, D. E. (1972): Trust and Managerial Problem Solving. In: Administrative Science Quarterly, 17. Jg., S. 229-239.

ZENGER, T. R./LAWRENCE, B. S. (1989): Organizational Demography: The Differential Effects of Age and Tenure Distributions on Technical Communication. In: Academy of Management Journal, 32. Jg., S. 353-376.

ZU KNYPHAUSEN-AUFSEß, D. (2004): Strategisches Management. In: G. Schreyögg/A. v. Werder (Hrsg.): Handwörterbuch Unternehmensführung und Organisation. 4. Aufl., Stuttgart, Sp. 1383-1392.

ZUCKER, L. G. (1983): Organizations as Institutions. In: S. B. Bacharach (Hrsg.): Research in Sociology of Organizations. Greenwich, CT, S. 1-42.